江西省“十四五”期间一流学科——红色基因传承学科群专项经费资助

红色旅游论集

战略与策略

ESSAYS ON RED TOURISM: STRATEGIES AND TACTICS

黄细嘉 ◎ 著

经济管理出版社
ECONOMY & MANAGEMENT PUBLISHING HOUSE

图书在版编目（CIP）数据

红色旅游论集：战略与策略/黄细嘉著．—北京：经济管理出版社，2023. 11
ISBN 978-7-5096-9447-3

Ⅰ.①红… Ⅱ.①黄… Ⅲ.①革命纪念地—旅游业发展—研究—中国 Ⅳ.①F592. 3

中国国家版本馆 CIP 数据核字(2023)第 239281 号

组稿编辑：杜 菲
责任编辑：杜 菲
责任印制：许 艳
责任校对：蔡晓臻

出版发行：经济管理出版社
（北京市海淀区北蜂窝 8 号中雅大厦 A 座 11 层 100038）
网 址：www. E-mp. com. cn
电 话：（010） 51915602
印 刷：唐山昊达印刷有限公司
经 销：新华书店
开 本：787mm×1092mm/16
印 张：18. 75
字 数：422 千字
版 次：2024 年 5 月第 1 版 2024 年 5 月第 1 次印刷
书 号：ISBN 978-7-5096-9447-3
定 价：98. 00 元

联系地址：北京市海淀区北蜂窝 8 号中雅大厦 11 层
电话：（010） 68022974 邮编：100038

序　言

在校园紫薇结籽、金桂飘香的季节里，从江西南昌大学传来了黄细嘉教授的著作《红色旅游论集：战略与策略》。细读大作，令人精神振奋，收获良多。湘赣山水相连，情浓于血。由我为黄细嘉教授的著作作序，心中充满敬意。黄细嘉教授思维活跃、视野开阔、情怀深厚、勤奋治学、多有创意。这是一部很有价值的红色旅游的著作，我认为有以下几个特点：

第一，站位很高。星罗棋布的红色资源，遍布在广袤的中华大地上。它们是我们党艰辛而辉煌奋斗历程的见证，是最宝贵的精神财富。习近平总书记在地方考察调研时多次到访革命纪念地，瞻仰革命历史纪念场所，反复强调要用好红色资源，传承好红色基因，把红色江山世世代代传下去。2021 年习近平总书记在十九届中央政治局第 31 次集体学习时强调，要赓续红色血脉，努力创造无愧于历史和人民的新业绩。在以习近平同志为核心的党中央高度重视红色资源利用、红色基因传承工作的新时代，红色旅游作为开发红色资源、弘扬红色文化、演绎红色传统、传承红色基因的主要载体，对地区经济社会发展、革命老区乡村振兴、美丽中国建设有着重要的意义。专注于红色旅游研究的黄细嘉教授集数十年之功，开展红色旅游发展战略和策略研究，形成数十篇各类研究成果，并将其汇编出版，惠及社会和他人。

第二，紧跟时代。江西在全国率先提出“红色旅游”概念，此后一路踔厉奋发、勇毅前行，作为我国红色旅游发展进程中的探路者、开拓者，江西经过近 20 年的持续快速发展，红色旅游处于规模发展阶段向提质增效阶段过渡的关键时期，继续走在前列。2019 年习近平总书记在江西考察时，为新时代江西改革发展把脉定向、擘画蓝图，指出江西要在革命老区高质量发展上作示范。2022 年国家发展改革委、文化和旅游部、国家文物局联合印发推动革命老区红色旅游高质量发展有关方案，强调要将革命老区红色旅游发展作为重点工作，加快推进革命老区红色旅游高质量发展。江西的红色旅游迎来了发展的新机遇、新条件和新挑战。为促进革命老区成为乡村振兴的担当力量，助推红色旅游发展成为乡村振兴的重要抓手，破解江西红色旅游发展仍存在不全面、不平衡、不充分现象的问题，各界学者在探寻如何全面推进江西红色旅游高质量发展上建言献策，黄细嘉教授的红色旅游研究一路跟进、与时俱进、创新发展，贡献尤为突出。

第三，内容丰富。黄细嘉教授所著《红色旅游论集：战略与策略》一书，汇集了 20 年来他在红色旅游领域理论与实践的丰厚研究成果，不只解决了许多红色旅游方面的战略与策略问题，还提出了个人独到的红色旅游新观点、新概念、新模式等，并对各红色旅游地进行了大量的案例研究，最终形成了有价值的成果。该书主要分为红色旅游理论研究、红色旅游实践探索、红色旅游发展散论三篇，围绕红色旅游的理论构建、学理研究、概念探讨、规律总结、实践指导等展开多方面全方位研究。通过把脉红色旅游的发展态势，诊断提升红色旅游质量和效益的制约因素，深度聚焦红色旅游高质量发展的实现路径，提出江西红色旅游领跑全国的创新良方。黄细嘉教授深耕旅游三十载，我们交流很多，我佩服他的真知灼见。他不仅为红色旅游的理论研究做出重要贡献，也为各地旅游实践奉上锦囊妙计。该书以红色旅游资源富集的江西为例，在具体的红色旅游规划过程中，致力于实现资源整合，将红色资源与其他类型资源结合，打造"多色"型旅游景区。将江西分为井冈山红绿相映型旅游区、南昌城乡互动型旅游区、瑞金红色主体型旅游区、上饶多极并重型旅游区、萍乡三色并举型旅游区、九江红色点缀型旅游区六大红色旅游目的地，不断促进产业融合，依靠红色旅游业，连接其他产业，形成融合发展的新型红色旅游产品。黄细嘉教授走进革命旧址、名人故居、纪念场馆，在充分调查研究的基础上，牢记习近平总书记的要讲好党的故事、讲好红军的故事，把红色基因传承好的指示。根据红色旅游发展的需要，将视野投入红色旅游人才培养和战略支撑体系，多措并举助力红色资源"活"起来、红色旅游"火"起来、红色名片"亮"起来，努力推进红色旅游转型升级，推动红色旅游高质量发展。

第四，启示性强。本书融理论性、知识性、实用性于一体，倾注作者从事红色旅游研究的所思所想、所感所悟，能够加强红色旅游实践工作者理论综合素养和实践经验认知，为人们认识红色旅游、熟悉红色旅游、研究红色旅游、宣传红色旅游提供启示性参考。

红色旅游实践在日新月异地发展变化，红色旅游理论也在与时俱进地不断创新，从这个角度来看，我们还有很多工作要持续做。我衷心期望黄细嘉教授的团队能够再接再厉，推陈出新，冲云破雾，勇攀高峰，为我国红色旅游高质量发展献计献策，再立新功。

读完书稿，心有感慨，写一小诗表示祝贺——《读黄细嘉教授红色旅游新著》：

红色旅游出新篇，
探索发展敢创先。
追寻足迹寄深情，
牢记初心志在肩。

是为序。

刘建平

2023 年 9 月 22 日

序言作者刘建平，中国旅游研究院红色旅游研究基地首席专家，湘潭大学副校长、博士生导师、二级教授。

目 录

上篇 红色旅游理论研究

中篇 红色旅游实践探索

下篇　红色旅游发展散论

上篇

红色旅游理论研究

红色旅游发展的特点、趋势和模式*

一、红色旅游发展的趋势

红色旅游经过近10年的大力倡导和快速发展，已趋于稳定和常态，中央对红色旅游的支持政策和举措没有变，得到一如既往地贯彻和落实。但不可能像初起时大张旗鼓地宣传和促进，红色旅游已走上持续、健康、稳定的发展道路。当下对红色旅游是否能够大力发展、应该怎样发展，对于决策者、经营者、管理者、研究者来说，有些议论、有些彷徨、有些观望、有些期盼、有些拿不准，这只能说明部分人习惯用等、靠、要的思维来思考问题。

作为红色旅游的研究者、关注者，笔者总的判断是：红色旅游呈现出稳定性、成熟型、常态式、延展态、社会化的发展趋势。主要表现为：①红色旅游的产业结构、产业布局、产业政策呈现稳定性。②红色旅游管理体制、投入机制、运行模式逐步走向成熟型状态。③从旅游组织形式和活动方式来看，红色旅游出现团队训练、散客休闲、专题修学等常态式旅游活动方式。④红色旅游所依托的红色旅游革命遗址和遗迹、旧址和旧居、文化和精神，不仅是旅游目的地特殊时段的红色历史遗产，而且是旅游地整个历史过程、乡土文化、居民生活等历史记忆的有机组成部分，红色旅游景区和景点是历史遗产生存、乡土文化生态、居民生活方式的延展态。⑤红色旅游市场开发主体的形成、各种主题产品的打造以及红色文化创意活动开发和项目建设，出现了社会化的趋势。

二、红色旅游发展的特点

当下红色旅游发展呈现出新的特点，这些特点基本可以概括为休闲性、体验式、

* 本文是2014年7月14日参加中国旅游研究院（上饶）乡村旅游与红色旅游论坛上的主题发言。

创意型、外部化四个方面。首先，红色旅游景区与场所大多已免费开放或低价开发，成为市民、当地居民和散客休闲的主要活动场所，表现了红色旅游休闲性特征。其次，历史教育、团队训练、重走长征路、当一天红军、吃一顿红军餐、听一堂红军课等红色旅游主题活动、主要活动、主导活动，大多具有体验特征，表现了红色旅游活动的体验式。再次，红色影视、红色歌舞、红色主题文化园、红色情景剧等旅游活动形式和旅游项目，大多具备文化创意产业的特征，表现了红色旅游的创意型。最后，红色旅游收益的外部化，即一些红色旅游景点在实行免费开放或低价开放后，红色旅游直接经营与管理的单位，能够得到政府的补贴，一些景点的管理者认为这些补贴远远没有自主经营开放时的效益大。如果从单个管理主体来讲，可能有这样的情况。殊不知，正是因为免费开放或低价开放，吸引了大量的游客，一方面使更多的人获得了受教育和休闲的机会，另一方面因更多的游人出行，给旅游地带来了“吃住行游购娱学疗体悟”等多种消费和收益，这就是旅游综合效益的提升、红色旅游收益的外部化。这种外部化是四两拨千斤的好事。其实，国外文化遗产旅游大多具有这样的特征。这种红色旅游收益的外部化其实是红色旅游本质的回归。

三、红色旅游发展的模式

总的来讲，各地发展红色旅游，要因地制宜，准确定位，找到不同的发展模式和方向，才能不错位失位，就能有为有位。发展红色旅游虽然不宜遍地开花，但各地可以根据自身的红色旅游资源的布局特点、禀赋、品位、组合度以及与其他资源的关系，建立不同模式的红色旅游区。以江西为例，建议规划建设如下不同类型的红色旅游区，促进红色旅游特色发展、稳定发展、差异发展和错位发展。

1. 井冈山红绿相映型红色旅游区

以井冈山北山烈士陵园、井冈山革命博物馆、茨坪革命旧址旧居、黄洋界哨口、茅坪、砻市等为红色旅游资源与产品的代表，以五指峰、五龙潭瀑布、水口瀑布及其优良的自然生态环境为绿色旅游资源与产品的代表，以厚重的红色革命文化为主线，以优良的生态环境为依托，坚持红绿相映的红色旅游发展模式。

2. 南昌城乡互动型红色旅游区

以“八一起义”系列景点、新四军军部旧址、江西省革命烈士纪念堂等为南昌城市中心红色旅游景点的代表，以新建“小平”小道、梅岭方志敏烈士墓、安义县等地“上高会战”遗址等为城郊红色旅游资源与产品的代表，在产品线路设计、宣传促销等方面坚持城乡互动。

3. 瑞金红色主体型红色旅游区

此区域旅游资源中“红色”占主体地位，应以瑞金“红色故都”景区、于都长征集结出发地景区、兴国“将军县”景区、宁都起义纪念景区等为主体，重点发展红色旅游，坚持走红色旅游主体型的发展道路。

4. 上饶多极综合型红色旅游区

以弋阳县方志敏纪念馆、漆工镇方志敏故居、漆工镇暴动纪念馆、横峰县葛源镇闽浙赣革命根据地旧址及革命烈士纪念馆、上饶集中营旧址等为红色旅游的代表，以三清山、龟峰、黄冈山等为绿色生态旅游的代表，以万年世界稻作文化、婺源古村落、葛仙山道教文化、鹅湖书院、河口及石塘老镇等为古色旅游的代表，表现为红色旅游景区的多极分布以及旅游组合方式的多极综合。

5. 萍乡多色并举型红色旅游区

以安源路矿工人运动系列景点与萍乡、铜鼓、修水秋收起义系列景点为红色旅游的代表，以武功山为绿色生态旅游的代表，以萍乡傩文化、杨岐普通寺为古色旅游的代表，坚持“红、绿、古”三色并举的发展道路。

6. 九江红色点缀型红色旅游区

依托庐山世界文化景观、鄱阳湖国际重要湿地的著名品牌，利用良好的区位条件、优良的生态环境、丰富的自然景观，以九江工人收回英租界纪念地、九江八一起义策源地旧址、庐山国共第二次合作谈判旧址、湖口渡江战役西起点纪念地、庐山会议旧址、庐山革命领袖人物旧居、万家岭大捷遗址、共青城胡耀邦陵园、修水秋收起义纪念地等红色旅游景点作为点缀，组合成“红色点缀型”的旅游产品，促进九江（庐山）旅游区的全面发展。

红色旅游高质量发展新阶段、新路径、新格局*

现在都在讲红色旅游高质量发展。大家都知道我国发展已经有了由注重“量”到注重“质”的转变。2021 年恰好是中国共产党建党 100 周年，也是“十四五”的开局之年，这是非常重要的关键节点。所以，能在这样的关键点进行红色旅游发展的讨论非常有必要。对我国“十四五”红色旅游发展具有促进作用，所以值得探讨。

理论界、学术界、业界等对红色旅游的探讨值得关注和重视，但是有一点我们必须承认，红色旅游是实践和市场的产物。红色旅游作为一个概念的提出，确实有党和政府的倡导；作为一个产业的发展，确实有政府的鼓励和政策的扶持，这是特殊的有价值的文化主题产业。由于它来源于实践，得到了政策支持，发展过程中确实有很多需要去跟进、去探索、去规范的方面，尤其需要总结规律，进行理论指导，所以需要研究的地方很多。中国学者也必须面对这么一个现实，就是这么一个有中国特色的实践，要有人对它进行各方面的解读，这是学界的义务和责任，我们不能光为了一个实践活动而来，应该有更高的使命担当，即在理论上进行构建，在学理上进行研究，在概念上进行探讨，在规律上进行总结，在实践上进行指导，我们的任务真的不少。但是，红色旅游的实践确实太丰富了，有必要把精力多放到这一方面，相信很多学者会有建树和发现的。

围绕“十四五”时期红色旅游高质量发展以及未来人才培养和一些支撑体系等方面的工作做一些深入研究，可能不光是对未来我国红色旅游产业，还有整个红色事业的发展，都会有一定的推动作用。所以围绕红色旅游高质量发展谈以下三方面的问题。

一、红色旅游高质量发展新阶段：时代内涵、使命担当、机遇与挑战

红色旅游是随着时代发展和社会进步不断呈现新内涵的，同时国家和整个社会也赋予了它不同的时代使命。所以，今天的第一个话题是，红色旅游发展新阶段的时代

* 本文是 2021 年 8 月 14 日在《旅游论坛》编辑部举行的“新时代红色旅游高质量发展”专题学术活动中的对话实录。

内涵、使命担当、机遇与挑战。

1. 红色旅游的时代内涵

我们长期在红色旅游领域进行研究、开展工作、从事实践，有一些想法，尽管不成熟，还是愿意相互交流探讨的。红色旅游作为开发红色资源、弘扬红色文化、演绎红色传统、传承红色基因的重要载体，形成的红色旅游产业与红色文化事业，对地区经济社会发展、老区乡村振兴、美丽中国建设有着重要的意义。伴随着红色旅游进入“十四五”发展阶段，在构建双循环发展格局的大背景下，中国红色旅游发展有了与时俱进的丰富的时代内涵。这是基本认知。在发展的新阶段，红色旅游实现从遍地开花到高质量发展的转变，从旅游行业积极推动的主题旅游业态到全社会致力推进的文化与旅游事业的跨越，这是大势所趋、大道之行。有鉴于此，红色旅游新的时代内涵，可从以下几方面进行简单的归纳和解读：

（1）红色旅游方向定位新内涵：传承红色基因。这是红色旅游发展的前提和基础。红色基因作为党和人民在长期革命斗争、社会主义建设和改革开放过程中形成的优秀红色精神文化，是红色旅游的核心和灵魂。党的十八大以来，习近平总书记多次到红色革命纪念地参观考察，特别强调发展红色旅游，要把准方向，核心是进行红色教育，传承红色基因，让干部群众来到红色旅游景点，接受红色精神洗礼。这就是红色旅游发展内涵的新定位。

（2）红色旅游功能拓展新内涵：促进乡村振兴。红色旅游政治、经济、文化三大功能聚焦到新时代的工作重心，就是要促进革命老区乡村振兴，这是红色旅游在功能上拓展的新内容。

（3）红色旅游范畴延伸的新内涵：“四史”内容遗存。就红色旅游资源内涵来说，一般是指中国共产党成立以来领导中国人民和中华民族进行革命斗争、社会主义建设、改革开放所形成的历史及其载体，主要以这些载体开展红色旅游活动。这是毫无疑问的。党中央正在积极倡导“四史”学习教育，包括党史、新中国史、改革开放史和社会主义发展史。红色旅游资源载体就不仅是中国革命斗争时期形成的历史遗迹，而且可以拓展到世界范围内已有近 500 年的社会主义发展史，红色旅游的范畴大大地延伸了。当然新中国史、改革开放史也同样成为红色旅游的重要展示内容。

（4）红色旅游产品建设新内涵：长征文化公园。以建设中国长征文化公园为契机而拓展的国家红色文化公园建设，使红色文化主题公园类的红色资源成为重要的旅游载体。所以，以长征文化公园为代表的红色旅游资源当中的线性资源的开发，未来也是红色旅游产品建设要关注的新内涵。

2. 红色旅游的使命担当

从四个方面解读新内涵，与此相适应，红色旅游的使命担当也应该有所拓展，即拥有新使命，那么新的使命是什么呢？

（1）服务“两个大局”的担当。这两个大局就是民族伟大复兴的战略全局和世界百年未有之大变局。实现中华民族伟大复兴战略全局，需要先进的革命文化指导，需要红色旅游来传承红色基因，增强文化软实力。面对世界百年未有之大变局，需要我们构建以国内大循环为主体、国内国际双循环相互促进的新发展格局。尤其是在国内循环中，要发挥红色旅游的带动功能。

（2）要强化意识形态的担当。为什么要发展红色旅游？除经济功能、文化功能外，还有较强的政治功能，承担起立德树人的使命，就是要把共产党的先进价值观、崇高理想信念、优质红色基因传承下去。所以宣传马克思主义的意识形态，是红色旅游的重要使命。

（3）承接经济外部性的担当。所谓经济外部性，就是发展红色旅游重在发展旅游产业，建设旅游经济形态，促进红色旅游所在地的经济发展。但同时红色旅游对当地文物保护、文化繁荣、人文交流、传统教育、城乡建设以及社会发展、人口素质、环境改善、生态协调等，也将产生积极作用。而这些作用是属于红色旅游经济外部性的价值所在。所以，红色旅游以后的使命担当，要更多地承担起经济外部性的功能，这是红色旅游深层次使命的表现。

（4）促进革命老区乡村振兴的担当。红色旅游要强化与红色旅游村镇建设、美丽乡村打造相融合。由于中国革命实行的是农村包围城市的道路，村镇是红色旅游资源的主要聚集地，所以红色旅游在发挥其留住红色基因特殊贡献的同时，也推动了广大乡村地区的城镇设施建设和美丽乡村打造，发挥其促进乡村振兴的作用。未来的红色旅游发展，应该更多地关注革命老区的建设，同革命老区乡村振兴结合起来。

3. 红色旅游的机遇与挑战

进入新时代后，国际国内在发展格局上、发展理念上都有一些变化，对我们每一项事业都是一种挑战，但同时也带来了一些机遇。红色旅游在新时代背景下也有重要的发展机遇，这个机遇可以从各个方面去理解，但仅就这种主题性政策导向型的红色旅游活动来讲，对其发展具有积极性作用和影响的因素，主要来自如下方面：

（1）四大机遇。机遇之一，红色旅游是红色基因传承的主要载体。红色基因的传承，是“四个自信”的基石，是将优良革命传统、伟大革命精神、先进革命文化继承和发扬下去的必由之路。红色旅游恰恰就是红色基因传承的主要载体和重要路径，发展红色旅游就是传承红色基因的非常重要的工作。在重视红色基因传承的时代，很显然就给红色旅游带来了难得的发展机遇。应该说，如果以文化模因论来定义红色基因，那么它就是红色文化生态的内核，同时它更是中国共产党人在马克思主义指导下，领导人民革命、建设、改革及实现中华民族伟大复兴中国梦的历史进程中形成的独特的价值体系。其内涵包括了红船精神、井冈山精神、长征精神、苏区精神等在内的一系列的精神文化。红色基因是一种既有性特征加上革命历史文化特征的红色记忆，作为一种红色记忆，它可以通过建立有效的机制，实现代际传承。红色旅游建立了旅游者与红色旅游地的联系，游客通过与红色基因关联者和关联景观的接触建立起一种较为有力道的感知行为机制，实现红色基因传承。由于红色旅游构建了非常实用的而且是较为顺畅的感知行为机制，所以便于红色基因传播。在大力倡导保护红色资源、利用红色遗产、发扬革命传统、弘扬红色文化、传承红色基因的大好形势下，红色旅游自然就迎来了很好的发展机遇。

机遇之二，红色旅游景区是开展“四史”教育的基地。“四史”教育是我们党正在开展的重要的学习教育，“四史”是中国革命历史与精神文化的集中体现。红色旅游展现的红色遗址景观中，蕴含着深厚的革命情感、丰富的革命精神和厚重的红色文化，是“四史”学习教育最真实、最生动、最自然、最有活力的一种场所。红色旅游集教育与休闲功能于一体的特殊属性，在政治思想、道德品质教育中发挥着重要作用，让观众感知红色历史严肃性的同时，可以在一个较有体验感的环境中习得知识、获取养分、增长力量。近年来，红色教育培训机构、红色研学旅游基地、红色文化博物馆、红色主题公园等的出现，都为红色旅游作为“四史”教育的主阵地提供了有力支撑。红色旅游完全可以配合“四史”教育，开展系列有价值和有意义的活动。红色旅游在这个过程中也就迎来新的发展机会。

机遇之三，红色旅游是老区乡村振兴的重要抓手。刚开始时，红色旅游具备扶贫造血、脱贫致富的功能，成为革命老区乡村实施精准扶贫的一种成功有效的途径。像井冈山、瑞金、延安、西柏坡等地的成功脱贫案例就证明了这一点，给我们提供了成功的实践依据。当下乡村振兴是新时代的新使命，红色旅游产业发展也就成为乡村振兴的重要抓手。红色旅游高质量可持续发展，为老区带来了资金流、人员流、信息流，推动了老区美丽乡村建设，农业产品开发和农民就业创业，推动了革命老区农业高质高效、乡村宜居宜业、农民富裕富足的三农振兴。红色旅游作为革命老区乡村最负文脉的、最有优势的资源依托性产业，当然也是资金和智慧注入的产业，应该为乡村振兴提供更广阔和更厚实的舞台。作为老区乡村振兴的重要抓手，在乡村振兴背景下，红色旅游当然就迎来了良好的发展机遇。

机遇之四，红色旅游是构建双循环发展格局的重要切入点。要构建以国内大循环为主体、国内国际双循环相互促进的新发展格局，先不论红色旅游在国际旅游方面的贡献，单在国内循环中，红色旅游就能够起到发动机和催化剂的作用。尤其是革命老区，其发展程度和中心城市是有很大差别的，正是因为这种差别，在实现“共同富裕”理念追求下，就会城市反哺农村、老区，发达地区支援革命老区等，再加上红色旅游本身是资源导向性产业、政策促进型产业。在这个过程中，为构建良好的国内循环提供了很好的切入点。

（2）五个挑战。当然，在新时代，红色旅游发展面临着新的挑战。

1）红色旅游发展需要多维方式创新，以解决发展动力不足问题。不能等、靠、要，以为国家在政策上扶持、在行动上倡导、在资金上支持，我们就等，这是不行的。红色旅游资源富集地区要主动从市场需求出发，从优质资源利用和产品内涵拓展方面开展研究，创新产品、创新项目、创新业态、创新经营和服务，即以多维方式创新解决发展动力问题，当然还有投融资创新以及管理创新和机制创新等。

2）红色旅游发展需要多样关系协调，以解决区际、代际、产际间发展不平衡问题。面对地区之间、产品之间、旅游地代际之间以及产业之间和品牌之间发展不平衡的问题，怎么去协调？“红色旅游+”、“其他行业和产品+红色旅游”，这些都要平衡好、协调好、融合好。当然作为旅游活动和产品，还有主题化、特色化、规模化的问题，这些都需要平衡。一枝独秀是不可能的，必须走多种途径融合发展的道路。

3）红色旅游发展需要人地关联绿色，以解决生态与环境退化问题。红色旅游资源作为人文资源，它的开发和利用需要跟当地的生态、环境、氛围、社区协调好。这是要解决旅游地文化与自然、社区与环境、人和地的和谐问题。

4）红色旅游发展需要体制机制开放，以解决发展的内外联动问题。红色旅游资源管理体制和机制，从20世纪50年代开始探索到现在，当然有一些创新，也形成了一些模式，但是如何最大化发挥其资源价值，如何让其价值有所重构，如何让其原生价值与当代功能有机结合起来，确实要有机制创新，或者称作机制开放，就是要解决红色旅游发展的内外部联系问题。

5）红色旅游发展需要利益主体共享，以解决红色旅游社区公平正义问题。红色旅游利益相关者多样且复杂，不单是政府和游客，还有规划者、投资商、管理者、社区、旅游者、媒体，这些都要有所顾及，核心问题就是要解决红色旅游社区公平正义问题。

我们面临的挑战很多，克服了、做好了就是引领红色旅游高质量发展和内涵建设的策略，就是针对百年未有之大变局，构建以国内大循环为主体、国内国际双循环相互促进的新发展格局的必由之路，就是“十四五”乃至更长时期我国红色旅游发展的思路方向及其着力点。

二、红色旅游高质量发展的新路径：方法与手段

新时代红色旅游在新发展格局中地位确实日益彰显，各地在红色旅游发展过程中也不断有新的探索，发展的手段、路径、方法、措施是多种多样的。江西是中国革命的摇篮，在红色旅游发展方式和路径方面率先做了一些有益探索。笔者长期在高校从事旅游管理教学与研究工作，因得天独厚的条件，较早地关注了红色旅游，对红色旅游的实践和理论也有一些不成熟的思考。今天讲一些比较接地气、能对接实践的具体方法。这里不涉及宏观的战略，只是在实践中探索和总结新的发展路径。

1. 红色旅游产品供给侧多样性和市场拓展时尚化相结合

产品的多样性不用多说。产品供给多样性与市场拓展时尚化要结合起来。红色旅游关注革命传统教育、红色基因传承，在几十年的发展过程中，形成了很多比较成熟的经验、方法和路径，这些路径和方法很容易被借鉴、被复制、被推广。所以在这个过程中，就会形成很多先入为主的方式和方法。但是在新的市场面前，年青一代是互联网群体，他们是智慧旅游时代成长起来的人，是具有新思维、新的时尚生活方式的

群体，对新兴科技应用非常娴熟的群体。所以市场定位，一定要注重这种时尚化和科技化的群体，这种熟练利用科技手段、喜欢时尚化表现、注重旅游体验的群体。也就是说，红色旅游市场是时尚化、科技化、智能化的市场。作为年长的旅游策划者、规划者、建设者和管理者，要充分认识到这样一个问题，不要用固有的思维和方式来引领和规范市场，去引导新一代红色旅游者，他们的消费方式是我们所不具备的。但是，可以建立一种先进理念，指导红色旅游在实际发展过程中怎样去适应新市场。

2. 红色培训研学教程规范性和红色景区文化休闲性要相得益彰

强调红色基因教育、红色干部培训等，就想到了这是革命传统教育，这是立德树人的教育事业，要注重严肃性和规范化。如果是红色研学和培训，一定要注重它的规范性、严肃性、科学性和客观性，来不得半点虚假，也来不得半点搞笑和戏说，因为这是政治思想和革命理想教育。但是，红色文化是丰富多彩的，红色革命实践是壮怀激烈的，红色资源来源于火热而又充满激情的生活，因此红色文化展现确实是要具备生活态、休闲型、轻松感的，这一点理念上大家都能理解，但做起来比较难，一方面要严谨规范，另一方面要注重轻松休闲，要处理好这对矛盾，其实也是一个战略路径选择和设计问题。

3. 强化线性红色旅游资源保护、规划、开发、建设和推广

国家主导建设的四个文化公园都是线性的，线性有长度，受益面较广。中国革命的实践是一个大场景，是全国范围内联动的，所以线性既能照顾到各个不同地区协调发展，还能兼顾到东、中、西部，南、北部的区域协调发展。线性的资源会越来越受到重视。因为它更能带动全国的发展，对消灭地区、区域差异贡献更大。红色历史遗迹呈线性状态的很多，如秋收起义部队上井冈山路线、八一起义部队转战路线、红军北上抗日先遣队征战路线、满洲里红色国际秘密交通线，以及新四军挺进华中、挺进全国抗战路线等，这些涉及多区域跨度的红色旅游资源都值得关注。

4. 红色旅游产品的动态化、场景化和体验化方式

面对新事物不断出现新问题，人的消费心理、观念、习惯一般不喜欢感知静止的、固化的、死板的东西，而是喜欢动态化的、场景式的，而且人们希望与他人、与环境、与物体、与思想互动，所以体验性非常重要。在具体实践操作过程中，可以倡导建立三种具有情景式的旅游产品、项目、景区。一是建立“超市型”红色旅游景点。在红色旅游景区非门票经济状态下，对于革命遗址遗迹丰富的红色旅游村镇，如井冈山茅坪、瑞金市沙洲坝、平山县西柏坡以及延安杨家岭等，游客进入遗址群景区后，除观赏文物、浏览展品、体验红色年代革命工作和生活环境外，对于其中陈列摆放的红色文创产品、革命年代实物复制品甚至文物复制摆件，这些通过文创、复制而成的旅游商品或者历史见证物，有纪念意义的革命年代生活用品，可以按历史和生活原状摆放在红色景点、革命遗址群中，除文物及其复制品外，可以由游客任意观摩、自由选购，到出口设卡的地方结账。或者让游客利用互联网实现线上旅游自助式购买服务。二是创建历史感的旅游活动场所。通过旅游者在历史空间内的感知与想象，实现与历史交

汇，做出历史模拟场景。三是创立沉浸式红色旅游场景。在红色故都瑞金叶坪村的广场、延安的宝塔山、平山的西柏坡，这些红色革命遗址地组织红军、八路军、解放军列队操练表演以及升旗等仪式的旅游活动，建设活态的红色旅游景区，让游客体验真实的红色文化、生动的革命生活场景，这些是非常重要的。

5. 要经营好红色旅游环境空间和活动时间

红色旅游脱离了历史和乡土环境，它就不具有空间场所功能。只有把环境空间拓展了，游客才可以延长旅游时间。为此要树立环境就是资源、风貌就是景点、风情就是景观、风俗就是景物、生活就是风景、传统与时尚就是吸引力的观念，也就是树立时间就是市场的观点。当你有风貌、风情、风俗、环境、生活、时尚时，处处都可以吸引人，人们就愿意驻足观望或者身临其境去感受。这样就实现了无景点旅游城市和乡村的目标，包括城市街道、建筑风貌、特色街区、传统建筑、城乡风光、山水生态、风土人情和民众生活、城市夜景和乡村夜话等，形成处处都是景、无处不是景的环境状态，就可以做到以环境换时间、以时间换市场。其逻辑就是空间大起来、游程慢下来、体验深起来、时间长起来、游客住下来、消费多起来、效益丰起来。不能一建设红色旅游景点，就搞主题园、纪念馆、博物馆或雕塑，只想到硬投入，没有环境氛围和活动空间布局，其实这些能给我们带来更大效益，这就是空间、环境和时间效益。

6. 旅游推广要连起来、活起来和真起来

“连起来”很好理解，红色旅游景点之间直接联系起来就显得单调。我们知道，中国出了个毛泽东，毛泽东是从湖南湘潭韶山走出来的有志有为青年，早年在长沙从事建党等革命活动，到了井冈山时期，他就创建了有中国特色的革命道路。长征中担任中国共产党领袖，在延安指挥抗日战争，在西柏坡指导解放战争。这些展示了中国革命的艰难的胜利历程，经过不同时期的革命斗争，领导中国革命走向胜利。通过连线展现毛泽东一生的光辉业绩，这就是红色连红色。若将红色跟其他颜色连起来，更能相互映衬。这样动态演绎文化的魅力，是活起来的内容。而真起来，是让人真正体验真实的生活，走进红色乡村、红色街区、红色生活，走进革命战士活跃生动的充满激情的战斗生活。

三、红色旅游高质量发展新格局：战略支撑体系

红色旅游发展要靠科技、人才、政策，还有投资以及硬件设施建设等各个方面的支撑，要根据红色旅游发展的需要，对其支撑体系开展除制约、补短板、填漏洞、破瓶颈等解决问题的工作。红色旅游在高质量发展过程中，要进行突破、实行改革、开展创新，都要对红色旅游实践进行调查研究，在此基础上，提出解决办法，建设支撑体系，构建发展新格局。

1. 红色旅游资源开发要有新定位

在做好红色旅游景区基础上，不断整合不同资源类型的景点，走多维融合发展道路。要把准旅游资源特色，进行优势组合定位。例如，江西六大红色旅游目的地，要各有自己的定位和分工，通过红色与他色多维融合发展，形成既有地位又有作为的红色旅游特色目的地体系。井冈山建设红绿相映型旅游景区，这是根据资源决定的，它历史红、山林好，有红有绿，定位就是红绿相映。南昌要建设城乡互动型的红色旅游城市，因为南昌八一起义打响第一枪的地方是中心城区，但在乡村也有一些不错的红色资源，除了突出城市中心地位，还要跟乡村红色资源实现互动。瑞金应建设多彩融合型的旅游区，因为在瑞金除了有红色，还有绿色、古色、土色，结合起来开发就叫多彩融合。萍乡建设三色并举型的旅游区，因为萍乡的红色资源突出，绿色、古色资源品质也很高，三色资源开发可以并驾齐驱。还有上饶可以建设多极并重型的旅游区，九江就是建设红色点缀型的旅游区。总之，通过旅游资源组合方式进行新定位。

2. 红色旅游城市分布要有新格局

红色旅游城市之间确实存在长板和短板问题，发挥长板效应，克服短板制约，强化市场引领，构建协同发展机制。以江西为例，就几个典型的红色旅游区域来看，南昌是典型的红色旅游城市，九江有庐山、上饶有三清山、萍乡有武功山，而井冈山本身就是一座山城，它们都是以名山引领红色旅游联动发展。唯有瑞金是乡村型红色旅游的典型代表，因为瑞金的城市本身不突出，其红色旅游景点主要在城市周边的乡镇，远一点的乡镇也有很多分布，所以它是典型的乡村型红色旅游区代表。江西的城市红色旅游和依山城市的红色旅游发展相对较好，而恰恰就是以乡村红色旅游为依托的“红色故都”瑞金、赣东北根据地中心横峰葛源、红十军诞生地德兴、湘赣革命根据地中心永新、湘鄂赣革命根据地中心万载，这些地方的红色旅游发展相对较弱，呈现出短板现象。所以，促进瑞金、横峰、德兴、永新、万载等以乡村红色旅游资源为主的红色旅游地的崛起，使得瑞金等地成为红色旅游城市新品牌，这是补齐江西红色旅游短板的区域性战略布局。

3. 红色旅游产品内部要有新结构

红色旅游产品要深化供给侧和需求端改革，建设旅游生产端、旅游消费端新格局。一是旅游生产端产业升级，实现多种业态融合的新格局。依托丰厚的红色资源，大力发展红色演艺业、影视业、文创业、研学业、教育业等业态。例如，瑞金要抓紧落实建设国家公务员培训学院，井冈山建设红色影视基地，共青城市要积极筹建全国青年创新创业产业园区等，使红色旅游产品结构得到提升、优化。二是旅游消费端产品创新，实现产品智慧化、组合化、规范化的新格局。严格规范红色主题教育、红色精神研学、红色文化培训等有严肃性要求的旅游产品建设和项目设立。在保证历史原生性、客观性、科学性前提下，杜绝恶搞、丑化、戏说的情况下，允许建设多样性的活态、动态、生活态、体验态红色休闲旅游项目。另外，在产品推广上要进行组合搭配，可以将韶山、长沙、萍乡、南昌、井冈山、瑞金组合成为最具“中国红”特色的红色旅游首选线路。

4. 红色旅游促进乡村振兴要有新布局

国务院印发了乡村振兴战略规划，明确提出乡村振兴的基本目标和任务。革命老区的乡村沉淀有中国革命的红色记忆遗存，有丰富的红色遗产景观，依托村落丰富的红色旅游资源发展乡村旅游，盘活老区乡村资源，发展红旅特色产业，营造美好和谐的人居环境，推动红色旅游与乡村振兴融合发展，有利于形成新时代乡村发展新格局。在此过程中，一是要挖掘红色文化，创建红色小镇和研学基地，组织学生前往红色资源丰富的乡镇进行革命传统教育，红色基因传承，开展以农业和乡土文化为主要内容的研学旅游，进行有关生态科技、休闲农业的实践教学等。二是要活化利用红色资源，实施红色旅游"一村一产业"的乡村振兴方式，即投资一个景区，促进一个乡村全面发展；支持一个旅游创新创业项目，促进一群人或一个家庭生活改善；建设一个旅游产业，促进一个乡村的整体文明与发展。三是在旅游与乡村的同步建设中，实现乡村经济、政治、文化、社会、生态"五位一体"布局。

5. 红色旅游实现"淡季不淡"要有新安排

红色旅游也有淡旺季分布规律，一般年度纪念日是个小高潮，逢5年一个中高潮，逢10年一个大高潮，50年、100年就是盛典和巅峰时刻。当然法定节假日等也会出现旺季特征。在江西，季节气候的影响也会有淡旺季之分，冬天很冷时和夏天很热时也会进入淡季，还有梅雨季节，也影响人们出游。所以要有新的方式和方法应对，做出新的安排。即要针对特殊需要开发产品，针对不利环境消除制约因素。例如，夏天比较闷热，但是海拔800米以上的山地比较凉快，而中国革命根据地很多都是在山区，这样的革命老区、红色村镇，在江西有很多，它既可以建设为红色旅游目的地，又可以延伸开发为乡村度假避暑休闲地，两个结合起来，就可以实现淡季不淡了。另外，室内红色旅游演艺活动，革命博物馆、纪念馆的室内研学活动等可以多开展，一定程度上可以克服淡季问题。

6. 行业+红色旅游要有新做法

做好"红色旅游+"和"+红色旅游"文章，可以推动"小城镇+红色旅游"、"交通+红色旅游"、"乡村振兴+红色旅游"、"古树名木+红色旅游"、"农业+红色旅游"、"水利+红色旅游"、"文物+红色旅游"、"商业+红色旅游"、"体育+红色旅游"、"会展+红色旅游"、"大型工程设施、大型建筑+红色旅游"等。即红色旅游要与地方优势产业、资源、环境、生态、设施等结合起来，拉宽长板，发挥特色，建设红色旅游新业态，形成红色旅游新生态，打造红色旅游新IP，实现产品、产业、产能、产值共生。

7. 红旅特色小镇发展要有新局面

现有乡村红色旅游开发主要停留在革命旧址遗产观光、红色文化传播、原生生态环境保护方面，但对红色文化活化利用和特色企业孵化，通过对地域红色资源和乡土文化挖掘利用，打造具有乡土风格的红色旅游小镇，还未形成红色旅游打开新局面的重要方法。毛泽东同志曾在遂川县的草林镇想方设法建立了一个圩场，现在叫作"红色圩场”。摆圩场，做生意，各种货物交易表面上看像是普通乡镇的农贸市场，但其实它承担了给井冈山大本营源源不断提供必需的战略物资的功能。现在被打造成为红色旅游景区，定位为红色贸易发源地，形成以红色贸易遗迹为依托的红旅小镇。

在红旅小镇建设过程中，我们需要明确主体、产业、资源、主题4个方面的内容。为此要实现以下几个方面的突破：①组合大型旅游企业、农村集体新经济组织，成为乡村红色旅游建设的主力军。②拓展乡村红色旅游新业态，主要是红旅研学、乡村度假、精品民宿等业态，这些建立起来了，特色小镇也就形成了。③放开革命老区废旧老宅、闲置宅基地、空心村、空壳村等土地和房屋的居住权、使用权、经营权，盘活乡村红色旅游资源，真正让资源变成资产。④重视有个性、具风貌、重风情、多风物的红色山村、渔村、土坯村、石头村、茅棚村、竹林村、吊脚楼村、堡寨村等的开发利用，发展乡村休闲度假、饮食养生、民俗节庆等旅游业态或产品，只有这些业态和产品组合起来了，乡村旅游地的建设就丰富起来了，红色特色风情小镇就形成了。

8. 智慧服务红色旅游要有新思维

市场拓展要注重时尚化、市场化、科技化，步入信息化高速发展时代，红色旅游要有智慧化思维、云端思维、“互联网+”思维，要想办法把这些工程做好。现在一些智慧旅游、智慧城市工程，确实是新科技、新理念主导的，但要提高应用率。多做网上、掌上就能够实现的推广、互动、查询、预订等功能的应用平台，便捷红色旅游消费流通和延展红色旅游产品功能，增强红色旅游活动体验感。所以，要构建智慧旅游数据平台，通过VR技术制作虚拟红色旅游产品。全域建设智慧红色旅游产品、景区、城市，通过信息化、快捷化、便捷化，方便并促生游客红色旅游行为，并不是一定要构建一个大数据平台。让旅游者实现掌上能够便捷地、顺畅地接受信息、进行决策、实现预定，才是最重要的。因此必须构建覆盖省市县乡镇景区的智慧旅游营销与推广系统，推进旅游市场的时尚化、科技化、智慧化，这是红色旅游要借助的重要的渠道和方法。

红色旅游的创意策划与创新发展*

一、江西红色旅游发展中的诸多创举

在我国红色旅游发展格局中，江西在一定程度上算是抢占了先机，发展成效比较显著，成为公认的红色旅游重要策源地和主要目的地。从发展的规模和取得的经验看，江西红色旅游处于全国第一方阵地位，并具有引领的先导价值、发挥了领跑作用。进一步发挥江西红色旅游的带动作用、延伸价值、辐射功能，需要总结经验。

1999 年，江西最早提出“红色旅游”概念。

2001 年，提出“红色摇篮、绿色家园”旅游主题口号，成为红色旅游的发起地。

2004 年，率先出台《江西省红色旅游发展纲要》，同年举办“中国红色之旅万里行”活动，掀起红色旅游热潮。

2005 年，召开“发展红色旅游工作会议”，全面部署红色旅游工作，同年举办第一次全国性、大规模的红色旅游宣传、推介和博览盛会——中国（江西）红色旅游博览会。今天的“红博会”就是它的传承和延续，成为我国最负盛名的红色旅游展会与节庆品牌。同年开通“红色之旅”旅游列车，率先将红色旅游纪念型景区向公众免费开放；率先举办“红色旅游万里行”宣传促销活动；率先提出建设红色旅游强省的战略目标。

2006 年，出台《关于大力发展红色旅游的若干意见》，明确扶持红色旅游发展的系列政策措施，并首次面向全国推出“中国红歌会”。由“红歌会”掀起的唱红歌活动，至今余绪绵绵，成为红色文化传承与传播的超级强音。

2007 年，大型实景演出《井冈山》隆重上演，成为我国最早一台演绎红色经典的实景演出，而且至今常演不衰，成为全国众多大型实景演出中的“万花丛中一抹红”。

2009 年，进一步提出把江西建设成为中国红色旅游首选地和红色旅游强省的目标。同年瑞金市被国家标准化管理委员会列为首个红色旅游服务业标准化试点单位。瑞金市制定出《红色旅游景区（点）服务细则》等 65 项企业标准，形成了较为完善的红色

* 本文是 2017 年 11 月 10 日在中国红色旅游推广联盟成立活动仪式上的演讲。

旅游服务标准体系。带动整个江西红色旅游标准化工作走在全国前列。

自 2011 年开始的中国红色旅游网络博览会，还有南昌市凭借其人民军队诞生地而策划举办的“国际军乐节”等节庆会展活动，取得巨大成功和深远影响，无不是来源于文化遗产和文化元素的创意，无不体现了创意的智慧和策划的力量。

据国家旅游局 2012 年的统计，江西红色旅游规模已占全国的 33.6%，一度处于领跑者的地位。

党的十八大以来的发展进一步证明，江西红色旅游正以阔步前进的姿态，继续处于我国红色旅游发展第一方阵。

多年来，井冈山的红色教育培训推出的“六个一工程”，已然成为全国红色培训和爱国主义教育的“国标”。

“红色故都”瑞金依托“苏区干部好作风”推出的公务员培训项目，亦成为公务员培训和党员干部教育的“标配”。

南昌、井冈山、瑞金、安源、兴国五大“红色摇篮”推出的系列青少年红色研学游，成为弘扬革命精神、塑造健全人格、传承红色基因的重要活动形式，江西成为红色研学游的圣地。

2017 年，南昌大学和井冈山大学成功创建全国红色旅游创新研究基地，说明根植于江西红色旅游发展实践的理论与学术研究卓有成效，江西成为红色旅游研究的重镇之一。同年，由江西倡议，来自 24 个省份的红色旅游代表在南昌宣布成立中国红色旅游推广联盟，联盟秘书处驻地永远设在江西。

特别值得关注的是，井冈山、瑞金等革命遗产展示的中国共产党人艰苦创业的历程和勇于战斗的精神，以及由中国共产党人首创的革命精神，被公认为人类的共同精神价值，由此红色旅游国际化也不断得到新的拓展。

截至 2017 年，全省纳入全国红色旅游经典景区名录 11 个，红色旅游景区中有 AAAAA 级景区 3 个（井冈山、庐山、瑞金），AAAA 级景区 9 个，AAA 级景区 14 个，拥有革命遗址旧址 2344 处，数量和质量在全国首屈一指。当年全省红色旅游接待人数超过 2 亿，综合收入达 1500 亿元；红色旅游直接就业人数 16 万人，间接就业人数近 70 万人。全省比较成熟的红色旅游线路已达上百条，红色旅游看江西已成业内共识。

二、红色旅游发展的新理念和新格局

《2016—2020 年全国红色旅游发展规划纲要》提出，要更加突出红色旅游的理想信念教育功能、更加突出红色旅游的脱贫攻坚作用、更加突出红色旅游的文化内涵，这为红色旅游下一轮的发展指明了方向。结合新时代对红色旅游的全新定位，红色旅游创新发展要树立新理念、构建新格局：

1. 树立红色主体+多彩并举的发展新理念

要使红色旅游持续保持勃勃生机，就要树立“红+绿”、“红+古”、“红+绿+古”等多色协同发展理念。就江西来说，“红色主体+多彩并举”的发展模式主要有：

对于井冈山、上饶、九江等拥有优美自然景观的地区，实施“红色”与“绿色”融合发展，打造“红绿相间”型景区。

对于南昌、萍乡等城市景观突出的红色旅游区，要将现代元素、时尚因子融入红色旅游产品建设中，打造与红色文化内涵相配的城市景观、VR 体验馆、现代雕塑等，为红色旅游增加吸引力。

对于瑞金、于都、兴国等革命老区，要突出客家“土”色元素，打造具有“客家乡土风情”的红色旅游区，一方面可以最大程度还原历史事件发生地的原生场景，回归那个“年代”，着客家装，造乡土风。另一方面在建设纪念馆、博物馆的基础上，以实景还原方式展示历史人物活动和事件，打造具有历史感的展览区。

2. 以江西为例构建红色旅游发展的新格局

江西要保持红色旅游第一方阵的地位，必须要构建红色旅游发展新格局。

（1）红旅定位要有新格局，即要多维融合发展。井冈山、南昌、瑞金、萍乡、上饶、九江作为江西六大红色旅游目的地，要各有自己的定位与分工，形成特色目的地，即井冈山建设红绿相映型旅游区、南昌建设城乡互动型旅游区、瑞金建设红色主体型旅游区、萍乡建设三色并举型旅游区、上饶建设多极并重型旅游区、九江建设红色点缀型旅游区。

（2）红色城市要有新格局，即要促进瑞金红色旅游强势崛起。就江西六大红色旅游城市来看，红色虽然是南昌、萍乡主要旅游产品之一，但不能认为是其支撑性主打产品，它们主要依靠的还是城市旅游；九江、上饶主要依靠名山支撑，井冈山则是典型的山地型红色旅游产品，唯有瑞金是乡村红色旅游的代表。现在的格局是城市、山地城市、依山城市的红色旅游发展相对较强，但以乡村红色旅游为依托的瑞金发展相对较弱，是一个洼地，所以在江西红色旅游新格局中，必须促进瑞金崛起。

（3）红色旅游内部结构要有新格局，即要优化业态结构。红色旅游自身内部结构要有调整，即要建设活态、动态、生活态、体验态的红色旅游项目，大力发展红色培训业与演艺业、影视业、文创业、规划业等，瑞金要抓紧落实建设国家公务员培训学院等工作。

（4）区域合作要有新格局，与福建共同打造苏维埃共和国社会风情游，与广东、湖南共同打造长征突破封锁线游，建立长征国家文化公园江西长征步道。

3. 拓宽红色旅游多维资源整合利用新模式

（1）以影视传媒为依托的红色文化资源整合模式。通过把红色文化资源整理开发为电影、电视剧、宣传片、广告片、文学作品、短视频等影视传媒作品，使红色资源得以利用、红色精神得以弘扬、红色基因得以传承。

（2）以组合经典景区为依托的产品整合模式。在江西红色旅游发展格局中，南昌、井冈山、瑞金可谓三足鼎立，但其他红色资源丰富的地区相对处于劣势，采取红色景区打包组合模式，如推出“江西红色旅游畅游卡”，可凭此卡畅游江西红色旅游景区，辅之以低于市场价的优惠价格，实现红色景区的打包“售卖”。

（3）以节庆盛会为依托的形象整合传播模式。可以在革命领袖诞辰日、中国革命重大历史事件发生日举办大型纪念活动，召开红色旅游盛会，借节庆之东风，树红色旅游形象。

（4）推动红色旅游与公共文化服务有机结合模式。在红色景区，由文化部门负责指导组织革命历史题材文艺创作、演出活动和群众性文化活动；教育部门组织大中小学生开展研学旅游活动，进行革命传统和爱国主义教育。

三、提升红色旅游发展的质量和效益的创新建议

1. 大力发展动态和融合类旅游新产品

推动旅游供给侧改革，加快红色旅游多元化进程，大力发展动态和融合类旅游新产品。

（1）实现资源整合，将红色资源与其他类型资源结合，打造“多色”型旅游景区。一是将红色场景与绿色生态结合，开发红色自驾之旅、红色徒步之旅等产品，发挥红色旅游寓教于游、寓教于体验的业态优势。二是将红色资源与研学旅游相结合，把红色景区建设成一流的爱国主义教育基地、国防教育基地和青少年研学旅游基地。三是将红色历史和军事设施相结合，建立军事文化体验场，打造动态的体验式、参与式的强势项目。

（2）促进产业融合，依靠红色旅游业，连接其他产业，形成融合发展的新型红色旅游产品。一是将红色旅游与文化产业相结合，扶持文化企业，打造红色旅游类影片、话剧、小说等有利于传播的载体。二是将红色旅游业与教育培训业相结合，在井冈山、瑞金等地和长征沿线各红色旅游区，开办“红军生活体验学校”，在暑假、寒假期间招生，从小学到大学再到成人教育学生，都可在学校接受不同程度的红色历史、文化、精神及革命史诗等相关知识的教育，并模拟军队管理模式，进行相关素质拓展，全方位体验红军生活。三是将红色旅游与互联网相结合，开发“旅游+互联网”全新发展模式，打造智慧景区，在全国“全国红色旅游经典景区”率先试点，可以利用微信，开展网上订票、在线讲解、智能停车、酒店预订等服务，打造网上“一条龙”式服务。

2. 建设要素完善的复合型红色旅游新景区

结合新旧“六要素”进行配套建设，增强红色景区复合旅游功能。

（1）完善景区商务接待功能，形成“红旅+商务”。

（2）对井冈山、上饶、景德镇、龙岩、长沙等绿色资源丰富、古色底蕴深厚的红

色旅游区，适当开发养老地产、养生乐园、康养基地，实现景区养生功能的突破，形成“红旅+养生”。

（3）完善红色景区教育功能，吸引研学旅游。在红色景区建立“苏区学堂”、“长征学院”、“红培训练营”等教育机构，完善教育设施，聘请历史学、中共党史方面的专家，定期开讲，提升红色景区教育功能，形成“红旅+教育”。

（4）增加景区休闲度假功能，形成“红旅+休闲”。

（5）在有条件的红色景区打造具有质朴感的婚纱摄影基地，拍摄军旅主题婚纱照，举办“红军简朴婚礼”等活动，增加景区情感类旅游要素，形成“红旅+婚庆”。

（6）开展红色探险之旅、红色徒步之旅、模拟战争等活动，为红色景区增加探索性旅游要素，在“游”的基础上增加趣味因素，形成“红旅+康体”。

（7）开发具有红色资源的贫困乡村，形成“红旅+乡村振兴”。

3. 激活民间资本投入建设红色旅游新项目

吸纳民间资本进行节庆举办、体验活动打造、线路设计与推广、演艺项目演出、融媒体旅游产品的二次创作等“软”投资，开发旅游项目，实现资源共用、风险共担、利益共享。试点红色旅游 PPP 模式。红色旅游景区开发具有公益性和商业性的双重属性，具有运行 PPP 模式的先天优势，可在红色资源基础良好的地区先行试点 PPP 模式，引进社会资金，参与开发建设，解决政府资金不足问题。

4. 转向以手机为主要载体的智慧营销新方式

在新媒体、融媒体快速发展的时代，搭上智慧营销的快车，是红色旅游发展的新契机。一是打造红色旅游服务的 APP，满足年轻消费者的需求。二是构建红色旅游直播平台。三是借助社交类网络平台，如微信、微博、陌陌等具有影响力的网络社交平台，建立红色旅游宣传账号，推送红色旅游资讯，策划有影响力的主题活动，如在微信、微博中举行红色旅游摄影大赛、“票选你最爱的红色旅游景区”等活动，吸引游客参与。

5. 加强红色旅游人才队伍链的建设

对红色旅游讲解员、导游员、培训师、研修师等实行人才链延伸，积极吸收“七老”人才加入队伍，即老革命、老干部、老模范、老教师、老战士、老专家、老烈属甚至老后代，进入红色旅游讲解与培训人才数据库，发挥他们亲身亲历亲见亲闻的优势。

红色旅游发展模式概论*

根据课程安排，今天由笔者给大家分享红色旅游发展模式。谈到红色旅游发展模式，就必然面临一系列问题：首先，什么是红色旅游发展模式？因为旅游广义上有文化旅游和自然旅游之分，红色旅游作为文化旅游的重要方式，相对自然景观、民俗风情等旅游发展模式，红色旅游是否有独特的发展模式？其次，如果红色旅游有其自身发展模式，能够基于红色旅游的本质，构建什么样的红色旅游发展模式？最后，建设红色旅游发展模式，该从哪些方面入手？

这一系列问题不是独立存在的，必须一一予以解答，否则今天的专题课程体系就缺乏理论的逻辑性。

因此，今天我们围绕红色旅游发展模式进行讲解，从主要概念体系、模式理论框架、区域战略实践三个维度去回答红色旅游发展模式问题。

一、主要概念体系维度：什么是发展模式与红色旅游发展模式？

要回答这个问题，就必须回答清楚什么是模式、什么是发展模式、什么是红色旅游发展模式，并在此基础上揭示什么是红色旅游发展实践的一般模式，这里既有层层递进的分析与剖析，也有百川归海的综合和归纳。

众所周知，红色旅游主要是指以中国共产党领导各族人民在革命、建设和改革开放实践中所形成的纪念地、标志物为载体，以其承载的历史事件和伟大精神为内涵，组织接待旅游者进行参观游览，达到增长历史知识、接受传统教育和振奋精神、放松身心、增加阅历的目的的主题性旅游活动。

由此来看，红色旅游是“红色”和“旅游”的有机结合，也是一种把精神财富转化为社会财富和物质财富、实现物质文明和精神文明相结合的社会实践。在这里“红色”是内涵，“旅游”是形式。红色旅游是旅游经济的新生儿，是革命传统教育与现代旅游经济的结晶。

---

* 本文是 2020 年 11 月 20 日在文化和旅游部资源开发司主办、中国旅游报社承办的红色旅游“云课堂”主讲的“红色旅游发展模式概论”课程内容的整理稿。

从红色旅游的定义可以发现，红色旅游既是革命传统教育活动，又是旅游观光活动，是集政治、文化、经济工程于一体的综合性工程，这种综合性决定了红色旅游的复合型特征。这种复合型特征使得红色旅游在地区、领域、对象、内容等方面存在发展上的差异，从而形成不同的发展模式。

1. 模式是什么

该词最早出现在我国南北朝时期，北朝中北齐王朝的魏收（507—572）主纂的《魏书·源子恭传》："故尚书令、任城王臣澄按故司空臣冲所造明堂样，并连表诏答两京模式，奏求营起。"当时指一种成熟的建筑样式，后来渐渐指对某一类事物的高度概括与凝练。

国外模式（Pattern）之父——美国加利福尼亚大学环境结构中心研究所所长 Christopher Alexander 博士关于模式的定义：每个模式都描述了一个在环境中不断出现的问题，然后描述了该问题的解决方案的核心，通过这种方式，可以无数次地重用那些已有的解决方案，无需再重复相同的工作。

模式是在特定环境中解决问题的一种方案。

若用一句话表述，可以说模式是从实践中提炼出来的核心知识体系，属于哲学上的科学方法论。

模式这个词现在很热，如我们司空见惯的手机模式、户外模式、飞行模式、静音模式等，再像经常讨论的发展模式、开发模式、商业模式、思维模式、盈利模式等，以及当前热点话题的中国模式、产业模式等。

2. 什么是发展模式

发展模式是一个国家或一个地区在特定的时代场景中，也就是在自己特有的历史、经济、文化等背景下所形成的发展方向，以及在体制、结构、思维和行为方式等方面所表现出的特点。广义上，发展模式是世界各国家或地区在实行现代化道路过程中对政治、经济体制及战略等的选择。

其中，发展观是发展模式的灵魂，它从根本上决定着发展模式、发展道路和发展战略，引导着发展实践。

发展模式有什么特点呢？这要从以下几个方面来说明：

（1）抽象性和概括性。模式是区别于其他同类对象的发展定式，是对蕴藏规律和特色的高度概括。例如，"小商品、小政府、大市场"是对"温州模式"的概括，因为其特点是高度重视利用民间资本和社会市场的巨大作用、政府"无为而治"，是市场主导型和民营资本推动型的区域经济发展模式。而"苏南模式"的特点是集体经济，"东莞模式"的特点是外源驱动（外资主导、外来技术主导和出口导向）、城乡一体融合发展等。一句话，模式反映的是事物最本质的特征。这个本质特征必须是理论化的高度抽象化的概括。

（2）整体性和独有性。模式反映的是经济社会的整体运行机制和规律，重点在突出全过程和全貌，而不是局部特征，因此一个国家或区域的具体发展模式往往与众不同，很难被外界所复制和模仿，外界只有通过借鉴才可以吸收有益成分为己所用。例如，“中国模式”就很难在其他国家推广和复制，因为中国模式是全球化和现代化背景下，中华民族作为后发展国家根据本国国情，在改革开放进程中逐渐形成的发展战略、发展目标和发展路径，是一条具有中国特色的社会主义道路，它的历史背景、文化传统、政治基础、指导思想、存在问题和其他国家完全不同，体现的是和而不同、求同存异的发展智慧，是多元要素整体合力作用的结果和必然，是中国独有的整体发展方式。当然如果有历史背景、文化传统、政治基础、指导思想、存在问题与中国非常类似的国家和地区，是可以借鉴和参考中国的模式引导发展的，但我们从不主动输出模式。不管怎样，中国模式中的一些成功做法，各国和地区是可以学习和借鉴的，就像我国改革开放以来不断学习西方发达国家的先进管理经验和成熟的市场经济方法一样。相互学习与借鉴也是模式形成和总结的价值所在。

（3）动态性和演化性。模式不是一成不变的，而是随着发展阶段、影响要素、发展观念、主导力量、经济社会环境的变化而不断变化的。

3. 什么是红色旅游发展模式

基于对红色旅游的认识和对发展模式概念的探讨，红色旅游发展模式可以界定为：驱动红色旅游经济获得发展和进步的各类要素的组合方式，包括某区域在一定历史时期内红色旅游发展因素、发展目标、发展特征、发展过程及其内在机理等的有机合成。

有鉴于此，根据对模式、发展模式、红色旅游模式概念的解析，我们认为：模式的核心内涵表现在两个方面：一是人们对经济社会规律的抽象认识和理论升华，因此应该属于一种思维方式、价值判断或认识论；二是体现在一定经济社会形态中，反映的是特定时期和空间内的发展规律，并随着时空历史条件不断演化而发生变化、创新，体现出不同的内容、特点与规律，否则模式将趋于僵化而失去活力。红色旅游发展模式也是这样的。

4. 红色旅游发展的实践模式

通过对20年来我国红色旅游发展方式、路径、成功经验等的实践总结、归纳和提炼、概括，在红色旅游发展实践中形成的主要模式有：

（1）红色旅游的主题性开发模式。该模式形成的旅游区有三类：一是区域内作为革命根据地的中心地位及其遗留的众多的密集的红色旅游资源，天然形成的以红色旅游为中心主题的目的地，即著名红色旅游地和旅游城市（乡村），像井冈山、瑞金市、延安市、西柏坡村、永新的三湾村等，它们的特点是凸显红色主题，突出其教育、政治、文化、经济意义，是一个相对综合的模式。二是正在建设的国家长征文化公园，这是一种超大型的线性组合的主题公园模式，不可复制，是一种特殊类型。三是聚焦某类红色旅游资源形成的旅游主题开发园区，即红色主题公园模式，这其实是旅游主题公园或文化主题公园的典型模式。红色主题公园的建设就是聚焦主题，营造红色氛围，其建筑要与红色主题特色相协调。这种红色主题公园其实是一个旅游大项目，追求的是带动一系列的产业发展以及品牌旅游文化，让其成为一个突出性地标。第一类和第二类主要由政府主导、主持、主建和主为，第三类一般由市场主体开发建设，也有较成功的案例。

例如，坐落在浙江省东阳市横店镇的红军长征主题公园，是我国迄今规模最大的以红军长征为主题，集红色旅游、传统教育、休闲娱乐与军事题材影视拍摄等多功能于一体的特大型综合性旅游景区，总占地面积 9000 余亩，其中 98%以上是山地，总投资 3 亿多元。

该园以红一、红二、红四方面军和红二十五军长征路线和徒步采访长征路的著名记者罗开富同志《红军长征追踪》一书为基本设计依据，按红军长征中的重大事件、重要战役发生先后顺序，建造了再现历史原貌的重要会议会址、重大战役遗址等 40 余处，各种相关建筑 170 余幢，总建筑面积 4 万余平方米。此外，还建有红军长征沿途经过的江河、山川、村寨等 20 多处，浓缩地再现了红军艰难曲折的长征过程；其间，在相关的馆舍里还陈列了大量的图文资料和有关实物，展现了当年红军长征的悲壮历史，并配之以现代化的声、光、电手段，通过飞机、枪炮、爆炸等再现当年的战斗场景；参观者置身其中，宛如跋涉在漫漫长征路，重读一卷沉甸甸的史书。

又如，在横店红军长征主题公园，游客既可乘游览车沿着长约 10 公里的环山公路参观各个景点；也可沿着长约 14 公里的长征步行道，体验长征的艰难险阻；还可实地参与战斗射击、爬雪山、过草地，体验战斗的激烈。该主题公园自 2005 年 10 月建成开放以来，已接待 40 多万名参观者。许多游客深有感触地说："走过红军长征路，没有受不了的苦；想想革命老前辈，还怕什么累不累。"

该基地现已被国家、省、市等有关部门命名为"国防教育基地"、"爱国主义教育基地"、"全国青少年国防教育活动实践基地"、"青少年爱国主义教育示范基地"、"民兵及青少年军事训练基地"、"浙江省青少年红色之旅经典景区"等。

（2）红色旅游与其他产业融合发展的模式："红旅+"、"+红旅"模式。

1）"红旅+"模式。"红色旅游+"代表的是一种红色旅游经济的扩散、延伸、辐射、带动、组合、附加、增值、链接等形态，让红色旅游资源在要素的配置中发挥出组合优化和系统集成的作用，将红色旅游元素能够很好地融入到社会各个行业领域中去，提升红色旅游整体创新能力和生产力，实现经济新发展。例如，"红色旅游+气候气象的避暑赏雪旅游"、"红色旅游+休闲创意农业"、"红色旅游+文化创意产业"、"红色旅游+科普研学考察"等。

例如，依托得天独厚的自然风景资源，井冈山将红旅元素与山川美景相结合，开发出了龙潭、黄洋界等著名景区，"红色旅游+生态旅游"得以实现。

2）"+红旅"模式。"+红色旅游"指的是在原有行业的基础上加入红色旅游元素。例如，"休闲农业+红旅"、"大型工程+红旅"、"工业遗产+红旅"、"扶贫+红旅"、"研学+红旅"、"科学考察+红旅"、"党建活动+红旅"、"互联网+红旅"、"5G+红旅"等，这方面前景将更加广阔和丰富。

例如，“5G+红旅”，通过5G高速信息通道，建立“5G+无人机”，实现景区360°视频抓拍建模，既是一台可以将景区的气象、交通等基础数据进行实时整合分析的“计算机”，又是一台以可视化的方式监测景区热度、游客画像、游客轨迹等信息的“电视机”，该项技术的应用将促进旅游管理实现信息化、规范化、科学化、智能化。基于5G技术的AR应用，可以用数字化还原的方式讲述历史，让游客看到红色文物背后的细节故事，从而跨越时空感受其中的文化积淀，这种全新的“沉浸式旅游体验”，更能让游客产生共鸣。

（3）红色旅游与他色旅游组合发展的模式。即“红色旅游+绿色旅游”、“红色旅游+古色旅游”、“红色旅游+土色旅游”、“红色旅游+蓝色旅游”等。

1）“红色+绿色”。“红绿”组合的红色旅游模式是由红色旅游资源与绿色旅游资源结合而成。这个模式最经典的例子就是井冈山，它是以红色文化资源为基准，将绿色山水资源作为平台，进行打造，推出井冈山“历史红，山林好”、“红色摇篮，绿色家园”的旅游品牌。

井冈山在发展旅游业的过程中，以井冈山高知名度的红色景观为主题，整合了当地的自然山水等绿色景观资源，吸引旅游者，现有11大景区、76处景点，460多个景物景观，其中革命人文景观30多处、革命旧址遗迹100多处。

井冈山的红色文化显然是它的优势和特点，若是单单有这个红色文化，显然其吸引力是不足的，也很难广泛吸收各年龄层的人群，尤其是新一代的年轻人。但是将著名的红色文化作为基底、绿色资源作为衬托，再进行组合开发和利用，历史的神秘性、伟人的神圣性和大自然的神秘性的三合一是最好的卖点。

2）“红+古色”。红古，顾名思义就是“红色资源+文物古迹和历史文化”。把红色旅游的主题融入“和而不同”的地域文化中，展现地域文化的独特性，从而形成丰富多彩的产品组合，以满足游客日益个性化、专业化的旅游需求。例如，遵义的“四渡赤水+茅台文化”，南昌的八一起义纪念馆、“新四军军部旧址+万寿宫历史文化街区”。

3）“红色+土色”。这些大多针对一些自然资源缺乏且经济较为落后的地区。在红色旅游资源比较富集的革命老区，一般民风淳朴、风土人情如故，民俗事象丰富，在红色旅游的基调上，以民俗风情特色作为一个亮点丰富红色旅游活动和业态，带动地区经济发展。乡土风俗与民族风情符合红色历史氛围和文脉，是与红色文化进行融合发展的最好契合点。例如，四川冕宁的长征路上充满彝族风情，江西吉安市青原区东固镇是红色畲乡。

4）“红色+蓝色”。把红色旅游与江河湖海等与水有关的旅游资源相结合。例如，平江县，这里曾发生过彭德怀领导的“平江起义”，此外还有“秋收起义”、“三月扑城”、“平江惨案”等重大革命历史事件，为中国革命牺牲25万优秀儿女，现登记在册的革命烈士2.1万人，占湖南省烈士总数的1/5，走出了52位共和国开国将军和100多位省部级领导干部，是全国四大将军县之一。平江起义旧址及纪念馆被列为全国首批100个红色旅游经典景区之一。平江是湘楚文化的重要源头之一，自东汉建县至今有1800多年的历史。流经平江193公里的汨罗江是一条世界文化名江，承载着“诗祖”屈原和“诗圣”杜甫两位世界文化名人的忠魂与文韵，被中国台湾著名诗人余光中先生誉为“蓝墨水的上游”。这里的红色旅游与汨罗江山水及其人文的互动，就是典型的红+蓝。还有江西会昌县，将粤赣省委旧址、邓小平旧居（会寻安中心县委旧址）与汉仙湖连线开发，浙江嘉兴市的“红船”与南湖等，也是成功的红蓝组合。

（4）红色旅游的功能性开发模式。这是通过红色旅游产品功能提炼出的红色旅游发展模式，主要有观光（参观）、休闲、度假、研学（红培）、体验等功能模式。

依托当地独特、丰富、厚重的红色旅游资源，开发红色文化，结合民俗文化，以休闲业、民宿业、培训业为主要表现形式，开发集休闲度假、党团日活动、商务政务会议、专题研学、教育培训、考察学习等不同功能或多功能于一体的红色旅游发展模式，吸引全国各地游客，带动当地旅游业繁荣和兴旺，促进经济社会全面发展。

例如，瑞金红色旅游的多功能为依托的模式。瑞金共和国摇篮景区是国家AAAAA级旅游景区，全国重点文物保护单位，全国爱国主义教育示范基地，全国红色旅游经典景区，由叶坪、红井、“二苏大”旧址、云石山、中华苏维埃纪念园（南园和北园）、中央苏区军事文化博览园等景区组成。景区风景秀丽，基础设施完善，是全国旅游观光、培育爱国情感和民族精神的重要基地，是赣闽边际红色旅游集散中心。瑞金共和国摇篮景区，既保留“形体”的简朴，又展现出内涵的“身价”，旧址群、纪念园、博物馆各具特色，一处一诗，一步一景，是融参观学习、主题教育、会议培训、休闲度假等功能于一体的理想场所。

（5）红色旅游的主题性活动模式。这是通过产品形式、活动方式等决定的红色旅游发展模式，主要有演艺、节庆、会展、培训等活动方式。

1）红色演出模式。红色旅游资源包括有形的实物景观，也包括无形的非物质文化遗产，如红色歌谣、革命歌曲、红色戏曲等。中国共产党领导人民在革命和战争时期，留下了大量具有震撼力的红色歌谣及其他艺术形式，反映了老区人民与人民军队之间的军民鱼水情，如《送郎当红军》、《十送红军》、《慰劳红军》、《革命歌》、《当兵就要当红军》、《红色娘子军》、《红灯记》等。从一定程度上讲，红色歌谣等红色文艺与红色旅游根脉相连，以红色歌谣促进、丰富红色旅游，有利于振奋民族精神，打造红色旅游特色品牌。

例如，大型实景演出《井冈山》是一场震撼而富有特色的演出，是江西最大的红色实景剧，绿色山水与红色文化交相辉映的实景，实现了红色文化与高科技完美的结合，为我们营造了一个重回革命年代的“红色”人文和自然环境。自2008年开演以来，已经连续上演了十几年。这方面还有2020年推出的《浴血瑞金》，以及2014年湖南韶山上演的《中国出了个毛泽东》，2016年陕西旅游集团在华清宫推出的大型实景影画《12·12》，2019年延安推出的主题演出《延安·延安》等。

2）旅游节庆开发模式。作为开展现代旅游业的一种有效手段，在全世界都具有极大的吸引力。红色旅游的节庆开发模式即以红色景观为内容，以红色旅游为主题，以红色文化为内涵，以红色精神为吸引点，以旅游节庆为媒介，用红色节庆做旅游文章，各革命纪念地均可利用其独特的红色文化主题举办红色旅游文化节日。

例如，“2020湖南红色旅游文化节暨湘潭首届红色文化产业博览会”于7月25~26日在湖南省湘潭市韶山开幕。红色旅游文化节以“伟人故里·大美湘潭·红色韶山”为主题，举行“红动湘赣·礼赞中国”红舞邀请赛和“重走长征路·穿越湘赣边”两项活动以及其他6种系列活动。取得了较好的社会、经济和环境效益，实现了红色文化与旅游节庆的完美结合。

（6）红色旅游的永久陈列模式：博物馆、纪念馆、纪念园。在红色旅游资源比较集中的县市区和革命纪念地，如革命遗址旧址、故地故居等，建立博物馆、纪念馆、纪念园等，集中展示在革命和战争过程中所留存的大量革命遗迹和历史文物，具有历史传承性、传统教育性、文化启迪性和精神激励性。这应该是红色旅游发展的永恒模式。各地建立的革命博物馆、纪念馆，烈士纪念堂、烈士陵园，革命纪念碑、纪念园等，是为红色革命精神树立的丰碑。

二、理论框架维度：红色旅游发展的基本模式

基于红色旅游实践中形成的众多发展模式，从其动力机制和原生特征等角度予以理论提炼和升华，得出红色旅游发展的基本模式，主要有以下几种：

1. 资源导向模式

资源导向模式产生于旅游业起步阶段，盛行于20世纪80年代，其发展主要基于旅游开发地的资源特色和品质，以开发观光旅游产品为主，且对市场、政策、开发配套条件等因素考虑相对较少。受此理念影响，红色旅游作为一种特殊的旅游形式，该发展模式主要表现为以中国共产党领导的新民主主义革命为背景、以革命战争年代的革命历史文化遗产作为旅游资源进行红色旅游产品开发和景区建设。在红色旅游发展初期，往往采用该资源导向模式，根据地方和红色旅游开发地所拥有的红色旅游资源的数量与质量，来确定红色旅游景区建设规模、档次定位和相关旅游设施等配套要素，追求的是机缘性和数量型增长，红色旅游市场拓展处于起步阶段，市场观念还局限在有什么资源就开发什么产品。资源导向模式具有资源的决定性、基础的限制性和一定的主观性、较大的局限性。红色旅游区建设和旅游产品开发主要考虑的是红色资源体的规模、内涵、品质和知名度、影响力、审美度，这些是红色资源开发的第一决定性要素。

这种模式构建的红色旅游景区和产品往往较为单一，旅游者大多只是参观遗留的革命遗址旧址、观看制作的图片展览、观赏陈列的革命文物，接受革命传统和理想信念教育等，内容形式比较单调。同时，旅游市场对红色旅游的接受度不高、参与感不

强，革命历史纪念馆和遗迹旧址在旅游中“可玩、可视、可参与”的要素不足，久而久之，旅游者难免对红色旅游产生一定的心理疏离感，红色旅游必然向更高级的模式转型发展。但资源是红色旅游开发的重要依托条件，甚至是必备条件，从这种意义上说，资源导向的红色旅游发展模式既是最传统也是最基本的模式，红色旅游产品和景区的发展虽然不一定以资源为导向，但一定都有资源的重要作用。

2. 市场导向模式

市场导向模式产生于旅游业的发展时期，盛行于20世纪90年代，认为旅游资源开发要以市场为核心，一切开发都要以市场的需求分析为前提。

红色旅游区拥有广大的客源市场，不同的客源市场有不同的旅游需求，因此必须构建不同类型、不同层次的旅游产品以满足不同客源市场的旅游需求。现代旅游者旅游需求的多样化和个性化倾向，决定了旅游产品多样化和非观光旅游产品占主体的发展趋势。红色旅游产品要适应旅游者多样化的旅游需求，就必须构建内容丰富、形式多样的旅游产品，这样不仅可以满足特定人群的旅游需要，同时也能有效地分散旅游人流，确保红色旅游的健康发展。红色旅游作为旅游市场上的主要旅游产品，其产品数量多，可选余地大。红色旅游景区及其目的地的红色产品体系构建，必须遵循市场规律，即必须根据游客的市场需求，来设计不同主题、不同特色的旅游产品。

市场导向模式具有敏感性、客观性、组合性等特征，开发中应注重对本地红色旅游市场的细分和定位，并对市场的发展变化有较长时段走势的基本正确的判断，同时要留有对红色旅游产品的调节、组合和转化的余地。

3. 形象导向模式

随着红色旅游业的迅猛发展，大众旅游时代到来，休闲旅游普及度越来越高，可供游客选择的旅游目的地和红色旅游景区数量也在增多，旅游市场上呈现出异常激烈的竞争态势。游客对红色旅游目的地和红色旅游产品的选择并不总是取决于资源和市场因素，红色旅游目的地的知名度、美誉度、认知度以及文化内涵和主题形象、生态环境等因素可能更为重要。在这种情况下，形象塑造成为红色旅游地占领市场制高点的关键。红色旅游资源的不可移动性决定了要靠形象的传播，使其为潜在游客所认知，从而促使他们产生旅游动机，并最终成为现实的旅游者。形象导向模式具有系统性、稳定性、主题性等主要特征。

例如，2004年底印发的《2004—2010年全国红色发展规划纲要》，以革命历史、革命事迹发展历程为线索，以革命精神为重点，同时兼顾区域特点，在全国划分了12个重点红色旅游区。①以上海为中心的沪浙红色旅游区，主题形象是“开天辟地，党的创立”；②以韶山、井冈山和瑞金为中心的湘赣闽红色旅游区，主题形象是“革命摇篮，领袖故里”；③以百色地区为中心的左右江红色旅游区，主题形象是“百色风雷，两江红旗”；④以遵义为中心的黔北黔西红色旅游区，主题形象是“历史转折，出奇制胜”；⑤以滇北、川西为中心的雪山草地红色旅游区，主题形象是“艰苦卓绝，革命奇迹”；⑥以延安为中心的陕甘宁红色旅游区，主题形象是“延安精神，革命圣地”；

⑦以松花江、鸭绿江流域和长白山区为重点的东北红色旅游区，主题形象是“抗联英雄，林海雪原”；⑧以皖南、苏北、鲁西南为主的鲁苏皖红色旅游区，主题形象是“东进序曲，决战淮海”；⑨以鄂豫皖交界地域为中心的大别山红色旅游区，主题形象是“千里跃进，将军故乡”；⑩以山西、河北为主的太行山红色旅游区，主题形象是“太行硝烟，胜利曙光”；⑪以渝中、川东北为重点的川陕渝红色旅游区，主题形象是“川陕苏区，红岩精神”；⑫以北京、天津为中心的京津冀红色旅游区，主题形象是“人民胜利，国旗飘扬”。这是国家层面给予的主题确立和形象识别，其目的是便于游客认识、领会中国革命精神。当然各地在红色旅游发展过程中，要根据其红色文化内涵和特征，契合市场预期和需求，提出自身的红色旅游形象主题，以形象主题为导向，开发红色旅游产品，拓展红色旅游市场。像江西南昌推出“天下英雄城——军旗升起的地方”总体形象，并围绕这一形象，做好八一起义纪念馆、新四军军部旧址纪念馆、方志敏烈士系列纪念地、江西革命烈士纪念堂、南昌舰军事主题园、南昌军事主题博览园、小平小道等红色旅游景区建设，还精心打造了“国际军乐节”旅游节庆活动。

4. 产品导向模式（“资源导向+市场导向”）

产品导向模式是旅游业发展到了资源、市场、产品和营销一体化的成熟发展阶段时出现的一种旅游资源开发模式，实质上是资源导向与市场导向的综合。产品导向模式是从红色旅游资源状态出发，通过对市场的充分调研和论证，在充分把握市场需求方向的前提下，开发适销对路的红色旅游产品体系，将优质的旅游资源开发成为优质的旅游产品，并进行形象化塑造、品牌化推广、针对性市场营销，引导游客进行消费的一种开发模式。

例如，井冈山的红色拓展训练旅游产品、红色培训旅游产品，瑞金市的革命传统教育旅游产品等。

5. 战略导向模式

在开放思维与融合理念的指引下，旅游部门需要从规划、政策、标准、管理、服务规范等角度，强化红色旅游发展的观念主导、业务指导、需求引导、营销辅导与创新督导。从战略布局上、战略举措上大力推进红色旅游业与一二三产业的融合，以及红色旅游业与文化、商贸、科教、体育、宗教、养生、教育、科研等行业的深度融合，形成战略导向型红色旅游发展模式。通过战略部署规划开发出一批红色旅游与文化休闲、生态观光、商务会展、休闲度假、乡村旅游等跨界融合产品，推动红色旅游要素深度整合，进一步提升区域红色旅游业整体实力和竞争力。例如，江西从“十二五”时期开始实施的红色旅游领跑战略，通过大力发展红色旅游，实施“红色旅游+”和“+红色旅游”举措，带动并促进乡村旅游、文化旅游发展和旅游扶贫工作，极大地推进了“旅游强省”建设。

当然，红色旅游发展除这 5 种理论模式外，还有政策导向模式、投入导向模式、国际发展导向模式等。

三、区域战略维度：红色旅游发展区域战略模式——以江西为例

1. 井冈山红绿相映型发展模式

以井冈山北山烈士陵园、井冈山革命博物馆、茨坪革命旧址旧居群、黄洋界哨口、挑粮小道、茅坪革命旧址群、砻市旧址与会师纪念广场、古城会议旧址、步云山练兵场、袁文才旧居等红色旅游资源及其景区为代表，以五指峰、五龙潭瀑布、水口瀑布、笔架山及其优良的自然山水生态环境为绿色旅游的代表，以厚重的红色革命文化为主线，以优良的生态环境为依托，突出井冈山“历史红，山林好”的资源特色和“红色摇篮、绿色家园”的整体形象，坚持走“红色旅游+绿色生态旅游”相融合、相结合、相组合的发展路径，形成红绿相映的红色旅游发展模式。

2. 瑞金红色主体型发展模式

无论是瑞金市域，还是以瑞金为中心的原中央革命根据地的广大区域，均有无与伦比的丰富红色旅游资源。就瑞金市域来说，这里有中华苏维埃共和国临时中央政府诞生地——叶坪村及其红军广场，有沙洲坝革命旧址群和红井景区，有沙洲坝“二苏大”会议旧址，有乌石垄“中革军委”旧址，有云石山长征出发地，有井冈山后最有荣誉之战争发生地——大柏地战斗遗址，等等。尽管瑞金还有九堡古村等历史文化资源，也有罗汉岩等绿色山水资源，但区域旅游资源中“红色”占绝对主体地位。就以瑞金为中心的赣南等原中央苏区所在地来说，有瑞金“红色故都”景区、长征始发地景区，于都长征集结出发地景区，兴国“将军县”景区、“宁都起义”纪念景区、会昌文武坝粤赣省委景区和筠门岭邓小平旧居景区等，也体现了以区域红色资源为主体特征。所以，无论是瑞金市，还是以瑞金为中心的赣南等原中央苏区地区都应该重点发展红色旅游，坚持走红色旅游主体型的旅游发展道路。

3. 南昌核心辐射延伸型红色旅游发展模式

南昌市以“天下英雄城——军旗升起的地方”为主题形象，以八一起义旧址系列景点、新四军军部旧址、江西省革命烈士纪念堂、方志敏系列纪念地等为“英雄城”红色旅游核心景区，延伸到南昌舰军事主题园、南昌军事博览园等新建红色景区，并辐射到以新建区小平小道、安义县上高会战遗址、南昌县塘南惨案旧址、青云谱区陈云旧居和梅汝璈旧居景区等为代表的城郊红色旅游景区，在产品线路设计、宣传促销等方面坚持核心带动型发展方式，形成南昌核心辐射延伸型发展模式。

4. 萍乡多色并举型发展模式

萍乡市有以安源路矿工人运动纪念馆及其旧址系列景点与萍乡秋收起义系列景点为代表的高品质红色景区，有以武功山国家 AAAAA 级景区为代表的高质量绿色生态旅

游景区，有以萍乡傩文化、杨岐普通寺为代表的高品位的古色旅游景区，可谓三色旅游并驾齐驱、齐头并进、各有千秋，坚持“红、绿、古”三色并举发展道路，是理性选择。

5. 上饶多点齐发型红色旅游发展模式

就上饶市红色旅游发展布局来讲，有很多具有代表性的红色旅游景区，如弋阳县有方志敏纪念馆、漆工镇方志敏故居和漆工镇暴动纪念馆，横峰县有葛源镇闽浙赣革命根据地旧址及革命烈士纪念馆，信州区有上饶集中营旧址，德兴市有红十军团军政委员会旧址和龙头山革命烈士纪念馆等，且知名度和影响力不相上下。表现为红色旅游景区的多点分布以及旅游方式的多极组合。而且就绿色旅游来讲，上饶有以三清山、龟峰、黄冈山、大茅山等为代表的著名绿色生态旅游区。就古色旅游来讲，上饶有以万年“世界稻作文化”，婺源古村落，铅山葛仙山道教文化、鹅湖书院、河口及石塘古镇等为代表的古色旅游景区。基于众多红色旅游极点的客观现实和红色旅游与古色、绿色旅游的同等重要性，无论从哪个方面来讲，上饶市都应该构建多点齐发型的旅游发展模式。

6. 九江红色点缀型发展模式

虽然九江市红色旅游资源丰富多彩，红色景点众多，且具有一定的品位，但在拥有世界文化景观庐山、中国第一大淡水湖鄱阳湖、中国第一大江长江、中国最美湖光山色庐山西海的大环境大背景下，以九江工人收回英租界纪念地、九江八一起义策源地、庐山国共第二次合作谈判旧址、湖口渡江战役西起点纪念地、庐山会议旧址、德安万家岭大捷遗址、共青城胡耀邦陵园、修水县秋收起义纪念地等为代表的红色旅游景点，其品牌知名度和影响力与庐山、长江、鄱阳湖、西海相比，确实难以企及。相较而言，只能作为点缀，依托庐山“世界文化景观”、鄱阳湖“国际重要湿地”等著名品牌，利用良好的区位条件、优良的生态环境、丰富的自然景观，形成“红色点缀型”旅游产品，为促进九江（庐山）旅游发展贡献力量。

红色旅游业态创新与发展的新思维*

一、红色旅游发展新形势和新认识

红色旅游主要是指以中国共产党领导人民在革命和战争时期建树丰功伟绩所形成的纪念地、标志物为载体，以其所承载的革命历史、革命事迹和革命精神为内涵，组织接待旅游者开展缅怀学习、参观游览的主题性旅游活动。

1. 主要成绩

2010年，全国红色旅游共接待游客累计达13.48亿人次；红色旅游直接就业人数91.19万人，间接就业人数371.08万人；在部分景区免费开放的情况下，年综合收入仍然达到了1302亿元；国家共安排红色旅游专项建设资金约80亿元；革命老区共建成红色旅游公路项目127个，建设里程3418公里；先后完成百色、井冈山、淮安等多个重点配套红色旅游发展的机场新建、改扩建工程；建设铁路停靠站106个；共创建AA级以上景区230家，其中，AAAAA级景区2家、AAAA级景区91家、AAA级景区81家；全国共举办红色旅游培训班2450期，培训从业人员19.6万人次。

2. 市场新气象——满意度趋高

根据调查，全国红色旅游市场客源中，50%是回头客、60%是年轻人、70%是自费游、78%的境外游客对红色旅游景区表示满意、84.6%的游客认为爱国主义和革命传统教育效果好或很好、85%的游客有继续参加红色旅游的意向、88%的青少年认为红色旅游景区“很好”和“好”、92%的游客愿意将游历过的红色旅游经典景区推荐给亲友。由此可见，全国红色旅游市场展现新气象。

3. 产品新构局——红色演艺受欢迎

在参观考察、教育培训等传统产品基础上，红色演艺新产品层出不穷。例如，大型系列电视专题片《爱我中华》、电影《共和国摇篮》、大型情景歌舞剧《井冈山》、大型实景演出《梦回延安保卫战》、电视大奖赛类节目《红歌会》、大型音乐汇演节庆活动“军乐节”等普遍受到市场欢迎。

---

* 本文是2012年7月1日在萍乡市召开的“2012中国红色旅游博览会——红色旅游发展与红色文化弘扬学术论坛”上的主题演讲。

4. 合作新局面——红旅协作区

各地推进跨区域红色旅游合作，建立红旅协作区。例如，赣南、闽西的“中央苏区之旅”；湖南、广西、贵州的“中央红军长征之旅”；湖南的“伟人故里之旅”；重庆的“红岩联线之旅”；鄂豫皖的“大别山红色根据地之旅”。

5. 红旅内容新拓展

资源内容确定为四个时期：1840~1921 年反帝反封建时期、1921~1949 年中国共产党领导的新民主主义革命时期、1949~1978 年社会主义建设创业时期、1978 年以来改革开放时期。产品内容确定为重大事件、重大活动、重要人物、重要精神四个方面。价值内容确定为有利于传承中华民族先进文化和优秀传统文化；有利于进一步拓展红色旅游产品功能，不断增强红色旅游的时代性和现实感；有利于进一步挖掘红色旅游资源价值，不断丰富红色旅游的思想内涵三大价值。

6. 红旅发展新目标

到 2015 年，全国红色旅游年出行人数突破 8 亿人次，年均增长 15%，占国内旅游总人次的比例提高到 1/4；综合收入突破 2000 亿元，年均增长 10%；累计新增直接就业 50 万人、间接就业 200 万人。

7. 红旅发展新挑战

从整体看，大多数纪念馆、展览馆属于靠国家财政支持的事业单位，没有竞争压力，缺乏从事旅游开发动力，也没有从事旅游开发的经验和理念，更没有单独从事旅游营销的经验和资金。作为旅游销售重要渠道的旅行社由于红色旅游景点的低回馈甚至零回馈，没有经济利益驱动，缺乏促销和营销推动力。

8. 红旅发展的新“景制”

一是博物馆、纪念馆和烈士陵园等实行事业单位制；二是住宿、餐饮、纪念品、文娱演出等实行企业制；三是用企业经营的盈利补贴事业单位。

9. 红旅发展的新特征

红色旅游产品是公益性与商业性相结合，不同于商品化的一般观光度假旅游产品；红色旅游景区是准公共设施，不同于市场化的游乐园和主题公园；红色旅游管理与服务的事业性质与经营性质是统一的。红色景区的特性可以从以下三个方面来讲：一是公共产品，如纪念馆、博物馆、烈士陵园、纪念碑和广场；二是准公共产品，如红色旅游景区内的观光、休闲、游览场所；三是市场性产品，如饭店、餐饮、纪念品、文娱演出等。

10. 红旅发展形势新判断

红色旅游发展的新形势如下：深度拓展了，但热度有所降低了；公益强化了，但利益诉求多样了；政府主导了，但市场主体多元了；中国特色了，但旅游市场国际化了。

二、红色旅游发展新概念与新理念

1. 红色旅游经营管理的“三大原则”

红色旅游经营管理需要遵循以下原则：一是经营原则，只求保本微利，坚持社会效益第一原则；二是定价原则，提倡因地制宜，低价与减免价格相结合；三是考核原则，注重社会影响，经济效益服从社会效益。

2. 红色旅游市场的“三个定位”

红色旅游市场的定位从“点—线—面”来讲：“点”即群体定位，党政军群学等组织；“线”即渠道定位，教育、党务等系统；“面”即区域定位，城市、沿海、欧美。其客源群体主要分为三类：一是公众客源群体，即普通游客；二是特定客源群体，即青少年教育、公务员培训、老年人怀旧、团队者拓展、研究者考察；三是入境游客群体，即追新猎奇者、中国历史者研究者、中国问题研究者、国外共产党人。

3. 红色旅游规划的“三种理念”

一是软件规划的理念：总体形象、整体风貌、一体风格的规划；二是硬件规划的理念：纪念设施、游览景区、旅游城乡的规划；三是主题规划的理念：红色社区、红色风情、红色生活的规划。

4. 红色旅游产品的“四个有头”

一是“有来头”即历史感·科学性·吸引力，如红色纪念地；二是“有说头”即神秘感·趣味性·差异化，如举办红色故事会；三是“有看头”即美感度·观赏性·审美型，如开展红色演绎事业；四是“有玩头”即休闲型·参与性·体验式，如打造红色城镇村。

5. 红色旅游业态的“五种类型”

红色旅游业态类型主要有红色团队拓展培训业、红色文化演艺观赏业、红色风情街区经营业、红色影视基地制作业、红色博物馆参观修学业。

6. 红色旅游地打造的“六个条件”

打造红色旅游地需要以下条件：红色主题产品、多彩配套项目、浓厚生活气息、平民活动方式、乡土环境氛围、简朴服务特色。

7. 红色旅游导游素质的“七大转变”

现代导游素质需要进行以下“七大转变”：由讲解员到大讲师、大杂家到小专家、大记者到小学者、服务员到外交家、大橱窗到活字典、客之友到课之师、大向导到小导师的转变。结合红色旅游导游，也要跟进时代发展需要，实现上述的“七大转变”。

8. 红色旅游景区建设的“八风结合”

红色旅游景区的开发建设需要“八风结合”，即风貌保护、风格塑造、风物推介、风景观赏、风俗展示、风味品赏、风情渗透、风土利用的结合。

9. 红色旅游发展要求的“九性互动”

即历史真实性、文化多元性、内容科学性、色彩神秘性、场景生活性、展示多样性、讲解益智性、活动动态性、游览娱乐性的互动。

三、红色旅游发展新思维、新方略

1. 红色旅游发展的“一个方向”：无景点旅游

红色旅游发展需要朝着无景点旅游的方向发展，即城市街道和建筑风貌、特色村镇和乡土建筑、田园风光和山水野趣、乡土风情和农家生活等都是景点。

2. 红色旅游发展的“二新方略”：时间就是市场，环境也是景点

一是拓展市场的新方略：时间就是市场。即游程慢下来→体验深起来→时间长起来→游客住下来→消费多起来→效益大起来。主要包括自驾游市场、体验型市场、休闲型市场、学习型市场、家庭式市场、大学生市场。二是开发产品的新方略：环境也是景点。即乡土就是资源、环境就是景点、形象就是广告、氛围就是产品、神秘就是吸引力、感情就是驱动力。

3. 红色旅游的“三种协作区”

一是“中央苏区”红色文化协作区；二是“长征之旅”红色体验协作区；三是“红色城市”会展经济协作区。

4. 红色旅游地的“四个层次”

一是将韶山、井冈山、瑞金、遵义、延安、西柏坡等建设成为国内一流、国际有知名度的红色旅游目的地；二是将嘉兴、南昌、大别山、广安、重庆等建设成为国内著名、国际有一定影响力的红色旅游目的地；三是建设一批省内著名、全国有一定影响力的红色旅游目的地；四是建设一批服务于当地的红色旅游纪念地。

5. 红色旅游的“五个转变”

红色旅游努力做好以下“五个转变”：一是文件游客向市场游客的转变；二是接待要钱向市场挣钱的转变；三是教育参观向复合市场的转变；四是门票经济向服务经济的转变；五是外部市场向内生市场的转变。实现红色旅游场所由教育基地向旅游目的地，红色旅游业由事业接待型向旅游产业型转变。

6. 红色旅游的“六种组合”模式

一是红绿相映型组合模式，如井冈山、西柏坡、韶山市；二是城乡互动型组合模式，如南昌市、重庆市；三是红色主体型组合模式，如瑞金市、延安市；四是多极综合型组合模式，如上饶市、遵义市；五是多色并举型组合模式，如萍乡市、长沙市；六是红色点缀型组合模式，如九江市、上海市。

如何实施“共享”管理，促进红色旅游创新发展*

红色旅游产品具有准公共产品性质，决定了红色旅游活动具有资源公共性时空穿越感、参与体验型、育人启智性、利益外部化等鲜明特征。当下红色旅游产业发展是跟风型、排浪式消费与专项化、分层化消费并行，产品需求多样化和供给单一化矛盾，政府推进形成热点、企业跟进形成热潮、市场需求增长形成热流等合一，利好政策助力和转型升级发力叠加。这种形势下，需要整合并集聚劳动力、土地、资本、企业家才能、管理、技术、信息、政策等关涉旅游产业发展的多维要素，构建红色旅游健康发展模式。如何通过“共享”管理创新红色旅游发展之路，是促进红色旅游转型升级的重要议题。

一、建立景区—社区互动的红色旅游可持续发展基模

应用系统动力学基模分析方法，构建游客增长上限、饮鸩止渴、景区—社区互动 3 种基模。其中，游客增长上限表明免门票政策一方面会导致红色景区游客数量的短期快速膨胀，另一方面会导致景区收入增长乏力进而出现接待能力下降。饮鸩止渴基模则指出地方政府或景区迫于发展资金不足的压力，会采用一些短视行为予以缓解，但其长期效应则是削弱了景区的可持续发展能力。景区—社区互动基模刻画了红色旅游发展对社区居民的影响，以及社区参与对红色旅游的影响途径，揭示了社区参与旅游形成景区—社区共赢的系统反馈过程。所以，社区参与模式是红色旅游景区可持续发展的必然选择。该模型中，建立在社区参与基础上的红色旅游可以改善当地基础设施条件、给本地居民带来接触新知和增加收入的机会。社区参与到红色旅游的住、行、食、购、玩、学、体、悟的各个环节，有利于提升景区的接待能力和增加游客的多重体验，从而提高游客满意度，促进红色旅游的健康发展。当然，红色旅游也会导致社区拥挤，生态环境恶化，降低社区对红色旅游发展的评价。由于社区参与可以促进旅游业发展，展现了社区对旅游业发展的工具价值，社区的作用被释放了出来，实现了

---

* 本文完成于 2016 年。

社区的自我价值。社区参与除了与社区居民对红色旅游发展评价相关联，还与景区运营模式对社区的关注相联系。该基模表明从规划阶段开始，经营管理者就应该对社区发展和本地居民的利益予以高度关注，并积极引导社区居民参与红色旅游。这一点为我国红色旅游景区发展成果与经验所证明。

二、提高“非门票经济”下红色旅游产业综合效益

作为提供准公共产品的红色旅游产业，盈利不是其主要更不是惟一目的，免费或低门票价格成为其经营的一大特性。全国已有1870多家文化部门归口管理的公共博物馆、纪念馆以及爱国主义教育示范基地等向社会免费开放，这些大多是红色景区（点）。免费开放的结果是游客量急剧增长，管理、维护成本增加，但门票收入减少，政府财政拨款不足以刺激景区管理者提高经营管理水平和服务质量，景区发展动力消弭、活力有限、财力不足，出现红色资源过度使用乃至受到不同程度破坏，职工收入减少导致管理激励难度加大，发展动力不足导致服务质量下降等问题。例如，一些景区减少讲解员配备和取消按批次安排讲解员的制度，规定只在一天的几个时间点安排讲解员，看似很规范，其实是明显的“短斤少两”，而且这种散客聚集式的讲解，未能提供针对性服务，造成游览质量下降。

如何拓展红色旅游产业综合效益？方案如下：①转变经营模式，实现从传统单一的观光旅游模式逐渐向集观光、休闲度假等于一体的新型旅游模式转变，减少门票收入占景区总收入比例，从整体角度增强景区综合盈利能力。②增加弹性消费比例，将购物、餐饮、娱乐等作为旅游产业链重要组成部分。③通过产品体系构建和新型业态产品开发，使旅游产品逐步满足市场的多样化需求，最终实现综合经济收入的增加。将红色旅游与绿色生态游、古村名镇游、乡村度假游、温泉疗养游、节庆会展游等有机结合起来，形成多样化旅游产品组合。以红色旅游作为吸引物，将游客引进来，用其他形式的旅游产品将游客留下来，延长游客停留时间，拓展消费面，实现旅游综合收益。

三、促进红色旅游社区居民参与向决策、管理发展

当地社区（居民）的参与是红色旅游作为“富民”工程的实现途径，但从井冈山等地的案例可以看出，红色旅游经济功能主要体现在政府、开发商、业主三个方面，就居民来说其经济功能具有明显的外部性特征，致使“惠民”功效有些不尽如人意。

再加上社区参与一般均处于初级阶段，其参与路径主要是开办农家乐餐饮和住宿、售卖旅游纪念品等个体经营以及到红色旅游企业从事简单的非技能工作（如从事环卫等一线工作），而高级阶段的社区参与如决策、开发、规划、管理、监督等重要环节社区（居民）往往“失语”；同时社区（居民）很少到旅游管理部门（如当地旅游局、景区管理局等权力部门和旅游协会等行业自律组织）或大型旅游企业工作或任职。显而易见，一方面是经济功能的社区外部化，另一方面是参与主要停留在初级阶段，使得社区居民普遍感觉没有得到价值实现。所以，未来工作的重点是促进经济功能的社区内部化，促进社区参与进入决策、规划、管理等高级阶段。

四、构建 GAMES 模式的红色旅游公共管理体系

红色旅游发展需要形成具有合力的公共管理体系。从全国来看，红色旅游存在管理主体单一、公共产品和服务供给不足、公共营销效果欠佳、管理边界不清晰、规划监管力度有待加强、服务诚信危机初现端倪等公共管理问题。管理目的偏重于经济效益忽视其政治、文化、环境效益。在红色旅游公共管理中，政府作用的转型是不可避免的，需要实现管理主体多元化、管理内容泛旅化、管理方式多样化、管理目的综合效益化。为此必须构建以政府（Government）为核心主体、旅游行业协会（Association）为协调主体、新闻媒体（Media）为监督主体、旅游企业（Enterprise）为经营主体、社区公众（Social residents）为维和主体的多主体组合的红色旅游公共管理模式，简称 GAMES 模式。这是一个主体多元、功能完备、职能明确、结构明晰的组合管理体系，其管理内容多元、管理方式多样。政府作为核心主体，通过既定的管理体制和创新的管理机制、常规的规划监制开展管理工作，履行管理职责，通过公共营销发挥政府管理红色旅游的职能。比如，在政府大力主导下，江西省成功举办了多届红歌会、红色旅游高峰论坛和网上红博会等，在营销方面取得了很大成功。旅游行业协会作为管理的协调主体，通过充当政府和企业参谋、各方利益关系协调者的角色发挥管理职能。新闻媒体作为监督主体，通过媒体宣传产生广告效应、监督产生传递正能量作用发挥管理效能。旅游企业作为经营主体，通过诚信经营服务游客，实现企业价值；创新产品满足游客新需求，实现优质服务与管理。社区居民作为维和主体，在发挥管理职能方面，就是参与红色旅游和维护红色旅游社区稳定。

红色旅游：中国共产党创业史的展示与体验*

红色旅游，主要是指以中国共产党领导人民，在新民主主义革命、社会主义建设时期，建立丰功伟绩所形成的纪念地、标志物为载体，以其所承载的革命历史、革命事迹和革命精神为内涵，组织接待旅游者，开展缅怀学习、参观游览的主题性旅游活动。

红色旅游的出现，是革命传统教育方式创新和遗产旅游特色建设的双重结果，也是红色革命精神弘扬和现代旅游经济发展的结晶。

自20世纪90年代以来，在中央政府的大力推动、中国旅游界的积极运作和旅游需求的强力拉动下，红色旅游欣欣向荣。红色旅游的全面启动和快速发展带来了巨大的社会和经济效益。它不仅是一种生动活泼的思想政治教育形式、积极主动的先进文化传播方式、别开生面的民族精神和爱国主义宣传渠道，而且还会成为缩小地区差距、消除城乡差别、促进乡村振兴、构建和谐社会、实现全面小康的一个重要途径。

一、为什么是“红色”

在世界范围内，由共产党所建立的政权，通常被称为“红色政权”；由共产党领导的革命，通常被称为“红色革命”。

这种做法最初来源于欧洲，18世纪欧洲资产阶级革命时期，雅各宾派在煽动爱国热情时，打出一面红旗以象征烈士的鲜血，即以红旗代表革命。在纪念法国大革命的著名油画《自由引导人民》中，紧随代表法国的蓝、白、红三色国旗之后的，就是一面代表法国大革命的红旗。后来的革命中，红旗代表烈士的鲜血，其源头就在这里。

1864年马克思创立国际工人联合会（第一国际）时以红旗作为标志，此后各国共产党均以红旗作为标志。

1871年的巴黎公社，打出了一面纯红的旗帜作为自己政权的象征。

1917年俄国共产党（布尔什维克）领导十月革命并取得胜利，建立了人类历史上

* 本文是2017年在中非政府高级商务培训班的授课内容。

第二个无产阶级政权（第一个是巴黎公社无产阶级政权）和由马克思主义政党领导的第一个社会主义国家——俄罗斯苏维埃联邦社会主义共和国，简称苏俄。革命推翻了以克伦斯基为领导的资产阶级俄国临时政府，为1918~1920年的俄国内战和1922年苏联成立奠定了基础。参与革命的俄共武装被称为苏俄工农红军。苏联成立后，就称为苏联红军。

1921年中国共产党成立，以红底镰刀锤子旗作为党旗。

1927年中国共产党领导了“八一”南昌起义，起义部队即以红领巾为标志，后来红领巾被寓意为红旗的一角。

1927年，中国共产党领导的秋收起义部队打出工农革命军旗号，并有了自己的军旗，这面最早的军旗就是红色的。

1928年，中国共产党效仿苏联将自己所掌握的武装力量命名为“中国工农红军”。1933年，正式确立八一军旗式样，也是红旗。

直至1937年全面抗日战争爆发，国共第二次合作红军改称“八路军”和红军游击队改编为“新四军”；1949年中华人民共和国成立，将五星红旗作为国旗。基于这种原因，国际上将中、俄两国革命称为“赤色革命”。

在中国，我们将红色作为共产党领导的革命斗争和社会主义建设的象征。1918年，中国共产党早期领导人李大钊在《庶民的胜利》中写道：“试看将来的环球，必是赤旗世界”，因而我们又将革命潮流称为“赤化”。

与之相对应，我们将革命者和革命对象对立，并以白色代指革命对象，反革命势力上升的时期就被称为“白色恐怖”时期。

红色的寓意在于它不仅象征着中国共产党领导的新民主主义革命和社会主义革命，而且象征着为了革命而牺牲的烈士的鲜血。

有意思的是，江西曾经是中国革命的大本营，为革命牺牲的有名有姓的烈士就有25万多人，占有名有姓的中国革命烈士的1/6还多，为中国革命做出了巨大的贡献。江西是世界闻名的红壤地区，全省56%的土地是红壤，被称为“红土地”。“红土地”的称呼，一是实指，即红壤遍布的土地；二是象征性说法，即被烈士鲜血染红的土地。

二、为什么是红色旅游

红色旅游，通常是指依靠、利用中国共产党领导中国人民，在革命斗争时期、社会主义建设时期和改革开放时期，所形成的标志物和纪念地，作为旅游资源所开展的旅游活动。

之所以将这种旅游形式称为“红色旅游”，既是一种内涵象征，也是一种形象表达，中国旅游界有用不同的颜色区分不同旅游类型的习惯。例如，将利用山水、森林等生态旅游资源开展的旅游活动称为绿色旅游；将利用中国古代文化遗产开展的旅游活动称为古色旅游；将利用海洋资源开展的旅游活动称为蓝色旅游；将利用沙漠旅游资源开展的旅游活动称为金色旅游（或黄色旅游）；将利用中国革命历史资源开展的旅游活动称为红色旅游。

红色旅游形式多样，既有革命教育的研学式活动，也有走马观花的感知式游览，还有身临其境的参与式体验。井冈山推出的红色旅游“六个一”工程，比较系统全面地展现了我国红色旅游活动开展的多样形式。

有些景区就依据自身的资源优势，推出了开展“当一天红军”、“做一天八路军”、“过一天苏区生活”、“住一天根据地旅店”、“参加一次红军行军”等红色文化体验活动。

红色旅游景区（点）不仅有历史文化遗产，也有反映不断发展的时代精神的所在地。

在2016年国家发展改革委等多个部门联合发布的《全国红色旅游经典景区名录》中，既包含了萍乡市安源路矿工人运动纪念馆、南昌八一起义纪念馆、北京天安门广场（开国大典）等重大历史事件的纪念地，也包含了1998年反映中国军民抗洪抢险的九江“九八”抗洪精神教育基地、四川汶川“5·12”大地震抗震救灾精神系列景区和体现北京奥运会“奥运精神”的北京奥林匹克公园等充分体现时代精神的时事发生地。

三、红色旅游展示中国共产党创业史

红色旅游主要依靠中国共产党人领导中国人民在革命斗争时期、社会主义建设时期以及改革开放时期所遗留的标志物、纪念地等开展旅游活动，而这些标志物和纪念地，见证了自中国共产党成立以来所历经的各个历史时期和重大历史事件。

例如，江西莲花一支枪纪念馆，记录了中国共产党早期领导农民开展“土地革命”的历史；南昌新四军军部旧址，见证了长征后遗留在南方的红军游击队改编为新四军北上抗日的历史；有“中国命运定于此村”美誉的河北平山县西柏坡村，见证了中国共产党领导全国人民和人民解放军与国民党进行战略大决战、创建新中国的历史；南昌市新建区“小平”小道陈列馆，还原了邓小平同志在下放劳动期间思考中国命运、规划改革开放蓝图的史实……将这些遗址遗迹按照年代连缀起来，就是中国共产党领导中国人民创建、建设新中国历程的证明。

就“创业史”这个问题而言，还可以从中国共产党成立至今各个重大历史时期党员的人数角度来观察。

在新民主主义革命时期，中国共产党共召开过7次全国代表大会：1921年7月23日中共一大在上海开幕时与会代表共有13人，后在浙江嘉兴南湖的一条游船上召开，代表全国 50 多名党员宣布正式建立中国共产党。1922 年中共二大在上海开幕时与会代表有 12 人，此时全国党员总数是 195 人。1923 年中共三大在广州东山恤孤院后街 31 号（现恤孤院路 3 号）召开，与会代表共有 30 人，代表着全国 420 名党员。1925 年中共四大在上海举行，共有参会代表 20 人，代表着全国 994 名党员。到了 1927 年中共五大在武汉召开时与会代表有 82 名，全国党员人数有 57967 人。1928 年中共六大在莫斯科召开时，由于国民党反动派的屠杀和局势动荡，无法对全国党员人数进行准确的统计，据说全国党员损失了一般以上，当时会议在国内无法进行，只能在苏联的莫斯科召开，这是惟一一次在国外召开的中国共产党代表大会。1945 年 4 月，抗日战争即将胜利，中共七大就在延安召开，此时全国党员人数已经发展到了 121 万名，来参加中共七大的代表则有 755 名（包括正式代表 547 人、候补代表 208 人）。

历经三年解放战争之后的 1949 年 10 月 1 日，毛泽东主席在天安门城楼上宣布中华人民共和国成立，中国进入了历史的新纪元，此时全国共有党员 448 万人。

1978 年，被西方媒体誉为“中国 21 世纪的起点”的十一届三中全会召开，这次会议揭开了中国共产党和中华人民共和国历史的新篇章，这时全国共有党员 3500 万人。

到 2017 年中共十九大召开时，中国人民在中国共产党的领导下已经将中国建设成为世界第二大经济体、世界第一贸易大国、世界第一大外汇储备国、世界第一大钢铁生产国和世界第一大农业国、世界第一大粮食总产量国，此外，中国还是世界上经济成长最快的国家之一、第二大吸引外资国、世界许多国际组织的重要成员，此时全国共有党员 8779.3 万人。

中国共产党从弱小到成熟壮大，中国从贫穷落后到发达富强，通过红色旅游的展示与体验，无不展现着中国共产党艰苦而又成功的创业史。

四、红色旅游的价值和意义

众所周知，社会记忆具有时代性特征，为了达到教育后人、传递社会价值的目的，我们有必要通过一些创新而又受市场欢迎的方式，将这些社会记忆向后人传递，其中一种方式便是旅游。

例如，1947 年波兰政府将奥斯威辛集中营建成博物馆，供世人参观、凭吊，以警示世界“要和平，不要战争”，欧美国家将这种旅游活动称为“黑色旅游”（Dark Tourism）。为什么是黑色？因为这里是德国法西斯屠杀人类的罪恶之地，是人类受尽折磨、生命得到摧残的黑暗的地狱。

中国国内红色旅游资源众多，通常我们将其分为伟人故里、革命历史遗迹、革命历史纪念馆、革命历史的口头与非物质遗产 4 类，借助这些红色资源所开展的红色旅游，是展示中国共产党人带领中国人民艰苦奋斗的创业历史，是人类追求进步走向光明的历史，所以是红色。其意义与对应的奥斯威辛集中营“黑色旅游”相似，红色旅游从正面、黑色旅游从反面借助旅游这一形式向公民传递爱国主义和社会核心价值，从而达到塑造社会认同、加强社会凝聚力的目的。

湖南韶山是中华人民共和国开国领袖毛泽东的故乡，也是他青少年时期生活、学习、劳动和从事革命活动的地方。这里的主要景点有毛泽东故居、铜像广场、滴水洞等，游客通过游览，可以了解到毛泽东幼年和青年时期的生活状况，激发自身的爱国热情。

江西井冈山被誉为“中国革命的摇篮”，1927 年毛泽东率领秋收起义部队创建了中国第一个农村革命根据地——井冈山革命根据地。

1928 年毛泽东、朱德率领各自的起义部队在此会师，共同开辟了“以农村包围城市、武装夺取政权”的具有中国特色的革命道路。井冈山上的革命斗争从 1927 年 10 月至 1930 年 2 月，历时两年零 4 个月，时间虽不长，但却为中国开辟了一条成功的革命道路，老一辈革命家在斗争中所展现出来的实事求是的精神，也永远值得后人学习和怀念。

江西瑞金是毛泽东思想的主要发源地和初步形成地，是中国大地上第一个全国性的红色政权——中华苏维埃共和国临时中央政府诞生地，是第二次国内革命战争时期中央革命根据地的中心，也是闻名中外的红军二万五千里长征中央红军的出发地。瑞金还被称作“红色故都”，这是因为 20 世纪 30 年代初，毛泽东、朱德等老一辈无产阶级革命家在瑞金进行伟大革命实践和红色政权建设探索，建立了中华苏维埃共和国，定都瑞金，设立了完整的中央政府机构，而且在这里实施了“人民代表大会”制度，因此，完全可以将其看作当代中国的雏形。值得一提的是，中国人民解放军的节日“八一”建军节也是在此诞生。

贵州遵义以著名的“遵义会议”闻名于世，1935 年中央红军长征至此，在前有强敌后有追兵的危急时刻，召开了著名的“遵义会议”。这次会议事实上确立了毛泽东同志的领导地位，挽救了红军和中国革命，因而彪炳史册。会议之后，中央红军在以毛泽东同志为首的中央集体的正确指挥下，四渡赤水、二占遵义，抢渡大渡河，跳出了敌人的包围圈，继而以惊人的毅力完成了震惊世人的二万五千里长征。

1935 年 10 月，中共中央和中央红军长征结束，胜利到达陕北吴起镇，延安因此成为中国革命的落脚点和立足点。

自此之后，以毛泽东同志为首的老一辈革命家，以及中国共产党中央领导机构，在这里生活战斗了 13 个春秋，领导了抗日战争和解放战争，这里保存有全国最完整的革命根据地旧址。

当年为了打破敌人对抗日革命根据地的封锁，根据地军民发扬“自力更生，艰苦奋斗”的革命精神，把荆棘遍野、荒无人烟的南泥湾变成“处处是庄稼，遍地是牛羊”的陕北好江南。

山西省武乡县是八路军总部旧址，抗日战争时期，朱德总司令、彭德怀副总司令、左权副参谋长、邓小平政委和刘伯承师长等，率领八路军总司令部和129师，1939年11月至1940年6月在此驻扎。

同时，中共中央华北局也在此配合八路军总部和129师，开辟并创建和巩固了华北抗日根据地。在这里，朱德、彭德怀等，曾接见过印度籍医生柯棣华、爱德华等国际友人，指挥过135次大大小小“反顽”战斗，震撼全国、闻名世界的“百团大战”的作战方案，就是在这里研究制定的，朱德当年曾在这里奋笔留下了“自信挥戈能退日，河山依旧战旗红”的豪壮诗句。

在中国的大地上，还散落着很多这样的革命历史遗迹，它们或举世闻名，或鲜为人知，它们所具备的共同点就是，默默向我们昭示：中国共产党人及其领导下的中国人民，具有实事求是的工作作风、积极乐观的生活状态、艰苦奋斗的创业精神、百折不挠的革命意志、始终不渝的爱国情怀。这些也正是全人类所共同需要的。

五、发展红色旅游的启示

中国共产党人成功的艰苦奋斗的创业史，具有神秘性、神奇性和神圣性，拥有广泛的市场基础，是红色旅游大发展的原动力。

政府主导推动和社会各界积极响应，是红色旅游大发展的推动力。国家每5年就有一个《红色旅游发展纲要》出台，建立了全国红色旅游发展协调领导小组办公室，先后两次公布红色旅游经典景区名录并指导建设，先后多次提供红色旅游景区基础设施建设资金并发行国债项目予以支持。

红色旅游资源是国家重要的历史文化遗产，主要和重要的红色旅游资源均建立了国家、省、设区市、县（市区）级的重点文物保护单位。政府投入大量的财政资金进行保护与管理，是红色旅游大发展的支持力。

依托博物馆、纪念地建立的红色文化遗产类旅游景区，实行免费开放政策，极大地刺激了红色旅游景点的吃、住、行、购、娱等旅游市场消费，是红色旅游大发展的机遇力。

红色旅游促进老区发展的功能效应分析*

一、老区红色旅游产业发展形势分析

早在2004年12月，《中国红色旅游发展纲要》明确提出，要实现红色旅游产业化，使其成为带动革命老区发展的优势产业。到2010年，红色旅游综合收入达到1000亿元，直接就业人数达到200万人，间接就业人数达到1000万人。

红色旅游的发展已呈星火燎原之势，其发展的喜人势头和蕴藏的巨大商机已引起了很多地区的重视。以红色旅游大省江西为例，江西省从2005年起，每年举办中国（江西）红色旅游博览会和红色旅游高峰论坛，每年8月1~7日在南昌举办英雄城国防教育周（“八一”建军节在八一广场举行隆重的升军旗仪式、举办大型主题文艺晚会等），策划推出“军旗升起的地方”、“星火燎原——岁月井冈山”等红色主题文艺节目；2006年红色旅游继续成为江西旅游新的社会热点、新的文化亮点和新的经济增长点。据统计，2006年江西红色旅游接待2210万人次，旅游综合收入达146亿元；2007年恰逢八一南昌起义80周年、秋收起义80周年、井冈山革命根据地创建80周年，江西游客人数创历年之最，仅各红色旅游点接待的游客就达2800万人次，带来188亿元的收入。另据相关统计，2006年井冈山共接待国内外游客250万人次，旅游总收入达13.4亿元，实现门票收入8867万元；2007年旅游人数为306.1万，增长22.5%；旅游收入19.32亿元，增长44.18%；门票收入1.04亿元，增长15.71%。在红都瑞金，游客接待量持续快速增长，旅游经济不断壮大。2006年接待游客80.8万人次，实现旅游收入2.45亿元；2007年，成功举办了第二次全国苏区精神研讨会，再次提升了红色故都的美誉度和向心力；同年瑞金接待游客突破100万人次，实现旅游收入3.2亿元，分别同比增长25.8%、28.6%。

---

* 本文作者黄细嘉、薛海波、陈晓芸，完成于2007年。

二、红色旅游开发与促进老区农村发展功效

2000年，中国农村人均收入大约是2253元，这个收入水平比国际贫困人口标准每人年均收入3000元（每人每天1美元），还要低747元。在革命老区问题更为突出，主要表现在：①贫困范围广：老区列入国家重点扶持的贫困县305个，占全国592个国定贫困县的51.2%。②革命老区的贫困程度深：老区乡村贫困程度让人吃惊，有的老区近一半群众仍未解决温饱；可以说贫困问题已经成为老区“三农”问题的核心问题。实践证明，红色旅游业的发展为老区经济发展创造了新的契机，提供了新引擎，是一项切实提高农民收入的扶贫工程。发展红色旅游可调整老区农业结构、优化农业生产布局、发展农业产业化经营，推进农产品转化、加工、增值，扩大畜牧、水产、园艺等劳动密集型产品和绿色食品的生产。另外，可以转变农业增长方式，扩展非农产业，促进乡镇企业和农村个体私营等非公经济发展，开拓农民外部增收潜力，增加当地政府收入和群众收入。因此，开展红色旅游将一改往日的“输血式”扶贫为“造血式”扶贫、“救济型”扶贫为“开发型”扶贫，在旅游业的带动下，各个产业间相互促进，共同发展，为老区农民脱贫奠定坚实的基础。目前，中国各地红色旅游景区每年旅游综合效益约为200亿元，并带动相关产业的发展。

1. 红色旅游与农民收入的增加——以江西井冈山为例

红色旅游在老区蓬勃发展，以江西井冈山为例，截至2005年，仅15万人口的井冈山市接待游客达到218万人次，旅游收入达11亿元，旅游税收占全市财政收入的45%，旅游就业人数超过2万人。2006年，井冈山市以旅游业为龙头的第三产业增加值已占国民生产总值的51%，井冈山市已从传统的农林业山乡，转变为一个欣欣向荣的全国优秀旅游城市，旅游产业对当地财政的贡献率超过35%。据井冈山市旅游局统计，2006年井冈山市旅游收入达42亿元，比2005年增长1.77倍；2007年井冈山共接待游客306.1万人次，实现旅游收入19.32亿元，旅游业及相关第三产业收入占全市财政收入的一半以上。2007年上半年，井冈山入境旅游一路飙升，共接待入境游客2.7万人次，创汇574.73万美元，与上年同比分别增长15.95%和17.74%。据了解，2007年上半年，井冈山入境游客主要来源于中国香港、中国澳门及东南亚等客源市场，自助游客、商务游客占一定比例。井冈山革命博物馆、黄洋界保卫战哨口、毛泽东等领导人的旧居等景点参观者众多。随着红色旅游的升温，井冈山农民的收入日益增长，根据新华网的一篇报道，红军医院旧址所在地小井村，过去村里年人均收入仅300元左右，如今村民有的经营工艺纪念品，有的开餐馆，人均年纯收入在5000元以上。优越的地理位置使他们享受到红色旅游带来的诸多好处。从上面的例子不难看出，井冈山市政府因地制宜，大力发展旅游业，使风景区内的经济结构发生了重大的调整，农

业已经不再是农民谋生的主要手段，旅游业的发展对景区内农民收入的增加起着决定作用。

井冈山旅游区内农民人均收入　　单位：元/年

年份	1998	1999	2000	2001	2002	2003	2004	2005	2006	2007
农民人均收入	1876	1916	1876	1921	2077	2184	2304	2518	3288	3655

资料来源：根据历年《江西统计年鉴》整理。

井冈山农民收入逐渐在增加，根据井冈山市统计指标，1997 年井冈山的农民纯收入为 1814 元/年，而在发展红色旅游以后的 2003 年，井冈山的农民纯收入为 2184 元/年，2006 年井冈山农民收入高达 3288 元/年，到 2007 年已经稳步增长到 3655 元/年。可以说，在井冈山发生的变化只是红色旅游在广大革命老区的一个缩影。红色旅游的兴起让老区人民走上了脱贫致富路，为老区的经济繁荣做出了积极贡献。人们有理由相信红色旅游业前程似锦，老区农民的明天会更好。

2. 红色旅游发展帮助老区转移农村剩余劳动力

老区地处山区或偏远地区，经济欠发达，普通劳动力相对充裕，资本短缺，高新技术人才不足，土地成本较低。这就决定了老区在发展过程中应当首选劳动密集型的轻工业和服务业，因为它可以最大限度地利用中部最丰裕的要素即普通劳动力，对扩大就业指标和改善从业结构极为有利。而且按照产业结构演进的规律，只有当劳动密集型产业发展到一定程度后，才能逐步沿着资本密集型、技术密集型、信息密集型产业轨道发展。而旅游业是一个非物质生产部门，也是一个劳动密集型的综合产业，它对其他产业具有较强的带动效应。有关研究表明，1998 年，全球平均每 10.7 个就业人员中就有 1 个直接或间接从事旅游工作，在 APEC 经济中平均每 12.8 个就业人员中就有 1 个从事旅游工作。一些旅游专家认为，在我国，每接待 20 名国外游客，就可为我国创造一个就业机会，每接待 150 名国内游客，也为地方创造一个就业机会。例如，在井冈山，红色旅游开发使茨坪镇吸纳就业人口近 6000 人。河北西柏坡通过接待参观旅游者，直接收入达 800 多万元，综合效益 7500 万元，吸纳就业 3300 多人。可以看出，发展红色旅游扩大老区的就业机会，转移农村剩余劳动力，其作用主要体现在：一是可以优化老区的就业结构。老区就业结构主要以单一的农业和劳务输出为主，开展红色旅游可以改善单一的就业结构，使大量富余人口向餐饮、交通、住宿、小商业经营、家庭旅馆业转移。二是为弱势群体提供就业机会。老区的妇女就业率低，单纯从事农业和家务劳动，处于弱势地位。红色旅游可以为她们搭建就业平台、提供就业机会和收入机会，如从事小商品经营、家庭餐馆、传统手工艺品的加工制作等，增加妇女的经济收入，提高妇女的经济地位。三是减少就业成本、提高就业效益。从事农业和劳务输出的就业成本与交易成本较高，在当地从事旅游业能减少就业成本，合理配置人力资源。四是直接或间接带动交通运输、商业服务、建筑业、邮电、金融、地产、轻纺工业等相关产业的投资和发展，促进农村劳动力向非农产业转移，加快老区农村城镇化速度。

3. 红色旅游发展促进老区农村基础设施的完善

革命老区大都地处偏僻的山区，生存环境恶劣。大多数人民生活在崇山峻岭之中，交通条件差，交通建设不平衡，天然形成的屏障使人们出行受到很大限制，生产、生活极不方便。由于地形复杂，有的地区至今没有通上公路，常常是“晴天扑面灰，雨天泥腿子”，同时，水、电、通信等基础设施严重滞后，信息闭塞。改革开放以来，老区虽然与全国其他地方一样有了长足的发展，但在吃粮、住房、行路、看病、用电、收听收看广播电视等方面仍存在许多困难，生活水平基本处于全国平均水平以下。红色旅游在老区的发展，可以极大地促进老区农村基础设施的完善。因为旅游资源开发不是一件孤立的事情，它是一个综合的主体开发过程。发展红色旅游，可进入性是关键，交通必须先行，要使旅游地同外界的交通联系以及旅游地内部的交通运输实现便利和畅通。因此，必须完善各种交通基础设施的建设和各种交通运营的安排。例如，江西省有了红色旅游的项目牵引，昔日的革命老区水、电、路等基础设施有了彻底的改观，百姓生活更加便利。2006 年，江西省瑞金市借赣龙铁路通车，已聚集八方人气，前来洽谈首乘游的旅行社络绎不绝。井冈山市已建成机场，高速公路也已经贯通，吉（安）井（冈山）铁路业已建设完成。此外，还要在旅游区内建设和完善包括供水、供电、通信、车站码头以及相应的银行、保险、医院、商店等在内的公共服务基础设施，建设和完善包括饭店、餐饮、娱乐场所等在内的旅游接待服务设施。这些基础设施和服务设施是旅游开发中要实现的基本物质条件，它们既满足旅游者的旅居生活需要，又使当地居民受益，更加速了老区的城市化速度。红色旅游的开展必然改善农村居民生活基础设施状况，加大对农村道路、安全饮用水、农村能源、厨房厕所等设施的投入，完善广播、通信、电讯等配套设施建设；加强农村环境建设，开展对农村生活垃圾、沟渠水塘、院落畜圈的整治，危旧房屋更新改造；搞好乡村建设规划，因地制宜地建设具有民族特色和地域风情的民居民宅，美观实用，节约土地，改善村容村貌，提高农民生活质量，使老区农民能够真正享受现代化成果。同时，随着老区行路难、用电难、饮水难等状况的改善，将逐步解决老区经济社会发展的“瓶颈”，促使老区经济、社会文化全面发展，促进老区“三农”问题解决。

三、发展红色旅游、建设旅游型新农村，构建老区“三农”问题解决机制

建设社会主义新农村是中共十六届五中全会提出的一项重大历史任务，是新时期“三农”工作的主题。胡锦涛同志将建设社会主义新农村的目标和要求概括为：“生产

发展、生活宽裕、乡风文明、村容整洁、管理民主。”这20个字内容丰富，含义深刻。既包括农村生产力的发展，又包括农村生产关系的调整；既包括农村的经济基础，也包括农村的上层建筑；既有物质文明建设，也有政治文明、精神文明建设，还有生态环境保护，包含内容非常广泛。与“三农”政策相比，目标更明确、内容更全面，涵盖了农村工作的各个方面。可以看出社会主义新农村建设与解决“三农”问题的农村工作思路是一脉相承的，如改善农村的生产和生活条件、发展现代农业、增加农民收入、改善农村的公共服务、在农村中实行管理民主等，只不过在社会主义新农村建设中把各方面的内容全面化、系统化，有机地统一起来，以此统领农村工作的全局。所以说，建设社会主义新农村是一个新的提法，但解决的是老问题——“三农”问题；农村工作的中心仍然是发展生产，增加农民收入。只有农民收入增加了，新农村建设才有可靠的物质基础，农民才更有积极性和能力参与新农村建设。红色旅游持续发展将为老区农民增收提供新的路径，为新农村建设提供物质基础，必将成为社会主义新农村建设的助推器。

1. 推动社区参与，调动农民发展积极性，产生良性循环效应

老区的人民群众在红色旅游开展过程中具有举足轻重的作用，群众的言行举止都体现了老区的整体精神面貌。在革命战争时期，老区的群众作为中共党组织和人民军队的坚强后盾发挥出了巨大的能量，为革命事业贡献了宝贵的力量。因此，老区群众的潜力是不可估量的。在革命老区开展红色旅游，要让群众意识到参与红色旅游的重要意义，在这一点上关键是靠领导，领导要有创新的意识，机遇就在眼前，优势就在身边，领导者要认清优势，抓住机遇，充分调动人民群众的积极性，使群众参与到红色旅游事业中来。当老区群众真正得到了红色旅游带来的实惠时，便会更加支持政府的相关旅游政策，并运用智慧，借旅游发展的东风，加紧创业，创造更多的财富，产生一系列的良性循环效应。红色旅游的开展可以逐渐引导老区人民增强劳动致富意识、积累意识、商品意识、科技意识，使之产生脱贫致富的内在动机，教育老区群众克服长期困扰老区经济发展的旧思想、旧观念、旧习惯，树立文明、科学的生活观和生活习惯。使农民的思想道德、科学文化水平、民主法治观念在潜移默化中得到提高，从而提升整体素质，造就“有文化、懂技术、会经营、守法纪、讲文明”的新型农民。“人口不满两千、产谷不满万担”，这是刚解放时井冈山贫穷落后的面貌。如今，井冈山通过大力发展红色旅游，带富了大山里的“老表”们，2007年全市农民从“红色产业”中获得的人均收益近2000元。全市实现了乡镇通等级公路油（水泥）路、行政村通；全市村通电率已达100%；改水、改厕、改栏，家家建沼气池，千百年来农民已形成的生活方式和行为习惯正在深刻地改变着；农村五保户做到了应保尽保。新农村建设让老百姓走上了平坦路、喝上了干净水、有了卫生厕所，农民收入大幅度提升，2007年全市农民人均纯收入3655元。井冈山人尝到了大力发展旅游的甜头，井冈山目前有50%的农民直接或间接从事旅游行业，使农民收入增加，农村得以和谐发展。在当地红军医院旧址所在的小井村，如今的农户们有了商业头脑，充分利用红色旅游的

大好机会，有的经营纪念品商店，有的开餐馆或搞相关行业，家家户户迈上了小康路。

2. 改善基础条件，解决发展硬“瓶颈”，夯实老区发展基础

交通、能源、水利、通信等重要基础设施是地区经济社会发展的基础条件，它的建设具有投资额高、影响面广的特点。老区的交通运输线路密度、通信密度仅分别相当于全国平均水平的49.8%和21.7%，相当于东部沿海地区的18.3%和1.7%，严重制约了地区经济的发展。发展红色旅游，可进入性是关键，交通必须先行，交通便利快捷了，再加上完善的配套服务设施，才能够吸引更多的国内、国际旅游者。老区在发展红色旅游过程中，其交通、电力、水利及通信等基础设施的建设，既要考虑旅游发展的需要，更要考虑老区人民生产与生活的需要，改变人们行路难、用电难、饮水难等状况，解决老区经济社会发展的“瓶颈”，大大促进老区与外界联系的便捷度和快捷度，促使老区经济社会文化全面振兴。

四、小结

在红色旅游发展过程中要根据老区实际，把红色旅游产业作为建设老区新农村的重要内容，努力做好“创意经济”、“体验经济”等旅游新文章，引导个体、私营经济积极参与发展红色旅游，鼓励农民积极参与红色旅游商品的开发、生产、销售等旅游经济活动，经营旅游项目，开展“农家乐”、“山里居”等特色接待。让红色旅游在老区产业结构调整和构建社会主义和谐社会中挑大梁，发展老区农业、繁荣农村、富裕农民。可以大胆预言，红色旅游业的发展必将给老区农民带来更多的实际利益，为缓解老区最为突出的“三农”问题，有效拉动革命老区经济的发展，促进老区构建和谐社会做出新贡献。

红色精神的传承与红色旅游创新发展*

一部红色的革命历史，就是一个奋斗的历史，更是一个创新、创造、创意的历史，也是一个创业的历史。2010 年是全国红色旅游规划纲要的收官之年，7 年来红色旅游发展可谓日新月异，取得了良好的政治、经济、文化效益。面向新形势，总结红色旅游发展新成果，厘清红色旅游发展新思路，谋划红色旅游发展新纪元，迎接红色旅游发展新时代。回顾过去，展望未来，在红色旅游中，“传承”、“创新”和“发展”就成为我们思考的关键问题。

一、我们从红色旅游中传承了什么

红色革命历史、革命精神，实际上是人类的一种先进文明，所以红色旅游传承了历史文明、传承了先进文化、传承了民族精神。将历史文明、先进文化、民族精神 3 个词串起来，就可以感觉到红色旅游的魅力、红色旅游的生命力。因为越是民族的就越是世界的，是民族的就一定是世界的，这可以说是我国红色旅游发展的原动力。

二、我们在红色旅游发展中创新了什么

1. 创新了思想教育模式，改善了教育的方式和方法

红色旅游是进行爱国主义教育的有效方式，像井冈山“六个一工程”，井冈山在红色团队拓展训练方面的作为，还有延安、韶山等十大红色旅游城市在红色旅游精神传承方面、红色精神教育方面的一系列的创造，都构成了红色团队拓展训练的模式，是新时期爱国主义教育方法的创新，创新了红色团队培训机制。

2. 创新了经济发展的方式，优化了发展的途径与路径

从宏观方面来讲，红色旅游是科学发展、统筹发展、协调发展；从微观方面来讲，

* 本文完成于 2010 年。

红色旅游是动态发展、时尚发展、合作发展，它们都有广泛的内涵和深刻的内容。

3. 创新了旅游发展的思路，拓展了发展的空间和内容

从时间维度上看，红色只不过是一种形象的说法，它最核心的理念是展现先进的革命事迹、革命精神、革命活动，所以它既可以上溯也可以下延。从空间维度上来讲，井冈山等红色旅游城市提出国际化的发展战略，从市场空间拓展上，要有国际的空间、国际的视野。红色旅游可以和他色旅游结合，如与绿色、黄色或金色、蓝色、白色的结合，红色旅游发展一定要“红白相间”，以还原历史的整体，展现矛盾的两个方面，还有民俗风情，即“土色”，与红色旅游关联度很高。红色旅游与他色旅游的互动发展将呈现多彩的世界。红色旅游在空间拓展上除与他色旅游的融合发展外，还可以向国内其他非主体红色旅游城市发展，很多地方都有红色旅游资源，如果地方红色旅游资源不重要、不凸显，可以发展红色点缀型旅游，红色可以作为点缀型旅游资源，这也是红色旅游空间的拓展。再就是内容拓展，内容拓展也是各位旅游管理者、旅游领导者在思考的问题，如产品怎样去丰富、功能怎样去完善、活动怎样具有体验功能等，都是需要拓展的内容。

三、我们如何进一步发展红色旅游

一是科技化发展，红色旅游中科技含量越来越高。二是艺术化发展，情景再现、实景演出、歌舞表演、红歌会都是艺术的提升。三是动态化发展，红色旅游资源中的文物、遗址要活起来，让沉睡的文化醒过来，让活着的文化动起来。四是网络化发展，空间的拓展意味着视野的拓展，意味着市场的扩大。大家需要联合，互动、互补、共享。五是体验化发展，强调红色旅游产品和活动可亲、可触、可摸，增强参与性。六是时尚化发展，让红色旅游产品和活动符合现代生活需要，增强时代气息。

创新，转变红色旅游发展方式意味着赋予红色旅游更新的生命力，应该将红色旅游融入现代生活，注入时尚元素，引领现代风尚，以新的载体、新的形式、新的方法传承红色革命精神，转变经济发展方式，使其成为真正的富民惠民工程。

弘扬红色革命精神，传承先进文化；创新红色旅游新理念，转变发展方式；促进红色旅游新跨越，构建和谐社会，实现经济繁荣。红色旅游才会具有强大的生命力。这就需要我们用和谐的理念，开放的思维，创新的精神，科学谋划、规划、策划红色旅游发展，探索红色旅游创新发展模式，继续保持红色旅游强劲的发展势头，实现红色旅游可持续发展。

基于结构方程模型的红色旅游资源效用价值评价

——以江西省瑞金市为实证的研究*

一、引言：学术史回顾和问题的提出

红色旅游是由传统的政治接待性“革命传统教育”、“革命圣地观光”演变而来的，在其发展过程中，受到了政府大力扶持和社会广泛关注，2004 年，我国出台《2004—2010 年全国红色旅游发展规划纲要》，推动了第一波红色旅游迅猛发展的浪潮。红色旅游资源作为红色旅游发展的基础性因素，性质的特殊性决定其开发路径和利用理念有别于其他旅游资源。红色旅游资源开发在理想信念教育、脱贫攻坚促进、先进文化塑造等方面的作用日益凸显，成为各界关注的焦点之一。

红色资源概念有广义和狭义之分，广义概念是指一切顺应历史潮流的革命活动中凝结的人文景观和精神，狭义概念是指在中国共产党领导下进行革命战争和社会主义建设所形成的历史遗存和精神传统。就其内涵而言，戴向阳（2010）① 提出“红色资源”是民族精神和时代精神相结合的产物，其本质是由精神内核和物质载体构成的“红色文化”统一体。马进甫和宋振美（2006）② 认为，红色旅游资源的本质在于对当代人具有旅游吸引力并具备了旅游开发价值的革命历史遗存。黄细嘉和宋丽娟（2013）③ 则从时间、内容和地域三个维度对红色旅游资源的内涵进行界定，认为红色旅游资源是指中国共产党领导和影响的新民主主义革命的产物，是精神文化和物质载体相结合的主题人文资源，地域上主要表现为广大的革命老区革命遗址和红军长征线路。诸多解释难以将红色旅游资源概念内涵与红色资源相区别。

---

* 本文作者黄细嘉、赵晓迪，完成于 2018 年。

① 戴向阳. 准确认识“红色资源”［J］. 理论导报，2010（7）：12.

② 马进甫，宋振美. 简析红色旅游资源的特征及其开发策略［J］. 北京第二外国语学院学报，2006（1）：111-114+78.

③ 黄细嘉，宋丽娟. 红色旅游资源构成要素与开发因素分析［J］. 南昌大学学报（人文社会科学版），2013，44（5）：53-59.

就其价值评价而言，方世敏和邓丽娟（2013）① 从历史文化价值、社会情感价值、经济价值、资源保护情况、资源丰度与概率及组合状况 5 个维度，构建了红色旅游资源价值评价体系。张延欣等（2015）② 从旅游区域情况、资源要素价值、景区景点规模和资源开发条件 4 个方面构建了延边州红色旅游资源评价体系。陈芳和马迎霜（2016）③ 从红色旅游资源价值、景区条件和旅游开发条件 3 个维度构建了大别山地区红色旅游资源的评价指标体系。

而且国内学者越来越多地尝试运用实证分析方法，对红色旅游资源价值进行评价，翁钢民和王常红（2006）④ 构建了红色旅游的 AHP 综合评价方法，并对河北省红色旅游资源进行了定量评价。胡蓉（2016）⑤ 利用主成分分析法对红色旅游资源进行综合评价，并以四川省达州市张爱萍故居为对象进行实证研究。葛鸿雁（2017）⑥ 运用 BP 神经网络方法构建了红色旅游资源评价模型，并以湖南省著名红色旅游景区为例进行了实证研究。

很显然，一个不容回避的问题是，红色旅游资源效用价值始终没有成为评价因素，而旅游资源的价值首先取决于它的效用性，其价值大小取决于它的稀缺性，从价值哲学的角度来看，旅游资源经济价值是旅游资源能够满足旅游者旅游需求的效用的货币衡量。由此可见，重置红色旅游资源价值评价体系中的效用价值评价因素至关重要。

但是，“效用”属于无法观测的消费者主观感受，难以运用常见的工具加以分析，而结构方程作为多元数据分析的重要工具，可以考虑并处理多个因变量，并同时估计因子结构和因子关系，以及整个模型的拟合程度，适用于效用价值的研究。因此，本文基于结构方程分析方法，构建结构方程模型，对红色旅游资源效用价值进行研究。

二、红色旅游资源效用价值评价的理论分析

1. 效用价值论

效用价值论最早起源于 17 世纪，英国经济学家尼古拉·巴本在其著作《贸易概论》中提出，一切物品的价值都来自它们的效用；能满足人类天生肉体或精神欲望的东西，才具有价值。奥地利学派经济学家欧根·冯·庞巴维克（Eugen Bohm-Bawerk，

① 方世敏，邓丽娟．红色旅游资源分类及其评价［J］．旅游研究，2013，5（1）：36-40.

② 张延欣，陈卓，杨明，韩顺兰，吕弼顺．延边地区红色旅游资源的类型及空间分布［J］．延边大学农学学报，2015，37（1）：35-40.

③ 陈芳，马迎霜．大别山红色旅游资源评价指标体系构建与实证检验［J］．科技资讯，2016，14（21）：160-161.

④ 翁钢民，王常红．基于 AHP 的红色旅游资源综合评价方法及其开发对策［J］．工业技术经济，2006（2）：112-114.

⑤ 胡蓉．基于主成分分析法的红色旅游资源评价［J］．宜宾学院学报，2016，16（6）：65-67.

⑥ 葛鸿雁．基于 BP 神经网络的湖南省红色旅游资源评价模型研究［D］．湘潭大学，2017.

1851-1914 年）对物品的价值来源进行了界定，他否认价值是商品的内在属性，主张价值由人们的主观评价而定，认为物品只有具有稀缺性时，才会引起人们的主观评价而具有价值。经过多年的研究，融合多个学派的相关理论，效用价值论已逐渐发展成熟，即主张价值具有主观性，揭示了人与物之间的广泛联系，认为任何物品要拥有价值，必须满足两个条件：一是有效用，二是必须具有稀缺性。

2. 红色旅游资源效用价值的内涵

旅游资源是人类进行旅游活动的基础，原国家旅游局将旅游资源定义为“自然界和人类社会凡能对旅游者产生吸引力，可以为旅游业开发利用，并可产生经济效益、社会效益和环境效益的各种事物和因素”。旅游资源本身是构成旅游资源吸引魅力的基础，作为特殊的资源形态，其价值构成不同于一般资源，即首先决定于它的效用性，价值大小则决定于它的稀缺性和开发利用条件。红色资源起初不是作为旅游资源而存在的，它是中国共产党领导中国各族人民在革命和战争时期形成的一系列物质文明和精神文明遗产的总和，被开发利用多是作为政治教育、历史研究、传承红色基因的载体，随着其价值的不断发掘和我国国民休闲时代的到来，逐渐成为旅游资源。因此，红色旅游资源可以定义为中国共产党领导人民进行革命战争和社会主义建设所遗留的、对人具有旅游吸引力的，并能被用于旅游开发的历史遗存和精神文化传统。红色资源转化为红色旅游资源的关键点，是其能满足现代人对旅游的需求，这才有了其成为旅游资源的价值禀赋，因此，以形成社会和大众消费为表现形式的人们的广泛参与，是红色旅游资源开发利用的原动力。

红色旅游资源效用价值，就是红色旅游资源本身效用同游客需求之间的关系。红色旅游资源的效用是关系的“客体”，它主要指红色旅游资源在游憩度假、政治教育、历史认知、社会价值认同等方面的属性，红色旅游资源的效用是其效用价值的根本和基础，没有红色旅游资源的旅游属性或社会属性，红色旅游资源就不能满足游客的需求，也就不存在效用价值。人的需求是关系的主体，没有人对红色旅游的需求，红色旅游资源的价值也就无从谈起。因此，红色旅游资源的效用和人的需求既彼此统一又相互矛盾，二者互为条件、相互影响，相互决定着对方的存在。可以看出，红色旅游资源效用价值是一个有条件的相对概念，而不是绝对的概念。

3. 红色旅游资源效用价值的维度

红色旅游资源效用价值评价对象，是红色旅游资源本身的价值因素，因此在其价值维度因子中，摈弃了人为开发对红色旅游资源产生的价值影响。通过运用专家意见法和文献总结法，以游客在身体、文化、人际交往、地位和声望 4 个方面的旅游需求为出发点，对旅游资源价值因子、红色旅游特征等因素进行总结，提出红色旅游资源效用价值的 4 个维度，分别是物质遗产、非物质遗产、社会情感、资源环境。

（1）物质遗产因素。物质遗产是具有历史、艺术和科学价值的文物，包括历史建筑、人类文化遗址、可移动的和不可移动的历史文物及其在建筑式样、分布形式或在与环境景色结合方面具有突出价值的历史文化名城（街区、村镇）。红色旅游资源兼具物质遗产和文化遗产因素，革命历史遗址、遗迹、遗物是构成其旅游吸引力的基本因素。从物质层面来看，影响红色旅游资源效用价值的物质遗产因素，主要表现为资源独特性与稀缺性、资源丰富性、资源艺术欣赏性3个方面。

（2）非物质遗产因素。红色旅游资源具有的丰富深厚的精神文化内涵是其典型特征，包含着中国共产党带领全国各族人民在争取民族独立和解放过程中形成的伟大革命精神和丰富多彩的红色文化。在旅游活动中，红色旅游资源非物质文化因素满足游客文化需求的表现所在，主要通过其历史文化价值、认知教育价值和考察研究价值3个指标来实现。

（3）社会情感因素。一般来说，人对自我实现、受尊重、爱的追求，在旅游活动中表现为人际交往的实现、所表达的意见和建议得到采纳、所处地位和声望获得认同等，比如接触新朋友、探亲访友等旅游动机中，就带有引人注意、受人赏识、获得认同等人际情感社会需求。具体来讲，红色旅游资源中蕴含的理想信念、道德情操、领袖魅力、烈士节义、家国情怀、人类精神、奋斗激情、创业激励等价值内涵，锻造了独特的社会情感氛围，影响着旅游者能否在旅游中追求更高层次的社会情感需求。从文化氛围而言，底蕴深厚的历史文化环境易于引发游客在情感观和价值观方面的共鸣，乐观向上的社会价值氛围和现实知名度更容易彰显游客在社会中的地位和声望，和谐友好的时代文化生态使游客在旅游过程中更便于接触旅游社区居民、同行游客、旅游服务者，结交新朋友。

（4）资源环境因素。资源环境因素是吸引旅游者离开常居地到其他地方去旅游的重要吸引力因素，休闲与游憩、体验与度假、接触自然与触摸历史等依托于旅游资源本体环境而产生的旅游需求，是游客产生旅游动机的内在动力。这就要求旅游资源所在地的生态与环境优良，如具备较高的空气清新度、气候清爽度、水质清洁度、土壤清香度以及食品清醇度，以满足游客在旅游地得到精神上的放松和生理上的愉悦这一旅游需求。红色旅游资源多位于偏于一隅的革命老区，山水生态与自然环境原生状态良好，“红绿相间”的旅游环境可以满足游客调节身心、丰富生活、净化心灵的旅游需求，因此，红色旅游资源的资源环境因素是评价其效用价值的重要维度之一。

三、红色旅游资源效用价值的结构方程模型构建

本文采用结构方程模型对红色旅游资源效用价值建立评价体系，从红色旅游资源效用价值的维度出发，红色旅游资源效用价值由物质遗产、非物质遗产、社会情感、资源环境4项因素组成。

根据红色旅游资源效用价值的维度，参考大量文献，采用德尔菲法进行筛选，最终得出一系列观察变量，并根据观察变量设计调查问卷，以获得第一手资料。红色旅

游资源效用价值评价指标及模型变量设定如下表。

红色旅游资源效用价值评价指标及模型变量

一级指标（潜变量）	二级指标（观测变量）
物质遗产因素	独特性与稀缺性
	丰富性
	艺术欣赏性
非物质遗产因素	历史文化价值
	认知教育价值
	考察研究价值
社会情感因素	人际情感因素
	社会精神因素
	文化氛围因素
资源环境因素	游憩环境
	自然环境
	康养环境

如果假定的一阶测量模型的潜在构念间共同反映一个更高阶的潜在因素，这个高阶的潜在因素位于一阶因素潜在构念之上，此种测量模型称为二阶因素模型①，根据此二阶因素模型的概念，结合本文研究目的，拟采用二阶因素模型作为测量模型，以直观表达四个维度在效用价值中的作用，以及每个潜在变项的观察指标。二级因素潜在构念为红色资源效用价值，一级因素潜在构念为物质遗产因素、非物质遗产因素、社会情感因素、资源环境因素。在这个模型中，一阶因素模型的潜在构念共同反映二阶因素的潜在构念，符合我们对红色旅游资源效用价值的定义和本文研究目的。

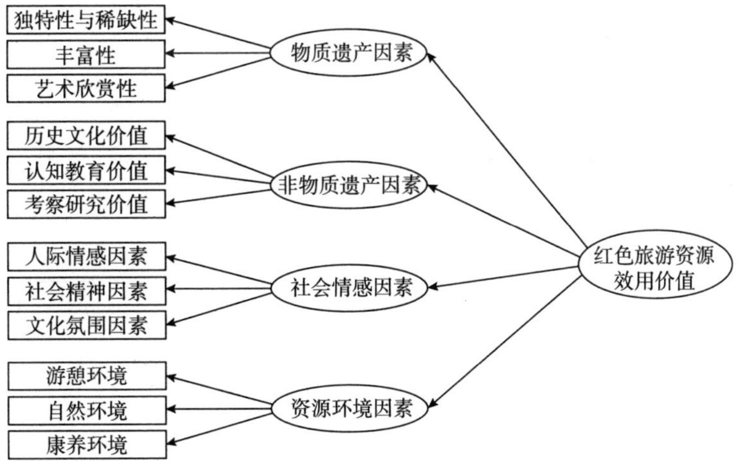

红色旅游资源效用价值高阶因子结构模型

① 吴明隆. 结构方程模型：AMOS 实务进阶［M］. 重庆：重庆大学出版社，2013.

四、红色旅游资源效用价值的实证分析
——以江西瑞金市为例

瑞金市位于江西省东南部，是一个红色与绿色共生共荣的城市，被誉为“红色故都”、“共和国摇篮”，是苏区时期党中央驻地、中华苏维埃共和国临时中央政府诞生地、中央红军长征出发地，现为全国爱国主义和革命传统教育基地。瑞金红色资源丰富，保存现状较好，红色旅游方兴未艾，已建设成为国家AAAAA级旅游景区。本文以瑞金市红色旅游资源为例，评价红色旅游资源效用价值。相关数据采用调查问卷方式获取，共发放问卷250份，回收有效问卷220份。

从下表可以看出，调查问卷的总体Cronbach’s Alpha系数为0.921，各维度的Cronbach’s Alpha系数均大于0.7；各潜变量的组成信度值均大于0.7，表明本量表具有良好的信度。

调查问卷的总体KMO值为0.906，Sig.值为0.000；各维度的KMO值均大于0.7，大于可接受门槛，且Sig.值均为0.000。CFA分析结果显示，物质遗产因素、非物质遗产因素、社会情感因素、资源环境因素的变异数萃取量均大于理想值0.5，表明本量表具有较佳的效度。各潜变量的C.R.（t-value）值均大于1.96，表明量表具有良好的内敛效度。

探索性因子分析

指标	总体	物质遗产因素	非物质遗产因素	社会情感因素	资源环境因素
Cronbach’s Alpha	0.921	0.792	0.849	0.819	0.831
KMO	0.906	0.703	0.705	0.706	0.712
Sig.	0.000	0.000	0.000	0.000	0.000

验证性因子分析

路径关系			模型参数估计值				收敛效度			
			非标准化因素负荷	标准误 S.E	C.R.（t-value）	P	标准化因素负荷	SMC	C.R. 组成信度	AVE 变异数萃取量
物质遗产因素	<--	红色旅游资源_效用价值	1.000				0.619	0.383	0.822	0.544

续表

路径关系			模型参数估计值				收敛效度			
			非标准化因素负荷	标准误 S. E	C. R. (t-value)	P	标准化因素负荷	SMC	C. R. 组成信度	AVE 变异数萃取量
非物质遗产因素	<--	红色旅游资源_效用价值	0. 989	0. 180	5. 503	***	0. 592	0. 350		
社会情感因素	<--	红色旅游资源_效用价值	1. 803	0. 290	6. 218	***	0. 931	0. 867		
资源环境因素	<--	红色旅游资源_效用价值	1. 195	0. 197	6. 075	***	0. 758	0. 575		
艺术欣赏性	<--	物质遗产因素	1. 000				0. 709	0. 503	0. 798	0. 569
丰富性	<--	物质遗产因素	0. 996	0. 104	9. 551	***	0. 797	0. 635		
独特与稀缺性	<--	物质遗产因素	1. 130	0. 121	9. 323	***	0. 754	0. 569		
科学研究价值	<--	非物质遗产因素	1. 000				0. 719	0. 517	0. 859	0. 671
认知教育价值	<--	非物质遗产因素	1. 082	0. 093	11. 669	***	0. 876	0. 767		
历史价值	<--	非物质遗产因素	1. 073	0. 093	11. 551	***	0. 854	0. 729		
社会氛围因素	<--	社会情感因素	1. 000				0. 801	0. 642	0. 879	0. 709
社会崇拜因素	<--	社会情感因素	1. 038	0. 089	11. 724	***	0. 831	0. 691		
社会交往因素	<--	社会情感因素	1. 111	0. 111	10. 048	***	0. 891	0. 794		
康养价值	<--	资源环境因素	1. 000				0. 709	0. 503	0. 834	0. 627
生态价值	<--	资源环境因素	1. 283	0. 120	10. 692	***	0. 814	0. 663		
游憩价值	<--	资源环境因素	1. 275	0. 117	10. 933	***	0. 845	0. 714		

注：*** 表示在 0. 01 的水平上显著，** 表示在 0. 5 的水平上显著，* 表示在 0. 1 的水平上显著。

二阶验证因素之模型适配度检验结果

指标	χ^2 值	df	χ^2/df	GFI	AGFI	CFI	RMSEA
Null model	1353. 467	66	20. 507	0. 338	0. 218	0. 000	0. 298
一阶一因子模式	467. 643	54	8. 66	0. 681	0. 540	0. 679	0. 187
一阶四因子模式（因素间无相关）	348. 164	54	6. 477	0. 78	0. 683	0. 772	0. 158
一阶四因子模式（因素间有相关）	79. 811	48	1. 663	0. 944	0. 909	0. 975	0. 055
二阶因子模式	96. 556	49	1. 971	0. 934	0. 895	0. 963	0. 067
建议值	愈小愈好	愈大愈好	<3	>0. 8	>0. 8	>0. 9	<0. 08

根据上表可知，一阶一因子模式和一阶四因子模式（因素间无相关）各项指标适

配度较差，没有达到拟合标准。一阶四因子模式（因素间有相关）和二阶因子模式适配度较为良好，达到了拟合标准。在此情况下，当一阶因子模式（因素间有相关）卡方值与二阶因子模式卡方值的比值，即目标系数，越接近1时，表明二阶模型越具有代表性。根据计算，适配度良好的两个模型间的目标系数为0.827，接近1，因此本文二阶因素模型确实符合理论模型的要求。

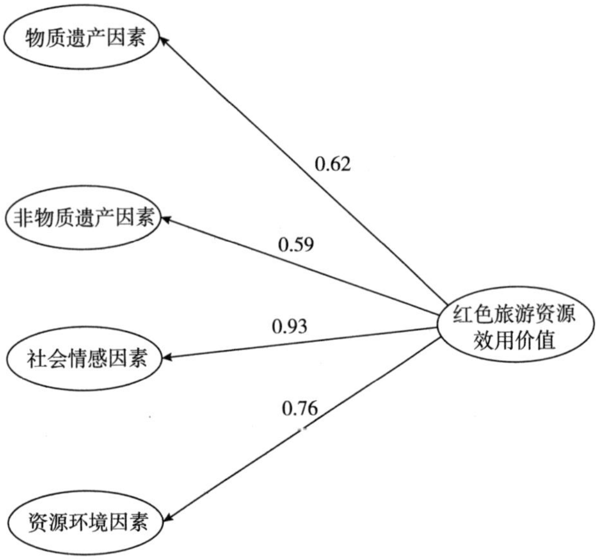

红色资源效用价值模型

由表可以看出，没有出现标准化路径系数绝对值大于1或者接近1的情形，因此参数估计值皆为可接受的解值。物质遗产因素构念3个测量指标的标准化因素负荷量分别为0.709、0.797、0.754；非物质遗产因素构念3个测量指标的标准化因素负荷量分别为0.719、0.876、0.854；社会情感因素构念3个测量指标的标准化因素负荷量分别为0.801、0.831、0.891；资源环境因素构念3个测量指标的标准化因素负荷量分别为0.709、0.814、0.845。由上图可以看出，高阶因素红色旅游资源效用价值对低阶因素物质遗产因素、非物质遗产因素、社会情感因素、资源环境因素的标准化路径系数分别为0.62、0.59、0.93、0.76，皆高于0.50，表明了本文理论假设合理，物质遗产因素、非物质遗产因素、社会情感因素、资源环境因素可共同反映红色旅游资源效用价值。利用模型中相关效应系数，可以进行红色旅游资源效用价值体系评价指标的权重分析①。本文主要利用高阶因素对低阶因素的标准化路径系数值，换算出各低阶因素物质遗产因素、非物质遗产因素、社会情感因素、资源环境因素的权重系数，分别为

① 佟瑞鹏，张浩．基于结构方程模型的安全管理体系评估与实证分析［J］．中国安全生产科学技术，2017，13（5）：157-162.

0.214、0.203、0.320、0.262。

五、结论与展望

通过上文得到的数据进行比较分析，得出如下结论：

从总体上看，物质遗产因素、非物质遗产因素、社会情感因素、资源环境因素是红色旅游资源效用价值结构模型的4个方面，其对红色旅游资源效用价值产生了重要影响。其中，社会情感因素和资源环境因素对红色旅游资源效用价值的影响权重较大，非物质遗产因素和物质遗产因素对红色旅游资源效用价值的影响权重较小。说明社会情感因素和资源环境因素更能满足游客相关旅游需求，非物质遗产因素和物质遗产因素满足游客需求的能力较小。进一步改进的方式就是提高人们对旧址、旧居和遗址、遗迹类等物质遗产的认知，发掘红色文化、红色精神、红色风情等非物质遗产内涵。游客对红色旅游资源非物质遗产因素和物质遗产因素的需求较大，但瑞金市红色旅游资源在物质遗产价值和非物质文化遗产价值方面，因静态展示造成的表现形式缺乏，走马观花式的参观造成的印象不深刻，再加上解读不够、阐述不到位，是导致两者得分较低的重要原因。

从物质遗产一阶因素来看，资源的丰富性比资源独特性与稀缺性、艺术欣赏性的影响大。说明游客对红色旅游资源的种类和数量（规模度和集中度）较为看重，瑞金市红色旅游资源类型较为丰富，是满足游客需求的主要因素，符合瑞金市红色旅游资源分布广和构成类型多的状况。艺术欣赏性的得分最低，一方面是由于红色旅游资源中的大多数遗址、遗迹、遗物均是百姓寻常生活中所见的物品和简朴的乡土建筑，而且原生肌理完整且系统的保存较少；另一方面是因为开发利用过程中的画蛇添足，一定程度上影响了其美感艺术性。另外，现有可供展示的历史建筑、故居、文物不多，再加上时代审美观的变化、游客审美情趣的差异和艺术欣赏水平等的不同，也是导致得分较低的原因。

从非物质遗产一阶因素来看，历史文化价值和认知教育价值得分较高，这表示游客更加关注红色旅游资源的历史价值和认知教育价值，多倾向于接受红色文化教育和红色历史普及，这两个方面较为满足游客的相关旅游需求。考察研究价值的得分较低，一方面，对于游客来讲，科学研究是一项需要科学与文化素养支撑的专业工作，不是寻求调节身心的旅游者的主要动机与需求；另一方面，游客出游更倾向于较浅层次的历史知识与文化信息的获取，对于深层次的历史探索和科学研究本来就不是其出游的初衷。

从社会情感一阶因素来看，人际情感因素、社会精神因素、文化氛围因素的得分均较高。整体来看，瑞金市红色旅游对坚定人生理想与信念、敬仰革命先烈精神、提升家国情怀、感受当地淳朴民风，乃至促进亲友关系、彰显个人身份、提升地位与声望等作用显著。游客通过游览红色旅游资源得到的社会情感方面的满足程度较高，是对红色旅游资源所处历史文化氛围和社会情感环境的肯定性评价，一方面说明游客前来瑞金旅游带有对老区人民的敬意；另一方面更说明红色旅游资源所处的历史文化氛围和社会情感环境是影响满足游客旅游需求的重要因素。

从资源环境一阶因素来看，游憩环境和自然环境的影响最大，这说明针对游客出游需求而言，游憩放松和亲近自然、感受多维生态是游客出游的重要需求，红色旅游资源所处的自然与生态环境是否具备满足游客休闲放松、亲近自然、感受生态环境等需求的条件较为重要。康养环境的影响相对较小，表明红色旅游资源的利用主要还是停留在走马观花的参观游览和单纯的革命传统教育层面，对需要深层次利用、长时段开展的康养旅游需求的开发指向不够明确，反映了红色旅游资源利用方向有待优化、开发程度有待提高的现实。

上述红色旅游资源效用价值评价结果，为红色旅游发展提供了重点选择的依据、指明了优化开发的方向：即把握红色旅游资源满足游客需求的效用价值所在，通过发掘红色旅游资源作为物质遗产方面的独特性与稀缺性、艺术欣赏性价值和作为非物质遗产方面的红色文化、红色精神、红色风情内涵价值，不断提高资源主体在主客观价值维度方面发挥效用的分值，以期实现红色旅游资源开发方向和程度的新突破。

针对本次瑞金市红色旅游资源效用价值的评价结果，提出优化瑞金红色旅游资源开发与利用的主要思路：一是整合瑞金党、政、军、群、团、青、妇、农、工、商、学等各方面遗址类红色旅游资源的物质载体，做足“红色故都”文章，体现瑞金红色旅游目的地的家国情怀。二是重点开发红色精神内涵，讲好红色故事，传播红色声音，体验红色生活，多维创新红色历史文化表现方式，提升红色旅游产品的独特性和丰富性，使红色文化热起来、活起来、动起来，增强瑞金红色旅游产品和活动吸引力。三是保护和优化红色旅游资源及其周边生态环境，保护和传承当地特色民俗风情，恢复原生红色旅游资源肌理，加强城乡基础设施和旅游服务设施建设，打造具红色风貌、红色风格、红色风情的旅游社区，营造山水、田园、乡村、社区等原生红色文化氛围，建设具有历史氛围的瑞金红色旅游城市。

红色旅游的内涵与江西红色旅游发展策略*

一、红色旅游的内涵

1. 红色旅游是什么

红色旅游，主要是指以中国共产党领导人民在革命和战争时期建树丰功伟绩所形成的纪念地、标志物为载体，以其所承载的革命历史、革命事迹和革命精神为内涵，组织接待旅游者开展缅怀学习、参观游览的主题性旅游活动。

概念：红色旅游是以革命圣地和纪念地为主要旅游吸引物的旅游产品，是一种特色旅游。它依托的资源主要是革命纪念地或革命旧址（纪念地有：纪念馆、纪念碑、纪念园、纪念堂、纪念塔；革命旧址有：旧址、旧居、遗迹、遗址）。

内涵：概念中所反映的对象的特有属性。红色旅游的内涵主要是爱国主义教育、政治思想教育、革命传统教育、革命精神教育。

外延：概念中所反映的具有某些特有属性的对象。红色旅游的外延主要包括历史文化、生态环境、民俗风情、山水风光。

中共中央办公厅、国务院办公厅 2004 年印发的《2004—2010 年全国红色旅游发展规划纲要》将红色旅游在时间上界定为中国共产党的早期历史至中华人民共和国成立。开展红色旅游活动的意义和价值，主要体现在：

管理者：开发一方红土，造福一方百姓。

一是在对发展红色旅游的认识上，实现从以往比较单一的“旅游扶贫开发工程”向“政治、经济、文化三大工程”的转变。二是在处理红色旅游与其他旅游的布局关系上，实现从“一个跟进工程”向“一个领跑工程”的转变。三是在抓发展红色旅游的实际工作中，实现从联合少数单位一起行动向协同各相关方面共同推进的转变。

从业者：弘扬革命精神，传播先进文化。

旅游者：瞻仰一次圣地，净化一次灵魂。

当地居民：继承优良传统，建设美好家园。

---

* 本文完成于 2005 年。

2. 红色旅游的 8 个主题

（1）反映新民主主义革命时期建党建军等重大事件，展现中国共产党和人民军队创建初期的奋斗历程的系列内容，主题概念是“东方曙光”（1919 年 5 月 4 日 ~ 1927 年 8 月 1 日）。

（2）反映中国共产党在土地革命战争时期建立革命根据地、创建红色政权革命活动的系列内容，主题概念是“革命摇篮”（1927 年 8 月 1 日 ~ 1934 年 10 月 17 日）。

（3）反映红军长征艰难历程和不屈不挠、英勇顽强大无畏革命精神的系列内容，主题概念是“万里长征”（1934 年 10 月 ~ 1936 年 10 月）。

（4）反映中国共产党带领人民抗日救国、拯救民族危难光辉历史的系列内容，主题概念是“抗日烽火”（1937 年 7 月 7 日 ~ 1945 年 8 月 15 日）。

（5）反映解放战争时期的重大战役、重要事件和地下工作，彰显中国人民为争取自由解放、夺取全国胜利、建立共和国奋斗历程的系列内容，主题概念是“走向胜利”（1945 ~ 1949 年）。江西湖口是渡江战役的西起点。

（6）反映全国各族人民在中国共产党的领导下，建立爱国统一战线，同心同德、同仇敌忾的团结奋斗精神的系列内容，主题概念是“民族团结”。

（7）反映老一辈无产阶级革命家的成长经历和丰功伟绩，以及他们的伟大人格、崇高精神和革命事迹的系列内容，主题概念是“伟人风范”。

（8）反映各个革命历史时期在全国具有重大影响的革命烈士的主要事迹，彰显他们为争取民族独立、人民解放，不怕牺牲、英勇奋斗的崇高理想和坚定信念的系列内容，主题概念是“浩气长存”。

这 8 个主题涵盖了从中国共产党诞生到新中国成立这一历史阶段，党领导全国人民争取民族独立和人民解放的历史时期所积累、遗存下来的革命历史文化遗产，是我们开发红色旅游产品的精髓和依据。

3. 红色旅游的特点

红色旅游的特点主要表现在：第一，依托的是特殊的文物古迹类旅游资源；第二，精神文明与物质文明的集中体现；第三，以观光与修学结合旅游为主；第四，以组织和团队旅游方式为主；第五，较强的政治性和军事性；第六，客源有明显的消长规律。

从红色旅游的特性来讲，还可以表述为具有如下性质：

（1）学习性。主要是指以学习中国革命史为目的，以旅游为手段，学习和旅游互为表里。但是，这种学习不宜搞成灌输式的现场报告会，而应营造出自我启发的教育氛围，达到“游中学、学中游”，寓教于游、润心无声的境界。中国人的旅游与学习总是紧密相连在一起，有着“读万卷书，行万里路”的传统。现在开展的红色旅游，有利于这个优良传统的发扬光大。它完全可以归类于修学的大类，定位于瞻仰“革命圣地”的专题旅游。

（2）故事性。相对于说教性而言，反映出人们对历史吸引物的取舍观。现在到一些红色旅游点，给人的感觉是在参观“中国革命历史博物馆”的地区展览，千篇一律，千人一面，静态有余，动感不足，缺乏实景地厚重的历史感、独特的亲切感和“姹紫嫣红”的美感。除经济条件落后、展陈手段单一等因素外，也有在英雄史观等陈旧观念影响下产生的人为缺陷。

要让红色旅游健康发展，使之成为有强烈吸引力的、大众愿意自费购买的旅游产品，需要妥善处理红色教育与常规旅游的辩证关系，其中的关键是以小见大、以人说史。历史典故往往形象、生动、有趣，容易让英雄走下圣坛，贴近群众和生活，产生亲和力。因此，要深入发掘红色旅游中的历史人物故事，既要反映领袖、英雄等“大人物”在历史中的重要作用，更要通过“小人物”的故事，揭示人民群众创造历史的真谛，使历史鲜活和丰满起来。

（3）参与性。有些红色旅游景点的旅游过程较为艰苦，限制了景区接待量的增长。为改变这种状况，少数景点“努力”过头，出现城镇化、商业化、舒适化的倾向，有损害红色旅游本质特色的危险。为避免上述情况，红色旅游景区应紧跟体验经济的潮流，突出旅游项目的参与性。红色旅游本身就是一种实践性学习。红色旅游的组织者要设计、组合出“原汁原味、有惊无险、苦中有乐、先苦后甜”的产品来。有些红色旅游景点开展了“穿红军服、唱红军歌、吃红军饭、走红军路”等参与性活动，这是值得肯定的。

只要我们创造条件，实现或部分实现人们的返璞归真、忆苦思甜的这个梦想，红色旅游就会吸引源源不断的客流，达到化潜在资源为现实效益的目的。

（4）扩展性。现代旅游者需要多重满足。部分红色旅游产品留存下来的革命遗物数少、量小、陈旧、分散，具有内容、场地、线路等方面的局限性。一些著名的纪念地只是孤零零的普通民宅、庭院或小船，与其他旅游景点相距很远，而且很少有相应的纪念品可买，令旅游者难以尽兴。红色旅游要千方百计扩展产品链，延长旅游者的游览时间，增加其消费时间、内容和金额。扩展产品链还要与当地的观光、休闲、度假等旅游产品相连接，在尽可能保持红色基调的基础上，向其他旅游形式如绿色生态之旅、金色采摘之旅等方向扩展。

相比之下，一些类似纪念地“在螺蛳壳里做道场”的办法值得借鉴。厦门胡里山炮台通过类似直接或间接相关的活动（世界古代枪炮陈列馆、世界古代宝剑陈列馆、世界古代火炮陈列馆、世界奇石陈列馆、古树化石展示区），使炮台成为一个内容丰富、功能齐全的旅游目的地，本来半小时就可以看完的景点，延长到半天，旅游者和经营者各得其所，皆大欢喜。

井冈山推出吃一顿红军餐、走一趟红军路、读一本红军书、听一堂传统课、唱一首红军歌、扫一次烈士墓的“六个一”工程，做的就是扩展性文章。

4. 红色旅游中蕴含的人类共同精神

红色旅游的迅猛发展是有主客观原因的。

（1）国家重视的结果。爱国主义教育方式需要革新。了解中国革命历史，是中国人的责任。红色旅游不仅是开展爱国主义和革命传统教育、培养民族精神和民族气节的有效方式和载体，也为经济社会持续、协调发展，建设和谐社会注入生机和活力。

（2）市场需求的推动。当前，中国正面临社会转型期，市场化过程中面临众多问题，如信用危机、道德沦丧、生态恶化等都在困扰享受着现代物质文明成果的人们。理想的缺失与精神上的空虚令许多人感到窒息，迫切需要来一次精神上的解放，这种解放实质上就是对质朴和崇高精神境界的一种回归。

十几年前重走长征路的美国人索尔兹伯里曾说："阅读长征的故事，将使人们再次认识到，人类的精神一旦被唤起，其威力是无穷无尽的。"这能概括"红色旅游"的本质内涵，那就是追寻一种崇高的精神。1985 年出版的《长征前所未闻的故事》已经被翻译成 17 种文字，风靡全球。长征，它过去是激动人心的，现在它仍会引起世界各国人民的钦佩和激情。它将成为人类坚定无畏的丰碑，永远流传于世。

红色旅游中体现的既是革命精神，又是人类的共同精神。体现了人类兼收并蓄、坚韧不拔、艰苦奋斗、坚贞不屈的精神。这种精神正是现代人迫切需要被唤起和找回来的。

当中华民族实现伟大复兴，中国人民享受和平与幸福生活时，红色成为了人们心中最富传奇的色彩，而红色圣地则成为中国乃至世界人民心中永恒的传奇。不可否认，这里包含了复杂精神力量的追寻，这种追寻恰恰就是市场需要的内在牵引力。

从本质上说，红色旅游是文化旅游的一种形式，它是以近现代中国革命史为大背景的，以教育学习为主要功能的一种文化旅游。它既然是一种文化旅游，就不仅仅限于革命传统教育、爱国主义学习的功能，我们搞旅游要特别注意不要使旅游产品功能单一化。否则就会束缚我们自己。革命圣地的外国旅游者接待量上不去就有这方面原因。发展红色旅游要注重展现历史原貌，以事实教育人、启迪人。

所以，开发红色旅游必须以红色为基调。但是，搞红色旅游并非意味着挂一个"爱国主义教育基地"或"革命传统教育基地"的牌子，或者草草地建一个纪念馆就可以了。红色旅游重在挖掘红色精神内涵，展现当年革命者们是怎么战胜敌人、战胜自然和战胜自己的。例如，近年来开发较成功的"延安精神"、"西柏坡精神"、"井冈山精神"、"长征精神"、"红旗渠精神"等。

这就要求在规划建设时，不能盲目照搬一般山水人文景区的建设方式，不切合实际地盲目贪大求全，而是要围绕着"红色"这个特点，体现出红色旅游的人文精神与时代背景，把爱国主义的基调融入其中，从而区别于一般山水人文景区，这才能吸引更多的游客前来体验、游玩。

首先要保护和恢复好革命历史原貌。其次要挖掘好红色景区和革命人物内在的优良传统与精神，让游客能真实地感到"历史再现后灵魂受洗礼"的震撼。最后还要为服务青少年做好准备（免票等手段），通过吸引他们前来旅游，让他们接受爱国主义教育，这种寓教于游的旅游发展思路，会进一步提升红色旅游的品位与效果，从而能够激发下一代人为"振兴中华"而奋斗。

红色旅游是一种特殊的精神商品，质量好，人家才能购买，那就得做到高品位，使人们精神上有收获，这也正是红色旅游的生命力之所在。

二、加快红色旅游发展的思考

1. 红色旅游发展战略

所谓战略是指指导全局的计划和策划。泛指对全局性、高层次的重大问题的筹划和指导。

（1）战略模式：政府主导下的地区联动战略；市场主导下的精品名牌战略；效益驱动下的管理创新战略；适度开发的可持续发展战略。

（2）战略构想：开发建设联动化；投资主体多元化；区域产品网络化；经营管理科技化。

（3）战略策略：组团旅游支撑战略；专业市场拓展战略；革命圣地联动战略；扶贫开发带动战略；社会效益引导战略；优质资源组合战略。

2. 红色旅游发展原则

所谓原则就是行事依据的法则或标准，即观察问题和处理问题的准绳。

（1）一般原则：网络系统构建原则；美观与实用原则；社区参与原则；三大效益兼顾原则；开发与保护并重原则。

（2）具体原则：红绿兼顾原则；红白相间原则；产品联销原则；军民一致原则；突出重点原则；虚实结合原则（软硬兼施原则）；点线结合原则；教育功能优先原则。

3. 红色旅游发展措施

加快由事业接待型向旅游产业型转变；根据市场需求和资源状况策划当地旅游形象；探索切实可行的红色旅游促销的方式方法；挖掘和丰富红色旅游的产品内涵：历史真实性、色彩神秘性、文化精神性、场景生活性、展示多样性、讲解益智性、活动动态性、游览娱乐性、内容科学性；努力增加红色旅游的产出水平；编制适销对路的跨省域旅游精品线路；注重历史的延续性，策划大型主题公园；加强学术研究和史实考证，挖掘宝藏为我所用；确定政府主导、市场化运作、企业化经营、专家治旅的发展理念和组织运作方式。

三、怎样做好红色旅游规划

一般规划的七大目的：摸清资源家底；提出发展思路；厘清目标计划；制定实施方案；策划整体形象；设计开发项目；构建保障体系。

区域大小与规划层面及要求：省区市做产业发展和布局规划；设区市做总体规划和专题规划；县市区做总体规划和项目策划；乡镇场做项目策划和详细规划；旅游区做可研报告和项目设计。

红色旅游规划的侧重点：主要的是开发项目策划；需要的是产品展示方式；重要的是线路组织设计；特别的是专业市场促销；困难的是旅游地定位问题（形象定位、产品特色定位、市场定位）；详细的是节事活动方案；棘手的是跨区连线问题；中心的是精神主题塑造。

四、江西红色旅游资源的特点

在中国近现代革命史上，江西不仅是中国共产党独立领导革命武装斗争的策源地，而且是土地革命时期全国革命的中心区域。辉煌的历史造就了数量众多、种类齐全，而且品位极高、保存完好的红色旅游资源。江西红色旅游资源还具有分布集中、重点突出、与其他旅游资源有机联系度高、互补性强的特点。

1. 数量众多，种类齐全

据不完全统计，江西的革命旧址、旧居和战斗遗址多达1258处，其中全国著名的就有177处。全国爱国主义教育基地9个，省级爱国主义教育基地51个。截至2001年8月，江西共有全国重点文物保护单位24处（含95个点），其中属于红色旅游资源范畴的就有9处，占总量的37.5%，远远高于全国平均水平。而且江西红色旅游资源类型丰富，包括革命遗址、遗迹、旧址、会址、纪念地、名人故居或旧居、名人塑像、陵墓、纪念碑、纪念塔、纪念亭、纪念台、纪念室、纪念堂（馆）、博物馆、革命标语、文告和壁画等各种类型。

2. 品位极高，保存完好

江西许多地区因在中国革命史上发生的重大历史事件而在全国乃至全世界都享有很高的知名度，如英雄城——南昌、革命摇篮——井冈山、红色故都——瑞金、工人运动发源地——安源等。三面红旗中军旗在南昌升起，国旗与瑞金一脉相承。各地拥有丰富的红色旅游资源，而且大多保存完好。例如，仅在吉安市青原区渼陂古村内就有“二·七”会议旧址、毛泽东旧居等具有重大历史纪念价值的建筑实体十余处。古村中各处遗留着大量红军标语，其中尚能辨认的就有83条之多。

3. 分布集中，重点突出

从1927年8月1日南昌起义至1934年10月红军长征开始的约7年时间里，江西是土地革命时期全国革命的中心区域，保留了大量这一时期的红色资源。从空间分布看，江西红色旅游资源分布广而又相对集中，突出反映并记录了土地革命时期中国共产党领导的革命活动。南昌、吉安、赣州、上饶、萍乡（5个中心点）各地拥有的红色旅游资源不仅能构成相对独立完整的区内红色旅游线路，而且由于地缘相近、资源互补能够跨区组合高品质红色旅游专线。

4. 关联度高，互补性强

江西是旅游资源大省，人文古迹、名山大川、江河湖泊、瀑布泉点、古树名木等数不胜数，仅对外开放的风景名胜区（点）就有400余处，被誉为“历史红，山林好”。这十分有利于江西红色旅游专项产品的开发与销售，线路组合空间广阔，旅游产品组合形式灵活多样，可以有效满足不同市场的需求。

21世纪初，江西推出“红色摇篮，绿色家园”的旅游促销口号。这明确了红色旅游资源开发在全省旅游资源开发中的重要地位。依托雄厚的资源基础，近年来江西各地红色旅游得到快速发展，旅游接待量与经济效益均呈现快速增长趋势。以井冈山为例，21世纪初旅游接待与旅游收入均保持了两位数的高速增长。江西红色旅游资源开发已经具备一定的规模，红色旅游产品渐成体系，红色旅游经济价值日益凸显，南昌、井冈山、瑞金等地的红色旅游景区（点）在全国拥有一定的知名度。但是，江西红色旅游资源开发中仍存在一些问题和不足。厘清发展思路，找准突破口，加大建设力度，这必将对江西省旅游业产生全局性的深远影响，为江西在中部地区崛起作出贡献。

1999~2003年井冈山风景名胜区旅游接待情况

年份	入境旅游者人数（人次）	比上年增长（%）	旅游外汇收入（万美元）	比上年增长（%）	国内旅游者人数（万人次）	比上年增长（%）	国内旅游收入（亿元）	比上年增长（%）
1999	7138		112.00		62		2.8	
2000	7782	9.00	93.00	-16.96	70	12.90	4.0	42.86
2001	9146	15.73	177.00	90.32	106	51.43	4.9	22.50
2002	12400	35.58	244.88	38.35	112	5.66	5.8	18.37
2003	11990	-3.30	280.00	14.34	121	8.04	6.4	10.34

资料来源：根据江西旅游统计便览与吉安市旅游局提供数据整理。

五、江西红色旅游发展策略

1. 旅游产品创新

由于具有雄厚的资源与市场基础，江西红色旅游开发起步较早。但目前江西红色旅游产品基本上属于第一代观光型旅游产品，以革命旧址寻访和博物馆陈列展示为主要内容。产品的单一性造成了诸多弊端。据调查，2001年井冈山共接待境内旅游者106万人次，其中约有45.8%来自本省。而且，同年接待境外旅游者仅9146人次，不到境内旅游者数量的1%。由此可见，江西红色旅游产品主要消费群体是境内旅游者，尤其是以本省及周边省份旅游者为主。2001年国内旅游者来井冈山人均消费462元，基本与全国同期平均水平持平，但却远远落后于庐山的613元。中短程旅游者在旅游目的地的消费显然不及远程旅游者的消费额度。因此，江西各红色旅游景区旅游接待绝对数量增长虽然较快，但其产生的经济效益和社会效益仍然没有达到理想程度，旅游消费需求仍然受到产品结构的抑制。单一的观光型红色旅游产品对国内中远程距离旅游者和境外旅游者难以产生强力吸引，随着旅游者个性化、多样化需求趋势的加强，这种矛盾会更加凸显。

为消除单一的观光型旅游产品带来的种种弊端，必须对江西红色旅游地的自然与人文背景进行深入发掘，优化旅游产品结构，增强参与互动功能。总体思路是：围绕红色文化主题，丰富产品内涵，改善生态环境，完善配套产品，注重参与性和娱乐性，以“软处理”为主要方式优化传统的观光型旅游产品，以“红绿辉映、红古相衬、红白相间”的原则开发“动静相协、雅俗共赏”的旅游产品，逐步建立一个以观光型产品为基础，非观光型产品占有较大比重，两者相辅相成的高级化、多元化，不断推陈出新和合理分布红色旅游产品体系。把红色旅游资源开发作为全省旅游开发的一极，与自然生态、历史文化、民风民俗等要素进行组合，丰富产品内容，增强参与性，给旅游者多重满足，这是实现红色旅游产品更新换代的一个重要途径。其中，如何将丰富的资源转化为能有效满足市场需求的产品是关键性问题。

2. 区域旅游合作

江西各地旅游开发浪潮迭起，特别是在一些拥有众多红色旅游资源的边远县市，以旅游促经济发展的热情十分高涨。江西以红色旅游为主题的景区（点）在南昌、吉安、赣州、萍乡、上饶等地都有分布。但各景区红色旅游产品形态雷同，在产品组合、市场营销方面缺乏协作，这些问题带来市场内部的激烈竞争，并出现内耗严重的不利局面。①井冈山、瑞金和南昌等地红色旅游景区（点）实力较强，在全国知名度较高，对于省外客源的争夺较为激烈；②吉安、萍乡、上饶等地一些新兴红色旅游景区（点）由于实力和知名度有限，近期目标客源市场多指向省内与周边省份的大中型城市，也必然引发激烈的客源争夺战；③传统与新兴的红色旅游景区（点）之间也存在客源市场交叉重叠现象，“马太效应”十分明显。以上状况势必影响江西旅游业整体竞争实力的提升。

解决上述问题的有效办法是实施区域旅游合作开发战略。通过对省内外红色旅游资源的组合、产品结构的调整，各景区在空间上融会贯通，具有统一的旅游目的地形象，实现客源共享，以传统景区带动新兴景区，促进区域旅游一体化发展。区域旅游合作是在资源的不断整合与管理环节的逐步理顺中实现的。江西可以充分利用有利的资源条件，积极探索区域红色旅游开发合作的具体模式，避免出现各自为政的局面和高成本代价，从而率先在全国树立红色旅游地新形象，打造优质红色旅游品牌。

江西省内众多红色旅游地中，井冈山、吉安青原区（东固革命根据地、第二次反

“围剿”主战场）和瑞金进行区域旅游合作开发的基础最好。首先，三地都是近现代革命活动频繁发生地区，红色旅游资源基础雄厚，与其他类型旅游资源也有较大的组合空间。其次，三地发生的革命历史活动有内在延续性，这有利于树立统一的旅游目的地形象。众所周知，井冈山革命斗争后期，红军将革命活动拓展到山下的吉安等地，“二·七”会议、第二次反“围剿”等重大历史事件就发生在吉安市青原区境内。第二次反“围剿”胜利后，江西的革命活动空前高涨，最终形成了地跨江西、福建两省的中央革命根据地并成立了中华苏维埃临时中央政府，瑞金即是临时中央政府所在地。这段连续的革命历史背景，使旅游者易于将三地知觉为一个整体。再次，三地地缘相近，人缘相亲。一方面，三地空间距离都在200公里以内，这有利于区域旅游线路的组合。另一方面，三地有着共同的历史文化背景，文脉相通，也有利于打造统一的旅游形象。最后，三地的旅游开发呈现鲜明的层次性。井冈山处于旅游开发的深化期，瑞金处于旅游开发的成长期，而吉安青原区处于旅游开发的启动期。这种旅游开发的层次性，有利于三地形成以井冈山为龙头带动瑞金和吉安青原区共同发展的良性互动局面。

江西还具有跨省红色旅游合作的先天基础。与江西相邻的湖南、广东、福建、浙江、湖北等省份都拥有较丰富的红色旅游资源，而且相互存在密切的内在关联。2004年末，《江西省红色旅游发展纲要》提出，要打造6条红色旅游精品线路，其中就有5条是涉及跨省合作的线路。对红色文化进行深入研究，率先在全国成功推出精品红色旅游专题线路的前提就是理顺管理机制，调整产品结构，有效实施区域旅游合作战略。

3. 旅游形象营销

旅游目的地形象是旅游者对某一旅游目的地的总体认识和评价，是对区域内在和外在精神价值进行提升的结果，是吸引旅游者的关键因素之一。江西红色旅游目的地形象大多早已确立，但旅游目的地形象策略的具体实施不尽如人意。主要原因有以下两个：一是各相关部门认识不统一。以南昌为例，南昌的旅游目的地形象是“军旗升起的地方——南昌”。这是对南昌最本质、最有个性特征的概括，理论上其对旅游者的影响力也是最大的。但是，现在南昌的城市建设、节日庆典以及新景区（点）的建设对这一形象都少有体现。不能正确把握和认识南昌市的旅游目的地形象定位，是使“军旗升起的地方”的红色旅游形象在旅游市场营销中的实际影响力十分有限的主要原因之一。这种现象在江西其他红色旅游地也不同程度存在。二是形象宣传促销投入不够。多数景区对形象宣传的重要性认识不够，投入资金少，宣传手段较为单一。

树立良好的旅游目的地形象对于旅游业发展具有强大的推动力。树立项目的旅游形象，对旅游地实施系统开发是各地红色旅游资源开发中均应遵循的根本原则。旅游形象确立后，应注重其在资源开发、市场营销和产品创新中的具体运用。一是应高度统一认识。旅游业是一项大产业，需要全社会各行各业的支持。应在全社会开展普及对旅游目的地形象认识的工作，这样有利于形成合力。例如，南昌在城市景观设计、旅游节庆活动等方面，如能够突出“军旗升起的地方”的形象定位，势必给旅游者带来一种强烈的认同感。二是加大旅游目的地形象宣传促销投入。井冈山、南昌、瑞金等地在国内外具有一定知名度，但是旅游者对地理形象的认知并不完全等于对旅游目的地形象的认知。旅游目的地形象强调的是一个国家或一个地区最能吸引旅游者的特征，而江西各地红色旅游景区的这类特征并不十分明确。因此，一方面，围绕旅游形象，充分利用各类传统市场营销手段，加大宣传推介力度；另一方面采用互动营销、定制营销等新的营销手段，形成立体化营销格局。如举办一些标志性活动，这不仅可以吸引大批旅游者，而且能有效树立、宣传旅游目的地形象进而产生强大又持久的市场号召力。值得强调的是标志性活动必须是围绕旅游目的地形象开展的展示地方特色的活动。

4. 人力资源开发

在旅游资源开发利用过程中，科学技术和科学方法的运用是十分关键的。如果对资源开发利用不当，不仅投资达不到预期效益，而且可能对资源和环境造成毁灭性的破坏。因而，高素质的旅游专业人才是深度开发江西红色旅游资源的动力源。但是，由于红色旅游地多为革命老区，经济发展落后，工作条件较为艰苦，因而客观上存在着省外人才不愿来、本省人才留不住的尴尬局面。据调查，南昌大学旅游管理系在全省最早开办旅游本科教育，截至2003年已向社会输送6届共270名旅游管理专业本科毕业生，留在江西工作的共66名，其中从事旅游工作的仅有26名，分别仅占总数的24.4%和9.6%，人才外流十分严重。专业人才缺乏是江西红色旅游资源开发的一大瓶颈。

开发江西红色旅游资源不论采取什么样的手段、实施什么样的方案，归根结底都要靠人去把握、靠人去操作。因此，必须充分认识人才队伍建设对资源开发所产生的重大作用和深远影响，从人才支撑上保证江西红色旅游资源开发的有效进行。主要途径有以下三个：一是培养内部人才。旅游业不仅要合理使用人才，而且要大力造就人才。应对在岗职工进行周期性的培训或选派人员去旅游业发达地区学习先进经验，使其旅游专业素养得到逐步提高。二是引进专业人才。引进专业人才主要有两个渠道。首先是吸收旅游大专院校优秀毕业生；其次是吸收旅游业内有经营管理经验和开拓创新精神的人才。值得强调的是，引进人才的同时还要留住人才，因此要改善人才的工作待遇和工作生活环境，给他们创造广阔的发展空间。三是整合各类专门人才。旅游业是具有高度综合性特点的产业，与此相适应，旅游资源开发所涉及的领域也十分广泛。卓有成效的旅游资源开发，需要建筑、地理、园林、历史、文化、民俗、经济、旅游等各领域人才的通力合作。整合人才的基本原则是“不求所有，但求所用”，确立灵活的用人机制，有利于吸引国内外各类优秀人才服务于江西红色旅游资源深度开发工作，并使该项工作实现科学化、合理化的良性循环。

红色旅游散论：性质及其他*

红色旅游产品是公益性与商业性相结合，不同于商品化的一般观光度假旅游产品；红色旅游景区是准公共产品或设施，不同于市场化的游乐园和主题公园；红色旅游管理的服务事业性质与经营性质相统一。

一、红色旅游景区的三个特性

红色旅游景区的三个特性包括：①公共产品，如纪念馆、博物馆、烈士陵园、纪念碑和广场；②准公共产品，如红色旅游景区内的观光、休闲、游览场所；③市场性产品，如饭店、餐饮、经色旅游纪念品、红色文娱演出等。

二、红色旅游景区的“一景两制”

红色旅游景区的“一景两制”指的是：①博物馆、纪念馆和烈士陵园等实行事业单位制；②住宿、餐饮、纪念品、文娱演出等实行企业制，它们用企业经营的盈利补贴事业单位。

三、红色旅游产品普遍存在的两个问题

红色旅游产品普遍存在的两个问题：一是原貌失真、虚构造假；二是内容单调、方式陈旧。

---

* 本文是在红色旅游发展初期多次有关红色旅游专题演讲观点的汇集，截止于 2006 年。

四、红色旅游景区经营的三大原则

红色旅游景区经营的三大原则包括：①经营原则：只求保本微利，坚持社会效益第一原则；②定价原则：提倡因地制宜，低价与减免价格相结合；③考核原则：注重社会影响，经济效益服从社会效益。

五、红色旅游产品的“四有头”

红色旅游产品的“四有头”是：有来头——历史感·科学性·吸引力；有说头——神秘感·趣味性·差异化；有看头——美感度·观赏性·审美型；有玩头——休闲型·参与性·体验式。

六、中国红色旅游发展的十个问题

中国红色旅游发展的十个问题包括：①偏重经济效益，忽视社会效益；②偏重速度规模，忽视质量效益；③偏重当前政绩，忽视长远发展；④偏重纪念节日，忽视常态运行；⑤偏重政府投资，忽视社会投资；⑥偏重硬件建设，忽视软件建设；⑦偏重政府主导，忽视市场运作；⑧偏重团队组织，忽视散客接待；⑨偏重事业发展，忽视社会服务；⑩偏重中央支持，忽视地方作为。

七、江西红色旅游的三大名牌和六大区域

江西红色旅游的三大名牌有“红色摇篮，绿色宝库”井冈山、“江湖之都，英雄之城”南昌、“新华摇篮，红色故都”瑞金。

江西六大红色旅游区域主要是：①井冈山红绿相映型红色旅游区；②南昌城乡互动型红色旅游区；③瑞金红色主体型红色旅游区；④上饶多极综合型红色旅游区；⑤萍乡多色并举型红色旅游区；⑥庐山红色点缀型红色旅游区。

八、红色旅游目的地市场营销的三定位

红色旅游目的地市场营销的三定位指的是面、点、线的定位，其中面指区域定位，点指群体定体，线指渠道定位。而营销的客源主体主要有公众客源群体、特定客源群体、入境游客群体。其中公众客源群体包括革命历史研究者、红色精神学习者、国内追新猎奇者以及普通观光游客等；特定客源群体有青少年教育、公务员培训、老年人怀旧、团队者拓展、研究者考察等；入境游客群体大多是追新猎奇者、中国革命历史研究者、中国问题研究者、国外共产党人。

九、江西红色旅游目的地的三个层次

一是将井冈山、瑞金、南昌建设成为国内一流、国际有知名度的红色旅游目的地；二是将萍乡、上饶、赣州建设成为国内著名、国际有一定影响力的红色旅游目的地；三是同时建设一批省内著名、全国有一定影响力的红色旅游目的地。

十、红色旅游发展的四大思路

红色旅游发展的四大思路包括政府主导下的地区联动；市场导向下的多色互动；适度开发下的持续发展；统筹规划下的精品名牌塑造。

十一、江西与周边省市三大红色旅游协作区

江西与周边省市三大红色旅游协作区是湘鄂赣红色旅游经济协作区、赣浙沪红色旅游经济协作区、“中央苏区”红色旅游经济协作区。

1. 湘鄂赣红色旅游经济协作区

加强与湖南省湘潭市韶山毛泽东故居和纪念馆、湘潭市湘潭县彭德怀故居和纪念馆、长沙市红色旅游系列景区，湖北省武汉市红色旅游区、黄冈市大别山旅游区等的

合作，主要推广赣湘红色文化旅游精品线路“南昌或井冈山—萍乡—韶山—长沙”和赣鄂红色文化旅游精品线路“武汉—黄冈—九江（庐山）—共青城—南昌—井冈山”。

2. 赣浙沪红色旅游经济协作区

利用良好的区位和交通优势，加强与上海市的红色旅游景区，浙江省嘉兴市南湖景区和杭州等地的合作，引进其先进的经营、管理、开发理念，重点推广赣浙沪红色文化旅游精品线路“南昌—龙虎山—上饶—三清山—杭州—嘉兴—上海”。

3. “中央苏区”红色旅游协作区

由于“中央苏区”主要依托赣南和闽西地区，因此在“中央苏区”红色旅游资源开发利用上，在联合促销、产品设计等方面加强与福建龙岩市红色旅游系列景区（点）、三明市红色旅游系列景区（点）等红色旅游区的合作，重点推广“中央苏区”红色旅游主题精品线路“赣州—兴国—瑞金—长汀—宁化—龙岩”。

十二、红色旅游建设与发展模式

红色旅游建设与发展模式有“点—线—面—圈”的网络化发展模式、“多色化—多样化—多维化”的“三化”模式、“连起来—活起来—动起来”的“三起来”模式。

十三、红色旅游发展的三导论

红色旅游发展的三导论包括政府引导、企业主导以及专家指导。

十四、红色旅游的四大效益

红色旅游的四大效益包括社会效益、文化效益、环境效益、经济效益。其中社会效益包括促进城乡和谐、提升地区形象、推动对外交流；文化效益包括加强文物保护、推进文化产业、提升文明素质；环境效益包括改善社会环境、修复生态环境、美化生活环境；经济效益包括发展区域经济、增加社会就业、提高生活水平。

十五、江西红色旅游五大节事

江西红色旅游“五大节事”包括“中国（江西）红色旅游博览会”、“中国红歌会”、“南昌国际军乐节”、“瑞金红色故事会”、“井冈山红色旅游高峰论坛”。

十六、市场导向型红色旅游的五个转变

市场导向型红色旅游的“五个转变”：一是文件游客向市场游客的转变；二是接待要钱向市场挣钱的转变；三是教育参观向复合市场的转变；四是门票经济向服务经济的转变；五是外部市场向内生市场的转变。基于此，红色旅游场所由教育基地发展成为旅游目的地，红色旅游业由事业接待型发展成为旅游产业型。

十七、构建复合型红色旅游地的六个条件

构建复合型红色旅游地的六个条件分别是红色主题产品、多彩配套项目、浓厚生活气息、平民活动方式、乡土环境氛围、简朴服务特色。

十八、红色旅游地模式的六个组合

红色旅游地模式的六个组合包括红绿相映型组合模式，如井冈山、铜鼓县；城乡互动型组合模式，如南昌市、永新县；红色主体型组合模式，如瑞金市、兴国县；多极综合型组合模式，如上饶市、宁都县；多色并举型组合模式，如萍乡市、石城县；红色点缀型组合模式，如九江市、修水县。

十九、红色旅游政策扶持的三要点

一是区分不同情况，对减免门票比例较大、公益性较强、运行有困难的景区或单位，给予必要的运行经费补助，以保证其正常运转和有效执行有关免票政策；二是主管部门减轻对红色旅游景区收入的提取份额；三是税务部门减免对红色旅游景区内企业的营业税和所得税。旅游行政管理部门会同有关方面（如工商、税务部门）出台具体措施，鼓励旅行社开展红色旅游经营业务。

红色文化与旅游深度融合路径研究*

2018年，中共中央办公厅和国务院办公厅联合发布了《关于实施革命文物保护利用工程（2018—2022）的意见》，着重提出要充分发挥革命文物在爱国主义教育、培育社会主义核心价值观和实现中华民族伟大复兴中至关重要的作用。2020年全国重点革命历史文化遗存将得到更加合理的保护，红色旅游重点景区相关基础设施条件将会极大改善，游客满意度和民众参与旅游程度将明显提升，红色相关文化精神将得到进一步弘扬和传承。在目前红色教育事业发展中，红色文化与旅游联系更加紧密。我国境内红色旅游景区星罗棋布，文化资源更是数不胜数，亟须依托诸多资源，建立全域旅游示范区、发挥产业协同效应、实现历史遗存多维价值。因而，充分发挥红色文化效益，推进其与旅游深度融合发展在当下具有极高的现实意义。

一、红色文化概念与红色文化资源类型

1. 红色文化概念

红色文化一般是指中国共产党人领导中国人民，为实现国家独立、民族解放和改革开放，将马克思主义基本原理与中国具体实践相结合，并能够在新时期不断延伸、与时俱进所形成的一种包括物质和非物质的先进文化①。

中国共产党所创造的红色文化一直被作为一种先进文化指引着民族斗争和社会进步。无论是在内忧外患的革命年代，还是在新中国建设与改革开放中，都体现了中华儿女自强不息、艰苦奋斗、与时俱进的民族精神，是我国社会主义的优秀主流文化。尽管在全球一体化的今天，国门大开，泥沙俱下，我们的精神长城面临各种不良文化的入侵，我们的意识形态不断受到外来威胁，红色文化所倡导的崇高道德品质依然深深地影响着我们的行为准则，它植根于每个国人的心灵中、融会于中华儿女的血脉里。故而，充分有效利用红色文化推动我国社会文明和国家发展显得至关重要。

---

* 本文作者卢苇、李睿、黄细嘉等，完成于2022年12月。

① 阮晓菁．传承发展中华优秀传统文化视域下红色文化资源开发利用研究［J］．思想理论教育导刊，2017（6）：143-147.

2. 红色文化资源类型

学界尚未对红色文化资源形成比较统一的认知和定义。红色文化资源即中国共产党领导全国人民在不同时期创造、发展的红色文化中，具备一定吸引力和价值的物质载体和意识形态总合。红色文化资源有别于普通资源，内部蕴含着独特的价值，具有政治性、原真性、教育性、主题性等诸多特征。清楚认识红色文化，充分挖掘红色文化资源，对于开展爱国主义教育和培育社会主义核心价值观十分必要，同时将有利于助力红色旅游景区高质量发展和经济社会长足进步。因此，综合多项研究考量，将红色文化资源分类如下①：

（1）革命历史遗迹旧址。首先是各类会议会址，例如中华苏维埃共和国临时中央政府大礼堂、秋收起义军事会议旧址、庐山会议旧址等。

其次是党政军重要机构驻地旧址。如八一南昌起义总指挥部旧址、南昌新四军军部旧址、红一方面军旧址、江西省苏维埃政府旧址、闽浙赣省军区司令部旧址等。

再次是杰出革命历史人物的故（旧）居、纪念堂及先进模范集体的形成地，如会昌县毛泽东旧居、弋阳县方志敏旧居、井冈山市大井朱德旧居、新建区邓小平旧居等。

最后是革命战争或重大事件发生地，如井冈山革命旧址、万家岭大捷旧址、湘赣边界秋收起义阅兵广场遗址等。

以史为鉴，可以知兴替。这些现今犹存的遗迹旧址是革命年代无数仁人志士浴血奋战的印证，是最为触及人心的爱国主义教材。

（2）红色纪念建筑工程。主要是标志性建筑物和烈士陵园（墓）。红色标志工程如八一广场、红井景区、于都中央红军长征出发地纪念碑、上饶专区革命烈士纪念碑、上饶集中营革命烈士陵园、南昌市烈士陵园、井冈山革命烈士陵园等。开发具有净化心灵功效的旅游地，通过观瞻缅怀故去的英雄人物、感受一座座巍峨的丰碑，铭记我们民族的历史，具有深远而持久的意义。

（3）革命文物藏品。革命文物藏品指为纪念与中国共产党有关的事件建立的各类综合性或专题性纪念馆、博物馆、展览馆，如八一起义纪念馆、湘鄂赣革命纪念馆、安源路矿工人运动纪念馆等收藏的可移动的革命文物。在文博展览中的一件件细致入微的藏品蕴含着珍贵的红色记忆，以小见大的文物让我们睹物思人、身临其境，展现了一个个有血有肉的革命者的生动立体的生活、战斗情景，能够极大激发民众的爱国热情。

（4）民俗曲艺与红色精神。除了能见的红色物质资源，还有民俗曲艺与红色精神这些丰富的文化宝藏。从民间军歌小调“扛起了莲花一支枪”到高度凝练的井冈山精神，民俗曲艺与红色精神无处不在发扬着优秀的革命传统和深厚情怀。这些融入社会日常生活的红色文化资源是一笔潜力巨大的财富，与旅游结合后将重新焕发出不可估量的光芒。

---

① 张泰城．论红色文化资源［J］．红色文化资源研究，2015（1）：1-11.

诚然，不同类型的标准是相对而言的，在现实生活中以上资源往往盘根错节，作为一个整体相伴而生、互相依存。例如，中国共产党的主要办公机构通常也是领导人的旧居所在之处，处于同一建筑物。

二、红色文化资源旅游价值及其融入旅游的一般方式

1. 红色文化资源旅游价值

价值是事物的有用属性，同时也是物质进入人类世界后形成的社会属性[①]。红色文化体现着历史风云的气息和文化血脉的底蕴，在时间演进中凝结成为人文景观和旅游资源。它作为一种特殊形态的存在，自身能够对旅游者产生吸引力并且具有传播和集聚效应，加以策划创新和开发利用后形成旅游产品，对经济发展进步有着重要价值。

（1）政治历史价值。政治历史价值表明了红色文化资源是历史的痕迹，是重要事件的印证，有着文化遗产的特性。由于红色文化旅游资源反映了我国革命战争和发展改革等各个时期的现实生产生活情况，其内涵丰富而影响广泛，因而其政治历史价值首屈一指。这些在特定年代存留下来的物件、史料和遗址，与政治历史的密切程度越高、现存数量越大、保护质量越好、影响越深远，则越具有价值。通常，较高政治历史价值的红色文化资源，能够对游客产生较强吸引力，同时对旅游业的开展也越有利[②]。这些为人民自由解放和民族独立而斗争的历史遗存及其精神内涵，塑造着我们的民族尊严，提升了国家凝聚力和综合软实力。

（2）社会教育价值。社会教育价值主要表现为对于后世的感染、教化，营造出当时的气氛环境，从而满足当代人对于红色过往的追想反思和情感需求，是包括地区自豪、政党自信、阶层自强乃至一个国家责任的共同感情基础[③]。在经济高速腾飞的背景下，人们的物质生活发生了翻天覆地的变化，物资供应极大改善，日常需求也进而更多地关注到精神领域。当社会产生弊病、生活遇到障碍时，我们需要对过往进行回顾，红色文化中传承了所处年代的大量信息和杰出人物所赋予的丰富精神，描绘了众多革命者放弃享乐投身于对理想信念的追随，宣扬的是不畏艰难险阻与敢为人先的精神，因而具有浓烈的积极教育色彩。在旅游业的推广下，红色文化旅游资源能够发挥自身美感，不仅能够巩固我国的社会主义意识形态，还能够培养国民的人格心理素质。

（3）市场经济价值。红色文化资源是无数先人留给我们的宝贵遗产，在市场环境下也催生出了不菲的经济价值。尤其是在旅游产业中“以旅促保”模式，在保护中开

---

① 兰久富．社会转型时期的价值观念［M］．北京：北京师范大学出版社，1999.

② 唐黎，李明峰．基于层次分析法的红色旅游资源模糊综合评价研究——以兴安县为例［J］．兰州商学院学报，2007，23（1）：48-54.

③ 曹学文．红色文化遗产及其开发利用研究［D］．湘潭大学，2008.

发，盈利多数用于文化资源的修缮维护，形成良性循环。红色资源多分布在我国的老、少、边、穷地区，这些区域大多基础设施不完善、经济相对欠发达。在国家政策鼓励下，发挥红色文化资源蕴藏的经济价值，以旅游业为抓手，吸引大批游客，将能够带动上下游及相关产业链条，不失为促进区域高质量跨越式发展的重要契机。

2. 红色文化资源融入旅游的一般方式

目前，红色文化资源多以历史及其文物瞻仰和演艺观看等方式与旅游过程相结合。这些方式相对简单，因而容易实现，且在很多成熟的景区有非常成功的先例。

历史及其文物瞻仰的方式依然以静态展示为主，例如遗迹观光、博物馆陈列与陵墓祭扫等，再附加相关语音讲解和文字导览。整体而言，这种方式能够带领游客快速了解景区和历史的综合概况，很多硬件设施十分宏伟大气，加入现代科学技术后更具体形象。这一旅游方式效率较高，但手段简单而特色不明，缺少体验性、参与性项目。旅游者匆匆而过、走马观花，难以留下深刻印象和较高满意程度。

演艺观看是更加广泛采纳的一种红色文化资源旅游方式，成为景区开发和寓教于乐的重要途径，例如，将电影、电视剧、舞台剧与红色旅游相结合，引起人们对革命岁月的向往崇敬之情。尤其是经典影视作品播出之后，宣传效果倍增，游客纷至沓来，接待量是同期的数倍之多，让红色文化资源迅速升温为热门景区。大型舞台类的红色剧目与红歌演唱在全国红色旅游中遍地开花，优秀作品深受好评，是糅合文化资源与旅游产业于一体的成功探索成果。此外，还有以红色文化资源为主题的动漫产业，如瑞金的《漫画红都》这部叙事性作品，妙趣横生与通俗易懂的优点使得其在青少年群体中普及开来。然而各地趋同的表现形式和更新较慢的曲目内容，往往让耗费较大的投资效果昙花一现，难以长期吸引大众眼球。

三、红色文化与旅游深度融合的具体路径

红色文化与旅游关联紧密，一直相互渗透，边缘交叉。近年国家高度重视红色基因传承和红色文化培训，充分利用各种资源，加强广大群众民族精神的培育，特别注重在青少年中开展爱国主义和革命传统教育。提升红色文化软实力，一定程度上能够高效推动区域经济增长与社会文明的协调发展。

经过长时间的发展，现有的部分红色旅游景区和项目表现出内容一成不变、产品形式老套、资源结构单一、局限于一般游览方式、后劲明显不足的缺陷。因此，如今出现的各式各样的问题都在倒逼我们要将中国特色的红色文化与旅游产业深度融合，挖掘红色精神内涵，展现“红色教育”名片，将资源优势转化为经济发展的新引擎。

1. 串联红色文化融入绿色旅游资源

红色文化丰富的地区通常兼具优良的生态环境，有利于形成“红绿相映，优势互

补”的双向驱动发展格局。开发红绿双色旅游是资源整合和适应市场的有效举措，同时在很大程度上避免了掠夺性的资源开发和环境破坏。①要做到“情景交融”，以红色文化为主，绿色美景为辅，每一处的特征都要紧密关联。做到移步易景、情随景生，让游客在山水之间洗去尘埃，在观光受教中荡涤心灵。②要注意整体和谐和重点突出相同步。准确评估红色文化资源价值，树立龙头产品形象，同时对其周围绿色环境进行合理规划，建立长效生态补偿机制，积极打造红色文化旅游精品路线，形成众星拱月的发展格局。③要力争成为红绿双色旅游理想目的地。红色文化旅游产品属于问世多年的传统项目，如若不与时俱进、及时更新，就将面临市场衰退的危险，所以必须对其进行不断的创意开发和优化组合。促成区域内资源的互补整合，满足多层次消费者需求，从而延长旅游产品生命周期。为了规避产品趋同和审美疲劳等风险，需要跳出传统红色旅游大众观光的套路，发挥文化资源和绿色生态的综合优势。建设集奖励旅游、会议培训、疗养度假、探险健身于一体的新产品体系。

2. 依托红色文化开发旅游创意产品

红色文化为旅游业提供了取之不尽用之不竭的产业元素，是红色旅游的核心资源[①]。文创产业可以将层出不穷的奇思妙想通过现代化的表现手段展现出来，满足市场不同人群的需求，提升营销策略和效益，让红色文化以更喜闻乐见的方式走进人们的心灵，让红色旅游以更广为接受的消费需求进入人们的日常生活，以讲好中国历史故事的方式方法，用新颖的思维创造新时代的红色文化旅游。①善于在旅游产品中注入红色文化元素。宣扬正面向上、积极健康的精神理念，尽可能多地注意在细节上丝丝入扣，如展示艰苦朴素的生活场景、使用红色标语文字为人们的生活带来正向能量。让红色文化内涵同地方特色旅游商品相结合，让红色故事、旅游与文创商品融为一体。②鼓励地方建设红色文化旅游配套设施。如红色文化特色民宿、风味餐饮和主题公园等新型业态，把资源转换为区域性文化品牌符号。在开发文创产品时要以当地民间红色文化资源为灵感出发点，充分考虑兼具复古美感与现代实用价值。③用红色文化增加旅游景点魅力，不能停留在浅层次的视觉观赏上，需要让游客之间有所互动，参与到红色生活场景中去。政府应给予中小微文化企业大力扶持，千方百计地延长旅游者的驻留时长，增加其消费项目和过夜天数。

3. 推动红色文化结合旅游赛事节庆活动

节事已经成为当下文旅融合的典型业态，其重要贡献不拘泥于作为一种旅游产品对目的地的 GDP 贡献，更是具有广泛社会意义的行为。以与红色文化相关的民俗和节庆为切入点结合旅游，能够成功架接文旅之间的沟通桥梁，达到活动内容更加新颖、消费方式更加丰富、融合程度更加深入的效果。发挥节日庆典、大型赛事品牌影响和带动作用，通过艺术表演的形式回顾历史，将红色文化的符号价值刻画得更加入木三分。对此，要举办红色文化节事旅游：①官方主导与企业自发并举。与弘扬红色文化

① 唐丽萍，冯淑华．红色旅游资源的文化遗产价值及其评价——以南昌市八一起义纪念馆为例［J］．旅游研究，2011（2）：11-16.

有关的大多数节事都带有一定的公益性，节事的组织策划需要政府部门把握方向、监督管理，因此政府在财政补贴、政策制定和统筹安排中理应给予中小型旅游企业举办的红色文化节事以更多的支持。同时，企业化的景区经营在运作上要与官方通力合作扩大影响，也要计算投入产出效益，拒绝形象工程。②突出主客共享的地方特色。不仅能吸引纷至沓来的嘉宾，还要充分得到当地居民的青睐。让当地居民参与其中并乐在其中，保持优秀民俗和革命品质的“活化”传承，如此不仅能提升地方民众对本地红色文化的认同感，促使红色文化旅游永续传承绵延，更能培育精品品牌，并从中获得部分收益实现旅游精准扶贫。

4. 借力红色文化拓展旅游研学市场

仁者见仁，智者见智。不同旅游群体能够接受的红色文化展示方式相去甚远，因此对于融合旅游的深度推广营销，要挖掘多维的推广层次，根据受众而对症下药。①中老年成熟人群，其中大多数人经历了我国的众多特殊时期，红色文化一直伴随着他们成长。他们对红色文化饱含深情，也是红色文化旅游的主要群体。红色影视、红色歌曲、红色文物和红色文化景观都能唤起他们内心中的红色情怀，因此，不能忽视对红色文化基本艺术形式精益求精的展示。②青少年学生人群，由于出生在新时代，对于红色文化的记忆欠缺，故更应组织红色文化旅游、普及爱国主题教育。在红色文化与旅游深度融合过程中，要因材施教，打破说教式、书面化、橱窗样的红色知识传授方式。要注重教育的方式方法，线上与线下相结合。线下开展夏令营、冬令营等研学旅游，定期前往红色文化教育基地开展红色文化专项游。线上充分利用网络时代互联网的影响力，采取微电影、动漫、游戏、抖音短视频等形式与红色旅游相结合，让修学文化教育得以不断延续，增加其中的趣味性，达到润物细无声的效果。

5. 促进红色文化进行国际旅游交流

无论在何时何地，对生命价值的敬重，对暴力压迫的反抗，对美好生活的追求，一直是人类共同的精神家园和价值取向。推动国际旅游交流能够让中国的红色文化理念走出国门，同时招徕更多外宾接触红色旅游。红色旅游国际化是中国面向世界与未来的必然选择，更是我国社会主义文明与国际交流的最新实践。红色旅游国内形势一片大好，把握这个政策机遇，既可以推进中国红色旅游景区参与到全球化的合作中来，又可以借鉴世界其他国家（地区）对于红色记忆的构建方式和相关经验。①拓展目前国内红色旅游的外延。定位要放眼全球，坚持人类文明共同价值，融入红色文化元素，打造国际化红色旅游主题产品。②提升红色文化的国际交流。稳步推进跨国合作，形成友好约定和开发平台。紧随互利共赢的国家战略，进一步让红色文化在世界范围内互通有无，推动政治互信和旅游共荣。

6. 推广红色文化应用旅游智能体系

红色旅游在技术手段运用上应该与时俱进，特别是新一代仿真技术、大数据、云端“人工智能”领域等不断更新，进一步推动红色文化旅游由“智慧化”走向“智能化”，因此加紧红色文化应用旅游智能化建设是大势所趋。在红色文化与旅游深度融合过程中要利用智能平台与新媒体的宣传效果好、传播速度快、人群接触面广等优势，提高文化品牌影响力和整体旅游服务水平。配合红色书籍阅读、红色音乐点播、红色电影观看、红色网络文学出版、红色产品线上购买和红色小游戏休闲，实现红色文化旅游资源在线解读。让人们在共享720°三维全景虚拟旅游的同时理解背后的故事，以此激发旅游者的现实动机并带动线上产品销售，增加与红色文化关联的周边摄影、广告、乐曲、农副产品和文创产品收益。

基于红色旅游活动的红色基因传承方式初探*

习近平总书记指出，“我们要铭记光辉历史、传承红色基因，在新的起点上把革命先辈开创的伟大事业不断推向前进”。红色基因是浸透在中国共产党人和中华民族血液里的特质，是促进中华民族伟大复兴，建设美丽中国、实现中国梦的精神力量。我国革命战争以及社会主义建设过程中形成的一系列红色资源，具有天然的教育功能，对其进行旅游开发，能够最大限度地传承红色基因，提高人民对社会主义的认同感，产生民族凝聚力和向心力。红色旅游作为传承红色基因的重要方式，激活了各个红色旅游景点蕴含的精神内核，使红色基因开始焕发新的活力。基于红色旅游活动探索红色基因的传承方式，梳理红色旅游活动与红色基因传承之间的关系和相互作用，对于红色基因的传承具有重要意义。

一、红色基因的概念、内涵及主要特征

1. 红色基因的概念

基因是生物遗传的基本单元，是生命基本构造和性能的内在决定因素。受生物基因理论的启发，英国生物学家道金斯提出“文化的传播有一点和遗传相似”。文化是一种具有基因色彩的遗传因子，因而文化的传承发展、时代化、与时俱进就和生物的传承一样，必定受其内在因子的控制和主导。那种把人类长期积累形成的共识传承延续的基本单位，就是文化基因。类比文化基因既有相关理论，红色基因可被界定为中国共产党领导全国各族人民，在实现中华民族伟大复兴历史进程中，所创造并孕育而成的一种特殊的具有中国特色的先进文化因子。它是红色文化的内核，诞生和淬炼于血与火的革命岁月，发展和丰富于社会主义建设与改革开放时期，既有物质形态又有精神形态，是中国共产党有别于其他阶级政党的鲜明政治标识和政治优势，是推动中国特色发展的文化引擎。

---

* 本文是在南昌步兵学院举办的“传承红色基因　培育时代新人”理论研讨会上的演讲，作者黄细嘉、王佳、马彩云、陈国琛，完成于 2018 年 12 月。

2. 红色基因的基本内涵

红色基因是党和国家宝贵的精神财富，是中国共产党性质、宗旨和作风的集中体现。透彻把握红色基因基本内涵，深刻认识红色基因传承的重要性，“让红色基因代代相传”是稳定推进我国社会主义建设事业的重要保证。红色基因内涵丰富，主要由三个维度构成。

（1）服务人民的世界观。这是红色基因的本源和政治底色，最能体现中国共产党的科学理论和性质宗旨。中国共产党是工人阶级先锋队，坚持唯物史观和唯物主义辩证法，坚持为人民服务宗旨。在中国近现代发展历程中，党带领中国人民推翻“三座大山”，建立社会主义新中国，并探索出一条适合中国国情的中国特色社会主义道路。党始终坚持自我革新、自我完善，依靠强大的自我纠错能力，渡过数个生死存亡的历史关头，带领中华民族逐步实现伟大复兴。

（2）不断奋斗的价值观。这是红色基因的精神内核，最能突出中国共产党的精神面貌。主要包括以爱国主义为核心的民族精神和以改革创新为核心的时代精神，体现不同时代党的革命传统和优良作风，奉行“幸福是奋斗出来的”价值信条。在革命战争时期突出表现为井冈山精神、苏区精神、红军长征精神、延安精神、红岩精神、西柏坡精神；在和平时期则突出表现为雷锋精神、焦裕禄精神、“两弹一星”精神、抗洪精神、载人航天精神、抗震救灾精神等。

（3）实事求是的方法论。这是红色基因的外在表现，最能表达中国共产党的思想和工作方法。红色基因中汇集了大量党和人民在实践中创造的经验方法和智慧理论。如社会基本矛盾分析法，生产力和生产关系、经济基础和上层建筑作用分析法，人民群众是历史创造者的观点方法，坚持战略、历史、辩证、创新、底线思维等的思维方法，倡导没有调查就没有发言权、关心群众生活等的工作方法。

3. 红色基因的主要特征

红色基因作为一种文化基因，既有文化基因的共同特征，如传承性、稳定性、变异性、外在性和多维性，又有其自身的根本特征：

（1）高度的科学性。表现为理论先进性、实践批判性和机制创新性，其中理论先进性是指红色基因以先进思想理念为指导，始终走在民族、时代和社会的前列，与腐朽落后的文化基因相隔离，从而具备先进性；实践批判性是指红色基因在实践中检验和发展自己，实现自我纠错，因而具有批判性；机制创新性是指红色基因能够以开放的形态与外界进行信息交流，并随着时代、环境的变化而不断发展，始终保持生机与活力，因此具有创新性。

（2）彻底的革命性。中国共产党从诞生的那天起，就将自己的使命确定为彻底改造旧社会，建立社会主义和共产主义新社会，最终实现全人类解放。因此，红色基因在根本上就是与旧的落后的资本主义文化和封建主义文化相对立的。

（3）深厚的人民性。中国共产党坚持历史唯物主义，认为人民群众是历史创造者，人民群众在历史发展中起决定性作用。在工作方法上，始终坚持从群众中来到群众中去，坚持全心全意为人民服务。因此红色基因具有深厚的人民性。

（4）强烈的实践性。红色基因来源于党和人民在革命战争和社会主义建设时期实践经验的升华。中国共产党始终将“实事求是”作为自身世界观和价值观的基石，实事求是是贯穿党的全部实践与理论的一条基本线索。党的理论体系源于实践的需要，并在实践中获得发展，而且一经产生就反过来指导实践。

（5）前瞻的纠偏性。马克思主义不是教条，红色基因内涵也会随着社会主义事业的发展而不断得到丰富和发展。红色基因的这种特性促使中国共产党始终坚持以共产主义先进信念来主导意识形态，避免产生庸俗化、实用主义等错误思潮。具有这种特征的红色基因又极易出现基因“突变”而导致“左”倾、右倾错误思潮，中国共产党必须适时启动前瞻性预警机制，拿起实践批判性武器，以规避红色基因变异问题，发挥对红色基因的纠偏功能。

二、红色旅游是传承红色基因的重要载体

1. 红色基因传承机制

（1）红色基因是红色文化的灵魂和血脉，是红色文化永葆活力的生命密码，影响着红色文化的发展方向，在政治、军事、精神、道德层面具有独特功能。政治上增强党的免疫力、凝聚力、创新力，保持党的先进性和纯洁性，有利于加强党的建设，从而不断巩固党的领导。军事上蕴含着丰富的战斗和军事艺术，传承它能够强化军队纪律性和凝聚力，增强战斗力，有利于加强军队和现代化国防体系建设。所以说“红色基因是我党我军生生不息、永续发展的根本血脉，是攻坚克难、奋发进取的精神法宝，是富国强军、民族复兴的强大动力”。精神上它不仅是革命、建设和改革的驱动力，更是实现中华民族伟大复兴的力量源泉。道德上它作为一种优秀文化和光荣传统，具有先进文化所具有的道德涵养和道德引领作用，有利于提升国家文化软实力。只有激活红色基因，不断传承其强大功能与价值，才能让红色信仰扎根于人民的心中、流淌于人民的血脉，才能强壮主流思想舆论场，弘扬主旋律，传播正能量，激发全民团结奋进的强大力量。红色基因的传承，重在红色精神的弘扬，应坚持继承性与变异性的统一，坚守忠诚不屈的理想信念，发扬不畏牺牲的英雄气概，保持艰苦奋斗的优良传统，紧密血肉相连的党群关系，发挥红色精神的正向引导作用。

（2）开展红色教育与践行革命传统作风是传承红色基因的主要渠道。中华文明之所以传承至今，与中国具有重视教化的传统密不可分。《学记》有云：“建国君民，教学为先。”传承良风美俗的最佳方式就是教化。通过红色教育，可以培育红色传人，打造红色磁场，传承红色精神，使红色文化薪火相传。一方面，以翔实历史元素组成完善的红色基因图谱，作为铸魂育人的教科书，进入学校课堂，通过潜移默化的传输和

引导，让学生汲取红色基因中的精神理念，通过浇注党性修养的“营养剂”，培育红色文化接班人。另一方面，通过在机关干部、工人农民、社区居民等群体中，组织开展红色故事演讲比赛、文艺会演、展览展示等丰富的爱国主义教育活动，形成强大的“红色磁场”效应，促使广大人民群众自觉地形成思想上讲党性、实践中讲奉献的革命传统。另外，践行革命传统作风，是红色基因传承的重要途径，这是红色基因来源于党的革命与建设实践过程所决定的。因此，传承不仅要结合本土红色基因特点推出革命教育文化作品、出版红色乡土教材等，而且还应将优良的革命传统作风，融入日常工作、生活、学习等诸多社会实践活动中，通过共产党人在实践中带领人民“发扬革命传统，争取更大光荣”，实现践行社会主义核心价值观，促进工作取得更大成就。

（3）发展红色旅游与建设红色文化阵地是传承红色基因的有效方式。中国共产党带领中国人民在革命战争时期留下的具有标志性和纪念意义的遗址遗迹，是珍贵的历史遗产资源，蕴含着中华民族宝贵的精神价值，是传统优秀文化和革命先进文化的重要载体。充分利用与有效保护这些以革命旧址（旧居）等为代表的红色文化阵地，将红色人文景观与绿色自然生态有机融合，开展红色旅游活动，让人们既可以观光赏景，又可以重温历史、感受革命传统，在寓教于乐中接受心灵洗礼，学习革命精神，这是对爱国主义和革命传统教育的形式创新，是红色基因传承的有效方式。建设一处红色旅游景区或目的地，就是保护和建设一个红色文化阵地。通过开展寓教于游、寓游于教的旅游活动，使红色旅游地成为了解革命历史和体验艰苦生活的大课堂。这样的红色文化阵地，是新形势下人文精神回归的新平台，是有效传承红色基因的重要依托。

（4）完善制度设计与推动红色文化创新性转化是传承红色基因的长效机制。首先，建立红色基因传承工作章程及其法律法规体系，促使工作制度化、程序规范化。例如，特定时空条件下对革命先烈的哀悼与纪念仪式的庄重感、红色场馆体验活动常态化、党政干部修养教育活动制度化、先进模范人物事迹弘扬的规范化，强化全民红色精神与文化的认同感，营造学习与热爱革命传统的良好氛围，为红色基因传承提供制度保障。其次，创造红色文化精品，推动红色文化创新性转化，培育与弘扬社会主义核心价值观。在坚持思想性、艺术性与观赏性相统一原则下，加强红色文化精品创作与生产，如影视作品、书籍教材、红色展示场馆等，盘活红色资源、激活红色基因，充分发挥其思想启迪、情感滋养、道德教育和价值引领的积极作用。同时，适应时代发展需要，创新红色基因传播手段和表现方式，借助网络、手机等新兴媒体提高红色文化传承流播效果，运用虚拟科技手段加强红色资源展播效益，整体提升红色基因传播效应。

2. 红色旅游与红色基因的内在关联性

（1）红色基因是红色旅游的核心内涵。红色基因承载着中国共产党的崇高理想和坚定信念，承载着中华民族的精神信仰。红色基因是各个红色旅游点的灵魂，没有红色基因，红色旅游就像武者没有了内功，成了无本之木。对红色旅游地来说，红色基因是其重燃生机、焕发活力，进而带动当地经济、文化、生态等全面发展的密钥；对红色旅游者来说，红色基因是渗透身心的优秀遗传密码。全国著名的红色旅游地井冈山、瑞金、延安等，无不蕴含着丰富的红色基因，人们之所以愿意去这些地方旅游，无不是因为对历史的崇敬、对英雄的缅怀、对红色精神的追随。红色资源通过旅游开发与利用，传递积极精神文化，这种不断传承的精神文化，形成较为稳定的红色基因，反过来又成为红色旅游的精神内核。

（2）红色旅游是激活红色基因的重要方式。红色旅游展陈艰苦奋斗、自强不息的精神，是新时代人民文化生活的重要内容，更是激活红色基因、传播红色文化的重要途径。红色旅游的承载主体，既包括物质性的历史遗存物、纪念物、革命博物馆等，也包括非物质的精神文化。普通游客通过红色旅游，观摩历史遗址遗迹，参观纪念建筑及博物馆，参与红色旅游体验活动，让自己置身其中，缅怀先烈，强化红色家国情怀。各级干部通过红色旅游课堂，感知革命者的人性光辉，唤醒根植于血脉中的人性良知，从而提高为人民服务的觉悟和意识。每一个红色旅游景点都是展示红色基因的生动课堂，如井冈山革命博物馆，采用声、光、电等多种现代化表现手段，全方位展示井冈山革命历史，让每一个参观者都如身临其境，感怀历史，接受精神洗礼。从红色旅游功能上来说，它宣传红色精神，激发创新动力，促进革命老区经济发展，增强国民爱国情怀，提高国家文化软实力。同时保护革命历史遗产，使其在未来仍能发挥作用。通过发展红色旅游，能够将党的光荣传统和优良作风等红色精神文化传承与经济社会发展紧密结合，激活蕴藏在历史中的红色基因，发挥其定心、定力、定法的功能。

（3）红色旅游与红色基因是表里相得的关联体。红色基因是中华民族在长期革命斗争与社会建设中形成的精神文化内核，是历史积淀的产物；红色旅游则是其精神文化产品的表现形式，是时代发展的产物，两者同属一源，一脉相承，可谓表里一体，相得益彰。红色旅游的载体是展现中国共产党革命斗争历史的纪念馆、纪念地、标志物、旧址旧居、烈士陵园等红色资源；红色基因则是这些红色资源所孕育的充满活力的精神内核。红色旅游，是“红色”与“旅游”的有机结合，“旅游”是形式，“红色”是内涵、是底色。突出并坚守红色对人生的引领与教化，是红色旅游的本质和主旋律。井冈山孕育了井冈山精神，瑞金孕育了苏区精神，延安孕育了延安精神，长征沿线各省份孕育了长征精神，而这些精神都是红色基因的重要组成部分，现在这些地方都成为了著名的红色旅游地。革命老区在革命战争年代孕育了红色基因，在和平年代又成为了人人景仰的红色旅游区。事实证明，红色旅游和红色基因是表里相得的关联体。

3. 红色旅游业与红色文化产业是传承红色基因的有效载体

（1）红色基因是内隐的、意识形态的概念，需要借助物化的形态，使人们得以感知和触摸，易于接受和理解。红色旅游业与红色文化产业，以大众喜闻乐见的方式传播红色精神、传递红色情感、传承红色基因。红色旅游业与红色文化产业都是以红色资源为发展基础的，而红色基因深深蕴含在红色资源里。红色资源作为一种先进的文化资源，具有强大的吸引力和感染力、亲和力和感召力、向心力和凝聚力，对人们的思想具有较强的教化功能，对其开发利用具有历史、经济、教育和文化价值。红色资源作为革命战争历史的沉淀和记录，蕴含“富强、民主、文明、和谐”、“自由、平等、公正、法治”、“爱国、敬业、诚信、友善”的内容，是培育社会主义核心价值观的鲜活教材。红色资源开发是弘扬民族精神、讴歌革命英雄、建设社会主义先进文化的文化工程，将红色文化融入国民教育和社会主义精神文明教育中，有助于增强国民爱国情怀和民族自豪感，培育坚定的政治理想、高尚的道德情操，形成科学的价值观念并转化为个人自觉行动；同时也有利于传承革命传统、激活红色文化的内在价值，加强人们自觉抵制腐朽文化侵蚀的能力，有效推进中国特色社会主义先进文化建设。

（2）红色基因传播的一个重要途径是发展红色旅游业。以红色资源为依托开展的文化和精神体验性旅游活动，寓时代价值观和革命传统作风于互动参与中，寓红色文化于青山绿水中，寓革命遗址保护于开发利用中，是红色基因传播的最佳方式。同时，通过开展红色旅游文化节、旅游高峰论坛、旅游博览会等红色节庆活动，让游客在节庆体验过程中感悟红色文化的精神价值；通过开发、保护与利用红色旅游景区，不断开发红色体验旅游产品，将红色资源挖掘与旅游产业创新模式充分结合，将其作为精神承载，形成参与式、体验式和教研式的教育方式，发挥视觉、听觉、触觉等多种感知效应，让参与者在看、听、行、读中深刻体验红色资源所蕴含的教化力量，在潜移默化中认同爱国、诚信等社会主义核心价值观。习近平总书记指出：“革命传统资源是我们党的宝贵精神财富，每一个红色旅游景点都是一个常学常新的生动课堂，蕴含着丰富的政治智慧和道德滋养。要把这些革命传统资源作为开展爱国主义和党性教育的生动教材，引导广大党员干部学习党的历史，深刻理解历史和人民选择中国共产党的历史必然性，进一步增强走中国特色社会主义道路、为党和人民事业不懈奋斗的自觉性和坚定性，永葆共产党人政治本色。”尤其重要的是红色旅游发展，促使红色基因的政治、经济、文化功能得到最大限度地发挥。一方面，红色旅游能够通过红色革命历史再现、红色遗址遗迹认知学习、红色英雄事迹感知等方式，让游客感受艰苦卓绝的奋斗历程，自觉发扬和传承传统革命精神，有助于加强爱国主义教育，树立新时代的革命精神，推进国家先进文化建设步伐；另一方面，红色文化遗产是红色基因的重要文化载体，也是红色旅游开发的宝贵财富，红色旅游有助于培育人们的红色文化遗产保护意识，引领全民落实红色文化遗产保护行动，促进红色文化遗产的可持续利用。

（3）红色基因传播的另一途径则是发展红色文化产业。以红色文化为题材和基本素材的文化创作与产品生产，是红色基因传承的重要依托。弘扬主旋律的文艺创作，重视社会效益和经济效益的协调发展，从以政府主导的运作模式逐步向市场化传播方式转变，使文化产品质量不断提升，《建党伟业》、《建军大业》、《建国大业》、《亮剑》等红色经典作品，以及《潜伏》、《风声》、《伪装者》、《麻雀》等红色谍战剧，以多种形式诠释红色文化内涵，这不仅是红色文化产业化产生的艺术成就，也是中国人民宝贵的文化资源和精神财富。红色文化产业化使蕴含在红色文化产品中的红色基因得以面向受众，红色基因不再是触不到、摸不着的意识形态的东西，而是可观、可触、可闻、可尝、可听的文创产品。可观是指红色文化产业中的红色书籍、影视剧、歌舞剧，以及现代 VR 实景模拟等；可触是指诸如红军装、红军帽、创意红军 T 恤、红军小铜像等红色文创物品；可闻与可尝是指红军饭、红军茶、“红井”竹筒水、红军“可乐”等文创产品和井冈山推出的以红米饭、南瓜汤为主食的红军餐等；可听是指红色音乐剧、红歌会、红色课堂等。不同形式的设计使不同年龄阶段、不同文化层次的民众都可以以自己喜欢的方式接受红色基因的洗礼。

三、红色旅游活动传承红色基因的动力要素及传承模式

1. 红色旅游传承红色基因的动力要素

红色旅游传承红色基因是多种动力要素共同作用的结果，根据红色基因的源流、特色及与红色旅游的关联状况，红色旅游传承红色基因的动力要素主要有牵引力、推动力与支撑力。牵引力是最根本的动力源和策动力，它是红色旅游传承红色基因的内在驱动力；推动力是外界对红色旅游传承红色基因的驱动力；支撑力是在红色旅游传承红色基因过程中起辅助作用的因素。这几个动力因素联动配合，形成合力，是红色基因的传承的动力源泉。

（1）牵引力由红色资源地及其社区居民所构成的红色旅游吸引因素生成，这里有承载着历史记忆的遗址遗迹、红色革命文物以及延伸建立的革命纪念广场、雕塑等纪念建筑的物质载体；有革命精神、革命传统、红色歌谣、红色文艺作品等非物质载体；还有继承革命传统、传承红色基因的社区居民。它是红色旅游创意开发的原点和固有因子，牵引着红色旅游的开发与发展，是红色旅游传承红色基因的内在驱动力，是最根本的动力源和策动力，红色旅游与红色基因的表里相得的源流关系，使红色旅游在无形中自发地传承红色基因。

（2）推动力包括政府的倡导、市场需求的激发、经济发展的促进以及文化传承的推动。首先，政府的倡导。自党的十八大以来，习近平总书记多次前往全国各革命老区，用脚步丈量信仰高地，其足迹遍布河北西柏坡、山东临沂、福建古田、陕西延安和铜川、贵州遵义、江西井冈山、安徽金寨、宁夏固原、山西吕梁、上海、浙江嘉兴等地，并且在多次讲话中提到红色基因的传承问题。红色是血与火的颜色，也是我国党旗、军旗、国旗的底色，承载了中国共产党的革命史、战斗史和奋斗史。红色基因见证了建立新中国的艰辛，见证了建设社会主义的汗水，是中国共产党精神信仰之所在，是中华民族优秀传统文化的重要组成部分。习近平总书记指出，我们要铭记光辉历史、传承红色基因，在新的起点上把革命先辈开创的伟大事业不断推向前进。传承红色基因对保持中国共产党的先进性，对社会主义建设和“两个一百年”奋斗目标的

实现，具有无可替代的价值。政府倡导并推动红色旅游的发展，是更广泛地传承红色基因、提高民众对中国共产党和社会主义的情感认同的重要推力。

其次，市场需求的激发。每一个红色旅游景点都是一个缅怀历史，提升道德修养的生动课堂。习近平总书记指出，发展红色旅游要把准方向，核心是进行红色教育、传承红色基因，让干部群众来到这里能接受红色精神洗礼。驴妈妈旅游网发布的《2018 中国红色旅游报告》显示，1~6 月，驴妈妈旅游网平台红色旅游游客的平均年龄为 33 岁；其中“00 后”、“90 后”、“80 后”分别占比 5%、8%、24.9%，三个年龄层占据总人数的 37.9%，说明爱好红色追寻的客群正向年轻人转移。马蜂窝大数据则显示，6 月底，红色旅游相关热度增长 76.3%。可以看出红色旅游不仅有市场，而且市场范围越来越大，年龄结构越来越丰富。

再次，经济发展的促进。红色旅游是红色文化与现代旅游经济发展的结晶，日益成为革命老区、历史纪念地经济发展的新增长点。发展红色旅游，为增加居民收入而推动传统产业结构调整，为增加接待能力而开展交通、电信及相关行业建设，最大限度地发挥红色基因的社会和经济效益。红色旅游促进了红色基因孕育地经济与社会发展，同时也为红色基因传承提供了更为优越的发展环境。

最后，文化传承的推动。文化自信是更基础、更广泛、更深厚的自信，提高文化自信和国家文化软实力，不仅要求认同、内化中华民族的优秀传统文化，更要发展社会主义先进文化。红色基因产生于革命战争年代，发展于社会主义改革和建设中，是建立新中国和建设中国特色社会主义精神的高度凝结。红色基因具有与时俱进性，我们必须在保持红色基因纯洁性的基础上对其进行传承。

（3）支撑力包括政策法规和环境条件等支持性因素。红色旅游的发展既是市场的推动，也是国家的决策，2004 年、2011 年、2016 年我国先后发布了 3 期《全国红色旅游发展规划纲要》，红色旅游开发一直受到各级政府的高度重视，并得到政府专项资金支持和相关法律法规的保护。2008 年国家发展改革委颁布了《关于进一步促进红色旅游健康持续发展的意见》，要求各地切实推进红色旅游工作。2011 年中央政府对红色旅游目的地进行了时空扩容，这是通过红色旅游实现国民社会认同目标的政治举措。《国务院关于促进旅游业改革发展的若干意见》中指出：“大力发展红色旅游，加强革命传统教育，大力弘扬以爱国主义为核心的民族精神和以改革创新为核心的时代精神，积极培育和践行社会主义核心价值观。”同时出台了一系列促进红色旅游发展的政策措施。这些政策和法规为红色基因的传承提供了有力保障。环境条件主要是指承载红色基因的旅游吸引物所处的自然和人文环境。红色基因所依托的旅游目的地一般自然生态环境较好，民风淳朴，居民热情好客，对游客有着极大的吸引力，成为支持红色旅游发展的客观因素。

2. 国家 AAAAA 级红色旅游景区井冈山传承红色基因的成功经验

文化和旅游部 2018 年 8 月 22 日公布的结果显示，红色旅游信息报送系统中 18 个重点城市和 436 家红色旅游经典景区，上半年共接待游客 4.84 亿人次，同比增长

4.83%，相当于国内旅游人数的17.13%；实现旅游收入2524.98亿元，同比增长5.73%，相当于国内旅游收入的10.32%。由此可见红色旅游的火热程度。

井冈山是被誉为红色旅游首选地的著名旅游区，“井冈山，两件宝；历史红，山林好”，其闪耀着中国革命之光的历史与良好的绿色生态环境交相辉映，形成独特风光。井冈山坚持“红色引领，绿色崛起”策略，围绕“红绿”做文章，充分利用自身优势资源，开展红色培训、红色研学、红色夏令营、红色大型实景剧演出、红歌会等红色旅游活动，并结合井冈山的自然资源开展国际杜鹃花节，红绿结合发展。形成“红色养心、绿色养生”旅游体系，推出了走一段红军小路、听一堂传统教育课、向革命先烈献一束鲜花、吃一顿红军套餐、看一场红色歌舞、学唱一首红军歌谣“六个一”活动，并积极组织“小红军宣讲团”在市内各红色景点开展实践活动，进一步丰富了游客体验。井冈山市多样化的集体验、互动、参与于一体的红色旅游活动，达到了寓教于游的效果，在潜移默化中使游客得到红色精神的洗礼，实现红色基因的传承。

3. 红色旅游传承红色基因的模式

红色基因是红色旅游的灵魂与生命力，红色旅游是传承红色基因的重要载体。红色旅游开发过程中从红色旅游规划与设计、景区建设、场馆建设、市场营销到讲解各个环节均要以红色文化为核心，以红色基因传承为目标，灵活运用多种模式，更好地发挥红色旅游的文化教化功能。

（1）联动融合态模式。在旅游发展中采取“多色并举”策略，将“红色”与“绿色”、“古色”等旅游资源进行组合开发，将红色旅游与生态养生、休闲度假、探险体验、民俗风情活动、历史文化考察、休闲农业等多种旅游形式相结合，合理配置吃、住、行、游、购、娱六要素，打造多元红色旅游产品。这种模式将红色基因的内涵寓于自然生态、历史文化、乡土民俗中，为激活红色基因营造了良好的外部环境。

（2）互动体验性模式。以开发体验性旅游产品为依托，以挖掘红色文化内涵为手段，增强旅游产品的体验性、参与性与趣味性，让游览者身临其境地体验革命历史、感悟红色文化。其中旅游产品是有形的，旅游服务是无形的，而创造出来的体验是难以忘记的。借助红色文化遗址遗迹，利用真实的历史发生地，通过实物、影像、照片展示，生动表演和虚拟体验等互动方式，以吃、住、行、游、购、娱等多要素的模拟场景设置，营造红色服务氛围，开展红色旅游活动，让游客亲身感受鲜活的历史，变被动参与为主动参加，变主动参加为互动共赢，让游客通过体验获得对红色史实的深刻印象，于潜移默化中接受红色文化的熏陶，提高对红色文化的理解力与认同度，使红色基因深入内心。

（3）主题展示型模式。①立足于红色遗址遗迹、博物馆、展览馆等红色资源自身特色，与当地历史文化脉络相结合，形成不同主题的产品，展现区域革命历史与地方文化，并通过系统展示和讲解，诠释红色基因，弘扬红色文化。例如，“岁月·井冈山”红色主题歌舞、重庆市渣滓洞的夜间实景演出等，都成功地抓住了红色精神内核，打造了红色文化品牌，有效地传承了红色基因。②就不同阶段红色基因体现的精神侧重点，展示不同的精神主题。革命时期红色基因的外在表现是“鲜血”，中国共产党人为革命抛头颅、洒热血；探索社会主义建设道路时期红色基因的外在表现是“汗水”，红旗渠体现的是汗水浇灌出来的精神；而改革开放和社会主义现代化建设时期红色基因的外在表现则是“体质”，要求净心正身，做到“坚守、忠诚、担当、干净”。根据历史阶段展示红色基因能够让民众从历史角度更好地把握和认识红色基因。

（4）创意讲解式模式。红色景区解说系统以图片、文字、录音、视频等为主，具有篇幅长、容量大、静态化特征，让旅游者获得个性化的体验，真正领悟红色文化精髓，离不开讲解员的具有感染力解说。讲解员在宣讲过程中，在坚持严肃性、准确性、规范性基础上，适时表现生动性与丰富性，营造轻松、和谐的旅游氛围，传递出红色文化鲜活的内涵和生生不息的精髓，运用舞蹈、歌曲、民谣、短剧、小品等多种艺术形式来表现红色基因，将动态表达与静态展示、娱乐与教育充分结合，增加旅游者与讲解员的互动环节，提高红色文化的传承与创新效果。同时要注意讲解员的性别比例以及年龄结构的多样化，为受众提供个性化讲解服务，增强红色基因的易接受性。

四、结语

在习近平新时代中国特色社会主义建设过程中，亟须唤醒红色基因，以激活社会主义核心价值能量，增强国家文化软实力。毫无疑问，红色基因是红色旅游活动的精神内核，红色旅游活动是传承红色基因的重要载体。动力机制理论告诉我们，牵引力、推动力、支撑力构成红色旅游活动传承红色基因的动力系统。从井冈山传承红色基因的成功经验中，类推出红色旅游传承红色基因的四种基本模式。模式的运用，能够促进红色景区和红色文化产业更好地发挥传承红色基因的作用。

红色基因传承与我国文化软实力提升*

党的十九大报告指出，文化是一个国家、一个民族的灵魂。文化兴国运兴，文化强民族强。党的十九届四中全会指出，发展社会主义先进文化、广泛凝聚人民精神力量，是国家治理体系和治理能力现代化的深厚支撑。提升文化软实力，是习近平总书记治国理政思想体系的重要内容。红色基因是我党我军在长期实践中孕育形成的光荣传统和优良作风，是区别于其他阶级政党的鲜明标识和政治优势，是对我国文化软实力的传承、丰富和发展。红色基因与我国文化软实力之间是一种怎样的关系？在红色遗产利用、红色因子浸润、红色基因传承的实践中，我国文化软实力打上深深的红色印记，具有怎样的构造？其基本特征又是什么？基于红色基因传承，我国文化软实力应该进行怎样的优化提升？这些均是本文试图回答的问题。

一、什么是文化软实力

文化软实力越来越成为综合国力的重要组成部分。在习近平总书记的系列重要讲话中，多次出现提高国家文化软实力的论述，其成为习近平总书记治国理政思想体系的重要内容。习近平总书记强调，提高国家文化软实力，关系“两个一百年”奋斗目标和中华民族伟大复兴中国梦的实现。核心价值观是文化软实力的灵魂、文化软实力建设的重点。提升国家文化软实力已经成为新时代治国理政与增强国力、完善国家治理体系与提升治理能力的重要抓手。习近平总书记还指出，红色基因是党和国家的宝贵精神财富，让红色基因代代相传，把红色资源利用好、把红色传统发扬好、把红色基因传承好。因此，红色文化弘扬与文化软实力提升，具有很强的现实意义和深刻的时代背景。

软实力的提出者美国国际政治学者约瑟夫·奈在其著作中说到，软实力是一种能力，它能通过吸引力而非威逼利诱达到目的。这种吸引力来自一国的文化、政治价值观和外交政策。其实，文化软实力是一个多维“力”的概念，或是指一国或地区基于文化而具有的凝聚力、生命力、创新力和传播力，以及由此产生的感召力和影响力；

* 本文作者黄细嘉、席思伟，完成于 2020 年。

或是由文化价值吸引力、文化知识生产力、文化体制引导力和文化产业竞争力构成的四种作用力。当然，我国文化软实力的内核是社会主义核心价值观体系。

习近平总书记对增强中华文化软实力的一系列重要论述，可以理解概括为制度为本、传统为根、价值为魂。无论是中国特色社会主义制度的形成、中华优秀传统文化的弘扬，还是社会主义核心价值观的建立，红色文化或以引领的方式，或以融合的模式，或以渗透的形式，参与到它们的形成过程中。我国红色文化的产生、发展和弘扬，在国家文化软实力上打上了深刻的烙印。把握在红色文化遗产传承中形成的文化软实力特征，有利于增强我国文化自信，并为实现理论、制度、道路自信提供丰富养料。

二、具有红色基因的我国文化软实力特征

1. 红色资源与红色基因

有学者认为，红色遗产主要是中国共产党领导中国人民在革命战争年代进行的革命活动及其结果，表现为可以催发人民积极进取、不断奉献的物质形态、信息形态、精神形态的历史遗存。进一步阐释红色资源，就是中国共产党领导人民在革命斗争和社会主义建设过程中形成的，以爱国主义、民族精神、奉献意识为核心内涵的物质与精神形态的历史遗存，如革命遗址、烈士陵园、革命博物馆（纪念馆）等属于物质形态的历史遗存，各类革命精神属于意识形态的文化遗产。中国共产党早期领导革命斗争的开始，就是红色资源形成的开端。五四运动、中国共产党成立、安源路矿工人运动、南昌起义、秋收起义、井冈山斗争、土地革命、长征、抗日战争、解放战争等是中国共产党领导人民进行的一系列革命斗争，其见证了人民的解放和国家的独立，也形成了以爱国主义为核心的红色文化资源。在社会主义建设时期，三大改造、改革开放等社会主义建设活动以及形成的王进喜、雷锋、焦裕禄等社会主义先进人物事迹与精神，促进了以社会主义核心价值观为内核的红色资源的形成与发展。革命斗争和社会主义建设时期形成的红色资源，在百年历史进程中已经成为中国文化的重要标识，正是因为红色资源及其文化的融入，并成为主流和主导的中国文化意识形态，使得我国文化软实力具有了中国特色。

红色基因是不断传承的革命精神。红色，象征光明，凝聚力量，引领未来。红色基因是中国共产党人的精神内核，是中华民族精神血脉的近现代纽带。中国共产党领导中国人民通过近百年的革命斗争和社会主义建设实践，形成社会主义核心价值观、革命精神、爱国主义、奉献意识，丰富了中华民族不断奋斗的精神内涵，具有中国特色社会主义制度、理论、文化、道路中最本质的内核和属性，形成惟一具有识别性的“发扬革命传统，争取更大光荣”的红色文化特征，成为中国共产党人不断传承、永葆

本色的“红色基因”。

2. 我国文化软实力基因构造及其特征

文化软实力的基因是文化的基本内核，我国文化软实力基因构造可以概括为：以社会主义核心价值观为灵魂，以中华优秀传统文化为根源，以中国特色社会主义制度为主体，以现代文化事业和产业为表征的多维整体构架。

我国文化软实力因红色文化遗产利用、因子滋养、基因传承而发生了改变和提升。大家普遍认为，社会主义特征是我国文化软实力的首要特征，民族特征是根本特征，时代特征是基本特征。也有学者认为，我国文化软实力具有较强的普世性，一定的后发性、开放性与和谐双赢性；或者说具有传承性、凝聚性、支撑性和创造性。这些论断，对于深刻认识我国文化软实力的基本特征，具有启示意义。不可否认的是，我国文化软实力在红色基因丰富、传承和发展过程中，形成了以社会主义核心价值观为灵魂的主流文化价值导向力，以中华优秀传统文化为根基的主体文化知识生产力，以中国特色社会主义制度为构架的先进文化体制领导力，以红色文化事业与产业为依托的现代文化产业竞争力等基本特征。

（1）以社会主义核心价值观为灵魂的主流文化价值导向力。党的十八大报告凝练出的社会主义核心价值观，是我国主流文化的灵魂。社会主义核心价值观，体现的三个维度的价值导向，多与优秀传统文化、红色文化、革命精神、先进理念有着天然的联系。自五四运动开始，党领导人民进行的斗争和建设都是为了实现国家富强、民主、文明、和谐和社会自由、平等、公正、法治，激励公民爱国、敬业、诚信、友善。红色文化基因为我国文化软实力，打上了中国共产党人追求富强民主、文明和谐、自由平等、公正法治的优秀品质的烙印，产生了强烈的主流文化价值导向力。从另一方面说，我国文化软实力因红色基因传承而具有红色社会价值观特色。

（2）以中华优秀传统文化为根基的主体文化知识生产力。中华民族的优秀传统文化，是先民在本民族聚居地，通过世代构建与传承的优秀世界观、人生观和价值观，主要的精神文化精髓可归纳为：以中华民族优秀文化为代表的传统文化，以爱国主义为核心的民族精神，凝聚成以社会主义先进文化为代表的新时代中国特色社会主义文化。纵观近代中国历史和党的革命斗争与政治、经济、文化、社会建设史，中国共产党人所做的一切努力都是朝着中国特色社会主义方向前进的。原产和内生于国家独立、人民解放和民族复兴的红色文化，为社会主义先进文化注入了独特基因，给予社会主义先进文化养分和禀赋，提升了民族精神的高度和厚度。因此，中华优秀传统文化是我国文化软实力的内生营养素。显然，我国文化软实力具有以中华优秀传统文化为根基而形成的主体文化知识生产力。

（3）以中国特色社会主义制度为构架的先进文化体制领导力。中国特色社会主义制度是我国文化软实力的载体，先进的制度文化具有强烈的正向引导力与领导力。党和人民通过革命斗争建立新中国，实现国家独立、民族解放、人民幸福，就是为了中国人民能够自由、平等、公正、民主地生活和发展。中国革命胜利后建立的社会主义制度和改革开放后逐步形成的新时代中国特色社会主义制度及其制度文化，确保人民当家作主，体现了为人民服务的红色精神。党的十九届四中全会指出，建立健全把社会效益放在首位、社会效益和经济效益相统一的文化创作生产体制机制。这种红色精神无疑是我国先进制度文化的内核。雷锋、王进喜、焦裕禄、孔繁森、邓稼先等先进人物，以及改革开放事业、抗洪精神、抗震救灾精神、北京奥运精神、载人航天精神等，又为红色精神注入了新的血液，使红色精神产生了新的活力，为中国特色社会主义制度及其制度文化提供了新的精神养料。这种以红色精神为内核的制度先进性，是我国文化软实力的显著特征，使我国文化软实力形成以中国特色社会主义制度为构架的先进文化体制领导力。

（4）以红色文化事业与产业为依托的现代文化产业竞争力。我国以各种创新形式发展起来的丰富多彩的社会文化事业，在优化生产关系、发展生产力方面发挥了越来越重要的作用。以红色文化遗产、因子和基因为原料和养料，以红色文化产品和服务为产出的红色文化产业，是现代文化产业的重要组成部分，如红色旅游产品、红色图书报刊、红色影像制品、红色演艺业、红色文化服务产品等，在推动文化创意产业建设、形成新型文化业态集聚和促进经济社会发展等方面发挥重要作用。由于红色文化遗产的创新性转化和创造性利用，产生的一系列“红”字号产业和产品，成为我国现代化产业体系中的重要分支，且与其他国家的文化产品相比，具有很强的异质性特征，说明红色基因对我国文化生产力和文化软实力产生了重要的影响。依托红色文化事业与产业，我国文化软实力形成了不可忽视的现代文化产业竞争力。

三、基于红色基因传承的我国文化软实力提升

1. 把脉文化之魂——弘扬社会主义核心价值观，提振我国文化引领力

社会主义核心价值观是党领导人民在长期的革命和建设过程中凝练和形成的，它是对社会主义核心价值体系精神实质的高度概括，即从国家、社会、公民三个层面对马克思主义指导思想、中国特色社会主义共同理想、爱国主义为核心的民族精神和改革创新为核心的时代精神、社会主义荣辱观等进行的高度凝练与概括。弘扬和实践社会主义核心价值观，对完善国家治理体系、有效整合社会意识、扩大主流价值观引领力、提升国家文化软实力有着重要意义。弘扬社会主义核心价值观，将提升人民的精神境界，建设民族的精神家园，树立我国的文化自信。从实现民族复兴中国梦的宏伟目标看，核心价值观是一个国家的重要稳定器，构建具有强大凝聚力感召力的核心价值观，关系社会和谐稳定，关系国家长治久安，有助于在传播和对外交流中坚守文化自信。把社会主义核心价值观的内容和要求通过文化符号融入到国民教育、精神文明

建设、文化产品创作等各类载体中，让人们在内心深处接受社会主义核心价值观所倡导的理念，实现知行合一。

2. 把守文化之根——继承中华民族优秀传统文化，增强我国文化凝聚力

“文化兴则国运兴，文化强则民族强。”中华民族优秀的传统文化，是支撑我国发展的内在动力，是中国特色社会主义文化软实力的根基。红色基因是现当代人民共同的历史记忆，其精神品质是中华优秀传统文化血脉传承的内核。传统文化所带来的强有力的文化认同感，提高了我国文化凝聚力，强化了我国精神文化建设。优秀的传统文化促进各民族人民的文化认同感。传统文化如深刻的烙印，印刻在每一位中华儿女的心中，中华民族大家庭中任何一个民族，无论身处何地，经过漫长的历史进程，“炎黄子孙”的文化纽带依然感染、激励着人民为民族振兴而奋斗。优秀的传统文化提供坚强有力的民族凝结剂。中国人悠久的精神世界培育了国人坚定的文化自信和以爱国为核心的民族精神。近代以来，带有红色基因的爱国、奉献、自强、勇敢、奋斗的优良传统，融入到优秀传统文化中，促进人民为了共同的目标齐心协力，攻坚克难，增强了民族凝聚力和向心力。通过加强学习教育、挖掘人文资源、繁荣文化市场、促进文化交流等，推动中华民族传统文化走进人们心中，进一步提升中华民族的凝聚力，助力全面建成小康社会、实现中华民族伟大复兴中国梦。

3. 把持文化之体——坚持中国特色社会主义制度，提升我国文化定向力

习近平总书记指出，一个国家选择什么样的治理体系，是由这个国家的历史传承、文化传统、经济社会发展水平决定的，是由这个国家的人民决定的。我国坚持走社会主义道路是历史的选择，是人民的选择。文化的发展并不是空中楼阁也不是与生俱来的，而是随着社会进程不断演变的。博大精深的历史沉淀加上与时俱进的社会发展，中国正在从文化大国走向文化强国，在不断吸收新时代文化元素和继承红色基因后，中国特色社会主义制度将更加稳固和完善。

4. 把控文化之形——发展现代文化事业与产业，提高我国文化发展力

党的十八大以来，我国文化产业进入高速发展期。随着中国特色社会主义进入新时代，我国文化产业向高品质、高层次发展模式转变。文化生产力的发展，对人们的生活方式、思想观念、经营管理模式，乃至人类社会的整体发展有着重要的影响，文化及其形成的软实力是新时代最具竞争力的因素。现代文化事业与产业的发展，引领文化新业态兴起和文化消费水平的不断升级，提高了文化生产力，同时文化贸易、对外交流的发展推动着文化影响力的增强，文化发展力和国家文化软实力得到整体提升。红色基因使我国文化事业和文化产业具有独特的原料和资源，成为文化消费的重要赋能，并对文化产品的形态、内涵、品质、功能等产生作用力，对提高产品竞争力、行业生产力和文化传承力发挥科学引领和正确导向作用。

总之，把红色资源利用好、把红色传统发扬好、把红色基因传承好，通过“创造性转化、创新性发展，不断铸就中华文化新辉煌”，是提高文化自信、增强我国文化软实力的重要措施。红色基因传承和我国文化软实力形成，相辅相成、相互促进。全面

把握我国文化软实力的基因构造，认识我国文化软实力因红色遗产利用、红色因子浸润、红色基因传承而形成的基本特征，努力优化和提升文化软实力，对于增强中国特色社会主义理论、文化、制度、道路自信，实现中华民族伟大复兴的中国梦，具有重要价值。

全国红色旅游发展政策研究项目论证报告*

一、研究现状述评、选题意义和价值

1. 国内外研究现状述评

红色旅游作为一种特殊形式的专题旅游，20 世纪 90 年代在我国兴起，如今已经成为旅游产业领域的后起之秀，受到广大旅游者的追捧和喜爱。随着红色旅游在全国的蓬勃发展，学术界对红色旅游的相关问题也不断进行探讨和研究，2004 年，中共中央办公厅、国务院办公厅联合印发的《2004—2010 年全国红色旅游发展规划纲要》指出，红色旅游是指以中国共产党领导人民在革命和战争时期建树丰功伟绩所形成的纪念地标志物为载体，以其所承载的革命历史、革命事迹和革命精神为内涵，组织接待旅游者开展缅怀学习、参观游览的主题性旅游活动。这一概念是我国独创的，极具中国特色的新型文化旅游形式，所以国外学者对“红色旅游”研究极少。各国类似于“红色旅游”的旅游形式，其研究对象也有较大区别。西方学者往往把战争遗址、名人故居、博物馆、文化遗迹等与文化产业或文化旅游产业相关的内容作为研究范畴，并不断地取得理论上的开拓与创新。例如，Fortuna（1997）① 介绍了葡萄牙发展文化旅游的情况。Grünewald（2002）② 指出，文化的变化是旅游人类学家长期关注的问题。McKercher 和 du Cros（2003）③ 认为，文化旅游需要旅游业与文化遗产携手合作和管理。Sigala 和 Leslie（2005）④ 提出文化旅游需要可持续发展和环境保护，并通过对新拉纳克地区的案例研究论证了有效的社区参与有利于文化旅游的可持续发展。Hughes 和 Allen

---

* 本文完成于 2015 年前后。

① Carlos Fortuna. Cultural Tourism in Portugal [J]. Annals of Tourism Research, 1997, 24 (2): 455-457.

② Rodrigo de Azeredo Grünewald. Tourism and Cultural Revival [J]. Annals of Tourism Research, 2002, (29) 4: 1004-1021.

③ Bob McKercher, Hilary du Cros. Cultural Tourism: The Partnership between Tourism and Cultural Heritage Management [J]. Annals of Tourism Research, 2003, 30 (2): 508-509.

④ Marianna Sigala, David Leslie. International Cultural Tourism Management: Implications and Cases [M]. Elsevier Ltd, 2005: 111-121.

(2005)① 研究认为，在中欧和西欧文化旅游是促进旅游形象形成的刺激剂。

我国红色旅游是典型的政府主导型产业，随着国家一系列促进红色旅游产业发展的政策出台以及各地红色旅游的积极实践，推动了国内学术界对于红色旅游产业发展的研究，研究成果数量不断呈上升趋势，内容也涉及不同的领域，有一定的深度和广度。但由于种种原因，对开发政策的研究极少，学者们对旅游产业政策的研究，主要是根据当地旅游发展现状和发展过程中存在的突出问题，提出一些针对性、建设性的对策和建议。高舜礼（2006)② 从6个方面阐述了制定旅游产业政策的必要性，指出制定旅游产业政策应符合旅游产业发展的客观规律、应符合我国旅游业发展的现状、应具有适当的前瞻性。

（1）在旅游产业政策的主要内容上，国内学者总体认为它应该包括旅游产业结构政策、旅游产业组织政策、旅游产业布局政策和旅游产业技术政策以及配套保障政策等基本内容，同时它还应该包含由旅游发展的客观需要而形成的特殊内容，如旅游市场政策、旅游产品政策等。

（2）在旅游产业政策具体内容方面，学界和业界更关注其中的配套保障政策。为了使旅游产业政策发挥应有的作用，计划、银行、财政、税收、劳动、物价等部门都要制定与实施一些与之配合的保障政策。王志东（2005)③ 以改革开放20年来中国地方政府加快旅游业发展的政策支持体系为案例，指出地方政府促进旅游业发展政策支持的核心内容主要体现在它的财政政策支持、金融政策支持和税收政策支持等方面。张茂森和赵红武（2001)④ 认为，在制定旅游价格政策时一定要体现旅游资源的价值，要适应供与求之间的关系变化。面对日益激烈的市场竞争态势，苏斌和张河清(2006)⑤ 提出加强旅游区域协作，实现优势互补的政策建议；罗永常（2006)⑥ 探讨了实现民族旅游合理开发和促进乡村社会和谐发展的政策工具。

（3）在国外政策经验借鉴方面，刘伟和吴雅丽（1988)⑦ 从财政预算、机构设置等方面介绍了美国的国际旅游政策。蔡万坤（1984)⑧ 对日本旅游的发展历程及相关政策做了述评，指出中国旅游业发展在旅游管理体制和具体措施、法规等方面可以借鉴的经验，如成立全国旅游协调委员会，制定统一的税收和价格政策等。刘敏等

① Howard Hughes, Danielle Allen. Cultural Tourism: In Central and Eastern Europe: The Views of ‘Induced Image Formation Agents’ [J]. Tourism Management, 2005, 26 (2).

② 高舜礼．中国旅游产业政策研究［M］．北京：中国旅游出版社，2006.

③ 王志东．中国地方政府促进旅游业发展政策支持实证研究［J］．东岳论丛，2005，26（5）.

④ 张茂森，赵红武．运用积极的价格政策促进韩城市旅游业的发展［J］．价格天地，2001（8）.

⑤ 苏斌，张河清．区域旅游协作的经济与政策分析［J］．北京第二外国语学院学报，2006（3）.

⑥ 罗永常．民族村寨旅游开发的政策选择［J］．贵州民族研究，2006，26（4）.

⑦ 刘伟，吴雅丽．美国政府对国际旅游的政策（摘译）［J］．旅游学刊，1988，3（1）.

⑧ 蔡万坤．从日本旅游政策和管理体制看我国旅游事业的发展［J］．现代日本经济，1984（5）.

(2007)[①] 分析了日本5次国土规划中有关旅游政策的变迁过程及其特征。唐华东(2001)[②] 对西班牙、埃及、希腊进行了专题考察，从旅游业的定位、管理和政策措施等方面对中国旅游业发展提出了要求。曹信孚（2002)[③] 认为，新加坡旅游业成功之处在于实现城市开发与旅游观光政策相结合的发展战略。王威和朱先发（2002)[④] 概括了各国支持旅游发展的政策经验：一是通过立法的形式，确定国家总体支持政策；二是设置机构，从组织上保证旅游产业有序、协调发展；三是利用财税手段，对旅游业的发展给予必要的支持；四是制定休假制度，为旅游提供便利；五是实现“低门槛”政策，包括“低门槛”入境和“低门槛”收费；六是多数国家推崇政府主导型发展模式。专项旅游政策也颇受关注，王云才（2002)[⑤] 以澳大利亚酒店业和中国台湾观光农业发展为案例，全面综合研究了国外乡村旅游发展的政策经验。

对于旅游政策的研究，一些重大的问题得到基本的解决，但国内旅游政策的研究存在一些问题还有待深入研究：一是亟须建立旅游政策研究的理论体系；二是进一步深化旅游发展的政策思路；三是继续丰富旅游政策研究的理论内涵。

2. 选题意义

随着《2004—2010年全国红色旅游发展规划纲要》《关于加快发展旅游业的意见》《文化产业振兴规划》《2011—2015年全国红色旅游发展规划纲要》等重要文件中一系列促进红色旅游产业发展的政策出台，全国红色旅游发展火热。由于我国主要实行的是以政府为主导的旅游产业发展模式，在这种模式推动下，无论是引导和规范旅游产业发展，还是监督和推动旅游产业发展，都需要政府通过制定科学合理的相关产业政策来实施。这同时也说明了合理科学的红色旅游产业政策一方面是推动我国旅游业发展的关键，另一方面还是避免因政策性失误造成的资源破坏、环境恶化等不良后果的保障。我国红色旅游产业的促进政策的制定，存在一些问题，只有不断加强红色旅游发展政策的研究，逐步完善我国红色旅游产业政策，才能够推动红色旅游产业向纵深发展，并且对于贯彻落实科学发展观、构建社会主义核心价值体系、建设社会主义和谐社会，也具有十分重要的意义。

此外，红色旅游目的地通常都是位于边远山区、革命老根据地、少数民族地区和边境地区。这些地方往往山高林深、区位偏远、交通不便，但自然和人文景观丰富。也就是说其旅游资源体系全、品位高、组合好，在全国乃至世界具有重要地位，做好红色旅游目的地旅游资源的开发，研究其红色旅游发展政策，有利于当地旅游业带动农业和第三产业的发展，实现经济起飞和社会繁荣。

---

① 刘敏，冯卫红，朱专法．日本五次国土规划中有关旅游政策变迁及其对我国的启示［J］．人文地理，2007（2）．

② 唐华东．比较与思考——西班牙、希腊、埃及旅游产业给我们的启示［J］．中国改革，2001（6）．

③ 曹信孚．新加坡的旅游观光政策［J］．上海城市规划，2002（3）．

④ 王威，朱先发．旅游、旅游业、旅游政策［M］．北京：当代中国出版社，2002.

⑤ 王云才．国际乡村旅游发展的政策经验与借鉴［J］．旅游学刊，2002，17（4）．

3. 选题价值

（1）学术价值：一是通过红色旅游发展政策制定的理论指导研究，逐渐充实我国旅游政策研究的理论思想；二是通过红色旅游产业发展的政策研究，有利于落实科学发展观，深化构建和谐社会的理论基础；三是将公共管理学、公共政策学、行政学、政治学、经济学等相关理论应用到红色旅游产业发展过程中，有利于进一步完善旅游经济学的理论体系。

（2）应用价值：一是通过对红色旅游产业发展模式的研究，为旅游行政管理部门制定旅游产业发展政策提供有价值的参考；二是通过对红色旅游产业的盈利模式和社会综合效益的研究，有利于推动红色旅游目的地实现可持续发展、构建和谐社会；三是通过对井冈山、韶山和延安红色旅游地的实证分析，为其他红色旅游目的地的发展提供有效的经验借鉴；四是通过对红色旅游发展政策的研究，有利于推动革命老区红色文化旅游资源的保护和红色旅游产业的发展。

二、主要内容和重点难点、主要观点和创新之处、基本思路和方法

1. 主要内容和重点难点

（1）主要内容。

1）红色旅游发展政策的基础理论研究。从概念、特点、功能和趋向等方面逐渐充实我国旅游政策研究的理论体系。

2）我国红色旅游产业的发展现状和相关产业发展政策研究。分析我国红色旅游发展的现状、发展模式和相关产业发展政策，从而分析存在的问题，为研究红色旅游产业发展对经济社会的贡献值打下基础。

3）红色旅游发展模式研究。发展红色旅游是老区发展和建设的一种重要方式，本文试图通过对已有的发展方式进行回顾，构建一个更加合理的发展模式。

4）我国相关红色旅游景区发展政策的成功经验比较分析研究。研究实施积极有效的红色旅游发展政策给当地带来的经济、社会和生态的影响，并构建红色旅游产业的投入与产出模型验证红色旅游产业最佳运行机制，探索红色旅游产业可持续发展道路。

5）发展红色旅游对革命老区等地发展的贡献率分析和红色旅游发展中的利益分配研究。从全国来看，革命老区都是红色旅游资源的集中地，通过发展红色旅游的方式来吸引政府和企业投资，在一定程度上对发展当地经济起到主导作用。在投资回报方面，如何进行利益的分配、当地居民能得到多少收益，对实现当地居民的脱贫致富起到关键性作用，本文试图通过红色旅游利益分配机制进行研究，构建一个合理的分配方式。

6）从发展红色旅游的视角，完善我国红色旅游产业的政策体系。通过对革命老区发展红色旅游的研究，剖析已有政策体系的不足，完善红色旅游政策体系。

（2）研究重点。一是初步建立红色旅游发展政策研究的理论体系。二是探讨政府在发展作为准公共产品的红色旅游中的角色与责任，以及红色旅游产业结构优化途径与发展模式。三是通过对井冈山、韶山和延安红色旅游地的实证分析来研究实施积极有效的红色旅游发展政策给当地带来的经济、社会和生态的影响，并构建红色旅游产业的投入与产出模型验证红色旅游产业最佳运行机制，探索红色旅游产业可持续发展道路。四是建立红色旅游经典景区的评价体系。

（3）研究难点：一是初步建立红色旅游发展政策研究的理论体系，相关文献极少，而全面调查需要投入大量的人力、物力，并将所有的问卷及调研资料进行整理，难度较大。二是以井冈山、韶山和延安3个区域为例，进行实证研究和建模，需要大量的时间支持。三是红色旅游产业发展对经济社会的贡献值受多种因素的影响，其贡献值的大小也难以量化，因此其综合效益的评定是难点之一。

2. 主要观点和创新之处

（1）主要观点。一是发展红色旅游亟须政府给予一定的政策支持。二是发展红色旅游，需要政府、社区居民和旅游企业的全员参与。三是在红色旅游产业结构体系中，其所有制结构必须体现以“政府主导”为主的性质。四是红色旅游产业是一个高度关联的产业。五是红色旅游产业的发展采取的是一种内驱力推动型和政府主导型相结合的模式。

（2）创新之处。一是率先探索红色旅游发展政策研究的理论体系。二是探索了红色旅游盈利模式和社会综合效益发生机制。从经济、社会、生态、环境效益4个维度出发，阐述了红色旅游盈利模式和社会综合效益发生机制。三是构建了红色旅游贡献值评价模型。基于投入—产出理论，提出红色旅游贡献值评价模型。

3. 基本思路和方法

（1）基本思路。坚持以“理论指导→现象分析→问题提出→因素论证→实证研究→经验借鉴→政策建议”为研究思路。在梳理我国红色旅游发展政策的基础理论、我国红色旅游产业发展现状和相关产业发展政策的基础上，发现问题并对其产生的原因进行解剖，并借鉴相关红色旅游景区的发展政策的成功经验，最后从宏观上提出我国红色旅游产业的发展政策，主要包括战略性发展政策、制度性发展政策、保障性发展政策三个方面。

（2）研究方法。一是实地考察、问卷调查、座谈交流、收集资料、文献分析，案例借鉴与理论阐述相结合，实证推演与规范研究相结合。二是二元LOGIT模型实证分析法：利用二元LOGIT模型实证分析政策性因素对红色旅游产业发展的影响。三是博弈分析法：通过构建博弈分析模型，探讨红色旅游发展过程中各方主体的行为，并设计合理的多维主体参与机制和利益分配机制。四是系统分析法与比较法分析交叉运用。五是综合运用相关学科如公共管理学、现代城市管理学、公共政策学、行政学、经济学等重要理论。

红色旅游开发与红色基因传承*

江西是中国革命的摇篮，在中国共产党人革命精神谱系中有井冈山精神、苏区精神、长征精神、老区精神、抗洪精神等精神诞生或发源于江西。江西蕴含着丰富的红色资源，形成承载革命优良传统和先进文化的红色基因。遵照习近平总书记“把红色资源利用好，把红色精神发扬好，把红色基因传承好”的殷切期待，江西通过大力发展红色旅游传承红色基因，被业界誉为全国红色旅游首选地和红色旅游示范区。蓬勃发展并起示范作用的红色旅游实践，一方面需要进行理论升华，另一方面需要用理论指导高质量发展。南昌大学江西红色旅游研究中心不但主动开展红色文化资源研究，而且大力推动红色旅游发展，努力从事红色基因传承，将红色旅游发展与红色基因传承紧密结合起来，产生了积极社会影响和重要理论贡献。

一、建言红旅发展，推动红色旅游资源开发与利用

先后提交的《把瑞金打造成为我国红色旅游的必选品牌》、《创新推动我省红色旅游高质量发展的举措建议》、《我省红色旅游发展中的几个重要问题》、《我省打造“可爱的中国”文化旅游品牌的建议》、《把庐山打造成为国际旅游目的地的思考与建议》、《“江西风景独好”内涵新解读》等决策咨询报告，得到省领导多次批示，并被实际部门采纳；多次参与长征国家文化公园（江西段）规划工作研讨和评审，形成有价值意见，有力促进了江西红色旅游发展和红色基因传承。

二、承担红题研究，强化红色旅游实践和经验总结

完成国家社科基金项目《红色旅游发展的若干重要问题研究》，结题优秀并获江西省社会科学优秀成果一等奖；承担 2019 年江西智库峰会调研课题《十四五时期江西红

* 本文是全国红色旅游创新发展研究基地——南昌大学江西红色旅游研究中心 2022 年工作总结汇报稿。

色旅游发展战略与促进举措》，并在峰会交流。因突出的红色旅游研究成绩，学科依托的红色旅游研究中心成为全国红色旅游创新发展研究基地。

三、开展红培工作，培养传承红色基因优秀人才

完成江西省红色旅游“五好”讲解员队伍建设等相关课题，主持编写红色旅游“五好”讲解员培训系列教材 5 部，全国红色旅游经典景区标准讲解词精品系列《瑞金》、《南昌》等 5 本，多次承办江西省红色故事讲解员大赛暨江西省红色旅游“五好”讲解员大赛。连续多年承担江西省红色旅游讲解员培训工作，已为各地红色旅游景区培训 300 多名讲解员。在把红色文化弘扬好、把红色基因传承好方面，取得了良好社会效益。

四、承担红旅规划，服务革命老区脱贫攻坚工作

先后完成瑞金市重走长征路项目、大柏地战斗遗址旅游区、中潭乡红色乡村、乌仙山乡村旅游等红色旅游景区规划。通过红色旅游开发，发展老区经济、助力脱贫攻坚，做了大量的有实际价值和意义的工作。

五、拓展红宣渠道，提升红色文化传播与推广效益

在互联网社交媒体“赣鄱文旅”微信公众号推出多篇红色旅游发展模式文章，参加文化和旅游部资源开发司主办的“红色旅游云课堂”，在智慧树网推出全国首门跨校共享的《红色旅游》在线精品课程。

革命文物与红色旅游的融合发展*

一、革命文物是什么

根据《江西省革命文物保护条例》的权威界定，革命文物是指自近代（1840 年）以来，在实现中华民族伟大复兴的奋斗历程中，见证中国人民抵御外来侵略、维护国家主权、捍卫民族独立和争取人民自由的英勇斗争，见证中国共产党领导中国人民进行新民主主义革命、社会主义革命、社会主义建设和改革开放事业，彰显革命精神、继承革命文化光荣历史的实物遗存。

主要包括：一是与重大历史事件、革命运动或者著名人物有关的，或者具有重要纪念意义、教育意义或者史料价值的近代现代重要史迹、实物、代表性建筑（原生性的物质遗产）；二是与中国共产党史、中华人民共和国史、改革开放史、社会主义发展史有关的重要史迹、实物、代表性建筑（原生性的物质遗产）；三是反映革命历史和革命文化的具有代表性的红色标语、文献资料、手稿、图书资料、视听资料等（以原生性的非物质遗产为主）；四是其他反映革命历史和文化的重要史迹、资料、纪念设施等（原生和次生、不可移动和可移动、物质和非物质均有）。

二、保护革命文物为了什么

1. 保护革命文物的意义

保护革命文物的意义为：①给革命者一种礼遇和尊敬，我们不能忘记他们的功勋；②给理想和信仰的一种礼赞，对历史要有敬畏心；③给历史一种客观真实对待，还历史一个真面貌；④给后人一种崇高理想激励，认知历史的价值。

2. 保护革命文物的目的

保护革命文物的目的在于弘扬革命文化、传承红色基因、赓续红色血脉、育践核

* 本文是 2022 年 6 月 30 日由中国文物交流中心在抚州市举办的“全国革命文物管理保护培训班”授课稿。

心价值、保持红色江山不变。

三、弘扬革命文化、传承红色基因、赓续红色血脉应做什么

1. 保护管理好革命文物

（1）形成制度。实行革命文物名录保护制度，建立保护管理责任人制度，落实革命文物安全直接责任人公告公示制度。

（2）建立机制。构建分级保护、原址保护、片区保护、整体保护相结合的保护管理机制，建立跨区域协作共建机制；强调革命文物与教育、旅游的结合和融合，通过理论研究、免费开放、宣传传播等拓宽传承运用的途径与方式，建立红色基因传承长效机制，运用革命文物资政育人、凝聚力量、推动发展。

（3）构建体系。革命文物普查调研、登记注册、确定保护等级、修缮与维护、研究与管理、宣传与利用。

（4）强调结合。博物馆、纪念馆、图书馆、档案馆、党史馆等国有文物收藏单位：坚持全面保护与重点保护相结合；统筹推进抢救性与预防性保护、文物本体与周边环境保护、单点与集群保护相结合；确保革命文物的历史真实性、风貌完整性和文化延续性。此外，保护管理好革命文物也要遵守两大规矩，即列入名录的革命文物实行分级保护；不可移动革命文物应当实施原址保护。

2. 传承运用好革命文物

做好以革命文物为载体的红色资源传承运用工作。首先传承运用要适当：要坚持价值引领；突出社会效益；注重精神传承；强化资政育人；凝聚力量；实现推动发展。其次做好传承运用工作。

（1）成立研究机构开展革命精神理论研究。开展中国共产党人革命精神谱系梳理与研究，挖掘革命文物的思想内涵、精神内核和时代价值，提升革命文化影响力。2022 年 3 月 15 日，由中宣部指导，江西省委宣传部联合中央党史和文献研究院第七研究部、人民日报社理论部、求是杂志社文化编辑部、中国人民大学中共党史党建研究院、中国井冈山干部学院教学科研部、江西省社会科学院共同建设的全国红色基因传承研究中心，在北京中国共产党历史展览馆揭牌成立。该中心的成立是江西省委、省政府贯彻落实党的十九届六中全会精神和习近平总书记视察江西重要讲话精神的生动实践，是江西建设全国红色基因传承示范区、推动党史学习教育常态长效的有力举措。秉持“资源共享、优势互补、协同创新、合作共赢”原则，聚焦学习宣传贯彻习近平新时代中国特色社会主义思想、传承红色基因主题，该中心确定的任务是：着力加强课题研究，推出一批重大研究成果；着力加强成果转化，发挥红色基因资政育人功能；着力加强交流合作，打造高端学术交流平台；着力加强人

才培养，锻造一支骨干研究队伍；着力加强数字赋能，建设红色资源大数据库；着力加强自身建设，实现健康有序发展。努力建设成为中国共产党人精神谱系研究高地、海内外红色文化学术交流重要平台、红色文化资源开发利用高端智库、红色资源共建共享数据中心。

（2）革命博物馆、红色文化园等实行免费开放。

（3）革命博物馆等革命文物场所开展主题活动。根据自身特点、条件，围绕革命、建设、改革各个历史时期的重大事件、重大节点，开展具有教育意义的系列主题活动，发挥革命文物的公共文化服务和社会教育作用。

（4）革命文物场所举办革命文物陈列展览活动。举办主题突出、导向鲜明、内涵丰富、形式新颖的革命文物陈列展览。展览内容和解说词，应征求宣传、文物、党史研究、地方志部门和单位的意见。

（5）建设各种教育基地，形成共建共享共护机制。依托革命文物，建设富有特色的革命传统教育、爱国主义教育、青少年思想道德教育、全民国防教育基地，建立革命文物场所与学校、国家机关、企业事业单位、驻地部队、城乡社区的共建共享共护机制。

（6）开展“红培+研学+旅游+创意开发”等活动。运用革命文物开展红色教育培训、红色研学实践、红色旅游、文化创意产品开发等活动，拓展革命文物运用途径，促进革命老区振兴发展。各级干部教育培训机构和红色教育培训机构在革命文化和革命精神教育课程中，应当运用革命文物开展学习培训、现场教学和志愿服务。

（7）开展“党史学习+主题党日+党课”等活动。国家机关、企事业单位和社会组织，运用革命文物，开展党史学习教育、革命传统教育、爱国主义教育等活动。鼓励各级党组织在革命文物场所，组织召开党员大会、支委会、党小组会以及上党课，开展主题党日等活动。

（8）组织学生开展政治思想教育和研学活动。政府教育主管部门和文物主管部门，应当健全馆校合作机制，推动革命文物资源融入思想政治工作，设计符合青少年认知特点的教育活动，定期组织学生到革命文物场所开展研学活动。

（9）组织创作红色文艺作品和出版物与影视作品。宣传、文化和旅游、广播电视、电影、新闻出版等部门应当组织以革命文物为题材的优秀文学艺术作品、旅游公益广告、广播电影电视节目、出版物等的创作生产和宣传推广。

（10）开展红色旅游活动，打造红色旅游品牌。政府文化和旅游主管部门，应当指导和支持旅游企业开发、推广具有革命文化特色的旅游线路、旅游产品和旅游服务；鼓励和支持旅游企业、旅游景区（点）依托革命文物资源，与当地其他文物古迹、自然景观和非物质文化遗产等资源有效整合，打造红色旅游品牌和红色旅游线路。主要运用革命文物资源进行旅游开发，旅游景区（点）经营性收入应当优先用于革命文物的保护修缮和展示运用。以中国红色旅游博览会、中国红色旅游推广联盟等平台为依托，加强红色旅游交流合作，推动省际间革命文物保护运用协同发展。

（11）让革命文物资源与精神文化实现“五进”，即进社区、进机关、进学校、进厂矿、进军营，最后实现进头脑。

（12）将革命文物保护运用纳入精神文明创建考核体系。各级精神文明建设指导机构应将革命文物保护运用工作纳入社会主义精神文明建设的重要内容；检察机关依法在革命文物保护工作中，开展公益诉讼。

四、革命文物与红色旅游融合发展怎么办

1. 融合指导思想

以革命文物为载体和依托，以红色基因传承为引领，以旅游供给侧结构性改革为主线，以拓展红色培训、红色研学、红色体验等优质旅游产品为抓手，以大品牌—精产品、大市场—全营销、大景区—美环境的思路，大手笔策划红色旅游产品、高水平规划红色旅游产业、优质量创新红色旅游产能，促进红色旅游产业转型升级和跨越发展，做大做活、做强做优红色旅游，把红色资源利用好、把红色传统发扬好、把红色基因传承好，实现红色旅游的教育教化和资政育人的目的。

2. 融合发展原则

融合发展原则如下：社会效益为先原则；提质转型为重原则；“文物+旅游”为体原则；共建同享为主原则。

3. 融合目标定位

（1）总体目标。遵照习近平总书记加快革命老区高质量发展指示精神，依托革命文物核心资源和公布的经典景区，优化精品线路，紧扣传承红色基因核心载体，弘扬中国共产党人革命精神，做强红色旅游品牌，以更高标准打造全国旅游“红色样板”，将各地革命文物富集地区建设成为全国红色旅游发展典范地、中国最具吸引力的红色旅游目的地、中国红色革命精神的示范传承地，助力全面实现革命老区脱贫攻坚目标，实现人民对美好生活的向往。

（2）具体目标。

1）社会效益目标。推动上海、韶山、安源、南昌、广州、百色、井冈山、瑞金、遵义、延安、西柏坡等地建设“革命文物+红色旅游融合发展示范区”，充分发挥龙头带动和强力辐射作用；在井冈山、延安等地取得红色旅游教育培训实际成效的基础上，统筹建立全国红色教育培训联盟，合力打造“红培教育品牌”，将革命文物富集地建设成为红色研学旅游的首选目的地、弘扬先进文化与开展爱国主义教育的必选基地、传播红色文化与社会主义核心价值观的优选旅游目的地；进一步拓展红色旅游脱贫致富功能，实现革命老区人民在脱贫致富路上“一个都不能少”的社会效益目标。

2）产业发展目标。形成集红色遗址参观、红色历史考察、红色精神教育、红色文化研学、红色作风体验、红色氛围康养等于一体的完整的红色旅游产业链。新增以红色旅游为主要功能的 AAAAA 级景区，建成要素齐全的红色旅游基地，建成在国内外具有影响力的红色旅游精品线路，推动红色旅游产业成为全域旅游发展的支撑性产业。

3）经济发展目标。到 2025 年，全国红色旅游产品更加丰富多样，红色旅游服务质量进一步优化提升，红色旅游市场全面繁荣活跃，全国红色旅游主要经济指标大幅跨越。红色旅游发展速度年均增长 12%以上，实现红色旅游大规模、优内涵、高质量发展。

4. 融合战略部署

一是实施开放升级战略，打造国际化红色旅游目的地；二是实施红色旅游首位度战略，打造中国最美革命老区；三是实施红色资源空间整合战略，促进红色旅游协同发展；四是实施提质增效战略，推动红色旅游高质量发展。

5. 正确认识红色旅游与革命文物的关系

红色旅游发展中革命文物遗迹是最为重要的载体，同时革命文物遗迹可以通过旅游收入得到更好的保护；革命文物遗迹价值较大程度上是通过旅游体现的，但是红色旅游过度开发会对革命文物遗迹产生负面影响。

6. 革命文物与红色旅游融合发展方略

（1）树立“红色主体+多彩并举”的发展新理念。第一，对于拥有优美自然景观的地区，实施“红色”与“绿色”融合发展，打造“红绿相间”型景区。第二，对于城市红色景区，要融入现代元素、时尚因子。将这些因素融入红色旅游产品建设中，打造与红色文化内涵相配的城市景观、VR 体验馆、现代雕塑等，为红色旅游增加吸引力。第三，对于农村革命老区，要突出“土”色元素，打造具有“乡土风情”的红色旅游区。一方面可以最大限度还原历史事件发生地的原生场景，回归那个“年代”，着乡土装，造乡土风；另一方面在建设纪念馆、博物馆基础上，以实景还原方式展示历史人物活动和事件，打造具有历史感的展览区。

（2）构建红色旅游发展新格局。第一，定位格局，要多维融合发展。各红色旅游目的地要有各自的定位与分工，形成特色旅游目的地。第二，城市格局，要让洼地崛起。现在的格局是城市、山地城市、依山城市的红色旅游发展相对较强，但以乡村红色旅游为依托的老区城市发展相对较弱，是一个洼地，所以在红色旅游新格局中，必须促进洼地崛起。第三，内部格局，要优化业态结构。红色旅游自身内部结构要有调整，即要建设活态、动态、生活态、体验态的红色旅游项目，大力发展红色培训业、演艺业、影视业、文创业、规划业等。

（3）大力发展动态和融合类红色旅游新产品。推动旅游供给侧改革，加快红色旅游多元化。第一，将红色场景与绿色生态相结合，开发红色自驾之旅、红色徒步之旅等产品，发挥红色旅游寓教于游、寓教于体验的业态优势。第二，将红色资源与研学旅游相结合，把红色景区建设成一流的爱国主义教育基地、国防教育基地和青少年研学旅游基地。将红色历史和军事设施相结合，建立军事文化体验场，打造动态的体验式、参与式的强势项目。第三，将红色旅游与文化产业相结合，扶持文化企业，打造红色旅游类影片、话剧、小说等有利于传播的载体。第四，将红色旅游业与教育培训业相结合，开办“红军生活体验学校”，在暑假、寒假招生，从小学到大学再到成人教育学生，都可在学校接受不同程度的红色历史、文化、精神及革命史诗等相关知识的教育，并模拟军队管理模式，进行相关素质拓展，全方位体验红军生活。第五，将红色旅游与互联网相结合，开发“旅游+互联网”全新发展模式，打造智慧景区，可以利用微信，开展网上订票、在线讲解、智能停车、酒店预订等服务，打造网上“一条龙”式服务。

（4）建设要素完善的复合型红色旅游新景区。结合新旧“六要素”进行相关配套建设，增强红色景区的复合旅游功能。第一，完善景区商务接待功能。在红色景区中，打造具有会展接待、商务接待能力的酒店，并积极承办国内旅游业重要会议，以此吸引大型公司、团体前来旅游。第二，适度设置养生功能。对绿色资源丰富、古色底蕴深厚的红色旅游区，适当开发养老地产、养生乐园，实现景区养生功能的突破。第三，完善红色景区教育功能。吸引研学旅游，在红色景区建立“学堂”、“武堂”等教育机构，完善教育设施，聘请历史学、中共党史方面的专家定期开讲，提升红色景区教育功能。第四，增加景区休闲度假功能。对于乡村旅游资源丰富的景区，要在红色景区中点缀乡村休闲类产品，为游客游览红色景区提供新的选择。第五，增加景区情感类旅游要素。在有条件的红色景区打造具有时代感的婚纱基地，拍摄红军主题元素的结婚照，举办“红军简朴婚礼”等活动。第六，增加探索性旅游要素。开发红色探险之旅、红色徒步之旅、模拟战争等活动，为红色景区，在“游”的基础上增加趣味因素。

（5）激活民间资本投入红色旅游项目建设。激活民间资本投资的积极性和创造性，是进行红色旅游资源开发的引领性工程。政府在继续进行红色景区的基础设施、游览体系、展览陈列和文物保护等“硬”投资的前提下，改革管理运行与经营服务机制，做到能够吸纳民间资本进行节庆举办、体验活动打造、线路设计与推广、演艺项目演出、融媒体旅游产品的二次创作等“软”投资，开发旅游项目，实现资源共用、风险共担、利益共享。还可以采取措施，激活民间投资：第一，开发“旅游+金融+互联网”金融产品。激活互联网金融平台，吸纳红色旅游投资。第二，增加政策支持性融资项目。利用国家鼓励政策，进行政策支持性的信贷融资，吸纳包括旅游国债项目、扶贫基金、各级旅游产业结构调整基金等。第三，扶持银行研发专门的金融工具。研发对旅游资源开发进行贷款的金融工具，解决红色资源难以进行价值评估和难以作为贷款抵押物的问题，为红色旅游争取银行贷款。第四，试点红色旅游 PPP 模式。红色旅游景区开发具有公益性和商业性的双重属性，具有运行 PPP 模式的先天优势，可在红色资源基础良好的地区先行试点 PPP 模式，引进社会资金，参与开发建设，解决政府资金不足问题。

（6）转向以手机为主要载体的智慧营销新方式。在新媒体、融媒体快速发展的时代，搭上智慧营销的快车，是红色旅游发展的新契机。第一，打造为红色旅游服务的APP，满足年轻消费者的需求，APP 中提供红色旅游门票与酒店预订、线路定制、交通指导、美食推荐等一系列服务，同时开设攻略论坛，征集红色旅游攻略、红色旅游景区评价、经典红色旅游线路推介等内容，并在 APP 中开通投诉热线和服务质量评价，汲取游客意见。第二，与旅游 APP 合作开展宣传推广。与携程、去哪儿、途牛、马蜂窝等主要旅游 APP 合作，在重大节庆活动和纪念日开设红色旅游专栏，开展“红游全国”、“携程伴您红游”等活动，借助其遍布全国的网络营销渠道，通过优惠的价格和优质的服务，引发红色旅游热潮。第三，构建红色旅游直播平台。借助斗牛、映客等直播平台，开设红色旅游直播节目，邀请专家学者、名人明星、旅游达人、文化大咖等知名人士进行红色旅行直播，借助名人效应，分享红色旅游的真人真事，并在直播中征集红色旅游讲解员，鼓励了解、热爱红色旅游的朋友在直播平台进行互动，同时有奖征集与红色旅游有关的微电影作品。第四，在社交平台建立红色旅游宣传账号。借助社交类网络平台，如微信、微博、陌陌等具有影响力的网络社交平台，建立红旅账号，推送红色旅游资讯，策划有影响力的主题活动，在微信、微博中举行红色旅游摄影大赛、“票选你最爱的红色旅游景区”等活动，吸引游客参与。

（7）拓宽红色旅游多维资源整合利用新模式。第一，以影视传媒为依托的红色文化资源整合模式。通过把红色文化资源整理开发为电影、电视剧、宣传片、广告片、文学作品、短视频等影视传媒作品，使红色资源得以利用、红色精神得以弘扬、红色基因得以传承。第二，以组合经典景区为依托的产品整合模式。针对红色资源处于相对劣势的地区，采取打包组合模式，如推出“红色旅游畅游卡”，可凭此卡畅游该地红色旅游景区，辅之以低于市场价的优惠价格，实现红色景区的打包“售卖”。第三，以节庆盛会为依托的形象整合传播模式。可以革命领袖诞辰日、中国革命重大历史事件发生日，举办大型纪念活动，召开红色旅游盛会，借节庆之东风，树立红色旅游形象。第四，推动红色旅游与公共文化服务有机结合模式。在红色景区，由文化部门负责指导组织革命历史题材文艺创作、演出活动和群众性文化活动；教育部门组织大中小学生开展研学旅游活动，进行革命传统和爱国主义教育。

7. 打造红色旅游“升级再造”版举措

可以说，我国的旅游景点主要依赖门票来获取收入，故可称之为门票经济发展模式。现在，很多红色旅游景点，因为是纪念馆、博物馆、纪念园，是爱国主义教育基地，是革命传统教育基地，是公益文化事业的组成部分，基本上处于免费开放的状态，那种依赖门票收入来经营和发展的做法已经不合时宜，出现非门票经济发展模式。但在“非门票经济”下，红色旅游景区、红色旅游目的地游客会有较大的增长，在发挥红色旅游的革命精神教育、红色文化弘扬方面取得良好的社会效益，这是好事。但旅游景区、旅游目的地如何抓住游客不断增长的机会，提高经济效益，为可持续发展积累资金，为发展当地经济、改善社区环境、增加居民收入做出贡献，必须要用新的思维、新的视野、新的方法，拓展红色旅游的经济效益，真正实现红色旅游的综合效益。

（1）坚持无景点旅游的发展方向。无景点旅游其实就是全域旅游。红色革命旧址那么多，山水这么好，乡土风情这么丰富，是一个全域旅游绝佳的实践地、示范区、体验场。要做到处处都是景点，就要把城市街道和建筑风貌，特色村镇和乡土建筑，田园景观和山水风光，乡土风情和农家生活等打造成为旅游吸引物。

（2）确定时间就是市场的经营理念。通过完善旅游要素和延伸产业链，变静态观光游为深度体验游、动态参与游，做到让游程慢下来、体验深起来、时间长起来、游客住下来、消费多起来、效益大起来。

（3）形成红色旅游资源利用的再造版。

1）建立“超市型”的红色旅游景点。在红色旅游景区非门票经济状态下，建立“超市型”红色旅游景点，游客进入革命旧址旧居群后，让其自由参观或者在导游带领下游览，除了基本的文物陈列和展品需要严格保护和不可移动，其余按原样摆放的复制品、复印品，任由游客观摩和选购，所购物品到景点门口处结账。例如，沙洲坝的房子多且空，可以把20世纪30年代的报纸、马灯、斗笠、草鞋、服装等物品复制在每个房间里，游客看到后，或者发现自己生日当天的报刊，或者是自己儿时的喜好物，会产生兴趣，在游览中就购物了，这就是“超市型”的红色旅游景点。

2）创建历史感的旅游活动场所。例如，安置会议照雕塑，在群雕人物身边留位置，以便游客拍照留念。

3）创立时空性的红色旅游场景。在广场进行红军列队表演和升旗仪式，供游客观摩和合影。

（4）做好红色旅游创意产品和项目——以江西瑞金为例。资源有限，创意无限。为丰富瑞金旅游产品，可建设瑞金红色旅游十大创意产品和项目：第一，开发“红国春秋”常年表演性大型红色歌舞晚会或大型“浴血瑞京”演艺节目；第二，创建“红井水”茶馆和开发“红井水”牌泉饮料；第三，开发一个“红色中华”大型主题园景区；第四，建设以苏区生活为主题的“夏令营”拓展基地；第五，编写365份图文“苏区日志”，建立苏区日志碑；第六，开展聘请“一百万铁的中央苏区荣誉公民”活动，给予其本人和家属来瑞金旅游的优惠待遇；第七，开发以苏区文物为实物蓝本的“中央苏区纪念品”，包括复制苏区货币、股票、债券、报刊、书籍、布告等，作为纪念品出售；第八，开发“中华苏维埃共和国红都社会风情一条街”，做好瑞金城市30年代苏维埃历史街区，恢复苏区街景和饭店店铺，形成简朴休闲消费方式；第九，建立一处以瑞金客家乡土风格为蓝本的“红军村”，有哨兵、号兵、通讯员、伙夫等人物在劳动和工作，红军操练、写标语等活动场景。

8. 向文物、环境、时间要效益

（1）向“文物”要效益。这里的向文物要效益不是去卖文物，而是充分发挥附着在文物中的潜在价值，发掘文物的连锁效益。一些文物其实就是当时一般的生产生活用品，但其本身具有的乡土性、时代性和人们所具备的怀旧心理、好奇感，使它们具有了一定的文化性、纪念性、装饰性，我们可以把它们稍加艺术化处理，制成各种各样的怀旧装饰品，像马灯、斗笠、蓑衣、草鞋、纸伞，甚至枪支等。

（2）向环境要效益。环境也是景点：历史建筑就是旅游资源，优美环境就是旅游景点，城市和乡村形象就是营销广告，文化氛围、风情生活就是产品，神秘色彩、神奇故事就是吸引力，向往性的情感就是旅游驱动力。这些都是一个地方的生活环境的组成部分，说环境也是景点，其实就是向城市和乡村要景点。要求我们保护好每一栋历史建筑，并让现代建筑更有思想、更有文化、更有品位，即让城市处处是景点，最终实现无景点旅游的方式。

（3）向时间要效益。对于红色旅游景区或红色旅游目的地，还可以向时间要效益，就是要让游程慢下来，体验深起来，时间长起来，游客住下来，消费多起来，效益大起来。

红色旅游发展过程中的几个关键问题*

红色旅游是20世纪90年代兴起的一种专项特色旅游产品和文化产品。1998年，江西在全国率先提出了响亮的红色旅游促销口号——“红色摇篮，绿色家园”。将红色旅游打造成具有江西优势的旅游品牌并推向全国。2004年12月，《2004—2010年全国红色旅游规划纲要》的出台，预示红色旅游成为国家旅游业发展的重要战略，促进了全国红色旅游产业的快速发展。《2011—2015年全国红色旅游发展规划纲要》的出台，使红色旅游走上了可持续发展的道路。2014年2月20日，全国红色旅游工作协调小组第十二次会议指出，全国红色旅游工作要认真贯彻落实习近平总书记的重要讲话精神，推动红色旅游科学发展、健康发展。

红色旅游作为一种新业态，正处于爬坡过坎的紧要关口，并进入发展关键期、矛盾凸显期。新常态下，要开创红色旅游产业发展新局面，必须面对新情况、新问题、新滞障，寻找新突破，获得新发展。即在“十一年”总结和“十三五”谋划中，进一步拓宽视野看发展历程、看未来趋向，准确把握“新常态”下红色旅游发展新机遇、新要求、新态势。

党的十八大以来，习近平总书记多次深入革命老区，视察红色旅游景区（红色纪念设施），出席重大革命历史纪念活动，发表了一系列重要讲话，深刻阐明了在实现中华民族复兴的伟大“中国梦”的历史背景下，如何把红色资源利用好、红色传统发扬好、红色基因继承好等一系列重要理论和现实问题，为红色旅游发展指明了方向。要以习近平总书记系列重要讲话精神为科学武器分析和研究问题。

红色旅游有其特殊性，景区主管部门多，问题也错综复杂，政治、文化、经济、社会领域的问题相互纠结。要善于抓住影响和制约红色旅游持续健康发展的“关键性”问题。要对照广大游客享受“满意旅游”的新期待，抓紧解决影响和制约红色旅游发展的突出问题，更好地让人民群众共享红色旅游发展成果。

---

* 本文是2010年度国家社会科学基金项目“红色旅游发展若干重要问题研究”终期成果的摘要版本。主要内容曾以题为《发展红色旅游的几个关键问题》发表在《中国社会科学报》2016年7月28日第8版。作者黄细嘉、许庆勇，完成于2017年。

一、正确认识红色旅游活动本质特征

红色旅游作为旅游的一种形式，具有旅游的一般特征；作为文化旅游的一个重要分支，具有文化旅游的基本特征。红色旅游资源形成于特殊的革命历史时期，表现为以中国共产党为代表的先进中国人物群体，带领全国各族人民，在为民族解放、国家独立、社会进步而进行的艰苦卓绝革命斗争中，积累和遗留的革命历史、革命遗迹、革命旧址及其所承载的革命精神、革命文化，是继承优秀传统、传承先进文化、进行理想教育的优质资源。依托这些资源开展的红色旅游活动具有鲜明的资源公共性、创意时空感、参与体验型、育人启智性、利益外部化等特征。

二、准确把握红色旅游产业发展新常态

红色旅游产业是红色文化资源经过创意策划、组合包装、开发建设、经营管理、市场营销等，以旅游产品经营的形式，让经营者、管理者、服务者、消费者感知、体验、参与的旅游经济活动，形成具有多维关系的旅游经济结构，是具有中国特色的一种新型文化旅游产业。在新常态下，红色旅游产业的发展要有新思路，实现红色旅游与旅游观光、文化产业、商业活动的深度合作及融合发展。红色旅游发展呈现新常态：旅游市场蓬勃增长、持续增长的新常态，消费需求的跟风型、排浪式消费与专项化、分层化消费并行的新常态，旅游产品需求多样化、多元化的新常态，旅游业态创新、产业融合的新常态，旅游产业政府推进形成热点、企业跟进形成热潮、需求增长形成热流的新常态，利好政策助力、转型升级发力的新常态。

三、明确红色旅游准公共产品的性质定位

从红色旅游依托的革命历史遗迹和纪念设施来看，表现出明显的公益性；从红色旅游产品的价值功能、交易方式来看，具有有限的非排他性和不充分的非竞争性，是典型的准公共产品；从红色旅游接待设施投入财政性、客源主体团队性、产品主题政治性、游览内容教育性等特征来看，说明红色旅游必须是政府主导的，必然赋予其公共性；从政府对红色旅游功能定位来看，政治、经济、文化三大功能中，首要的是政

治功能，也决定红色旅游的公共性。总之，红色旅游产品特质和红色旅游经济运行规律，决定红色旅游是一种典型的介于公共产品和私人物品之间的一种准公共产品。作为准公共产品，政府必须强化政策引导、加大财政支持，通过提供财政拨款、专项基金、税费优惠、风险贷款、融资支持等，大力促进红色旅游的发展。考察红色旅游发展历程，政府在基础设施建设、主题形象宣传、市场推广、教育功能设计、管理创新、服务改进、门票降低与减免、内涵提升与设施改造等方面，实施政策扶持、资金投入、人员配备等主导性促进措施，以优化红色旅游产品内容，改善红色旅游产业结构，完善红色旅游接待功能，更好地服务于大众旅游者，其作用重要而显著。

四、拓展红色旅游与文化创意产业融合发展方式

文化创意既是提升旅游产品和服务内涵的一项创新工作，又是帮助旅游业进行市场拓展和吸引游客的重要传播媒介。红色文化所包含的革命精神和优良传统，无疑是人类社会发展需要传承的正能量。以红色文化为内容创作的艺术作品相当大一部分具有强烈的震撼力和高超的艺术品位，脍炙人口、深入人心，已经成为人们精神生活的重要组成部分。依托红色文化遗产资源开展的红色旅游活动，具有传承优秀历史文化的天然功能。红色旅游产业与文化创意产业在修学育人、资政励人、教化娱人等方面具有相容性。红色旅游产业的发展为文化创意产业提供新平台和发展空间，文化创意产业的发展进一步丰富了红色旅游产业的文化内涵，提高了红色旅游产业寓教于乐的魅力和可持续发展能力。用文化创意设计创新旅游产品和服务，提升红色旅游质量，必须大力拓展红色旅游与文化创意产业融合发展方式，适量制作《井冈山》、《延安保卫战》等实景演出项目，适度推出红歌会等红色演艺节目，适当开展“当一天红军”、“做一天八路军”、“过一天苏区生活”、“住一天根据地旅店”、“参加一次红军行军”等红色文化体验活动，适宜创设红色运动会等团队训练项目，适时推出重大历史纪念年份的红色影视作品等。

五、建立景区—社区互动的红色旅游可持续发展基模

红色旅游景区可持续发展有其自身要求，这是由红色旅游景区特殊的资源、环境、社会因素以及其特殊的运行规律决定的。应用系统动力学基模分析方法，游客增长上限基模表明，免门票政策一方面会导致红色景区游客数量的短期快速膨胀，另一方面会导致景区收入增长乏力进而导致接待能力短缺，这对矛盾最终不利于红色旅游的可

持续发展。饮鸩止渴基模则指出地方政府或景区迫于发展资金不足的压力，会采用一些短视的行为，虽然短期内有利于缓解景区发展资金短缺问题，但其长期效应则是削弱了景区的可持续发展能力，无异于饮鸩止渴。景区—社区互动基模刻画了红色旅游发展对社区居民的影响，以及社区参与对红色旅游的影响途径，揭示了社区参与旅游形成景区—社区共赢的系统反馈过程。所以，社区参与模式是红色旅游景区可持续发展的必然选择。模型中建立在社区参与基础上的红色旅游可以改善当地基础设施条件、给本地居民带来接触新知和增加收入的机会，这些都是对社区发展的积极影响。当然，红色旅游也会给社区带来不利的影响，如导致社区的拥挤、生态环境恶化等，这些会降低社区对红色旅游发展的评价。同时，社区参与红色旅游的住、行、食、购、游、娱、玩、疗、学、体、养、悟的各个环节，有利于提升景区的接待能力和增加游客的多重体验，从而提高游客满意度，促进红色旅游的健康发展。由于社区参与可以促进旅游业发展，展现了社区对旅游业发展的工具价值。由于社区的作用被释放了出来，实现了社区的自我价值。需要注意的是，社区参与除了与社区居民对红色旅游发展评价相关联，还与景区运营模式对社区的关注相联系。红色旅游可持续发展的景区—社区互动基模表明，从规划阶段开始，红色旅游景区的经营管理者就应该对社区发展和本地居民的利益予以高度关注，并积极引导社区居民参与红色旅游。这一点为我国红色旅游景区发展的成果与经验所证明。

六、提高非门票经济下红色旅游产业综合效益

作为提供准公共产品的红色旅游产业，盈利不是其主要更不是惟一目的，免费或低门票价格成为红色旅游产品的一大特性。2008 年 1 月，中宣部、财政部、文化部、国家文物局四部委联合下发的《关于全国博物馆、纪念馆免费开放的通知》明确规定，自 2008 年 3 月 26 日起，在全国各级公共博物馆、纪念馆和爱国主义教育基地先行试点的基础上，正式面向社会全部免费开放，确立了爱国主义教育基地类和博物馆、纪念馆类红色旅游景点免费开放的制度。全国已有 1870 多家文化文物部门归口管理的公共博物馆、纪念馆以及全国爱国主义教育示范基地等向社会免费开放，这些免费开放的地方大多是红色旅游景区。免费开放的结果是游客量急剧增长，管理、维护成本增加，但门票收入减少，政府的财政拨款不足以刺激景区管理者提高经营管理水平和服务质量，使得景区发展面临动力消弭、活力有限、财力不足等问题，出现红色旅游资源过度使用乃至受到不同程度的破坏，职工收入减少导致管理激励难度加大，发展动力不足导致服务质量下降。

例如，一些景区减少讲解员配备和取消按批次安排讲解员的制度，规定只在上下午的几个时间点安排讲解员，看似很规范，其实是明显的“短斤少两”，造成游览质量

下降。一方面定时讲解导致聚集游客过多，影响效果；另一方面大部分游客因时间关系不能等待跟队听讲，在没有专业人员指导、引导、讲解下参观，大大降低了游览质量。同时，这种散客聚集式的讲解，未能提供针对性的服务。

探讨红色旅游发展新路径，推动红色旅游由遗迹旧址游览、博物馆纪念馆参观的单一模式向融瞻仰教育、参观游览、休闲体验于一体的复合模式转变。为此，通过优化产业结构完善产业链，结合优质资源整合旅游产品，拓宽融资渠道保障建设需求，以提高“非门票经济”下红色旅游产业综合效益。非门票经济下红色旅游盈利模式的构建，离不开整条产业链的合作与完善。一方面转变经营模式，实现从传统单一的观光旅游模式逐渐向集观光、度假以及休闲等于一体的新型旅游模式的转变，逐渐减少门票收入占旅游景区总收入的比例，从整体的角度来增强景区的综合盈利能力。另一方面增加弹性消费的比例，如将旅游购物、餐饮、娱乐等开发作为旅游产业链的重要组成部分。另外，通过旅游产品体系构建和新型业态旅游产品的开发，使旅游产品逐步满足市场的多样化需求，最终实现旅游综合经济收入的增加。旅游市场的多元化使得单一的红色旅游消费活动已经不能满足游客个性化、多样化的旅游需求。这就要求在非门票经济模式下，红色旅游要获得综合效益，就需要结合红色旅游资源与产品的优劣势，在差异化原则的指导下，在红色旅游产品的基础上，开发并组合进其他类型的旅游产品和景区。可以将红色旅游与绿色生态游、古村名镇游、乡村度假游、温泉疗养游、节庆会展游等多种形式的旅游有机结合起来，形成多样化的旅游产品组合。以红色旅游作为吸引物，将游客引进来，用其他形式的旅游产品将游客留下来，延长游客的停留时间，也就延长了游客在景区的消费时间，实现提高旅游综合收益。同时要实施红色旅游效益拓展的保障措施，即简化红色旅游管理体制，强化红色旅游经营监管，完善红色旅游景区门票定价机制，实现红色旅游健康、可持续发展。

七、实施红色旅游产品市场国际化开发策略

红色旅游产业是典型的政府主导型产业。中央和各级党委、政府大力提倡发展红色旅游，中央成立了全国红色旅游工作协调小组办公室，制定了两轮全国红色旅游发展纲要；在红色旅游资源丰富的省区市大都成立了红色旅游发展的促进和协调机构，也制定了各级红色旅游发展专项规划。红色旅游形象推广和市场开发也主要依托政府资源并在政府主导下展开，这源于红色旅游产品所具有的准公共产品属性。但政府主导的红色旅游产业发展战略，会造成市场季节性明显、经营灵活性不足、景区休闲性不强、服务性个性化不够、市场满意度不高等问题。因此红色旅游产业的发展还需要构建市场调节机制，如完善绩效监管机制、市场竞争机制、产品创新机制等。尤其是在国内市场趋于稳定的前提下，遵循差异定位原则，实施中国特色战略，积极拓展红

色旅游境外市场。为此，就红色旅游产业自身建设来说，要加快基础设施建设，提高接待服务水平；加大宣传营销力度，提升红色旅游形象；挖掘红色文化内涵，提升旅游产品品质；加强区域资源整合，丰富旅游产品组合。真正实现把红色旅游产品推向国际市场。

八、促进红色旅游社区居民参与向决策、管理发展

作为“富民工程”、“民生工程”的红色旅游产业，离不开当地社区（居民）的参与，这不仅有助于带动老区人民脱贫致富、实现红色旅游产业发展的初衷，也有利于调动老区人民保护红色资源和支持红色旅游产业发展的积极性，可以说两者是一种相辅相成、共生共荣的关系。但是红色旅游产业的社区参与也遇到一些瓶颈和障碍，从井冈山的案例分析可以看出，发展红色旅游，除发挥其思想教育的“政治功能”外，还要发挥其保持革命传统的文化功能，更要发挥促进革命老区脱贫致富的经济功能，现实情况是红色旅游经济功能主要体现在政府、开发商、业主3个方面。就居民来说，其经济功能具有明显的外部性特征，致使富民、惠民和民生功效不尽如人意。再加上社区参与一般均处于初级阶段，其参与路径主要是开办农家乐餐饮和住宿、售卖旅游纪念品等个体经营以及到红色旅游企业从事简单的非技能工作（如从事环卫等一线工作）。而高级阶段的社区参与涉及当地红色旅游产业发展的决策、开发、规划、管理、监督等重要环节，也就是说在这些重要环节中社区（居民）要有话语权，而不是失语；同时社区（居民）要能够到旅游管理部门（如当地旅游局、景区管理机构等权力部门和旅游协会等行业自律组织）或大型旅游企业工作或任职。显而易见，一方面是经济功能的社区外部化，另一方面是参与主要停留在初级阶段，使得社区居民普遍感觉没有得到价值实现。所以，未来工作重点是促进经济功能的社区内部化，促进社区参与进入决策、规划、管理等高级阶段。

九、构建GAMES模式的红色旅游公共管理体系

公共管理强调在政府职能有限性的前提下，着力发挥其指导作用，把公民作为公共服务对象，以最大限度提高顾客满意度作为管理目标；主张把竞争机制引入政府公共服务领域，追求政府干预下的高效率；坚持政府仍是管理主体，但也强调发挥第三部门的积极性，实现多元互动下的社会管理。红色旅游产品具有准公共产品属性，需要充分发挥政府在基础设施建设和公共服务中的作用，并提供相应的公共财政支撑。

红色旅游健康、可持续发展需要形成具有合力的公共管理体系。从全国来看，在红色旅游的公共管理过程中也逐步暴露出一些矛盾和问题。例如红色旅游公共产品和服务供给不足、管理体制还不健全、公共营销效果欠佳、规划监管力度有待加强、服务诚信危机初现端倪等。红色旅游公共管理存在管理主体单一，管理体制尚待完善，管理边界不清晰，管理方式不灵活，管理目的偏重于经济效益而忽视红色旅游的政治、文化、环境效益等问题。在红色旅游公共管理过程中，政府作用的转型是不可避免的，红色旅游的公共管理需要实现管理主体多元化、管理内容泛旅化、管理方式多样化、管理目的综合效益化。为此，必须构建一个以政府（Government）为核心主体、旅游行业协会（Association）为协调主体、新闻媒体（Media）为监督主体、旅游企业（Enterprise）为经营主体、社区公众（Social Residents）为维和主体的多主体组合的红色旅游公共管理模式，简称 GAMES 模式。这是一个主体多元、功能完备、职能明确、结构明晰的组合管理体系，其管理内容多元、管理方式多样。政府作为红色旅游公共管理的核心主体，通过既定的管理体制和创新的管理机制、常规的规划监制开展管理工作，履行管理职责，通过公共营销发挥政府管理红色旅游的职能。比如，在政府大力主导下，江西省成功举办了多届红歌会、红色旅游高峰论坛、红博会等相关红色旅游活动，并拍摄了一批红色旅游宣传片“走遍江西”等，在营销方面取得了很大成功。旅游行业协会作为红色旅游管理的协调主体，通过充当政府和企业参谋、各方利益关系协调者的角色发挥管理职能。新闻媒体作为监督主体，通过媒体宣传产生广告效应、监督产生传递正能量作用发挥管理效能。旅游企业作为经营主体，通过诚信经营服务游客、实现企业价值，创新产品满足游客新需求、实现优质服务与管理。社区居民作为维和主体，在发挥管理职能方面，就是参与红色旅游和维护红色旅游社区稳定。

伴随着红色旅游的空间拓展和规模扩张，盲目发展及低水平建设带来的问题是：红色旅游景区类型趋同化严重、红色旅游产品雷同率高；景区（景点）内部管理体制不顺带来的管理运行机制与市场脱钩；建设控制不力、保护方式不科学带来的资源原生性和生态稳定性的破坏；免门票背景下景区发展资金筹措困难；客源单一、市场波动大；等等。实现新常态下红色旅游科学发展、健康发展，只有“咬定青山不放松”，在攻克一个又一个难题中不断开拓新局面，创造新业绩，再创新辉煌。

中篇

红色旅游实践探索

论江西红色旅游资源的深度开发*

一、引言

红色旅游主要是依托由中国近现代革命运动和社会主义建设所造就的革命历史及文化资源，开展的以革命圣地观光、度假、修学和爱国主义教育等为主要内容的旅游活动。红色旅游是近年兴起的热点专项旅游产品之一，特别是2001年中国共产党建党八十周年和2002年党的十六大召开之际，全国掀起了规模宏大的红色旅游浪潮。2002年春节黄金周期间，江西瑞金市出现历史上空前的“红色旅游热”，7天共接待海内外游客4万余人。2004年1月，上海、江西、福建、广东、陕西、河北、北京7省市旅游局局长共同签署了发展红色旅游的《郑州宣言》，标志着在全国范围开始不同地区、不同市场，整体或区段地对红色旅游进行产品组合和联合促销，这必将为各地发展红色旅游带来新的契机。

二、江西红色旅游资源深度开发背景分析

江西在中国近现代革命史上有着辉煌的一页，不仅是中国共产党独立领导革命武装斗争的策源地，而且是土地革命时期全国革命的中心区域，红色旅游资源十分丰富。

（一）资源特点

1. 数量众多，种类齐全

据不完全统计，江西的革命旧址、旧居和战斗遗址多达1258处，其中全国著名的就有177处。截至2001年8月，江西共有全国重点文物保护单位24处（含95个点），其中属于红色旅游资源范畴的就有9处，占总量的37.5%，远远高于全国平均水平。

---

* 本文主要内容曾以题为《江西红色旅游资源开发中的几个问题》发表在《郑州航空工业管理学院学报》2005年第2期，作者江小蓉、黄细嘉、龚志强。收入本书时使用了发表前的原稿。

而且江西红色旅游资源类型丰富，包括革命遗址、遗迹、旧址、会址、纪念地、名人故居或旧居、名人塑像、陵墓、纪念碑、纪念塔、纪念亭、纪念台、纪念室、纪念堂（馆）、博物馆、革命标语、文告等各种类型。

2. 品位极高，保存完好

江西许多地区因在中国革命史上发生的重大历史事件而在全国乃至全世界都享有很高的知名度，如英雄城——南昌、革命摇篮——井冈山、红色故都——瑞金等，各地拥有丰富的红色旅游资源，而且大多保存完好。例如，仅在吉安市青原区渼陂古村就有“二·七”会议旧址、毛泽东旧居等具有重大历史纪念价值的建筑实体十余处。古村中各处遗留有大量红军标语，其中尚能辨认的有83条之多。

3. 分布集中，重点突出

从1927年8月1日南昌起义至1934年10月红军长征开始约7年的时间里，江西一直是土地革命时期全国革命的中心区域，保留了大量的红色旅游资源。从空间分布看，江西红色旅游资源分布广而又相对集中，突出反映并记录了土地革命时期中国共产党领导的革命活动。南昌、吉安、赣州、上饶、萍乡各地拥有的红色旅游资源不仅能构成相对独立完整的区内红色旅游线路，而且由于地缘相近、资源互补，能够跨区组合高品质红色旅游专线。

4. 与其他类型旅游资源有机联系度高，互补性强

江西是旅游资源大省，人文古迹、名山大川、江河湖泊、瀑布泉点、古树名木等数不胜数，仅对外开放的风景名胜区（点）就有400余处，被誉为“历史红，山林好”。这十分有利于江西红色旅游专项产品的开发与销售，线路组合空间广阔，旅游产品形式灵活多样，可以有效满足不同市场需求。

（二）开发现状

江西对井冈山、南昌等地的红色旅游资源开发起步较早，新中国成立之初就已开始了。20世纪80年代之前，旅游业基本属于政治接待型事业，各红色旅游地虽然频繁接待国内外游客，但经济效益并不明显。80年代后期，江西旅游业开始市场化、产业化，红色旅游资源开发进入快速发展阶段，不仅井冈山、南昌等传统红色旅游地继续发展，瑞金、吉安、上饶等地也出现众多新兴景区。进入21世纪，江西把旅游业列为国民经济重要产业来发展，继续推广“红色摇篮，绿色家园”旅游口号。这一口号实际上明确了红色旅游资源开发在全省旅游资源开发中的重要地位。近年来，依托雄厚的资源基础，江西各地红色旅游得到快速发展，旅游接待量与经济效益均呈现快速增长趋势。

1999~2001年井冈山风景名胜区旅游接待情况

年份	入境旅游者人数（人次）	比上年增长（%）	旅游外汇收入（万美元）	比上年增长（%）	国内旅游者人数（万人次）	比上年增长（%）	国内旅游收入（亿元人民币）	比上年增长（%）
1999	7138		112		62		2.80	

续表

年份	入境旅游者人数（人次）	比上年增长（%）	旅游外汇收入（万美元）	比上年增长（%）	国内旅游者人数（万人次）	比上年增长（%）	国内旅游收入（亿元人民币）	比上年增长（%）
2000	7782	9.00	93	-16.96	70	12.90	4.00	42.86
2001	9146	15.73	177	90.32	106	51.43	4.90	22.50
2002	10000	9.33	225	27.12	112	5.66	5.80	18.37
2003	11990	19.90	280	24.44	121	8.04	6.40	10.34

资料来源：根据江西旅游统计便览与吉安市旅游局提供数据整理。

江西红色旅游资源开发已经具备一定的规模，红色旅游产品渐成体系。南昌、井冈山、瑞金等地的红色旅游景区（点）在全国拥有一定的知名度。随着中国经济在21世纪初的快速健康发展，江西红色旅游将具有更为广阔的市场前景。但同时也发现与其他类型景区相比，江西红色旅游景区所拥有的高品位旅游资源往往并没有产生高效益。这反映了江西在红色旅游资源开发中仍然存在一些问题和不足。因而，有必要对江西红色旅游资源开发进行深入探讨，厘清发展思路，找准突破口，加大建设力度，这必将对江西省旅游业产生全局性的深远影响，为江西在中部地区崛起作出贡献。

三、江西红色旅游资源开发中存在的问题

1. *产品单一，市场竞争力较差*

有关研究表明，不同类型的旅游产品，其有效吸引半径是不一样的。江西红色旅游产品基本上属于第一代观光型旅游产品，主要消费群体是国内旅游者，尤其是以本省及周边省份旅游者为主，对于境外旅游者而言尚缺乏足够的吸引力。据调查，2001年国内旅游者中约有45.8%来自本省。2001年井冈山共接待境内旅游者106万人次，接待境外旅游者仅9146人次，还不到前者的1%，而且多年来一直停留在这一水平上。虽然井冈山旅游接待绝对数量增长较快，但其产生的经济效益和社会效益仍然没有达到理想程度。如2001年国内旅游者到井冈山的人均消费为462元，而游客到庐山的人均消费则达到613元。由此可以看出，江西红色旅游产品与旅游市场需求之间还存在一定矛盾。单一的观光型红色旅游产品难以对境外旅游者和国内中远程距离旅游者产生强力吸引，随着旅游者个性化、多样化需求趋势的加强，这种矛盾会更加凸显。单一的观光型红色旅游产品，由于缺乏参与性、娱乐性和新奇性，不仅对于开发中远程客源市场显得力不从心，而且已有的客源市场也会面临威胁和挑战。井冈山、瑞金、南昌等地的旅游者重游率很低也反映了单一的观光型红色旅游产品的局限性。

2. 景区各自为战，连线协作不到位

当前，江西各地旅游开发浪潮迭起，特别是在一些拥有众多红色旅游资源的边远县市以旅游促经济发展的热情十分高涨。江西以红色旅游为主题的景区（点），在南昌、吉安、赣州、萍乡、上饶等地都有分布。但各地景区红色旅游产品形态雷同，在产品组合、市场营销方面缺乏协作。旅游产品雷同、缺乏协作带来市场内部的激烈竞争，因僧多粥少而出现内耗严重的不利局面。首先，井冈山、瑞金和南昌等地红色旅游景区（点）实力较强，在全国知名度较高，对于省外客源的争夺较为激烈。其次，吉安青原区、萍乡、上饶等地一些新兴红色旅游景区（点）由于实力和知名度有限，其目标客源市场多指向省内与周边省份的大中型城市，也必然引发激烈的客源争夺战。最后，传统与新兴的红色旅游景区（点）之间也存在客源市场交叉重叠现象。以上状况如果得不到有效改善，势必影响江西旅游业整体竞争实力的提升。

3. 粗放经营，设施配套不理想

进行旅游资源开发的直接目的是推出适销对路的旅游产品。而旅游产品是一种综合型产品，它由旅游资源、旅游设施、旅游服务和旅游商品等多种要素共同构成。由于受到区位条件和经济发展水平等因素的制约，江西各地特别是一些边远革命老区在旅游基础设施、旅游服务接待设施、旅游商业设施和康体娱乐设施建设方面都较为滞后。旅游设施不健全，一方面致使旅游产品质量下降，另一方面减少了旅游者在旅游地的经济消费，旅游业经济效益不够理想，对当地经济的带动能力有限。发展旅游业应向国际水准看齐，一些旅游业发达国家和地区，仅旅游购物一项就可占旅游业总收入的40%~60%，而2001年江西国内旅游总收入中旅游购物仅占16.3%。

4. 旅游目的地形象模糊，市场影响力不够

旅游目的地形象是旅游者对某一旅游目的地的总体认识和评价，是对区域内在和外在精神价值进行提升的结果，是吸引旅游者的关键因素之一。所以，许多国家和地区都十分注重运用旅游目的地形象策略。江西各红色旅游目的地形象大多早就确立，但是旅游目的地形象策略具体实施差强人意。主要原因有二：一是各相关部门认识不统一。以南昌为例，南昌的旅游目的地形象是“英雄城”。这是对南昌最本质、最有个性特征的概括，理论上其对旅游者的影响力也是最大的。但是，南昌的城市建设、节日庆典以及新景区（点）的建设对这一形象都少有体现。南昌市不断建设新的旅游景点，如环球公园、海洋公园、洪州万佛塔公园等项目已相继建成或在建。但是2001年编制的《江西省旅游业发展总体规划》中被列为硬性项目的南昌军博城项目还没有正式启动。不能正确把握和认识南昌市的旅游目的地形象定位，那么“英雄城”的形象也就名存实亡，其实际影响力就很有限了，这对于当地旅游业发展极为不利。这种现象在江西其他红色旅游地也不同程度存在。二是形象宣传促销投入不足。多数景区对形象宣传的重要性认识不够，投入资金少，宣传手段较为单一。一些大景区虽然已开始利用因特网等新型媒体进行宣传，但网页制作老套、内容更新速度慢等问题较为明显。

5. 旅游人才缺乏，发展后劲有待提振

在旅游资源开发利用过程中，科学技术和科学方法的运用是十分关键的。如果对资源开发利用不当，不仅投资达不到预期效益，而且可能对资源和环境造成毁灭性的破坏。因而，高素质的旅游专业人才是江西红色旅游资源深度开发建设的动力源。但是，由于红色旅游地多为革命老区，经济发展落后，工作条件较为艰苦，因而客观上存在着省外人才不愿来，本省人才留不住的尴尬局面。例如，南昌大学旅游系在全省最早开办旅游专业本科教育，已向社会输送6届共270名旅游管理专业本科毕业生，留在江西工作的共66名，但其中从事旅游工作的仅有26名，分别仅占总数的24.4%和9.6%，旅游专业人才外流十分严重。因而，专业人才缺乏是江西红色旅游资源深度开发的一大瓶颈。

四、深度开发江西红色旅游资源的对策

1. 优化旅游产品结构，完善配套设施

为消除高度单一的以观光旅游产品为主导的产品结构带来的种种弊端，必须优化江西红色旅游产品结构。总体思路是：围绕观光旅游产品挖掘红色文化主题，丰富产品内涵，改善生态环境，完善配套产品，注重参与性和娱乐性，以“软处理”为主要方式优化传统的观光型旅游产品，以“少而精”的原则开发新的旅游产品，优化旅游产品结构，逐步建立一个以观光型产品为基础，非观光型产品占有较大比重，两者相辅相成的高级化、多元化的不断推陈出新和合理分布的红色旅游产品体系。井冈山已在这方面作出了有益探索，朱砂冲漂流项目、五马朝天景区的建设以及特色“红军餐”的推出就十分成功，值得各地学习借鉴。另外，大力开发特色旅游商品、纪念品也是丰富旅游产品内涵的重要方面。这方面工作应紧扣“红色”主题和反映地方特色。井冈山原有的综合市场式的旅游购物，无论是商品本身还是旅游购物环境都无法真正体现红色内涵，难以充分激发旅游者的消费欲望，这实际造成了资源浪费。从长远看，应该调整思路进行规划设计和建设，促进井冈山旅游综合效益的提高。

完善旅游配套设施是发展旅游业的必要条件，也是提升旅游地竞争力的有效途径。这一过程中，市场是基础，但政府应发挥主导作用，主要体现在观念引导、政策指导、管理主导和资金导向等方面。相对地方经济发展水平而言，要适度超前完善红色旅游地旅游配套设施。

2. 实施区域旅游合作开发战略

区域旅游合作开发是大势所趋，我国长江三角洲、珠江三角洲和环渤海等地区都在这方面取得了先进经验。区域旅游合作是在资源的不断整合与管理环节的逐步理顺中实现的。通过资源整合，各景区在空间上融会贯通，具有统一的旅游目的地形象，

实现客源共享，以传统景区带动新兴景区，促进区域旅游一体化发展。

在江西众多红色旅游地中，井冈山、吉安青原区（东固革命根据地、第二次反“围剿”主战场）和瑞金等地进行区域旅游合作开发的基础最好。一是三地都是近现代革命活动频繁发生地区，红色旅游资源基础雄厚，与其他类型旅游资源也有较大的组合空间。二是三地发生的革命历史活动有内在延续性，这有利于树立统一的旅游目的地形象。众所周知，井冈山革命斗争后期，毛泽东等老一辈无产阶级革命家将革命活动拓展到山下吉安等地，“二·七”会议、第二次反“围剿”等重大历史事件就发生在吉安市青原区境内。第二次反“围剿”胜利后，江西的革命活动空前高涨，依托江西的革命根据地，最终形成了地跨江西、福建两省的中央革命根据地，并成立了中华苏维埃临时中央政府，瑞金即是临时中央政府所在地。这段连续的革命历史背景，使旅游者易于将三地知觉为一个整体。三是三地地缘相近，空间距离都在200公里以内，这有利于区域旅游线路的组合。四是三地的旅游开发呈现鲜明的层次性。井冈山处于旅游开发的深化期，瑞金处于旅游开发的成长期，而吉安青原区处于旅游开发的启动期。这种旅游开发的层次性有利于三地形成以井冈山为龙头带动瑞金和吉安青原区共同发展的良性互动局面。

从上述分析可以看出，井冈山、吉安青原区和瑞金三地进行区域旅游合作开发的基础十分坚实。江西应当充分利用有利条件，积极探索区域旅游开发合作的具体模式，避免出现各自为政的局面和付出高成本代价，从而率先在全国树立红色旅游地新形象，打造优质红色旅游品牌。

3. 统一红色旅游目的地形象，加大形象促销投入

树立良好的旅游目的地形象对于旅游业发展具有强大的推动力。江西著名红色旅游地具备一个共同特征，即在中国近现代革命史上具有首创性。例如，安源——中国工人运动的策源地；南昌——向国民党反动派打响第一枪的英雄城；井冈山——第一个农村革命根据地；瑞金——中国第一个全国性红色政权诞生地等。所以，江西红色旅游整体形象确定为“红色摇篮”是准确的，各地红色旅游资源开发均应服务和服从于这个整体形象。

形象确立后，应注重其在资源开发、市场营销和产品创新中的具体运用，充分发挥旅游目的地形象的作用。一是应高度统一认识。旅游业是一项大产业，需要全社会各行各业的支持。应在全社会开展普及对旅游目的地形象认识的工作，这样有利于形成合力，加快旅游开发与建设，提高旅游业整体竞争力。例如，南昌在城市建设过程中的城市景观设计、旅游节庆活动等方面，如能够准确把握其“英雄城”的形象定位，势必给旅游者带来一种强烈的认同感。二是加大旅游目的地形象宣传促销投入。井冈山、南昌、瑞金等地在国内外具有一定知名度，但是旅游者对地理形象的认知并不完全等于对旅游目的地形象的认知。旅游目的地形象强调的是一个国家或一个地区最能吸引旅游者的特征。据调查，江西的红色旅游地在旅游者心目中的形象还是比较模糊的，有些旅游者甚至不知道井冈山在江西。因而，有必要加大形象宣传促销投入，提

升旅游者对江西红色旅游目的地形象的认知。在利用旅游手册、旅游风光片等传统手段加强宣传的同时，要十分重视网络宣传。随着因特网的普及，现代旅游市场营销缺少网络技术运用是难以取得成功的。三是应举办一些“标志性”活动。这不仅可以吸引大批旅游者，而且能有效树立、宣传旅游目的地形象。所谓“标志性”活动，就是能够集中反映并加强旅游目的地形象的活动，它特别强调地域特色，反对跟风仿效。

4. 明确各地开发主题，策划建设精品项目

用“红色摇篮”旅游目的地形象统摄江西红色旅游资源开发全局的同时，各地还要根据自身特色，明确开发主题，重点策划建设精品项目。例如，南昌是“英雄城”，是“军旗升起的地方”。“八一”是南昌的灵魂，可以“军事文化”为主题，建设知识性强、参与度高的大型军事主题公园。另外，南昌还可以依托“八一”建军节举办特色活动，打造旅游节庆品牌。虽然南昌是座千年文化古城，但在旅游开发中用“文化古城”来定位南昌，会使南昌在旅游者心目中丧失个性魅力，只有“英雄城”是独一无二的，而“文化古城”在我国却比比皆是。其他各红色旅游地的开发也应遵循这一原则，井冈山定位为“革命摇篮”，瑞金定位为“共和国摇篮”，安源定位为“中国工人运动策源地”等都是十分准确的，问题在于我们的红色旅游资源开发与项目设计应坚持围绕各地红色文化主题进行，才能使“红色摇篮”这一江西红色旅游整体形象得到鲜明确立，并产生强大的市场号召力。

5. 开发旅游人力资源，合理配置专门人才

江西红色旅游资源的深度开发不论采取什么样的手段、实施什么样的方案，归根结底都要靠人去把握，靠人去操作。因此，必须充分认识人才队伍建设对资源开发所产生的重大作用和深远影响，从人才支撑上保证江西红色旅游资源深度开发的有效推进。大力开发江西旅游人力资源的主要途径有以下三个：一是培养内部人才。旅游业不仅要合理使用人才，而且要大力造就人才。应对在岗职工进行周期性的培训或选派人员去旅游业发达地区学习先进经验，使其旅游专业素养得到逐步提高。二是引进专业人才。引进专业人才主要有两个渠道：首先是吸收旅游大专院校优秀毕业生；其次是吸收旅游业内有经营管理经验和开拓创新精神的人才。值得强调的是，引进人才的同时还要留住人才，因此要改善人才的工作待遇和工作生活环境，给他们创造广阔的发展空间。三是整合各类专门人才。旅游业是具有高度综合性特点的产业，与此相适应，旅游资源开发所涉及的领域也十分广泛。卓有成效的旅游资源开发，需要建筑、地理、园林、历史、文化、民俗、经济、旅游等各领域人才的通力合作。整合人才的基本原则是“不求所有，但求所用”，确立灵活的用人机制，有利于吸引国内外各类优秀人才服务于江西红色旅游资源深度开发工作，并使该项工作实现科学化、合理化的良性循环。

江西省红色旅游资源深度开发研究*

江西是红色旅游大省，红色旅游资源不仅数量多、类型全，而且部分地区分布较为集中；红色旅游资源的品位极高，不仅具有独特性，而且具有垄断性。本文为进一步了解江西红色旅游资源的情况，采用德尔菲法和层次分析法构建出红色旅游资源评价体系，并采用模糊综合评价法对江西整体红色旅游资源进行实证分析，得出结论：江西虽红色旅游资源丰富，但还不是真正的红色旅游强省，其红色旅游资源的核心价值和外延价值较高，但开发环境条件一般，市场有限与人才短缺严重制约了红色旅游的发展。

研究江西省红色旅游资源的深度开发，除全盘掌握和了解全省红色旅游资源的特征与状况外，还需要对其红色旅游资源价值进行综合评价。红色旅游资源价值至少由资源组合价值、体验价值和补偿价值构成，为此，本文基于层次分析法和模糊综合评判法，首先从事件分布、资源组合、感知差异、预期效用、服务价值、产权价值6个方面对江西红色旅游资源价值进行了度量；其次在此基础上进行了综合评价；再次通过构建系统动力学模型，分析了江西红色旅游资源吸引系统，对企业经营运作系统中存在的问题进行了分析并提出相关建议；最后，针对主要问题提出了江西红色旅游资源开发的融资对策。

在把握江西红色旅游资源的区域性和组合度、文化性与自然性、历史性和当代性、现实性和发展性问题的基础上，本文提出江西红色旅游资源开发的项目主题策划和市场营销主要从以下方面着手展开：一是形式与内容的和谐统一，完善江西省红色旅游理念识别系统（MIS）；二是健全江西红色旅游视觉识别系统（VIS），完善红色旅游的标志工程；三是拓展红色旅游行为识别系统（BIS），搞好资源开发项目主题策划；四是重视红色文化旅游形象传播，做好旅游市场营销策略。

红色旅游资源开发的融资问题既是旅游经济发展的重点，也是旅游经济发展的难点。江西省旅游开发融资模式主要有政府主导的财政投资、发挥企业作用的招商引资、设立旅游发展基金、通过股份制改造实现旅游公司上市、BOT融资等，各方式利弊兼而有之。

本文以井冈山为案例研究，重点分析了股份制改造上市融资模式面临的机遇与挑战，并指出影响上市公司融资模式成功的主要因素有旅游开发主体旅游股份公司的质

* 本文是2005年12月在江西省科学技术厅立项的社会发展科技计划项目“江西省红色旅游资源的深度开发”的终期成果，项目完成人甘筱青、黄细嘉、谌贻庆、程晓华、陶春峰、冯少俊、黄小军、许庆勇、李祎、陈志军、黄贵仁、宋丽娟、周青等，完成于2013年11月。

量、融资中介机构的选择、专家智力支持、资源主管部门及旅游部门的态度。还提出建立江西红色旅游产业投资基金的设想，认为可通过组建江西省红色旅游信托投资公司，设立旅游投资担保公司，发行旅游企业债券，出售红色旅游景区的无形资产，引进 BOT、BOOT 或者 BTO 等融资方式来拓宽红色旅游开发的融资渠道。

一、江西红色旅游资源价值评价及系统建模

红色旅游是旅游经济的新内容，是革命精神与现代旅游经济的结晶。发展江西省“红色旅游”，既能创造旅游经济效益，促进社会主义物质文明的发展；又能创造巨大的社会效益，促进社会主义先进文化的发展，对于推进全面建设小康社会，具有综合效益，既是一项经济工程，又是文化工程、政治工程，还是一项利党利国利民的重大发展举措。从经济效益上看，大力开发红色旅游资源有利于提升老区的区域形象，提高其他旅游景点的知名度，带动江西省区域经济的发展；有利于促进老区基础设施的建设，优化老区的产业结构，提高经济增长的质量。从社会效益上看，大力开发红色旅游资源有利于促进江西省精神文明的建设，有利于开展爱国主义、社会主义教育，有利于保护和利用革命历史文化遗产。

1. 红色旅游资源价值综合评价分析体系

红色旅游资源价值的确定具有复杂性，因为红色旅游资源开发系统是一个复杂系统，它不仅包括旅游吸引物、服务业与交通业的硬件设施这些静止的组元，还包括所有者、经营者和旅游者等具有智能的组元。这些组元紧密联系、相互影响并产生自组织作用，形成多层次、多功能的结构体系。

（1）旅游资源与开发的系统结构。2002 年，甘筱青①提出了一个旅游资源与开发系统，认为旅游资源与开发系统由旅游资源、旅游区服务业、旅游交通业和旅游客源市场四部分组成，其中旅游资源作为客体，旅游区服务业和旅游交通业作为中介体，旅游客源市场作为主体，它们之间相互联系、相互作用，又相互区别。并阐明了旅游、旅游资源和旅游资源开发等基本概念，分析了它们之间的相互联系。

甘筱青特别指出：“‘开发’一词，一般是指人们对资源及其相关方面进行综合开发的过程；而对于旅游而言，应是指在一定国土范围内，为吸引和接待旅游者而进行的旅游设施建设和旅游环境培育等综合性的社会和技术经济活动。但不少人往往把‘旅游资源开发’片面误解为是对现存的自然景观（名胜）和人文景观（古迹）本体的‘开发’，以致造成这些景观的破坏和流失。”“开发”本质上应是对相关事物价值的挖掘及对其所带来的经济效益的关注。开发的过程，也是管理过程。

① 甘筱青．旅游资源开发的系统结构［J］．南昌大学学报（人文社会科学版），2002（1）：58-60.

（2）红色旅游资源的特征。红色旅游是一种特殊的旅游形式，它以革命纪念地、纪念物以及其所承载的革命精神为载体，组织接待旅游者进行参观游览，实现革命教育和自我完善功能的旅游经济活动。红色旅游具备以下特征：

1）政治性。红色旅游以中国共产党早期革命活动为线索，尤指中国共产党诞生以后、中华人民共和国成立以前，包括红军长征时期、抗日战争时期、解放战争时期，是一项巩固党的执政地位的政治工程。在建党 85 周年前夕，保持共产党员先进性教育活动之际，全国上下掀起一番红色旅游热，更加凸显了红色旅游的政治性。

2）教育性。就目前的红色旅游研究，几乎所有的专家学者都认为红色旅游是一种进行革命传统教育的良好途径，大力提倡开发红色旅游这种寓教于乐的新型旅游形式。

3）依附性。红色旅游是建立在红色资源基础上的，“红色”是红色旅游的特点、灵魂，如果没有红色，所谓的红色旅游就失去真正意义，自然也就降低了其对客源市场的吸引力。

4）经济性。红色旅游既是一种社会活动，也是一种经济活动，在具体操作过程中应遵循旅游社会效益和经济效益二者兼顾的原则，有效地将红色旅游资源向红色旅游资本转化。

（3）红色旅游资源的价值构成。红色旅游资源价值不但与红色旅游资源有关，更与旅游客源市场有关。由于红色旅游资源不同于一般的商品，不能交换，只能体验，尤其是它能够引起人们对过去历史的深刻回忆，因此它能够激起另一个层次的旅游需求，这种需求通常与教育和自我教育相联系。

2. 红色旅游资源价值综合评价主要原则

（1）系统性原则。红色旅游资源价值综合评价是一项复杂的系统工程。红色旅游资源价值综合评价分析体系对相互联系、相互依赖、相互制约和相互作用的各种事物和过程进行系统分析，把旅游资源与开发系统按红色旅游资源价值分析体系，分成事件分布等 6 个方面。旅游消费者要完成红色旅游活动，从中获得满足，就必须从旅游动机、旅游地资源有多大的吸引力、如何抵达旅游目的地、能得到什么样的服务、获得什么感受等方面来考虑。这样就要求对红色旅游资源与开发这个复杂系统进行整体把握，对其进行动态的综合评价。

（2）科学性原则。红色旅游资源价值综合评价必须建立在科学的基础上，依据红色旅游资源与开发系统的整体性与相关性，构建全面的指标，分析其过程，使红色旅游资源配置优化、消费合理，从而更好地发挥系统的功能作用。力求客观真实地反映评价区域红色旅游资源与开发的状况，对当地旅游业的发展过程和各部门之间的协调发展起到指导作用。

（3）简明性原则。红色旅游资源是一大类综合性资源，这些资源的差异性相对较大，如何在综合评价指标中体现较为全面的系统信息，又不使指标之间相互重叠，是综合评价准确性的关键。简明性原则要求在不遗漏重要信息的基础上，尽量简化指标。

（4）可比性原则。要求该综合评价结果可以进行纵向的不同时间段的比较和横向的不同红色旅游区域间的比较，以反映可持续发展的演进轨道和红色旅游区域间的优劣因素。单个指标的测量并不能告诉我们系统是否真正超过了临界值，因而可比性就变得十分重要。

3. 红色旅游资源价值综合评价方法

红色旅游资源价值综合评价是一个多层次、多目标的评价问题，评价涉及的内容较多，评价指标受考评者知识水平、认识能力和个人偏好的直接影响，很难完全排除人为因素带来的偏差，客观上就要求分层次进行综合评价，因而红色旅游资源价值综合评价是一个多层次的模糊综合评价问题。围绕上述问题，基于层次分析法和模糊综合评判法，设定红色旅游资源价值的综合评价方法。

（1）红色旅游资源价值综合评价的指标体系。

1）指标体系的构建。红色旅游资源作为一个整体的活生生的文化单元，它的评估不同于一般的文物保护单位或建筑遗迹只注重单体的、物质性层面的评价，应该将评价范围进一步扩大到红色旅游资源整体环境的高度、扩大到红色旅游资源形成发展的历史视野中，由质到量，从历史到现状，从主观感受到客观标准等各个方面。

根据上述原则和旅游业信息披露的具体情况，建立如下评价指标体系：

红色旅游资源价值综合评价指标

红色旅游资源价值 A	资源组合价值 B1	事件分布 C1
		资源组合 C2
	体验价值 B2	感知差异 C3
		预期效用 C4
	补偿价值 B3	服务价值 C5
		产权价值 C6

本文设计的红色旅游资源价值综合评价指标体系共三层，即目标层 A、综合评价层 B（3 项指标）、因素评价层 C（6 项指标）。

2）指标权重的确定。在对所列指标通过两两比较重要程度而逐层进行判断评分时，通常采用专家的观点、公众的观点和数字比例 3 种方式相结合来确定数量。因为专家的观点具有变化性，如何识别专家也存在问题，导致专家的观点并不很客观。而公众的观点富有广泛代表性，但公众的观点容易受到大众传媒的影响，且其主观感受更可能同客观情况不一致。第三种方式则需要许多旅游区域的原始数据，用这些原始数据进行划分来确定权重。

在评价时，本体系指标权重的确定采用层次分析法（AHP 法）。故在确定第二层（综合评价层 B）3 项指标、第三层（因素评价层 C）6 项指标的权重时，可以先制定问卷的内容，然后采用德尔菲法（专家调查法）进行权重值的调查。回收答卷后，通过计算机处理进行层次单排序及层次总排序，得到各因素权重值，并经过一致性检验。

在收集影响第三层各因子的具体因素数据时，如果指标是可度量的，可采用数字比例方式，即找出该类型旅游区域指标的最大值作为评价标准值。对于定量指标，采用专家打分和公众调查相结合的办法。

（2）红色旅游资源价值综合评价的方法。

1）结果获取的方法。采用模糊综合评判的关键在于正确规定模糊评判的论域和合理构造模糊评判矩阵。评价等级论域 U 实际上是确定红色旅游资源价值的评价等级。设评价等级有 n 个，其评价等级论域 U 可表示为：$U=(u_1, u_2, \cdots, u_n)=\{1, 2, \cdots, N\}$。假设有 m 个评价因素，评价因素论域 V 表示为：$V=(v_1, v_2, \cdots, v_m)$。在规定好评价论域后，可根据评价等级论域 U 和评价因素论域 V 之间存在的模糊关系，建立模糊评价矩阵 R，即：

$$R=\begin{matrix} & \begin{matrix} 1 & 2 & \cdots & N \end{matrix} \\ \begin{matrix} v_1 \\ v_2 \\ \vdots \\ v_m \end{matrix} & \begin{bmatrix} r_{11} & r_{12} & \cdots & r_{1n} \\ r_{21} & r_{22} & \cdots & r_{2n} \\ \vdots & \vdots & \ddots & \vdots \\ r_{m1} & r_{m2} & \cdots & r_{mn} \end{bmatrix} \end{matrix}=(r_{ij})_{m\times n}$$

然后，将模糊评价矩阵与因素权值相乘，将其结果正规化处理，依最大隶属度原则，取正规化向量中最大值为评价等级。

2）评分标准。获得评价因子的权重后，进一步需获得红色旅游资源各因子的具体得分。本文采用绝对标准与相对标准进行调查研究。

①绝对标准。尽可能地回答“是”或“否”、“有”或“无”，以增强准确度和精练性。例如，红色旅游资源中房屋的质量、安全卫生及保护措施等方面的问题设计为：是否有排污、给水、煤气、供电等设施（是或否）。

②相对标准。由于评价对象受多个因素的制约影响，很多问题难免带有模糊性与主观性，因此采用模糊数学十分制计分法，设计红色旅游资源价值综合评价模糊评分调查表向有关专家、游客、一般群众进行调查。

3）修正系数。由于评估人员职业背景的不同、文化修养的差异、熟悉历史文化的程度不同等，在评估过程中具有一定差异。为了使评估结果既具有专业性，也具有公众性，需对每人的结果进行修正与调整。

4）评价模型。根据层次总排序确定的红色旅游资源价值评价指标权重 $W=(w_1, w_2, \cdots, w_n)$ 及模糊评价矩阵 R，进行如下运算：

$$B=WR=[w_1, w_2, \cdots, w_n]\begin{bmatrix} r_{11} & r_{12} & \cdots & r_{1n} \\ r_{21} & r_{22} & \cdots & r_{2n} \\ \vdots & \vdots & \ddots & \vdots \\ r_{m1} & r_{m2} & \cdots & r_{mn} \end{bmatrix}=(B_1, B_2, \cdots, B_n)$$

将 B 的结果做正规化处理，依最大隶属度原则，取正规化向量中最大值作为评价等级。

根据红色旅游资源价值评价指标体系和评价标准，分别请游客、村民及专家填写红色旅游资源综合价值模糊评分表，计各评价指标项在评价等级论 U 上的数量，经正规化处理后，为某评价指标项在各评价等级上隶属度，由此构成模糊评判矩阵 R。再根据红色旅游资源价值评价指标权重 W 及模糊评价矩阵 R 进行运算。依最大隶属度原则，取正规化向量中最大值作为评价等级。

4. 红色旅游资源价值模型

（1）事件分布的度量。事件（Event）：事件是短时发生的（Transient）一系列活动项目（Activity Program）的总和；同时，事件也是其发生时间内环境/设施（Setting）、管理（Management）和人员（People）的独特组合。

标志性事件是一种重复举办的事件，对于举办地来说，标志性事件具有传统、吸引力、形象或名声等方面的重要性。标志性事件使得举办事件的场所、社区和目的地赢得市场竞争优势。随着时间的消逝，标志性事件将与目的地融为一体。

将事件与旅游相结合就形成了事件旅游，事件旅游实际上是通过事件的营销来提升旅游资源的价值。事件旅游有两个方面的含义：一方面，事件旅游是对事件进行系统规划、开发和营销的过程，其出发点是使事件成为旅游吸引物、促进旅游业发展的动力、旅游形象塑造、提升旅游吸引物和旅游目的地地位的催化剂，事件旅游发展战略还要对新闻媒介和不良事件的管理做出规划。另一方面，事件旅游要对事件市场进行细分，包括分析和确定什么人将进行事件旅游、哪些人可能会离开家而被吸引来参与事件。

红色旅游就是属于标志性事件旅游。江西是红色旅游资源大省，被誉为“红土地”，拥有极其丰富的、品位独特超群的红色旅游资源。其独特而丰富的红色旅游资源，为发展红色旅游提供了重要的前提和奠定了坚实的基础。

红色旅游作为一种特殊节事活动，由于规模大、影响广的特点在旅游目的地的发展过程中起着更为重要的作用。其作用主要包括以下几个方面：

1）吸引游客，增强旅游目的地的吸引力。红色事件是目的地重要的吸引因素，一般以国际和国内市场为营销目标，活动期间可以吸引较大的旅游流。并且红色事件一般持续时间相对较长，因此可以增加旅游者在目的地的停留时间和旅游消费支出。

2）激活传统旅游产品，提高补充性旅游产品的利用率和目的地的可进入性。红色事件的参与者往往也会对目的地的其他旅游产品产生兴趣，从而带动了整个目的地旅游产品的销售，而旅游者的增长，必定形成对补充性旅游产品的需求。

3）宣传目的地旅游形象，增强目的地的国际知名度。红色事件是目的地塑造和宣传旅游形象的重要契机，活动的举办往往能引起世界各大媒体的关注，为目的地赢得较高的国际知名度。

4）促成区域旅游合作，拓展旅游发展空间。红色事件的举办同时也为区域内的旅游合作提供了发展空间，打造出以事件举办地为核心的区域旅游圈。

人们对红色旅游资源的开发也同样改变着红色旅游资源的价值，因为人们借助各种作用力和自身的劳动来改变系统的结构，形成旅游吸引物，并配套与完善相应的服务业和交通业，目的是使红色旅游资源价值增值。在这种有组织的开发中，其结构中的有序性会使得红色旅游资源价值发生很大的改变。同样的系统结构，同样的开发手段，开发的先后次序会使红色旅游资源价值产生不同的增值，一般来说，开发时间越早，增值越大。

（2）资源组合的度量。江西除红色旅游资源外，还有“绿色”、“蓝色”和“古色”旅游资源，并称“四色”。江西在发展旅游产业时，不能光打一张牌，要充分将“四色”进行组合，善于打组合牌，这正是事物多样性的体现。

大自然留给人类的资源组合，大致可以分成 4 种类型：一是刚性组合，像大山、洞穴等，它们随时间的推移变化很慢；二是中性组合，像树林、江河等，人们能感受到它们随时间的推移的变化；三是柔性组合，如鸟群、云海、潮水、彩虹等，它们随时间的推移变化很快；四是前三种的再组合。

正是生物多样性给人类带来了一个生动活泼的世界，生物与生物之间呈现出互利共生、寄生、抗生等错综复杂的关系，这种关系使得生物圈成为一个生生不息、密不可分的“利益共同体”。生物多样性的表达式为：

$$Bd = \int_0^T ((G_c - m + M) \cdot E_c - (N_t + A_p + Hf))dt$$

式中，Bd 为生物多样性，为有效遗传物质组合样数，G_c 为自身遗传物质组合样数，m、M 分别为有突变占去原有遗传物质基础组合样数的减少量和增加量，E_c 为生物能适应环境维数组合数，N_t 为自然选择，A_p 为人工选择，Hf 为被摄食量。

在人类生存与发展过程中有意或无意创造的旅游资源，也会形成以上四种结构。它们还可以与大自然给人类创造的组合再组合。

无论是以上哪种组合，都可以分层次把它们弄清楚。例如，二座大山和一条大河的组合；一幢房子和一个故事的组合；一座大山、二幢房子和一个故事的组合；等等。

如果设 S 是所有红色旅游资源组合的集合，设 $s \in S$，则按如下步骤，理论上我们可以求得组合 s 的价值。

假设 $R(t)$ 是 t 时刻某红色旅游区旅游业的总收入，又设 $Q(t)$ 是 t 时刻该地区由组合 s 吸引的旅游人数，$N(t)$ 是 t 时刻某地区旅游业组合 s 的个数，则 t 时刻该地区旅游业由组合 s 增加的收入为：

$$Q'(t)\frac{R(t)}{N(t)}$$

因此，T 时段组合 s 的价值 $v(s)$ 为：

$$v(s) = \int_0^T \lambda(t) Q'(t) \frac{R(t)}{N(t)} dt$$

人们开发旅游资源，不断地增设景点、组合旅游线路、改善交通，是改善着物与物之间的关系，这些物与物之间的关系的不断改善，就使得旅游资源的价值不断发生变化，并且产生涌现性。

（3）感知差异的度量。旅游感知属于主观范畴，它来自旅游者对特定旅游地的深刻感应，是旅游者对旅游地的主观解释和评价。旅游地感知场是由旅游者对旅游地内相关旅游特征的印象、期望等组成的，它的大小代表了旅游者对旅游地感知的心理范围。

近年来，对于旅游感知的研究成为国内外研究的热点。旅游地感知场的形成与旅游者或潜在旅游者的行为动机、旅游决策以及满意程度等因素存在密切关系，对旅游地感知场进行分析，实际上也是认识旅游发生的机理、把握旅游发生的过程机制的一个很好的切入点。

但是，由于旅游感知的主观性，以往的研究很难衡量不同旅游者对旅游地感知的大小。本文从旅游地感知场的形成机制入手，从定量方面探析旅游者对旅游地感知的内在规律，以期有利于对不同的旅游者的不同旅游感知进行分析、比较。

本文假设感知场代表的是旅游者对旅游地正面感知，存在于感知场外的是负面的和未被感知的旅游地形象。这一假设有利于我们对旅游者主观感知的量化分析。在旅游活动中，旅游者各阶段的感知相互作用，造成了旅游感知场内容和大小的变动。

旅游者对旅游地的感知被安置在一个复杂而多变的景观层次框架中，它随着旅游者对旅游活动参与程度的深入而逐步深化、清晰。根据旅游感知形成的时间和行为顺序可将旅游地感知场描述为本底感知场、决策感知场、实地感知场、最终感知场 4 个阶段。

旅游者的感知主要受先在因素、干涉变量、旅游者特征、旅游者行为和旅游传达方式、组织方式的影响。

旅游者在旅游活动的 4 个阶段形成的旅游感知场之间是相互联系、相互作用的。各个感知场内存在感知的系列组合，其产生遵循先后顺序，根据感知次序形成对旅游地的整体印象。旅游地感知场之间的相互作用有包围、偏离、交叉或重叠 3 种。

旅游者对旅游目的地所产生的旅游感知差异可以从经济影响感知、文化影响感知、环境影响感知以及对旅游业发展态度等方面进行分析，其中经济影响感知在整个感知中占主要地位。

具体来说，旅游感知差异的度量表现为在其他条件相同时，对该资源的各种处理途径中，最大效用与当前效用之差，即：

$$M_3 = u(x') - u(x'') = v(p', e(P, q', u)) - v(p'', e(P, q'', u))$$
$$= f(p', p'', e(P, q', u), e(P, q'', u))$$

式中，q''表示开发为红色旅游资源，p''表示红色旅游资源的价格，q'表示同一资源的其他处理途径，p'表示其对应价格，P 表示私人其他物品的价格向量（$P = p_1, \cdots, p_i, \cdots, p_n$）。

考虑一种开发途径使得该资源所带来的效用 $u = u(x)$，在如下的预算约束方程中使其效用最大化：

$$\min \sum_i p_i \cdot x_i = m$$

s. t. $u(x)=u$

其中，m 为货币收入，并且 $m=e(P,\ q,\ u)=ph(P,\ q,\ u)$，对其中任何一个价格 p_i 求微分，就可以得出它的一个希克斯补偿需求函数，即 $\frac{\partial e}{\partial p_i}=h_i(P,\ q,\ u)$；对 q 进行微分，就可以得出希克斯补偿反需求函数，也即是对 q 的变化所产生的边际支付意愿 (w_q)：$-\frac{\partial e(P,\ q,\ u)}{\partial q}=w_q$，而对 w_q 进行积分就得出了 q 供给的非边际增加对个人所产生的效益，即支付意愿：

$$W=-\int_{q'}^{q''}e_q(P,\ q,\ u)dq=e(P,\ q',\ u)-e(P,\ q'',\ u)$$

（4）预期效用的度量。对于预期效用的度量采用基于房地产价值模型成本——收益分析法进行分析。Ridker 和 Henning 用房地产价值模型来确定环境质量改善所产生的价值。认为如果土地市场是完全竞争的，那么一块土地的价格就等于由其产生的所有效益现值减去其产生的所有费用现值。当其中的一些费用增加（如需要进行一些额外的维修和清洁时所产生的费用）或者其中的一些效益下降（如人们通过这间房屋不能看到远处的山脉）时，房地产就会在市场中大打折扣，而这实际上反映了人们对这些变化的评价。其模型如下：

$$\max u=u(X,\ Q_i,\ S_i,\ N_i)$$

$$\text{s. t. } M-P_{h_i}-X=0$$

式中，u 为效用函数；X 为综合商品的消费量；Q_i 为第 i 个房屋的位置环境舒适向量；S_i 为第 i 个房屋建筑特性向量；N_i 为第 i 个房屋四周环境特性向量；M 为购房人货币量；P_{h_i} 为第 i 个房屋价格，它是 Q_i、S_i、N_i 的函数：$P_{h_i}=P_h(X,\ Q_i,\ S_i,\ N_i)$。

在对红色旅游资源价值预期效用进行综合评价时，可将式中 u 定义为预期效用函数；X 为红色旅游的总消耗量；Q_i 为第 i 种红色旅游资源的位置向量；S_i 为第 i 种红色旅游资源特性向量；N_i 为第 i 种红色旅游资源环境特性向量；M 为红色旅游总的预期收入；P_{h_i} 为第 i 种红色旅游资源的损耗价值，它是 Q_i、S_i、N_i 的函数：$P_{h_i}=P_h(X,\ Q_i,\ S_i,\ N_i)$。

（5）服务价值的度量。自从我国确定旅游业作为刺激国民经济增长的 3 个拉动力之一后，全国大多数省份都将旅游业确定为区域经济发展的支柱产业或龙头产业。而旅游业的发展在很大程度上取决于旅游服务的价格，因此研究游客对旅游服务价格的评价具有现实意义。

实际中常常要对给定的事物按一定的要求进行分类，有了分类可以使复杂的事物条理化。

旅游服务价格的高低涉及旅游者主观的满意程度，具有一定的模糊性，可用模糊数学方法进行聚类分析。调查问卷中旅游服务从 7 个方面来评定，包括住宿、餐饮、交通、购物、娱乐、导游服务、邮电通信。对于每个因素有 5 个评语等级：高、较高、适中、较低、低，并对 5 个等级定性指标进行定量化转换。

聚类分析将个体或对象分类，使得同一类对象之间的相似性比与其他类对象的相似性更强。目的在于使类间对象的同质性最大化和类与类间对象的异质性最大化。具体聚类时，由于目的、要求的不同，因而产生各种聚类方法，可选择系统聚类法。定义样品间的距离为欧式距离：

$$D_G(p,\ q)=\frac{1}{L\times K}\sum_{x_i\in G_p}\ \sum_{x_j\in G_q}d_{ij}$$

$$d_{ij}=\left[\sum_{k=1}^{p}(x_{ik}-x_{jk})^2\right]^{\frac{1}{2}}$$

它等于类 Gp 和类 Gq 中任两个样品距离的平均，其中的 L 和 K 分别为类 Gp 和类 Gq 中的样品数。采用以上选择的聚类分析方法，可得相似矩阵，即反映样品之间相似性或相异性的矩阵。由于计算距离选用的是欧式距离，根据系统聚类法，样本间距离越小样品越相似。

（6）产权价值的度量。产权（Property Rights）的直观意思是财产的权利，是指对物品或劳务根据一定的目的加以利用或处置，以从中获得一定收益的权利。这表现为人与物之间的某种归属关系。但作为经济学范畴的产权，通常被认为在人对物的关系上人与人之间的关系。在当今人们普遍感到资源有限和稀缺的情况下（包括对于旅游资源），可以把产权理解为资源稀缺条件下人们使用配置资源时的一种规则。产权是一组而不是一种权利，一般可以分解为使用权、收益权和让渡权。产权不仅包括传统意义上的所有权的内涵，而且也包括不同主体行使所有权时发生的权利关系。

旅游资源经营权指对旅游资源一定时期的占有、使用和收益的权利，是一种以合约的形式规定的在法律上的财产权利。有两种表现形式：一是对已进行一定程度开发或投入的旅游景区、景点的占有、使用和收益权利，可称为旅游景区经营权；二是对尚未进行开发或投入的旅游资源的占有、使用和收益权。旅游资源经营权价格则是在一定期限中持有旅游资源的使用权、收益权所形成的一种价格。这种价格的形成包含两种形式：一是以价值为基础的受供求关系调节的一般商品价格形成形式，如旅游风景区中已投入和开发的基础设施；二是以其稀缺性和经营垄断性为基础的价格形成方式，如景区里的土地资源、森林资源、水资源以及自然奇观等。

红色旅游资源产权价值。旅游资源经营权价格形成的 5 个因素：①旅游资源的资源属性和管理级别。正如地租价格是按照土地等级而定，旅游资源的类型和管理级别比较准确地反映了各种资源的稀缺程度和品位的高低，是其价格形成的价值基础，是价格确定的主要因素。②旅游资源的开发条件。包括旅游资源的空间范围、地理位置、交通条件等客观条件以及国家的政策导向、旅游业发展状况等动态条件，这些直接决定了开发的前期投入和投资回报效果，因此被认为是确定旅游资源价格的重要因素。③旅游资源经营权的实际市场需求。由于旅游资源的开发、使用和收益是一个风险高、投资大、周期长的过程，投资者对旅游资源经营权的市场要求，直接决定其交易价格。④旅游景区的现有收入。对于已有一定开发程度的旅游景区，旅游景区的现有收入是衡量其盈利能力的重要指标，因此被认为是确定其经营权的价格的重要因素。⑤旅游资源经营权的年限。任何旅游资源经营权总是与一定经营时期相联系的，经营时间的长短主要由现有法律法规来确定，同时也与资源开发建设的投资规划有关。

旅游资源经营权价格是博弈的结果，对于投资者来说，它是一项能在未来为其带来经济收益的资产，因此可运用资产定价的方法来为红色旅游资源定价。

$$P = \sum_{t=1}^{n} \frac{D_t}{(1+K)^t}$$

其中，P 值是所求的未来 n 年期的产权的当前价格，n 为转让的经营权年限，D_t 是对第 t 年该红色旅游区的收益预期值，而 K 是风险调整贴现率。

5. 江西红色旅游发展系统动力学模型构建

（1）江西红色旅游资源吸引系统。

1）江西红色旅游发展的增强环路基模。江西虽有较丰富的红色旅游资源，改革开放前，旅游属于接待型活动，人数增长很慢，形成不了吸引系统。由于1978年全国改革开放的政策推动，通过加强景点建设，江西旅游发展很快，江西省入境旅游人数1979~2007年以年均18.4%速度增长，入境旅游创收以年均21.4%速度增长，28年间入境旅游外汇收入提高226.1倍。由于改革开放的推动，国家重视发展旅游业，旅游业投资的增加→旅游设施数量的增加→游客人数的增加→旅游收入的增加→促进旅游业的进一步投资，形成了江西旅游业成长的增强环路基模，但这些因素的推动会有时间延迟，因此，增强环路需要一定的时间推进，逐步加强。

江西省充分发挥红色旅游资源优势，加强红色旅游文化内涵开发，形成增强环路的实证较多，如井冈山2005年建成开放的井冈山斗争全景画馆。井冈山斗争全景画周长112米，高18米，用艺术形式真实地反映了井冈山斗争历史场景，使用了国际上最先进的仿真塑型技术和当前高科技的声光电技术，跨时空地将井冈山革命斗争的重大事件与巍峨雄伟、钟灵毓秀的井冈山绿色风光融在一幅画中，构成一部雅俗共赏、震撼人心的伟大作品。使人们置身于高科技的声光电技术环境中，在欣赏高雅的艺术作品的同时，轻松地了解井冈山斗争的历史，受到革命传统教育。

从增强环路基模上看，可以得到如下启示：①红色旅游作为新生产业，国家正确政策的制定和实施对红色旅游的影响较大，能推动红色旅游的快速发展。②红色旅游是一种文化追求，单纯的景观开发应该转向对历史文化内涵的挖掘，追求充分的休闲享受和高品位的文化内涵将是未来旅游的消费趋向，人文景观建设要向更深层次发展，要恰当运用当前的高科技技术，使旅游者置身于高科技环境受到感染和教育，既增长知识，又获得美的享受，增添了游览的兴味。③加大对景区的投资和红色旅游文化内涵挖掘，适当的红色旅游资源开发，使游客数量增加，也将构成增强环路。对正确的红色旅游文化的挖掘，会使游客受到艺术和高科技的感染，产生经济效率，但会有一定时间的延迟，因此，政府应把握红色文化挖掘的方向和政策扶持，促进优秀文化的传承。④红色旅游的经济效益和社会效益并不矛盾，“红色文化”的挖掘开发投入，同加强红色旅游经济的发展并不矛盾，“红色文化”的开发将促进红色旅游经济发展，使之形成愈来愈强的增强环路。⑤兼有经济和文化双重功能的红色旅游产业，既是物质文明的结果，更是精神文明的源泉和体现。江西景区可根据其自身的特色，做好“红色文化”的开发，对“红色文化”的精华进行深度挖掘和包装，形成特色旅游活动，以吸引不同的游客。

2）江西红色旅游发展的成长上限基模。通过国家政策推动后，江西加大对红色旅游的投资，经过一段时间的景点建设，使江西红色旅游得到了一定的发展，有的景点有了一定知名度后，游客数量不断增加，红色景区为提高经济效益，不断兴建宾馆、餐馆等旅游设施，来应对游客的数量增加。但必须看到红色旅游的发展也会受到各种因素的制约，如宾馆等基础设施的增加，景区旅游人数的增加，会给自然环境带来压力，景区旅游人口密度的增加将使游客的满意度下降等，自然会影响景区资源对游客的吸引力，资源吸引系统形成区域旅游发展成长上限的基模。

通过景区旅游发展成长上限基模可以看出：①良好的政策扶持，加大红色旅游的投入，推动红色旅游目的地基础设施的建设，但红色旅游设施的建设，特别是过度建设，会带来自然资源的破坏，使适宜旅游的生态环境减少，形成负反馈环，影响旅游目的地设施的进一步扩建。②推动红色旅游目的地基础设施建设的增加，红色旅游景点数量的增加，会带来红色旅游人数的不断增加，进而造成景区游客密度增加。由于江西红色旅游资源的有限性，过高的游客密度，使游客的满意度下降，游客口碑变差，形成了负反馈环，将影响景区旅游人数进一步增加。

因此，在分析资源吸引系统时，要找出影响红色旅游资源吸引力增强的负反馈环，并尽量消除，在红色旅游的管理中做到：①景区要注重自然资源的保护，红色旅游的规划不仅是景点、景区的规划，还要防止对旅游区生态资源的破坏。②加强红色旅游的管理，合理分散客流，在旅游旺季时，错开游览时间，尽量降低景点的游客密度，提高游客的旅游满意度，从而提升景区的吸引力。③提升景区服务人员素质，在景区营造热情好客、宾客至上的旅游服务氛围，即使人数增加，仍能保证游客得到足够的服务保障和人文关怀。④要防止在经济利益的驱动下，一哄而上，不经过论证，进行简单开发，逢山开路、遇树毁林的情况发生。防止没有环保配套措施的旅游开发使良好的自然生态环境遭到毁灭性破坏，造成红色旅游地资源与环境的大幅衰退。

（2）江西红色旅游企业经营运作系统。评价红色旅游企业经济效益整体情况，可以从每旅游人次人均创收来衡量。为方便分析，将旅游分入境旅游和国内旅游两个方面：

从江西入境旅游的人均创收情况分析，从 2000 年开始一直呈下降趋势，从高于全国平均水平近 1 倍，下降至 2006 年已接近全国平均水平，到 2011 年超过全国平均水平。

从江西国内旅游的人均创收情况分析，1991～2001 年，江西国内旅游人均创收一直呈下降波动停滞不前，2001 年后开始有所回升。11 年来江西旅游国内旅游人次增长

5.5 倍，但国内旅游人均创收仅增长了 0.26 倍，在全国同期国内旅游人均创收一直呈较高增长趋势的情况下，说明江西红色旅游经济效益增长较慢，在企业经营运作系统方面出现了问题，主要表现为红色旅游市场经营不规范。下面通过常见的宾馆降价的恶性竞争和导游暗中拿回扣行为，建立系统基模来分析：

1）宾馆降价的恶性竞争问题的基模。为方便形象地说明问题，以江西省某红色旅游区内宾馆业竞争中的甲乙两个宾馆为例，由于宾馆数量的增加，游客数量增加不多，以至于宾馆之间展开价格战，恶性竞争导致房价不断下跌。宾馆解雇员工，以降低经营成本，导致服务质量大幅下降。本节以两个宾馆为例构建宾馆恶性竞争基模。

用宾馆降价的恶性竞争基模来描述，宾馆管理人员的初衷是以一种综合的方法获得宾馆的长期目标，但是采用的却是降价这种片面的做法，最后发现自己陷于降价恶性竞争的循环中。当甲宾馆的行为被乙宾馆视为威胁，乙宾馆继而采取同一种方式反击，使降价威胁进一步升级。这两个反馈可以合为一个相互增强的正反馈，最终使威胁呈几何级数升级，从而形成了恶性竞争的基模。

随着事态的发展，价格战竞争越来越激烈。为了保持一定的利润，旅游企业将采取简化服务设施、减少员工工资收入、降低服务标准等措施，应对房价的下降，达到一种新的平衡。如果这种恶性竞争持续的时间过长，服务质量不断下滑，最终会导致双方崩溃。

为抑制甲乙双方的恶性竞争，可通过行业协会来协调防止服务质量的下滑，加强服务质量标准建设，加强检查落实，因为企业是逐利的，房价下降局面可得到一定程度的控制。

分析宾馆业恶性竞争的原因：①有的红色旅游区域为发展旅游业不经论证，盲目扩大宾馆业的规模，致使宾馆旅店业成为竞争异常激烈的行业，宾馆出租的房间过剩。②参与恶性竞争的企业往往认为保有自己的优势必须建立在胜过对手的基础上，这样会产生一个对立情势升高的恶性竞争环境。只要有一方领先，另一方就会感到更大的威胁，导致它更加积极行动，重建自己的优势，一段时间之后，这又对另一方产生威胁，被迫升高它行动的积极程度，最终形成恶性竞争，造成两败俱伤。

实际上，恶性竞争的现象不仅在这两家宾馆发生，还会带动同一层次宾馆间的降价连锁反应，形成上下不同层次宾馆间的恶性竞争，从而带动整个旅游区进入降价的恶性竞争局面。餐饮、购物、娱乐等其他涉游企业也会同样不自觉参与到恶性竞争中，造成整个旅游业经济效益滑坡。

2000 年江西省旅游行业加强旅游行业协会的建设，开展规范服务质量活动，使经济效益下滑局面得到控制，国内旅游的人均创收值开始回升，自 2003 年起增长速度同全国的平均值。2001～2006 年江西国内旅游人均创收的数据，说明了质量控制对抑制企业恶性竞争的作用。

抑制企业亚性竞争的措施：①通过政府旅游管理部门牵头，由行业协会制定服务质量标准，开展价格自律行动，遏制不断下滑的价格，提高服务质量，促进就业。红色旅游企业运营系统管理层可采取一些措施，以提高企业经济效益。②提高红色旅游企业的认识，旅行社、酒店、景区、交通企业和购物点都是旅游供应链中不可或缺的环节，是相互依存的，要顾全大局，决不能为一己私利肆意哄抬或恶意压低价格，必须走互信互利、联合共赢的道路，把诚信作为企业发展的原动力和核心竞争力，打造诚信江西红色旅游新形象。③以市场为导向、顾客为中心，建立服务质量标准，规定一定范围的指导价，对于不符合质量标准的要求限期整改，努力培养一批高素质、高水平的旅游服务专业人才。

2）导游回扣治理问题的基模。由于旅行社也参与到恶性竞争中，使旅行社正常组团的利润下降，甚至是负利润，因此，旅游中“导游回扣”一直是旅游管理中的顽症，政府也将其作为商业贿赂进行治理，但收效不大。

“导游回扣”是指在旅游活动中，旅游某项产品供给方（包括饭店、旅游购物商店、娱乐保健场所等旅游单位）为了销售商品或服务，给导游各种名目的好处费，这部分收入既未如实入账又未在同旅行社合同或其他协定中公开约定。导游为获得在餐饮、购物等游客计划外消费回扣，挖空心思推荐，减少景点游览时间，造成导游服务质量的下降。

许多人将导游回扣产生根源片面归结于导游个人的职业观念淡漠，缺乏对职业纪律与职业道德的充分感悟与体会、遵守上。下面通过建立系统基模来讨论“导游回扣”的问题。

假定供应方为购物点，由于游客需求的多样性和购物问题的复杂性，本基模分析为可能性大的分析，为大概率事件。购物点给导游回扣相对于工资收入更多，导游的回扣收入增加，推广购物点的热情提高，导游的收入将增加，形成正反馈环。

由于导游可得到购物回扣，旅行社支付给导游的导游服务的支出减少，导致游客满意度下降，支付游客导游费减少，导游正常导游服务热情下降，导游费的收入相对于回扣收入更少，形成正反馈环。两个正反馈环构成富者愈富的基模。

购物回扣有利可图，导致正常导游服务热情下降，在导游服务中尽量推销产品，缩短景区游览时间，导游服务质量下降，同时游客支付导游费的意愿下降，形成正反馈环。购物回扣无利可图，游客支付导游费的意愿提高，导致正常导游服务热情提高，在导游服务中尽量不推销产品，延长景区游览时间，导游服务质量提高，游客支付导游费的意愿进一步提高，导游的热情就会提高，导游服务质量也会提高，同样也形成正反馈环。因此，规范导游的服务收入构成十分重要，应使导游的工作得到正常的报酬。

导游回扣存在的原因：①获得经济效益是商家的根本驱动力。客观上，景区需要游客，商家需要利益，游客也有对行程项目外的景点游览和当地特色旅游商品购物的愿望。由于游客对当地情况不熟悉，旅游要素的供给方（商家）为了争夺市场，争取导游向游客推荐显得非常重要，给钱是必然的选择。②旅行社之间的竞争价格战愈演愈烈，由于导游暗中拿回扣成为公开的秘密，加上价格竞争激烈，旅行社见导游带团有其他利可图，自然会尽量压缩导游费开支，不给导游费，甚至将回扣作为利润的构成部分进行分成，由此导致“负团费”现象，造成了服务质量的下降。③回扣现象与企业间的恶性竞争是互为因果的，这样要让企业通过自身加强管理来杜绝导游回扣现象就几乎不可能了。因此，回扣问题一直是旅游管理中的顽症。

导游回扣问题的危害：①景点和旅游购物点给导游回扣虽然能带来参观人数的增加，但由于服务价格的提高，游客的满意度下降。②导游回扣产生带来旅游服务质量的下降，质次产品更有可能给导游带来更多回扣，不利于优质产品的销售，给区域旅游产品品牌信任产生负面影响，形成不正当竞争。

因此，治理导游回扣问题应采取综合治理措施，通过政府、旅游企业、旅行社合作，导游、游客共同努力，形成全社会多管齐下治理购物回扣，打造诚信经营的局面。

具体治理措施：①通过加强景点建设，扩大景点知名度，提升服务，降低成本来树立良好的品牌，带来更大的经济效益。通过提高景点旅游购物商店的文化内涵，突出旅游商品的地方特色，明码标价，薄利多销，吸引游客，使购物成为游客乐意接受的旅游项目之一。②对于旅行社，应加强建立导游服务质量标准，明确导游服务规范，提高导游人员自身素质技能，建立合理的导游报酬机制，旅行社根据导游级别明确其工资标准。实现以服务质量为导向的薪酬制度，让优质服务得到高额报酬，靠提高导游的服务质量来赢得市场和顾客。③建立投诉处理机制，健全行政监管，规范旅游行为，建立旅行社和导游的信用机制，加强舆论监督，组织新闻媒体监督旅游市场体系建设，对查处不严的要通报批评，予以曝光。④政府部门管理，调整商店（景点）、旅行社、导游和游客的利益关系。对现存的私拿回扣的行为规范管理，采取疏导、规范的政策，在修改旅游格式合同中，明确约定购物和其他服务的时间，保障游客的合法权益，才能使导游在服务过程中既不会侵害游客的合法利益，又可以使导游获得应得的报酬。就购物来讲，针对不同旅游线路，确定购物次数和时间。旅行社与购物商店签订意向性合同，明确购物商店的中介费用及给付方式和比例。

二、江西红色旅游资源的分布与价值评价

江西是红色旅游资源大省，红色旅游资源数量多、类型全，分布广且部分地区较为集中；红色旅游资源的品位极高，不仅具有独特性，而且具有垄断性。为进一步了解江西的红色旅游资源情况，根据以定量为主、定性与定量相结合的原则，构建了红色旅游资源评价体系，并采用德尔菲法和层次分析法，通过模糊综合评价法进行具体的打分评价，得出江西红色旅游资源的核心价值高，外延价值较高，开发环境条件一般的结论。鉴于这些状况，江西应有层次发展红色旅游，优先开发重点区域井冈山、瑞金、南昌和资源富集区萍乡、上饶、赣州的红色资源，通过培养内部人才、引进专

业人才、整合专门人才，强化江西的红色旅游人才队伍建设，努力改变省外人才不愿来，本省人才留不住的尴尬局面，提升红色旅游发展的环境条件。

江西是老革命根据地，拥有得天独厚的红色旅游资源，是全国红色旅游的发源地。关于江西红色旅游资源的研究主要有：李红浪和卢丽刚（2005）[①] 提出了合理开发和利用江西红色旅游资源的措施，如强化整体规划意识、强化品牌意识、打造旅游新亮点等；李向明（2005）[②] 在阐释红色旅游与红色旅游资源的基础上，针对江西红色旅游资源的特点及开发现状，提出了创新开发的思路与对策；胡婷婷和袁雪平（2006）[③] 分析了江西发展红色旅游的优势、开发现状及成就，针对红色旅游资源开发存在的问题，提出了相应的对策；刘锦云和晏兰萍（2006）[④] 针对江西红色旅游资源开发中存在的问题和不足，提出解决问题的对策；曾冬梅（2007）[⑤] 提出了实现江西红色旅游可持续发展的对策，如坚持红色基调、加强具体景区规划设计、量力而行多向开发等。这些研究成果主要针对红色旅游资源开发中存在的问题提出相应的对策建议，但都只是停留在开发对策的层面，几乎没有文章对江西红色旅游资源的分布与评价进行系统深入的研究。掌握江西红色旅游资源的分布，客观评价其资源价值，有利于正确指导红色旅游资源的开发，因此，本文从红色旅游资源的内涵、范畴与外延入手，归纳总结了江西红色旅游资源的分布，构建了红色旅游资源评价体系，对江西红色旅游资源进行了评价，并提出了开发建议，以期填补相关理论研究的不足，并为江西红色旅游资源的可持续开发和红色旅游的健康发展提供有益的借鉴。

1. 红色旅游资源的内涵、范畴与外延

（1）概念内涵。旅游资源是指能吸引旅游者产生旅游动机，并可能被用来开展旅游活动的各种自然、人文客体或其他因素。红色旅游资源是我国旅游资源的重要组成部分。红色旅游资源是一种独特的旅游资源，是一种集政治教育、经济发展、文化传播等价值和功能于一体的独特的综合性资源。关于红色旅游资源概念的论述较多，大多数学者认为红色旅游资源指的是中国共产党诞生以后、中华人民共和国成立以前，包括红军长征时期、抗日战争时期、解放战争时期等革命战争时期重要的革命纪念地、纪念物及其所承载的革命精神；地域范围主要是指革命老区和红军长征路线，并以长征沿线为重点，这是狭义的红色旅游资源。持广义红色旅游资源论者很少，广义的红色旅游资源指那些能够顺应历史潮流、弘扬爱国主义精神的一切革命活动中凝结的人文景观和精神，包括新中国成立后在革命建设中留下的革命精神及其历史遗迹。

红色旅游是一种政策性极强的旅游活动，各红色旅游景区景点资源开发主要是依据狭义红色旅游资源的范畴。

---

① 李红浪，卢丽刚．江西红色旅游资源的开发与利用［J］．江西科技师范学院学报，2005（4）：111-114.

② 李向明．江西红色旅游资源及其创新开发的思考［J］．江西财经大学学报，2005（2）：62-65.

③ 胡婷婷，袁雪平．江西红色旅游资源开发与对策［J］．企业家天地（理论版），2006（12）：35-36.

④ 刘锦云，晏兰萍．论江西红色旅游资源开发中的问题与对策［J］．江西科技师范学院学报，2006（2）：43-45.

⑤ 曾冬梅．浅析江西省红色旅游资源的开发［J］．九江职业技术学院学报，2007（4）：86-87.

（2）资源范畴。

1）在时间上，红色旅游资源主要指中国共产党诞生以后、中华人民共和国成立以前的28年。主要包括红军长征时期、抗日战争时期、解放战争时期等革命战争时期重要的革命纪念地、标志物及其所承载的革命历史、革命事迹和革命精神。

2）在地域范围上，红色旅游资源主要指革命老区和红军长征经过的地方，但以长征沿线为重点，形成了井冈山、瑞金、韶山、遵义、延安、西柏坡一条“红色”主线。

3）在内容上，红色旅游资源是一种精神和物质相结合的人文旅游资源。它包含了精神和物质两个层面的内容。物质层面具有物质实体，指中国共产党成立到中华人民共和国成立期间所有的革命纪念地、纪念物，如革命遗址、名人故居、革命老区和根据地、文物、纪念馆、烈士陵园等；精神层面不具有物质实体，主要包括战争年代形成的井冈山精神、长征精神、延安精神、西柏坡精神，这是红色旅游资源形成的精神内核。

（3）主要外延。概念的外延是概念对思维对象范围的反映，是概念所确指的对象的范围。当前，红色旅游资源主要指的是1919年五四运动至1949年中华人民共和国成立期间，中国共产党领导中国革命斗争所形成的革命历史文化资源。同时，中华人民共和国成立以后的一些能够反映中国共产党和中国人民在社会主义革命和建设中取得的伟大成就的历史资源也是红色旅游资源的有机组成部分，另外，在中国共产党领导和影响下，中国社会各阶级、阶层和政党及人民群众，为民族解放、人民自由和国家进步而进行的进步斗争所遗留下来的历史遗产也可以作为红色旅游资源的延伸和补充。

2. 江西红色旅游资源的分布

（1）总体概况。

1）江西是红色旅游资源大省，被誉为“红土地”，红色旅游资源不仅数量多、类型全，而且分布广。其丰富的红色旅游资源，为发展红色旅游提供了重要的前提和奠定了坚实的基础。据相关部门统计，目前全省已有81个县（市）被国家定为老革命根据地县（市）。有336处革命纪念馆、革命旧址被辟为爱国主义教育基地，其中有国家级9个、省级59个。全省登记在册的革命旧址1500多处，已公布为各级文物保护单位的400多处，其中属全国重点文物保护单位的有9处共40个点。江西省有革命烈士纪念建筑物408处，其中全国重点烈士纪念建筑物6处、省级烈士纪念建筑物21处、县级革命烈士纪念建筑物132处。此外还拥有革命文物4万多件，其中一级文物172件（套）。仅井冈山而言，保存完好的革命旧址遗迹就多达100余处。江西红色旅游资源在全省各地均有分布，尤以中国革命摇篮——井冈山，共和国摇篮——红都瑞金，军旗升起的地方——英雄城南昌格外惹眼，形成了以井冈山、南昌中部“盘踞”，上饶、萍乡、瑞金、庐山东西南北相呼应的红色旅游资源格局。

2）江西省红色旅游资源的品位极高，不仅具有独特性，而且具有垄断性，拥有许多国内知名红色景点，发展前景广阔。在物质形态上不仅有革命旧地、旧居、遗址、纪念建筑等，如中国革命摇篮——井冈山、人民军队摇篮——南昌、人民共和国摇篮——瑞金、中国工人运动摇篮——安源、共和国将军摇篮——兴国、秋收起义策源地——萍乡、朱毛会师地——宁冈龙市、八角楼毛泽东故居——茅坪、三湾改编旧址——三湾等。精神形态有革命精神和传统、革命诗词、革命歌曲、革命文艺作品等，如“井冈山精神”、“星星之火，可以燎原”、“长征”等。

3）江西还是“红色旅游的故乡”。据了解，在国内，红色旅游不仅由江西率先提出，而且江西最先建立红色旅游区、最先提出红色旅游口号、最先举办心连心《红色之旅》节目，可以说江西走在了发展中国红色旅游事业的前列，率先在全国范围内唱响红色旅游“大戏”，并欲以之为龙头，带活江西旅游发展的全局。

（2）重点区域。江西红色旅游资源在全省各地均有分布，南昌、吉安、赣州、上饶、萍乡 5 个地区为资源富集区。江西的 4 条全国红色旅游精品线路和 5 处全国红色旅游经典景区即全部分布在上述五个地区。

江西省红色旅游资源分布重点区域

南昌市	南昌市区	①新四军军部旧址；②八一起义指挥部旧址；③八一起义纪念馆；④江西革命烈士纪念堂；⑤方志敏烈士墓；⑥江西省博物馆；⑦南昌市烈士陵园；⑧南昌新四军军部旧址陈列馆
	新建	①邓小平旧居（含劳动车间）；②小平小道
	南昌县	令公庙日军大屠杀遗址
赣州市	宁都	①宁都县翠微峰风景区（含宁都起义指挥部旧址）；②中国共产党江西省委员会旧址；③宁都会议旧址；④中共苏区中央局旧址；⑤江西省军区司令部旧址；⑥红一方面军总前委“黄陂会议”会址
	兴国	①江西省第一次工农兵代表大会会址；②中共江西省委旧址；③江西军区旧址；④长冈乡调查旧址；⑤红军总医院院部旧址；⑥土地革命干部训练班旧址；⑦中央兵工厂旧址；⑧兴国革命历史纪念地（含兴国县革命历史纪念馆、兴国县烈士陵园）
赣州市	于都	①毛泽东、周恩来等和中央直属机关长征第一渡口；②中共赣南省委旧址；③赣南省苏维埃政府旧址；④中央红军长征出发纪念馆
	瑞金	①瑞金革命遗址；②中华苏维埃共和国中央革命军事委员会旧址；③大柏地战斗旧址；④中华苏维埃共和国中央政府旧址；⑤中国工农红军总政治部旧址
	会昌	①会寻安中心县委旧址；②中共粤赣省委旧址；③粤赣省委旧址（含毛泽东旧居）（含邓小平旧居）
	大余	梅关和古驿道
	信丰	油山游击队交通站旧址——上乐塔
	寻乌	①寻乌调查旧址；②寻乌县革命历史纪念馆
吉安市	吉州区	北伐军新编第二师驻地旧址
	青原区	①青原渼陂古村；②平民银行旧址；③“二·七”陂头会议会址；④文天祥墓
	永丰	①第一次反“围剿”指挥所旧址；②红一方面军总司令部旧址

续表

吉安市	永新	①七溪岭战斗指挥所旧址；②龙源口桥；③塘边毛泽东旧居；④湘赣省委机关旧址；⑤永新三湾改编旧址
	井冈山市	①中国工农革命军第一军军部、师部旧址；②大井朱德、陈毅故居；③小井红军医院旧址（含行洲红军标语）；④井冈山革命博物馆；⑤井冈山革命烈士陵园
	峡江	峡江会议旧址
	万安	“万安暴动”行动委员会旧址
	遂川	遂川县工农兵政府旧址（含遂川联席会议旧址）
	宁冈	宁冈井冈山会师纪念馆
九江市	九江市区（含庐山）	①锁江塔楼；②日本领事馆旧址；③庐山中四路267号别墅；④国民革命军第二十四军叶挺指挥部；⑤庐山会议旧址及庐山
	九江县	二十五师南昌起义出发地——马回岭火车站
	修水	①工农革命军第一军第一师师部旧址；②秋收起义修水纪念馆
	德安	万家岭战役遗迹
	彭泽	马当炮台
上饶市	万年	赣东北苏维埃政府旧址
	德兴	红十军团军政委员会旧址
	弋阳	方志敏纪念馆（包括方志敏烈士陵园、赣东北特委旧址、赣东北革命委员会旧址、红十军建军旧址、龙头山革命烈士纪念馆、方志敏篁坞旧址、八磜村旧址）
	上饶县	①上饶集中营旧址；②上饶集中营革命烈士陵园
萍乡市	安源区	萍乡秋收起义纪念碑含张家湾旧址
		①安源路矿工人罢工谈判处旧址；②安源路矿工人消费合作社旧址；③安源路矿工人补习夜校旧址；④秋收起义军事会议会址；⑤安源路矿办公楼；⑥安源路矿工人运动纪念馆（含萍乡革命烈士纪念馆）；⑦安源路矿工人俱乐部旧址
	莲花	①宾兴馆毛泽东旧居；②莲花一枝枪纪念馆

（3）零星资源。

江西省红色旅游资源分布零星资源

宜春市	万载	①湘赣省委员会旧址；②湘赣省苏维埃政府旧址（含中央军政五分校、红十六军军部遗址）；③万载湘鄂赣革命纪念馆
	丰城	邓子龙墓
	铜鼓	①中国工农革命军第一师三团团部、营部旧址；②秋收起义铜鼓纪念馆

续表

抚州市	广昌	红一方面军总前委会、高虎脑战役红军指挥部旧址
	黎川	闽赣省苏维埃政府旧址
景德镇市	浮梁	瑶里改编旧址（含抗日动员大会场旧址、陈毅旧居）
新余市	渝水区	①兴国调查旧址；②罗坊会议会址；③新余市仙女湖风景名胜区（含九龙山红色旅游区）

3. 红色旅游资源评价体系的构建

（1）评价体系构建的原则与方法。红色旅游资源评价体系是基于系统性、科学性、客观性、指导性、综合性、实用性，在定性分析基础上定量为主等原则构建的。

随着量化研究不断与其他学科融合，旅游资源的评价研究步入了新阶段，使评价的结果更具有科学性。在广泛征求有关专家和学者意见的基础上，本文设计了红色旅游资源的定量评价指标体系，即采用专家调查法（德尔菲法）来分析每个指标相对另一个指标的重要程度，同时运用层次分析法（AHP 法）来确定每一指标的权重，通过模糊综合评价法来进行评价。

（2）基于红色旅游资源特性的评价指标体系。红色旅游资源评价体系是在 6 位专家学者的共同探讨和实地考察以及问卷调查的基础上构建起来的。将资源组合价值、体现价值和补偿价值进一步进行了细化，认为红色资源的组合价值可归结为核心价值，补偿价值可显化为外建价值，体现价值表现为开发环境条件的改善，并将 6 个三级指标扩展为 16 个。该体系不仅刻画了红色旅游资源的核心价值，而且将其外延价值及开发环境条件进行了细化。从红色旅游资源的内部价值到外部价值、外部条件及带来的效益来构建红色旅游资源的有机整体。针对最高层 A 红色旅游资源评价指标体系，构建了 3 个次层的 B 评价指标；在 B 层的基础上再细分出具体的评价指标层 C。

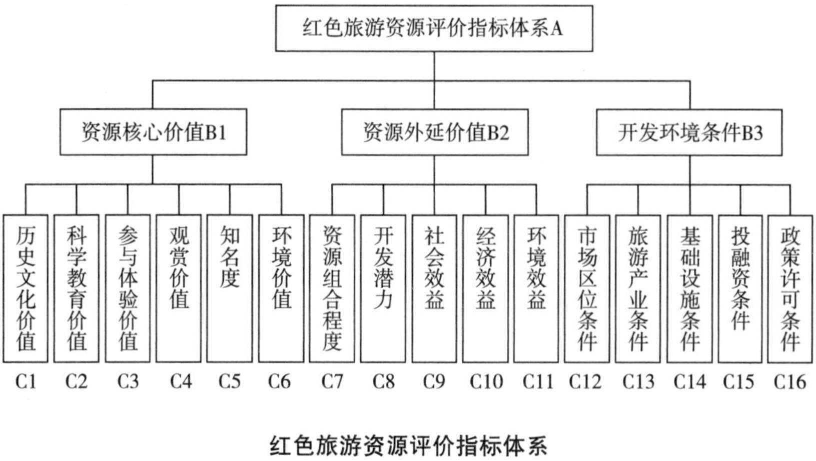

红色旅游资源评价指标体系

（3）利用层次分析法分析指标权重。

1）构造两两比较判断矩阵。在建立评价指标体系的基础上，相对于红色旅游资源评价指标 A 这个总目标层，其一级指标层内 B 指标进行两两比较，得到相对重要性判断矩阵 B。

判断矩阵 B

A	B1	B2	B3
B1	1	5	7
B2	1/5	1	3
B3	1/7	1/3	1

设要比较 n 个因素 $Y=\{y_1, y_2, \cdots, y_n\}$ 对同一目标的影响，每次取 y 中 2 个因素 y_i 和 y_j，用 a_{ij} 表示 y_i 与 y_j 对目标的影响程度之比，a_{ij} 的取值由 Saaty 的 1～9 值法决定。

a_{ij} 标度及含义

标度	含义
1	表示两个因素相比，具有相同重要性
3	表示两个因素相比，前者比后者稍重要
5	表示两个因素相比，前者比后者明显重要
7	表示两个因素相比，前者比后者强烈重要
9	表示两个因素相比，前者比后者极端重要
2，4，6，8	表示上述相邻判断的中间值
倒数	若两因素 y_i、y_j 重要性之比为 a_{ij}，那么 y_j 与 y_i 重要性之比为 $1/a_{ij}$

2）对指标权重进行计算。根据得出的判断矩阵，利用数学知识，求出判断矩阵 B 的最大特征根所对应的特征向量，并进行归一化处理，所求的特征向量即为各评价因素的重要性排序，即权数分配。其具体步骤如下：

计算判断矩阵每行元素的乘积：

$$W_i = \sum_{j=1}^{3} B_{ij}(i, j = 1, 2, 3)$$

由此可得 $W_1=35$，$W_2=0.6$，$W_3=0.0476$。

计算三次方根：

$\overline{W}_i=\sqrt[3]{W_i}$，$\overline{W}_1=3.2711$，$\overline{W}_2=0.8434$，$\overline{W}_3=0.3625$

对向量作归一处理：

$$M_i = \frac{\overline{W}_i}{\sum_{i=1}^{3} \overline{W}_i}$$

得到特征向量 $M=(M_1, M_2, M_3)$，其中 $M_1=0.7306$，$M_2=0.1884$，$M_3=0.0810$ 即相对重要性权值。

最后，进行一致性检验。计算判断矩阵的最大特征根 λ_{max}：

$$TM=(B_{ij})M^T=\begin{pmatrix} tm_1 \\ tm_2 \\ tm_3 \end{pmatrix}=\begin{pmatrix} 2.2393 \\ 0.5774 \\ 0.2481 \end{pmatrix}$$

$$\lambda_{max}=\max\left(\frac{tm_i}{m_i}\right)=3.0649$$

$$CI=\frac{\lambda_{max}-n}{n-1}=0.0324$$

$$CR=\frac{CI}{RI}=\frac{0.0324}{0.58}=0.0559<0.1$$

RI 的值由 Saaty 给出，如下表。

RI 值

N	1	2	3	4	5	6	7	8	9
RI	0	0	0.58	0.90	1.12	1.24	1.32	1.41	1.45

此时，CR<0.1，认为判断矩阵的一致性可以接受，检验结果具有满意的一致性。

按照以上步骤将评价指标层 C 的权重值一一计算出来，并都通过 CR<0.1 的一致性检验，结果均可以接受。

红色旅游资源评价指标权重值

总目标层 A	综合评价指标层 B	权重值	评价指标层 C	针对 B 层权重值
红色旅游资源评价指标 A	资源核心价值 B1	0.7306	历史文化价值 C1	0.4362
			科学教育价值 C2	0.2673
			参与体验价值 C3	0.1368
			观赏价值 C4	0.0820
			知名度 C5	0.0498
			环境价值 C6	0.0280

续表

总目标层 A	综合评价指标层 B	权重值	评价指标层 C	针对 B 层权重值
红色旅游资源评价指标 A	资源外延价值 B2	0.1884	资源组合程度 C7	0.4874
			开发潜力 C8	0.2468
			社会效益 C9	0.1373
			经济效益 C10	0.0885
			环境效益 C11	0.0400
	开发环境条件 B3	0.0810	市场区位条件 C12	0.4996
			旅游产业条件 C13	0.2506
			基础设施条件 C14	0.1376
			投融资条件 C15	0.0729
			政策许可条件 C16	0.0393

（4）红色旅游资源的模糊综合评价。

1）确定评价等级标准。根据红色旅游资源评价指标的属性，将每个评价指标划分为极高、高、较高、一般、低或优、良、中、差、劣 5 个等级。由此构建评语集 V = {V1 极高/优，V2 高/良，V3 较高/中，V4 一般/差，V5 低/劣}。

红色旅游资源评价指标模糊计分表

评价指标	评价等级				
历史文化价值 C1	极高	高	较高	一般	低
科学教育价值 C2	极高	高	较高	一般	低
参与体验价值 C3	极高	高	较高	一般	低
观赏价值 C4	极高	高	较高	一般	低
知名度 C5	极高	高	较高	一般	低
环境价值 C6	极高	高	较高	一般	低
资源组合程度 C7	优	良	中	差	劣
开发潜力 C8	优	良	中	差	劣
社会效益 C9	极高	高	较高	一般	低
经济效益 C10	极高	高	较高	一般	低
环境效益 C11	极高	高	较高	一般	低
市场区位条件 C12	优	良	中	差	劣
旅游产业条件 C13	优	良	中	差	劣
基础设施条件 C14	优	良	中	差	劣

续表

评价指标	评价等级				
投融资条件 C15	优	良	中	差	劣
政策许可条件 C16	优	良	中	差	劣

为了便于理解，以下是对具体指标的简要说明。

①核心价值，就是指构成事物的中心内核。就红色旅游资源来讲，核心价值是其发展潜力所在，也是增加红色旅游产品宽厚度和纵深感的凭借。

a. 历史文化价值。红色旅游资源属于人文旅游资源。人文景观在历史上是具有世界性的影响还是具有全国性或地方性影响，以及影响范围的大小，体现了人文景观的历史价值，同时也表明了对客源市场的吸引程度，它是红色旅游资源开发价值的主要表现形式，成为红色旅游开发的核心内容和主要题材。

b. 科学教育价值。主要评价红色旅游资源在建造形成、分类区别等方面广泛蕴含的科学内容和所具有的研究价值以及教育意义。中国的革命斗争史，蕴含着丰富的红色史实和红色精神，这是民族精神、民族气节的象征，更成为红色旅游资源科学教育价值的重要来源。

c. 参与体验价值。主要是红色旅游资源提供给旅游者亲身感受与体验特定历史时期革命事件与生活场景的价值。

d. 观赏价值。主要指红色旅游资源能提供给旅游者美感的种类和强度，既包括所具备的形式美，社会文化内涵，也包括物体形象或意境的象征性。它不仅给人以感官和心理上的满足，而且使人在思想、情感上得到启迪和升华。

e. 知名度。主要指红色旅游资源在社会上被人们所熟知的程度，以及享有的声誉大小。

f. 环境价值。主要指红色资源区自身的环境质量与价值，即资源所在地的气候、植被、水质、空气和污染等环境要素的客观状况。只有环境要素各方面有利于人的健康并且使旅游者感到舒适和赏心悦目，旅游者才会身感旅游环境的舒适。某种意义上讲，其环境价值的高低将直接影响旅游目的地的客源情况。

②资源外延价值是指区域资源的相对优势与红色旅游资源所带来的效益。

a. 资源组合程度。主要指资源组合的质量，它包括单个景点的多要素组合形式以及更大范围旅游区资源种类的配合状况。

b. 开发潜力。指红色旅游资源所具有的潜在实力和魅力，决定其开发生命力的强弱。

c. 社会效益。指红色旅游资源开发后带来的社会效应，红色旅游资源是思想政治教育的介体，推动广大公民思想道德的升华，弘扬其所代表的先进文化。

d. 经济效益。将革命老区的红色旅游资源优势转化为经济优势，通过市场运作，可以形成老区的经济增长点，为其经济社会发展注入新的活力，带动老区人民脱贫致富。

e. 环境效益。指红色旅游资源开发后为当地环境质量等带来的影响和效应。

③开发环境条件：指红色旅游资源在开发中面临的客观情况、形势等。

a. 市场区位条件。指红色旅游资源所在地区的市场状况与区位因素，其优劣程度对红色旅游资源的开发和红色旅游的发展将产生极大的影响。

b. 旅游产业条件。主要指旅游业的基础、发展状况以及发展趋势等。

c. 基础设施条件。包括交通条件和水、电、电信、能源等其他基础设施。交通运输是发展旅游业必备的前提条件之一，对它的评价主要着眼于可进入性和时效性。水、电、电信、能源等其他基础设施是旅游地技术建设中不可缺少的条件和因素，评价中应着重对其保证程度、规划发展和国民经济共享性进行分析和论证。

d. 投融资条件。旅游开发最终表现为资金的落实与投入，所以投融资条件是红色旅游资源开发建设的直接要素，它包括区域社会经济实力等综合方面。在评价开发利用可行性时，重要的是分析上述这些综合因素转化为现实财政因素的可能性和资金的到位情况。

e. 政策许可条件。指政府在政策引导、宏观调控中提供的客观发展条件。

2）求出模糊关系转换矩阵 $R(r_{ij})_{m\times n}$。

$$R=\begin{bmatrix} r_{11} & r_{12} & \cdots & r_{1n} \\ r_{21} & r_{22} & \cdots & r_{2n} \\ \vdots & \vdots & \ddots & \vdots \\ r_{m1} & r_{m2} & \cdots & r_{mn} \end{bmatrix}$$

其中，$r_{ij}(i)=1, 2, \cdots, m; j=1, 2, \cdots, n$，表示对第 i 个指标作出的第 j 级评语的隶属度。r_{ij} 由基于德尔菲法获取的每个评价因素评分的调查数据确定。r_{ij} 为 B 层指标下对应的 C 层指标 $u=\{u1, u2, u3, \cdots, un\}$ 被评为评语 V＝{V1 极高/优，V2 高/良，V3 较高/中，V4 一般/差，V5 低/劣} 中某一评语的次数占该指标所有评语次数的比值。由这些数据构成模糊关系转换矩阵 R。由于第一层次各因素都由第二层次（即底一层次）的若干因素决定，所以第一层次每一因素的单因素评价，是底一层次的多因素综合评价结果。R 是单因素评价的结果，即单因素评价矩阵。

3）模糊综合评价。令 $A=\{A1, A2, A3, \cdots, An\}$ 为指标权重集的一个子集，表示与第一层次隶属下的第二层次指标一一对应的权重值。

则模糊综合评价向量为：$B=A^{0}R$

其中，O 为模糊算子（模糊算子是指合成 A 与 R 所用的计算方法，即合成方法）。

4）模糊综合评价向量的分析——最大隶属度原则①。计算出模糊综合评价向量后，根据最大隶属度原则排序出其最大的隶属度，再根据该隶属度所映射到的评语作出评

① 朱世辉，杨春，李树勇，唐杰．结合层次分析法的模糊综合评价模型及其应用［J］．试验科学与技术，2006（6）：42-44.

价分析。

得出最后评价分数后，可以将其划分为 5 个质量等级，如下表。

红色旅游资源质量等级

等级	最大隶属度对应评价语
AAAA 级	极高/优
AAA 级	高/良
AA 级	较高/中
A 级	一般/差
—	低/劣

4. 江西红色旅游资源的评价

按照以上的方法与步骤，可以对红色旅游资源进行定量评价。红色旅游资源的评价体系基本上已构建起来。接下来将用该评价体系进行实证分析。为了更具有评价的针对性与可比性，本文将对江西整体红色旅游资源、井冈山红色旅游资源、南昌红色旅游资源分别进行评价。对 12 个旅游专家学者进行问卷调查，并以此数据为基础，运用该评价体系进行评价。该评价体系是在专家调查和问卷调查的基础上构建的，所得评价值与调查量、调查权威性有很大的联系，在进行调查时，应考虑到此问题。

（1）江西整体红色旅游资源评价。

江西省红色旅游资源等级模糊评价统计

评价指标	评价等级				
	极高/优	高/良	较高/中	一般/差	低/劣
历史文化价值 C1	8	4	0	0	0
科学教育价值 C2	4	8	0	0	0
参与体验价值 C3	0	2	8	0	2
观赏价值 C4	2	8	2	0	0
知名度 C5	2	6	2	2	0
环境价值 C6	4	4	4	0	0
资源组合程度 C7	2	2	6	2	0
开发潜力 C8	4	4	4	0	0
社会效益 C9	0	8	2	2	0
经济效益 C10	2	4	2	4	0
环境效益 C11	0	6	4	2	0
市场区位条件 C12	0	4	8	0	0
旅游产业条件 C13	0	4	8	0	0

续表

评价指标	评价等级				
	极高/优	高/良	较高/中	一般/差	低/劣
基础设施条件 C14	0	2	8	2	0
投融资条件 C15	0	0	10	2	0
政策许可条件 C16	4	8	0	0	0

注：表格中数字为被评为该等级的次数。

根据表中数据，对 C 层每一指标每个等级的隶属度(R_c)进行计算，然后对 R_c 进行加权，得到 B 层指标的隶属度(R_b)，然后根据 B 层指标权重 A，以模糊综合评价向量公式 $B=A^0R$ 得出江西省红色旅游评价向量。

$$B=A^0R=\{0.7306,\ 0.1884,\ 0.0810\}^o\begin{Bmatrix}0.4066 & 0.4353 & 0.1225 & 0.0083 & 0.0228\\ 0.1783 & 0.3045 & 0.3769 & 0.1403 & 0\\ 0.0131 & 0.2992 & 0.6526 & 0.0351 & 0\end{Bmatrix}$$

$$B=\{0.3288,\ 0.3996,\ 0.2134,\ 0.0353,\ 0.0167\}$$

根据最大隶属度原则，江西省整体红色旅游资源模糊评价向量为 0.3996，资源等级良好，可以被评为 AAA 级。从 B 层的评价来看，江西红色旅游资源的核心价值模糊评价向量的最大隶属度为 0.4353，资源核心价值高（AAA 级）。江西红色旅游资源外延价值的模糊评价向量的最大隶属度为 0.3769，其外延价值较高（AA 级）。同理，江西红色旅游资源开发环境条件评价为一般（A 级）。从该评价体系中可以看到江西红色旅游资源的优势和不足，以此为基础，采取有效的措施，将提升江西红色旅游资源的质量和等级。

（2）井冈山红色旅游资源评价。

江西红色旅游资源等级模糊评价统计——井冈山

评价指标	评价等级				
	极高/优	高/良	较高/中	一般/差	低/劣
历史文化价值 C1	8	4	0	0	0
科学教育价值 C2	8	2	2	0	0
参与体验价值 C3	0	8	2	2	0
观赏价值 C4	4	4	4	0	0
知名度 C5	12	0	0	0	0
环境价值 C6	4	8	0	0	0
资源组合程度 C7	2	4	6	0	0
开发潜力 C8	4	4	4	0	0
社会效益 C9	4	4	4	0	0

续表

评价指标	评价等级				
	极高/优	高/良	较高/中	一般/差	低/劣
经济效益 C10	4	4	4	0	0
环境效益 C11	0	12	0	0	0
市场区位条件 C12	2	4	4	2	0
旅游产业条件 C13	2	6	4	0	0
基础设施条件 C14	2	2	8	0	0
投融资条件 C15	0	6	4	2	0
政策许可条件 C16	4	8	0	0	0

注：表格中数字为被评为该等级的次数。

根据以上的方法和步骤，得出了井冈山红色旅游资源模糊综合评价向量 B = {0.4639，0.3374，0.1744，0.0244，0}。根据最大隶属度原则，井冈山红色旅游资源模糊综合评价向量的最大隶属度为 0.4639，评价等级为优（AAAA 级）。从指标 B 层来看，井冈山红色旅游核心价值的评价等级为优（AAAA 级）；外延价值评价等级为中（AA 级）；开发环境条件为良（AAA 级）。

（3）南昌红色旅游资源评价。

江西红色旅游资源等级模糊评价统计——南昌

评价指标	评价等级				
	极高/优	高/良	较高/中	一般/差	低/劣
历史文化价值 C1	8	2	2	0	0
科学教育价值 C2	6	6	0	0	0
参与体验价值 C3	0	4	6	2	0
观赏价值 C4	0	4	6	2	0
知名度 C5	2	8	2	0	0
环境价值 C6	0	2	10	0	0
资源组合程度 C7	0	6	6	0	0
开发潜力 C8	2	4	6	0	0
社会效益 C9	0	6	6	0	0
经济效益 C10	0	4	8	0	0
环境效益 C11	0	6	6	0	0
市场区位条件 C12	2	8	2	0	0
旅游产业条件 C13	2	6	4	0	0
基础设施条件 C14	0	8	4	0	0

续表

评价指标	评价等级				
	极高/优	高/良	较高/中	一般/差	低/劣
投融资条件 C15	0	4	8	0	0
政策许可条件 C16	6	6	0	0	0

注：表格中数字为被评为该等级的次数。

根据以上的方法和步骤，得出了南昌红色旅游资源模糊综合评价向量 B = {0.3356，0.3635，0.2743，0.0266，0}。根据最大隶属度原则，南昌红色旅游资源模糊综合评价向量的最大隶属度为 0.3635，评价等级为良（AAA 级）。从指标 B 层来看，南昌红色旅游核心价值的评价等级为优（AAAA 级）；外延价值评价等级为中（AA 级）；开发环境条件为良（AAA 级）。

5. 评价结论和开发建议

（1）评价结论。江西是红色旅游资源大省。江西红色旅游资源数量多、类型全；分布广且部分地区较为集中，南昌、吉安、赣州、上饶、萍乡 5 个地区为资源富集区；红色旅游资源的品位极高，不仅具有独特性，而且具有垄断性，在全国具有重要影响力。

江西还不是真正的红色旅游强省。江西红色旅游资源的核心价值高，外延价值较高，但开发环境条件一般，市场有限与人才短缺严重制约了红色旅游的发展。

（2）开发建议。

1）优先开发重点区域和资源富集区。努力将井冈山、瑞金、南昌建设成为国内一流、国际有知名度的红色旅游目的地，把萍乡、上饶、赣州建设成为国内著名、国际有一定影响的红色旅游目的地，同时建设一批省内著名、全国有一定影响的红色旅游目的地。

①井冈山红绿相映型红色旅游区：以井冈山北山烈士陵园、井冈山革命博物馆、茨坪革命旧址旧居、黄洋界哨口、茅坪、砻市等为红色旅游的代表，以五指峰、五龙潭瀑布、水口瀑布及其优良的自然生态环境为绿色旅游的代表，以厚重的红色革命文化为主线，以优良的生态环境为依托，坚持红绿相映的红色旅游开发模式。

②南昌城乡互动型红色旅游区：以八一起义系列景点、新四军军部旧址、江西省革命烈士纪念堂等为南昌城市中心红色旅游景点的代表，以新建区小平小道、梅岭方志敏烈士墓、安义县上高会战部分遗址等为城郊红色旅游的代表，在产品线路设计、宣传促销等方面坚持城乡互动。

③瑞金红色主体型红色旅游区：此区域旅游资源中“红色”占主体地位，应以瑞金“红色故都”景区、于都“长征始发地”景区、兴国“将军县”景区、“宁都起义”纪念景区等为主体，重点发展红色旅游，坚持走红色旅游主体型的发展道路。

④上饶多极综合型红色旅游区：以弋阳县方志敏纪念馆、漆工镇方志敏故居、漆

工镇暴动纪念馆、横峰县葛源镇闽浙赣革命根据地旧址及革命烈士纪念馆、上饶集中营旧址等为红色旅游的代表，以三清山、龟峰、黄冈山等为绿色生态旅游的代表，以万年“世界稻作文化”、婺源古村落、道教文化、鹅湖书院、葛仙山、河口及石塘老镇等为古色旅游的代表，表现为红色旅游景区的多极分布以及旅游组合方式的多极综合。

⑤萍乡多色并举型红色旅游区：以安源路矿工人运动系列景点与萍乡秋收起义系列景点为红色旅游的代表，以武功山为绿色生态旅游的代表，以萍乡傩文化、杨岐山普通寺为古色旅游的代表，坚持“红、绿、古”三色并举的发展道路。

⑥九江红色点缀型红色旅游区：依托庐山“世界文化景观”、鄱湖“国际重要湿地”的著名品牌，利用良好的区位条件、优良的生态环境、丰富的自然景观，以九江工人收回英租界纪念地、九江八一起义策源地旧址、庐山国共第二次合作谈判旧址、庐山抗战谈话会旧址、湖口渡江战役西起点纪念地、庐山会议旧址、庐山革命领袖人物旧居、万家岭大捷遗址、共青城胡耀邦陵园、修水秋收起义纪念地等红色旅游景点作为点缀，组合成“红色点缀型”的旅游产品，促进九江（庐山）旅游区的发展。

2）坚持区域合作，整合资源联动开发。区域合作是旅游业的发展趋势之一。江西与周边省市的红色旅游资源存在同质、互补或相异的多种联系，应正确处理与周边省市旅游资源和旅游产品、旅游市场的竞合关系，促进共同发展。因此，江西省在发展好省内红色旅游区域合作的基础上，应加强与周边省市红色旅游区的协作，逐步建设好以下三个省际红色旅游协作区：

①湘鄂赣红色旅游经济协作区：加强与湘潭市韶山毛泽东故居和纪念馆、湘潭市湘潭县彭德怀故居和纪念馆、长沙市红色旅游系列景区、武汉市红色旅游区、黄冈市大别山旅游区等的合作，主要推广赣湘红色文化旅游精品线路“南昌或井冈山—萍乡—韶山—长沙”和赣鄂红色文化旅游精品线路“武汉—黄冈—九江（庐山）—共青城—南昌—井冈山”。

②赣浙沪红色旅游经济协作区：利用良好的区位和交通优势，加强与上海红色旅游景区、嘉兴市南湖景区、杭州等的合作，引进其先进的经营、管理、开发理念，重点推广赣浙沪红色文化旅游精品线路“南昌—龙虎山—上饶—三清山—杭州—嘉兴—上海”。

③“中央苏区”红色旅游协作区：由于“中央苏区”主要依托赣南和闽西地区，因此在“中央苏区”红色旅游资源开发利用上，要在联合促销、产品设计等方面加强与福建龙岩市红色旅游系列景区（点）、三明市红色旅游系列景区（点）等红色旅游区的合作，重点推广“中央苏区”红色旅游主题精品线路“赣州—瑞金—长汀—宁化—龙岩”。

3）项目开发突出“活”力与“动”力。多种旅游形式相结合，扩大红色旅游的活动内容，增加红色旅游的趣味性和参与性。要逐步改善和提高展馆档次，改变简单的图片展示和橱窗式的文物陈列，使表现手段更加科学化、现代化。可采用现代声光电技术立体多维展示或互动展示，可开设一些体验式、参与式的旅游项目，丰富产品的内涵。

①活起来：动态与静态结合挖掘革命文物内涵。据了解，每到一处红色景区，游客往往对当地红色文物背后的革命故事更感兴趣。“红色故事大家点”是瑞金在红色旅游发展中推出的新举措。为了让游客尽情地体验红色情怀，瑞金市有关部门收集整理了许多尊重历史、颇有兴趣的小故事，率先实施了“倾听红色经典——珍藏红色故事大家点”的做法。例如，是谁选定在瑞金建国定都？凡是到这里的游客都可就这些珍藏故事即兴点问。

②动起来：参观与体验结合追求真实感。红色旅游资源在开发过程中，除了要突出其可观性，引导游客参观游览外，还要强调其可感性，让游客参与其中，亲身去体验感受。例如，开发“吃一次红军餐、走一趟红军路、看一场红军戏、唱一首红军歌、逛一趟红军店、打一场红军仗、进一次红军营、听一堂红军课”等系列旅游项目。

4）加强宣传促销，扩大市场份额。

①充分利用各种媒体手段进行全方位宣传。旅游信息有效发布是吸引潜在游客的一种重要手段，充分利用各种媒体手段对红色旅游资源进行全方位的宣传，是扩大红色旅游市场的必然选择。除报纸、杂志外，在互联网日益深入人们生活的时代，充分利用网络这一资源扩大对红色景区的宣传，可以迅速提升景点的知名度。

②充分利用旅游节事进行旅游宣传促销。结合建党、建国、建军等重大纪念活动以及其他重大节庆日，充分宣传革命老区开展的各项红色旅游活动以扩大景区的知名度和影响力，从而开拓更多潜在的客源市场。可开展“红博会”、“红歌会”、“军乐节”、“红事会”、“红旅论”等旅游节事活动。例如，全国第一个以红色旅游为主题的旅游盛会——2005·中国（江西）红色旅游博览会，就是一个拉动多方社会力量的典型范例。“红色摇篮、绿色家园”演绎的红色激情和江西省各地举办的系列旅游营销活动，共吸引了38个国家及港澳台地区和国内28个省份的120余处红色景区，3000多家旅游企事业单位，旅游招商引资签约项目近百个，招商签约金额高达58亿元，观展的中外游客达到102万人次，非常成功地扩大了红色旅游资源的影响面。

5）强化红色旅游人才队伍建设。高素质的旅游专业人才是深度开发江西红色旅游资源的动力源。但是，由于红色旅游地多为革命老区，经济发展落后，工作条件较为艰苦，因而客观上存在着省外人才不愿来，本省人才留不住的尴尬局面。专业人才缺乏是江西红色旅游资源开发的一大瓶颈。开发江西红色旅游资源不论采取什么样的手段、实施什么样的方案，归根结底都要靠人去把握，靠人去操作。因此，必须从人才支撑上保证江西红色旅游资源开发的有效进行。

①要培养内部人才。旅游业不仅要合理使用人才，而且要大力造就人才。应对在岗职工进行周期性的培训或选派人员去旅游业发达地区学习，使其旅游专业素养得到逐步提高。

②要引进专业人才。引进专业人才主要有两个渠道：首先是吸收旅游大专院校优秀毕业生；其次是吸收旅游业内有经营管理经验和开拓创新精神的人才。值得强调的

是，引进人才的同时还要留住人才，要改善人才的工作待遇和工作生活环境，给他们创造广阔的发展空间。

③要整合专门人才。旅游业是具有高度综合性的产业，与此相适应，旅游资源开发所涉及的领域也十分广泛。卓有成效的旅游资源开发，需要建筑、地理、园林、历史、文化、民俗、经济、旅游等各领域人才的通力合作。确立灵活的用人机制，吸引国内外各类优秀人才服务于江西省红色旅游资源深度开发工作。

三、江西红色旅游资源开发的项目主题策划和市场营销

红色旅游资源开发项目主题策划是一个复杂的系统工程，它涉及历史、文化、建筑、美学等多种学科知识的应用。本文涉及的红色旅游资源开发的项目主题策划原则是着重把握江西红色旅游资源的区域性和组合度、文化性与自然性、历史性和当代性、现实性和发展性的有机结合，努力实现形式完整与内容丰富的统一，实现局部个体与区域整体的有机融合，突出红色品牌的内容创新和艺术创新，注重游客的参与兴趣和体验动力，以符合现代人的审美要求和情趣。

1. 形式与内容的和谐统一，完善江西省红色旅游理念识别系统（MIS）

理念识别系统是体现江西省红色旅游本质特征的文化价值体系，是旅游形象系统的核心内容。在旅游市场竞争越来越激烈的现代，旅游地在公众和游客面前的理念形象，往往成为竞争成败的关键因素。理念形象策划的任务就是建立、扩大和提高旅游的声誉、信誉和知名度，建立和不断提高旅游地的无形资产。它一般是通过简洁明了、通俗易懂的口号形式表现出来的。

以江西省的红色旅游资源为基础，以红色旅游产品为依托，江西红色旅游主题形象为：红色摇篮、绿色家园、五色江西。五色为红色、绿色、蓝色、土色、古色。根据其整体形象定位，设计推出一套相关的促销宣传口号，以进一步完善和强化主题旅游形象，让国内外游客了解其主题形象，根据不同阶段、不同景点、不同目标市场适时推出宣传口号。

（1）江西旅游主题形象定位。这是旅游开发的脉络，是影响旅游项目聚集人气的关键。围绕红色进行项目主题开发，把江西省红色旅游主题形象感召词确立为：走进红色江西，净化心灵之旅。根据江西省红色的历史文化和多姿的自然风光状况，之所以将江西省的红色旅游主题形象作这样的定位，是因为：

1）只有以红色文化底蕴为基础，以红色旅游产品为支撑，才能努力将红色旅游的政治功能、经济功能、文化功能最大程度地发挥出来。

2）只有注重发展红色旅游综合效益，将政治建设、经济建设、文化建设和社会建设有机地结合起来，才能将精神财富转化为社会财富，探索一条产业良性循环之路，

最终造福社会、造福人民。

3）这是充分挖掘利用江西省的丰富独特、多姿多彩的自然旅游资源和人文旅游资源，围绕“红色”开发自然观光游、漂流探险游和文化美食游等旅游产品的必然选择。

4）这是围绕红色文化风光游，开发好客家乡土体验游、白色陶瓷文化游和古色村落考察游等旅游产品的需要。

（2）江西红色旅游宣传口号。以江西红色旅游特色确定相应对外宣传口号。

1）国内宣传口号。

走进红色江西，追寻红色记忆。

体验红色情怀，倾听红色经典。

寻根红色中华，游览红色摇篮。

2）省内宣传口号。

发扬井冈山精神，做好山江湖文章。

红色的江西欢迎您。

神奇的红土地，五彩的大世界。

（3）境外市场形象。

新中国的故都，客家情调的自然文化原生态旅游地。

走进江西，体验红色激情。

认识 China 从江西开始。

2. 健全江西红色旅游视觉识别系统（VIS），完善红色旅游的标志工程

视觉识别系统是体现 MIS 的视觉传递形式，它是静态的旅游形象展示。旨在公众心目中形成极强的视觉冲击力和持久的烙印。

（1）江西红色旅游标识。设计江西省红色旅游标识，由名称、图案、标准字体、标准色彩和独特寓意组成。突出红色、绿色、蓝色、土色、古色五色江西，其名称为“红土地旅游”，标准字体为中文和英文；在全国范围内征取图案，同时进行旅游炒作。

将江西红色旅游标识运用于涉游单位的信封、公函、文件、方便袋等各种办公用品上，设计附着在旅游景点服务人员的徽章、服饰等，旅游景区的门票、宣传材料、旅游文化纪念品等，交通工具、招牌、各种旗帜等合适的地方，使人们形成一致的效果，令人产生安全感和信赖感。

（2）旅游景区的标志性工程。标志性工程是树立特色鲜明的旅游形象的重要媒介。世界上旅游发达的城市和地区都有与其知名度和美誉度相配套的标志性工程，如北京的天安门广场和万里长城、泰国的大王宫、美国的自由女神像等。到江西省旅游，追寻红色记忆；来江西省旅游，体验赣文化风情；按江西省内各城市红色旅游的品牌形象塑造，分六大红色旅游区域，形成旅游地形象叠加，防止旅游地形象遮蔽，消除人们想起红色旅游仅想到井冈山，到了井冈山就是完成了江西红色旅游的错觉，提高江西其他地方红色旅游的影响力，通过六大红色旅游景区开展相互间的宣传活动，形成旅游地的不同的个性形象。例如，人民军队的摇篮——南昌，共和国摇篮——瑞金，

中国革命摇篮——井冈山，工人运动的摇篮——萍乡，红色将军的摇篮——兴国，秋收起义发源地——赣西北，血染的红色丰碑——上饶。

江西可以从现有六大红色旅游区的旅游资源中选择知名度高、看后能留下深刻印象的人造景观作为标志性景观进行宣传推广工作，如南昌八一起义纪念塔、兴国将军广场等能代表江西红色文化的特有建筑工程景观，就是融艺术、文化、环境和建筑等为一体的全新标志景观。

（3）推广标志性花卉和水果。2004 年，为了展现江西省风景名胜区新的对外形象，提升江西省风景名胜区的历史文化品位，江西在全国范围内公开征集了江西省风景名胜区徽标设计方案。杜鹃花是江西省省花，象征江西省丰富的红色革命人文景观。经江西省人民政府批准，五瓣杜鹃花形图集确定为江西省风景名胜区徽标。

南丰蜜橘是江西省的名贵特产，为我国古老柑橘的优良品种之一，历史上就以果色金黄、皮薄肉嫩、食不存渣、风味浓甜、芳香扑鼻而闻名中外。据古籍《禹贡》记载，早在 2000 多年以前，南丰一带所产的柑橘，就已被列为“贡品”。唐宋八大家之一，南丰籍的曾巩，曾写诗赞美家乡的柑橘：“家林香橙有两树，根缠铁钮凌坡陀。鲜明百数见秋实，错缀众叶倾霜柯。翠羽流苏出天仗，黄金戏球相荡摩。入苞岂数橘柚贱，芼鼎始足盐梅和。江湖苦遭俗眼慢，禁御尚觉凡木多。谁能出口献天子，一致大树凌沧波。”南丰蜜橘作为江西红色旅游的标志性水果有厚重的历史意义，让人容易接受。

（4）设计标志性服饰。江西红色旅游没有标志性服饰，有的地方用红军服。挖掘地方特色的服装，可以采用征集的方式，评选江西红色旅游标志性服饰，在旅游区从业人员中推广。在情景旅游的大环境下，一定会给江西旅游形象再画上绚丽的一笔，给游客留下深刻的印象。

（5）推选标志性饮食。江西以赣菜为其主流菜系，酥烂脆嫩，鲜香可口，咸辣适中。滕王阁上王勃欣命“洪都鸡”，白居易感怀“思乡鱼”、朱元璋饿吃“流浪鸡”，都是赣菜与名人的佳话。江西的特色菜有“四星望月”、庐山石鱼、脆皮石鱼卷、赣味乳狗肉、匡庐石鸡腿、豫章酥鸡、虫草炖麻雀与五元龙凤汤、赣南小炒鱼、南昌炒粉、煌上煌酱鸭等，加以宣传推广，在全国推选江西标志性饮食以满足中外游客品尝江西美食的愿望。

3. 拓展红色旅游行为识别系统（BIS），搞好资源开发项目主题策划

江西红色旅游产品多为革命旧址考察、革命纪念馆参观、革命纪念碑瞻仰等。以革命旧址为例，多为“一个土房子、一张桌子、一把椅子、一张照片、一盏油灯”，有的放了当年式样的军兵器，游客看了一处就知道下一处是什么样子，展示的手段大多雷同，缺乏游客的参与性与互动性，难以提升游客兴趣。

2008 年起，全省综合博物馆、全国爱国主义教育基地的博物馆、纪念馆和全省文化文物系统归口管理的省、市、县级博物馆全部向社会免费开放，这给发展红色旅游带来了挑战，同时也是发展红色旅游的新契机。

在新的形势下，发展红色旅游需要改变传统的思路，扩展红色旅游产品链。通过免费开放，江西地方要争取国家场馆建设的专项资金，做好免费开放的场馆建设，扩大纪念场馆在全国甚至全世界的影响。通过免费开放吸引游客来江西，开发红色旅游，通过旅游产品获得经济效益，进行观光产品与住宿产品、餐饮产品、购物产品、娱乐产品的有效组合，并把“红色旅游”、“绿色旅游”、“蓝色旅游”与“民俗风情游”等多种形式结合起来，科学规划，形成综合型、复合型的旅游产品。

江西的红色旅游的项目策划必须围绕革命摇篮这一主题。在现有井冈山、瑞金为核心的红色旅游胜地的基础上，对其内涵不断地研究和挖掘，加快南昌、安源、秋收起义之地修水、铜鼓等红色旅游景区的建设步伐，加强周边的旅游开发，力争尽快投放市场。为增强红色旅游的吸引力，在传统的参观活动的基础上，努力体现红色旅游的特色和旅游接待的专业水平，通过多种旅游形式相结合，扩大红色旅游的活动内容，增加红色旅游的趣味性和参与性，开设一些体验式、参与式的旅游活动内容，逐步改善和提高展馆的档次，改变单纯的图片和橱窗式的文物陈列，使展览更加现代化、科学化。

在南昌、井冈山、萍乡、赣州、瑞金等的历史街区、城市雕塑、主题公园建设等围绕红色做文章，极大地彰显红色文化，突出江西区别其他省的特色，可设计如下旅游项目：

（1）建立红军生活体验文化村，注重游客的体验式活动设计。建造就地展示型与异地模拟型结合的红军生活体验文化村，由红军长征纪念园、民俗文化村两大部分构成，地址可选择在瑞金一实地村落。

在长征纪念园内，模拟红军当年长征过程中爬雪山、过草地的艰苦局面，让游客参与进来，感受红军当年艰苦生活，再现红军当年的英雄场面，把红军长征沿途的景点浓缩为一体，让游客在江西就可以感受到红军长征途中的艰难险阻，使游客在短时间内能够领略当年长征路途全貌，寻访长征事迹，体验长征艰险以及学会野外生存等知识，从而达到缅怀红军业绩、丰富知识阅历和实现自我价值等旅游目的。

民俗文化村可以让游客在体验革命传统教育的同时，感受客家文化，体验浓郁的客家风情。围屋民居的住宿接待，多姿多彩的民俗节庆活动，清新高扬的客家山歌，风味独特的客家饮食，朴质美观的工艺品与服饰等，不仅是一道道美丽的风景，更是展示着客家人善良古朴的文化传统与生活方式。

在红军生活体验文化村进行旅游项目和产品开发：

1）“让游客当一回演员”。再现历史，走进峥嵘岁月。在红色旅游地遂川、永新、瑞金、兴国等地可采用情景再现的形式开发红色旅游资源。

2）红军被服厂劳动场景再现。再现当年制军衣的场景，可让游客参与织布，让游客织袜子、纳鞋底、编草鞋、做斗笠等项目，游客做的成果可以带走，同时旅游点也出售一些相关的工艺品。

3）设置红歌大舞台。中国红歌会吸引了大量的电视观众，红遍了中国大江南北，在红色旅游景区设置红歌会大舞台，模拟红歌会比赛场景，让游客换上相应的演出服装唱红歌，表演红军特色的舞蹈，使当年革命历史得以重现，专业演员的演出与游客的演出相结合，让游客可以尽兴参与表演，身临其境，同时现场录像并制作成光碟。

4）运用高科技再现战斗场景。吸引青少年游客。借鉴井冈山斗争全景画声光电演示馆的形式，利用南昌起义、秋收起义的历史事实，通过现代计算机虚拟现实技术，设立虚拟旅游体验馆，开发出高科技再现的战斗场景、电子游戏等。江西的主要景区点通过高科技的声光电技术，如创建集三维动画、仿真音响和触觉于一体的革命遗址虚拟景观，利用提供的电脑虚拟技术，让游客感受当年的风土人情和革命精神，增加红色旅游的吸引力、体验性和震撼力。

5）做一回红军军校生。作为青少年夏令营和周末活动的内容。利用现有的红军活动纪念地，让青少年游客了解红军当时学习、军事训练、用餐、住宿的情况，要求游客完成训练科目，体验当年红军生活、训练的场景。

6）角色旅游。景区编好相应的剧本，游客通过担任不同角色，再现秋收起义、南昌起义、安源工人运动等历史场景，让游客进入当年烽火岁月。

7）引进热气球项目。组建热气球运动俱乐部，让游客乘上热气球俯瞰一次革命时期的旧战场，介绍当年战争情况和当年革命根据地的分布情况。

8）20 世纪二三十年代江西农家生活体验。选一些典型的江西农家生活方式，仿照二三十年代红军时期江西农家生活状况，让游客住在农家，干农家活，吃农家饭，参与养猪、养鸡、养鸭、放羊、钓鱼、种菜等活动，体现厚重的江西乡村文化。

9）革命历史场景游戏活动。在纪念馆、展示陈列馆设置游戏馆，通过多媒体手段，以生动的形式展示内容，如就当年革命根据地发生的革命活动，或史实中某一战役的经过，双方参战部队和将帅、双方部队使用的武器装备等内容，设置有趣的测验和模拟，吸引众多游客动脑动手，让其在轻松互动的娱乐中获得军事体验和红色传统教育，可以向正确完成者赠予有关题材的纪念品。

10）红色旅游线路自驾车旅游活动。大多数红色旅游资源处于原始的未开发状态，这是一个非常有挖掘潜力的市场。自驾车运动是近期国内外兴起的一项有挑战性的时尚运动，自驾车的车主多为城市中中等以上收入者，向往山林、向往田野、向往自由，是一群有爱心和不畏艰苦的性情中人。自驾车到老区去，走当年红军走过的线路，感受当地的风土人情，将现有的红色旅游景点串成旅游线路，一路在游览风景的同时，受到爱国主义教育，在线路上设计一些汽车旅游的配套设施，如汽车旅馆、停车场等。

（2）红色旅游项目的开发与江西的非物质文化遗产保护结合起来。随着人们精神文化需求的不断增强，人文景观资源对游客的吸引力越来越大，非物质文化资源所占的比重迅速上升。利用非物质文化资源发展旅游事业，也可以增强游客以及当地政府对这一资源的重视与珍惜，并促使各旅游地对非物质文化资源的进一步挖掘、整理和保护。

非物质文化遗产是世界各族人民世代相承，与群众生活密切相关的各种传统文化表现形式和文化现象。非物质文化遗产既是历史发展的见证，又是珍贵的、具有重要价值的文化资源。非物质文化遗产包括：口头传统和表述；表演艺术；社会风俗、礼仪、节庆；有关自然界和宇宙的知识和实践；传统的手工艺技能。

历史悠久，人文荟萃，丰富的物质文化遗产和蕴含于其中及传承于民间的非物质文化遗产遍布赣鄱大地。江西是中国革命的摇篮，有许多重要的革命历史文物、遗址，尤其以传统民居、革命旧址为代表的古村古镇遗存丰富，同时历史文化积淀深厚，各红色旅游地在形态和风格上各具特色，形成了具有深厚的文化底蕴的赣文化特色的地方非物质文化遗产。截至2013年，列入省级非物质文化遗产名录共计370项（其中第一批62项，第二批102项，第三批206项），共有46项入选国家级非物质文化遗产名录（其中第一批入选19项，第二批入选16项，第三批入选11项）。

这些非物质文化遗产分布在江西红色旅游地的各个景区，从保护好优秀文化传统入手，注重保护、发掘和引导各地长期传承下来的礼仪、节庆以及民间曲艺、庙会、赶墟等反映当地生活情趣和民俗风情的社会习俗；注重保护原来城市的古村古镇的历史风貌和文化风情，突出地方特色，注重品位，避免盲目趋同化建设，保留每个景点自己的特色。

红色旅游项目的设计要与非物质文化遗产保护结合起来，用红色的题材，用江西特色的音乐、舞蹈、地方戏剧等文化方式，开发好红色旅游产品以吸引游客，丰富红色旅游的内容；用传统的手工技艺，开发地方特色旅游商品，促进旅游地的地方就业。不仅在传统的形式上更注重传统的内涵开发旅游产品，还在红色旅游与非物质文化遗产结合方面，在加大对非物质文化资源保护资金投入的同时，建立相应的投资渠道和资金扶持机制，确保旅游活动中的非物质文化资源保护。应重点做好如下几个方面的工作：

1）旅游地的政府要建立对非物质文化遗产保护与旅游开发政策体系，完善法制，对旅游开发与市场准入、旅游开发过程中利用非物质文化遗产资源的行为，进行分类指导，明确规范保护与开发利用的标准界限。对于可供旅游开发利用的非物质文化，则要在尊重其历史价值和文化规律的前提下，恰当开发利用。鼓励通过合理开发而取得经济效益的旅游机构，投入和支持文化保护工作的深入开展，以保证非物质文化的可持续发展和旅游业的良性循环。

2）加强对江西非物质文化遗产的理论研究和宣传教育。在红色旅游与非物质文化遗产保护与旅游业开发这两个领域中，开辟新的研究课题，力求从理论到实践形成一套比较科学、完善的学术、管理、操作体系。在旅游活动的场所及过程中，引入对非物质文化资源历史文化价值及保护意义的宣传教育，通过生动真实的介绍、讲解和宣传，激发游客对非物质文化遗产保护工作兴趣，同爱国主义教育结合起来，增加旅游活动文化含量，提高旅游活动吸引力。

3）关心和爱护技艺高超的艺术家、工艺美术家和匠人。赋予他们较高的社会地位，以激励他们在工艺方面的提高和手艺的传承，组织他们参加一些电视台方面的节目，扩大其影响。组织和鼓励艺人在全国各地表演。丰厚生动的民族民间非物质文化资源开发潜力大，这些资源若利用得当，无疑将会为江西的旅游业增添无尽的魅力和效益，扩大江西旅游对外的影响。

4）注重社区居民参与。革命文化、民俗文化应原生地保护在其所属社区及环境之中；原封不动地保留一切有关的革命文化、民俗文化记忆，作为一种文化延续和继承的见证；以社区居民的亲自参与和亲自管理为基础，社区居民将在保护革命文化、民俗文化中获益，旅游者也将得到学习、了解该文化的机会。

5）加强科技力量的支持力度，积极引入高科技手段，在旅游活动中提高非物质文化资源的保护效率。

（3）将红色旅游与生态教育旅游结合起来。江西的红色景点大都处在位置偏僻、经济欠发达、生活比较贫困的革命老区，根据其独有的革命历史旧址资源和接近原生态的自然风光，将红色旅游和自然生态旅游结合在一起，拉动当地经济发展，可创新地设置如下旅游项目：

1）生态养殖园旅游。建设集饲养、玩赏、狩猎、“绿色”餐饮、绿色产品销售为一体的生态养殖园。生态养殖是适应现代食物观念要求的一种健康养殖方式，这种方式依靠科技进步，实现生态和经济两个系统良性循环。生态养殖技术是在良好的生态条件下所从事的高产量、高质量、高效益养殖技术，是一种尊重自然科学和自然规律的理性生产模式，这种模式有利于引导集约化生产和农村适度规模经营，推动农业向产业化、社会化、商品化和生态化方向发展。

可以根据不同地方的特点，如有养鱼、养猪、养牛、养羊及特种养殖的均可开发旅游项目，供人们了解现代的饲养方式，增强人们的知识性、趣味性。同时也可以放养一些鸵鸟、锦鸡、鹌鹑、珍珠鸡、竹鼠、鹿等经济动物，供人们观赏，让游客喂养体验；有条件的可设立狩猎场，供人们狩猎；设置“绿色”餐厅，基本饮材都来自牧场；提供自助烧烤及生态农产品销售一条龙服务。

2）生态旅游牧场。供人们观赏的现代水产业、畜牧业与大自然结合的旅游景点。美国、日本和西欧等国都有类似的旅游项目，但我国还没有这种对大自然崇尚和回归的旅游项目，生态旅游牧场是一种发展前景较好的旅游方式。

3）生态观光果园旅游。江西的红色旅游资源主要地处山区，一般有桃、李、梨、葡萄、桔子、草莓等水果，品种多，质量好，如赣南脐橙、南丰蜜橘、九江草莓等。在红色旅游线路上开发果园旅游项目，如果品自采、果品品尝、水果文化展、昆虫标本展、生态果园观光等。让游客到果园，手提果筐，在果树下、果林间中，尽情地享受采摘的喜悦和乐趣；参观展览、听讲解，为游客提供了一个果树和果品的科普场所。

4）无公害蔬菜园旅游。一种潜在的旅游产业资源，以此作为红色旅游综合开发，游客住农家山庄，品味农家小吃，吸引游客参与生产、制作，体验农家生活的乐趣，体验淳朴的农家风情。

（4）将红色旅游同影视拍摄制作结合起来。

1）建设红军影视城。秋收起义全国闻名，其发生在修水县，湘鄂赣革命根据中心也一度在修水。这里自然景色优美，当前仍有一些旧址未能得到很好的保护和开放。利用当年秋收起义和湘鄂赣革命根据地的有关历史建筑，组建红军影视城，再现20世纪二三十年代革命根据地的风貌，形成集赣文化、红色文化、影视文化于一体的旅游线路。如可选定修水的一个乡村，再现二三十年代修水县城的建筑、街道，成为影视片拍摄制作基地，同时开放作为旅游点，再现当年的风情，展示“宁红”茶艺、江西小吃。将一些江西特色的非物质文化遗产保护的戏剧如江西赣剧、采茶剧、全丰花灯、修水宁河戏等歌舞在影视城中演出，同时挖掘赣文化特色的其他旅游项目，销售江西农副产品，集中展示江西传统文化，成为影视剧的拍摄基地和旅游区。

2）建设水上拍摄影视城。利用江西山清水秀的特点，利用现有湖泊资源众多的优势，选择如柘林湖、仙女湖等水面较大且平静清澈，小岛众多的地域，开展多种水上娱乐项目，如打造大型旅游船，在船头进行红色歌舞音乐表演；购置小型游船，游客可以在专人指导下划船游玩，开展划龙船、游泳、潜水等参与性活动；开设钓鱼、游船等项目，以丰富游客的旅游生活。

3）影视城拍摄制作与红色旅游互动。为了突出影视旅游的特色，搭建相应摄影棚，购置服装道具，重现拍摄现场，播放有关电影制作的专题片，以满足游客对拍摄电视电影的好奇；挖掘红色故事，江西的革命历史中充满了感人的故事，深度挖掘文化，挖掘鲜活的故事，编制一些富有江西民俗特色的短剧，结合成年仪式、婚俗、祭事、角色剧等让游客当一回演员，由游客担任主角参与拍摄，体验影视剧拍摄制作过程，然后及时制成光盘让游客带回家；利用影视城拍摄中明星多的优势，借助剧组的影响力定期举办旅游宣传，策划让游客与明星互动，以满足游客追星梦想；宣传拍摄的电视电影，通过影视片的播放，扩大影视城的知名度，吸引游客到影视城旅游。

通过精品的影视剧的拍摄和在全国的播放，扩大江西红色旅游的影响，进一步提升游客到江西旅游的积极性。

4. 重视红色文化旅游形象传播，做好旅游市场营销策略

塑造江西省红色旅游形象、树立江西省鲜明的红色旅游感知形象，应充分利用各种形象传播方式，广泛开辟各种公共关系途径，精心策划形象推广活动，有效运用市场促销手段，达到拓市场、增客源、增效益、促发展的目的。面对全国各地激烈的红色旅游市场竞争态势，江西的红色旅游经营宣传还应出新出奇，通过促销的多样化，实现从“让人知”到“让人来”的变革。由于红色旅游资源公共性和旅游产品的不可流动性，在旅游市场经营上既要搞好形象宣传，又要搞好产品促销，在营销形象推广与传播上注意运用如下策略：

（1）注重宣传地方形象，做好电视和网络媒体的宣传。形象宣传应该是政府所为，首要的是宣传地方形象，然后宣传地方旅游形象。这种宣传形式是多种多样的，可以通过以下方式开展：一是广泛开展对外交往，如缔结友好城市、开展经贸合作

和文化交流等；二是通过创建活动，打造城市名牌，树立对外形象；三是利用省内外媒体进行宣传。产品促销应该由企业跟进宣传，可以采用以下方式展开：一是参加旅游促销会；二是举办节庆活动；三是有目的地做市场推广工作。这样通过“走出去”与“请进来”相结合，双管齐下，提高知名度，提高竞争力。可以采用参加旅游交易会、举办节庆活动、制作专题片、举办摄影展览、邀请旅游经销商考察路线等多种营销手段。

电视形象广告是国内外旅游形象传播的基本手段。电视媒体以其直观性、实时性、普及性而成为当前效果最好的形象广告载体。应选择国内外相关的、权威的强势电视媒体，发动形象推广与传播攻势。在方法上，注重文字媒体和声像媒体的结合，形成立体效果。要注重红色旅游风景商业广告与新闻报道的结合，产生整体形象推广传播效应。

网络促销面向的受众广，运行成本低，具有跨时空、客户访问方便等特点，越来越成为现代信息社会最有效、最普及的旅游形象传播手段。搞好网络促销，要注意做好江西省红色旅游景区中、英文网页，逐步建立日、韩、法、德等多国语言网站，全面系统地介绍江西省的红色旅游，扩大内容覆盖面，及时报道江西红色旅游的各种活动。

建设好网上博物馆。要以人为本，在展现一般历史事迹和战斗遗址基础上，对在中国革命历史上的知名人物要进行重点介绍，讲好故事，并以此为展示主线，进行陈展，吸引国内外游客。

网页设计要注重景点的吸引和服务功能，须以游客需求为中心加以设计，方便游客访问，提高江西旅游的感召力。

（2）利用红色历史纪念日，做好旅游地的宣传。国家的政治活动、政策导向牵动红色旅游的淡旺季甚至兴衰，影响红色旅游可持续发展。学习教育、“先进性教育”先后掀起了红色旅游的热潮。

利用我国红色历史节庆活动如“七一”、“八一”、“秋收起义”爆发日、“井冈山革命根据地”建立日等年庆活动，开展学术研讨，争取中央媒体的报道。做好红色旅游地形象塑造，使国内干部群众能熟记举办地地名及相应的特征、宣传口号等。挖掘、整理、办好红色旅游节庆活动，如充分利用建军节、秋收起义爆发周年纪念日、天下第一山——井冈山革命根据地创立周年纪念日，积极组织宣传，扩大知名度和影响力。

继续办好中国红歌会、世界军乐节，邀请文化界、学术界名人和各大媒体参加，形成系列报道，在一定时期内，吸引大众的眼球，提高全国人民的关注度。

在节庆活动中，注意营造红色文化氛围，形成立体宣传攻势。例如，举办长征文化节、井冈山精神研讨会、红色旅游商品交易会，在城市繁华地段、火车站、高速公路入口等地方挂巨幅宣传图宣传红色旅游景点。应针对不同的客源市场，举办主题活动：针对中青年举办以“革命圣火的传递、长征精神的延续”为主题的接力赛，与体育相结合、发扬长征精神；针对青少年市场举办“革命知识问答赛”，丰富学生的革命知识，加强革命意识；针对老年人开设专门的“夕阳红专列”，满足他们的“红色”情结。例如，利用红歌会的名牌效应，聘请红歌星担任江西旅游形象大使，借红歌会的社会效应，宣传与传播江西红色旅游形象；可策划江西红色旅游大篷车方式，在主要客源地进行巡回宣传、演出，引起轰动效应；与湖南、湖北、广东、福建等省进行区域合作，实行捆绑式营销、跳跃式对接，整合进入江西红色旅游，吸引业内人士和公众的注意。

（3）做好中国传统节日的文章，强化市场促销活动。在“清明”、“五一”、“端午”、“中秋”、“十一”、春节等节假日和学生寒暑假前在主要客源城市，如北京、上海、广州、深圳、武汉等重点大型城市，组织面向公众的旅游推介活动；可投入一定的资金，借助报纸、刊物、电视举办“江西红色旅游”“江西革命斗争史”等知识竞赛活动。

省市旅游局出面牵头组织各地市红色旅游发展促进会，借助江西省旅游协会等专业社团，每年组织旅行社、景区等召开江西省红色旅游市场促销会或推介会，加强旅游区间交流，相互宣传。在做好原法定节假日的红色旅游宣传工作的同时，注重做好新列入国家法定节假日期间的红色旅游宣传工作。

清明节是中华民族的重要传统节日之一，已有2000多年历史，现已成为法定节假日。清明节古时也称三月节，既是纪念祖先的节日，也是缅怀革命先烈之日。主要活动是祭祖、扫墓，还有踏青、放风筝、荡秋千、娱乐游戏等活动。江西在革命战争时期，许多人为国捐躯。江西有才子之乡之称，有大量的人才外出他乡，其子女分布在世界各地和全国各省市。开发好清明节的红色旅游项目，吸引海内外华人华侨以及身处他乡的江西人到江西旅游，利用清明时节到江西扫墓，寻根祭祖，怀念先烈，既可以使游客心向祖国，增进中华民族的凝聚力，也可以让国人心系家乡，为江西经济与社会发展作贡献。通过祭祀祖先可以追根溯源，满足人们追思先人的情感需要，强化亲情关系，从而更好地教育后代，同时促进江西旅游市场的开发。

（4）设计大型原生态实景演出《红土地风情》。江西有着深厚的文化底蕴，为人类文明留下宝贵的世界文化遗产、世界自然遗产，是人类遗产重要的共生宝库；江西有美丽的自然风光，地形地貌、动物植物丰富多样，山川雄奇，风景秀丽，气候宜人，人与自然和谐相处，处处是风景，天天可旅游。

江西红色旅游宣传需要进行包装，要挖掘地方特色的各种艺术形式，用艺术化的语言、高雅艺术的专业表现形式，来演绎高尚纯粹的政治内涵，以艺术的形式展示革命精神，揭示江西独特的古老、人文文化的神秘，吸引游客到江西旅游。

借鉴云南原生态演出《云南印象》成功的经验，设计大型原生态赣风实景演出《红土地风情》，极富创意地展现江西文化风情，将革命圣地井冈山、红色故都瑞金、人民军队的摇篮南昌等红色革命根据地文化、长征磅礴豪迈气势与客家民俗风情、傩文化、江西采茶戏融为一体，成功地诠释江西历史文脉，实现思想性、艺术性、观赏性的统一。这种艺术形式将为弘扬传统革命精神，提高旅游审美境界，拉动红色旅游的引擎起到不小的作用。

江西省文化主管部门要按照“立足江西，走向全国，打入世界”的发展思路。将《红土地风情》当作江西省重点艺术工程来抓，要按市场规律运作，政府给予扶持帮助。要把《红土地风情》培养成为江西省旅游对外宣传的一个窗口，在全国各地展开巡演，让更多的国内观众领略江西红色文化。

（5）组织江西革命的题材进行高雅艺术和高科技艺术创作。旅游产品文化内涵挖掘不深和陈展手段单一是影响江西红色旅游可持续发展的内在问题。充分利用艺术手段，聘请一流艺术家创作大型战争壁画、油画、雕塑等，通过高雅的艺术作品，丰富景区艺术作品的文化内涵，感染游客，吸引游客。

在高科技艺术创作中注重体验场景构建，开发互动项目，增加游客的参与、体验和娱乐性。通过场景再现、IT 技术的运用等手段，从视、听、嗅觉上使游客如同身临其境而受到感染，帮助旅游者达到这种体验的最佳境界，同时普及科技知识，从而吸引青少年游客参与。

以江西革命根据地为题材，利用江西实况地貌，井冈山反会剿，中央苏区五次反围剿，南昌起义、秋收起义为题材制作网络电子游戏，吸引青少年玩家，加深青少年对这些历史事件的了解，激发青少年到实地游玩的兴趣。

深度挖掘江西人文内涵，要深入地把“红色故都”、“共和国摇篮”、“长征出发地”的隐形文化资源，包括纪念日、红色歌舞、革命斗争战争时期简单伙食、革命先烈可歌可泣的故事和辉煌的革命历史背景挖掘出来，同时重点突出周边省、区、市没有的资源，开发出差异化产品。

（6）做好配套宣传，积极开拓国内外市场。首先做好配套宣传品的开发。对于DVD、宣传画册、地图、明信片、邮票等系列的旅游宣传品，制作思路要向主题、精品和抽象的方向开发，要从注重旅游产品使用价值、客观用途和特性的宣传思想向注重红色旅游产品的价值、主观感受和效用的方向发展，提高艺术性。在组织有轰动效应的宣传方式上，推出旅游宣传大篷车、形象大使、文艺演出、文物展览等对重点客源地和潜在客源地市场进行宣传推广。

对国内人群可以重点以寓教于乐为主要形式，区分不同年龄层次，确定与其相适应的产品组合、展示手段和线路安排；对国外人群可以重点以文化差异为主要背景，迎合其异域文化需求或好奇心理，确定相应的产品、解说和线路，从而使红色旅游的客源市场有新的拓展，推动红色旅游快速、健康、可持续发展。

结合江西省的红色旅游资源的优势和具体目标市场的需求，应紧扣“秋收起义”、“南昌起义”、“红军长征”三大主题，合理地整合资源，把产品开发细化深化，增强产品的独特性和市场竞争力。红色旅游产品作为一种文化旅游产品，其核心就是为消费者提供一种体验，让游客在旅游过程中回顾中国历史、感悟生活、展望未来。因此，要增强江西红色旅游产品的核心竞争力就应将人文精神融入到红色文化中。

培植红色旅游的客源地。尤其做好北京、上海、广东、江苏、福建等经济发达地区的宣传工作。针对不同地区的特点，有的放矢地做好宣传。例如，上海属于经济发达地区，人均生活水平高，人们出游意愿高，是优质的客源市场。针对经济发达地区做好江西红色旅游市场开发工作，重视旅行社的市场推广作用，邀请全国主要旅行社负责人到江西观光，建立联系，直接从事旅游业务。将宣传的效应及时转化为实际的旅游客源市场，提高旅游经济效益。

（7）加强对红色旅游人才的培训。对于红色旅游，应该积极培育一批具有较高文化素质、多才多艺的导游队伍。充分利用江西省高等职业学校和大学旅游本科生、硕士生培养的整体优势，倡导高校参与，为红色旅游培养高素质导游队伍；更新导游培训内容，发动专业文艺团体和民间艺人对江西省红色导游人员进行业务培训，提高导游的演艺才能和导游水平。

发挥江西旅游教育优势，培养红色导游队伍，加大对旅游事业管理、服务人员的培训力度。作为旅游活动的主要媒介，应力求使他们了解非物质文化资源的价值、意义和基本保护方式与思路。同时，要让他们准确掌握相关的保护政策法规，使之成为旅游活动中保护工作的第一宣传员，以此确保政策的落实，增强广大游客和社会各界的保护意识，为非物质文化资源的可持续发展提供保障。旅游从业人员的服务水平和服务质量也有待进一步提高，应通过举办各种培训和讲座加强从业人员的服务意识、环境意识和善待八方游客的意识，全方位地吸引游客。

四、江西红色旅游资源开发的融资对策

资本运营以最大幅度的资本增值为目标，它是我国深化改革、市场经济进一步发展的结果，是构建和强化旅游产业体系微观基础的重点，又是旅游业扩大规模、募集社会资金的重点，还是旅游业制度创新和管理创新的重点。对红色旅游资源开发过程中融资渠道的研究，尤其是探索鼓励景区（旅游企业）通过组建现代企业公司和上市公司，以及发展旅游产业投资基金等融资方式实现资本运营，对江西省乃至我国红色旅游发展意义都十分重大。

1. 江西省红色旅游资源开发中融资渠道分析

随着我国旅游业的持续快速发展，广大群众对旅游产品和服务的需求越来越广泛，红色旅游受到普遍欢迎，逐渐发展成为影响较大的旅游活动。不少地方党委和政府把发展红色旅游与革命传统教育、老区脱贫致富等结合起来，采取措施，加大投入，注重改进创新，强化服务意识，增强教育基地的吸引力和感染力，红色旅游呈现出良好发展态势。据测算，全国各地红色旅游景区每年旅游综合效益越来越高，并带动建筑、商贸、交通、电信、加工业和农业等关联产业发展，形成“一业兴而百业旺”的良好局面。

（1）江西省红色旅游资源开发的一般性分析。

1）江西红色旅游资源丰富，知名度大，影响范围广。据统计，江西境内共有 2423 处革命旧址、旧居和战斗遗址。在物质形态上有革命旧地、旧居、遗址、纪念建筑等，如井冈山——中国革命摇篮、瑞金——红色故都、南昌——八一起义英雄城、萍乡——秋收起义策源地、安源——中国工人运动发源地、宁冈龙市——朱毛会师地、茅坪——八角楼毛泽东故居、三湾——三湾改编旧址、罗坊——罗坊会议等。在精神形态上有革命精神和传统、革命诗词、革命歌曲、革命文艺作品等，如“井冈山精神”、“苏区精神”、“长征精神”等。

2）与其他类型的旅游资源组合良好，区位优势明显，交通条件良好。江西处于长江三角洲、珠江三角洲以及闽东南经济区中国 3 个经济最具活力的地区辐射交会点。京九大干道的开通，南昌、赣州、九江、景德镇机场的通航以及纵横交错的高速公路全面通车等已经形成了以省会南昌为中心，铁路、公路、航空、水运配套运行，四通八达的交通运输网络，保证游客能够进得来、出得去、游得畅。

3）江西省红色旅游的市场风险。主要是政策导向变化所带来的不确定性，以及融资方面可能遇到的困难。红色旅游受政治性因素和市场化因素的影响比较明显，一般时段主要受市场调节，有较大纪念活动的时段主要受政治因素影响，因此，旅游客源呈现波浪式的起伏，一般 5 年一个小高潮，10 年一个中高潮，50 周年和 100 周年的纪念活动就是大高潮。在一年当中，接待高潮则主要集中在 3 个“黄金周”和纪念日前后。红色旅游市场明显表现出随政治环境变化波动的不稳定现象。

（2）大力开发江西省红色旅游的市场策略。

1）重新认识红色旅游。树立品牌意识，用“红色摇篮”包装江西整体形象。把“红色摇篮”作为江西的“名片”，通过发展红色旅游改变外界对老区的偏见。重新认识红色旅游的角色定位，促其由“跟进项目”转为“领跑项目”。加强对重点革命历史文化遗产的挖掘、整理和保护，抓紧向社会特别是老干部、老红军、烈士遗孤广泛征集文物史料，使革命文物的展示更加丰富。

2）协调发展红色旅游。从江西省旅游发展的布局来看，要把发展红色旅游与绿色旅游结合起来，把人文景观与自然景观结合起来，把文物景点与非文物景点结合起来，把革命传统教育与促进旅游产业发展结合起来，形成旅游区、旅游线、旅游点有机结合的红色旅游发展格局。一是在旅游发展布局上突出重点，统筹安排。在《江西省红色旅游发展纲要》的基础上明确以南昌、瑞金、萍乡、上饶景区为基点的红色旅游发展总体布局。二是在景区景点的规划建设上致力打造复合型旅游产品。坚持发展红色旅游与发展生态旅游、民族文化旅游、工农业旅游等密切结合，形成综合型、复合性的旅游产品，增强红色旅游的吸引力和感染力。三是在对外宣传上各类旅游产品搭配推介。在尽可能保持红色基调的基础上，注重用绿色旅游和乡村旅游衬托“红色旅游”，力求做到红色、绿色、古色交相辉映。

3）联合发展红色旅游。江西周边省份有许多红色旅游景点，因此在发展红色旅游的过程中要注意加强与周边省份协作，谋求联合发展。在原有与其他省份紧密协作的基础上，积极拓展合作项目，共同开发跨省红色旅游线路，形成资源共享、线路互连、客人护送、共同发展的良好局面。

4）积极拓展客源市场。在江西省提出的“红色摇篮、绿色家园、唱响中华、走向世界”口号基础上，积极拓展海外市场，由面向特殊群体到面向社会大众。红色旅游的游客大多数是党员干部、学生和军人，因而如果受众对象不加以开拓，很难保证红色旅游的可持续发展。为此，必须紧密结合旅游市场规律，积极组织客源市场，开发“家庭游”、“银发市场”。

（3）江西省旅游开发融资模式的主要形式及弊端。旅游资源开发与其他任何经济开发一样，需要大量的资金投入，属于“高投入、高风险、高产出”的产业。

传统意义上的融资方式有以下几种：

1）政府主导，财政投资。在旅游资源开发方面，政府的投资在很多地方仍然居于主导地位，在一些旅游规划中，专家也不断强调旅游开发应该坚持政府主导的原则。政府积极地参与旅游开发建设，当然能够促进旅游业的迅速发展，特别是对于那些投资巨大、风险较高、投资回收期较长的旅游开发项目，更是政府当仁不让的事情，同时也能够起到很强的示范和导向作用。但是对于像江西省那些拥有较出色的旅游资源而经济欠发达的老区来说，基本上都是吃财政饭，能够拿出建设的资金严重不足。而基础设施建设很难寻求银行贷款，由于财政严重贫血，不少地方即使财政担保，银行都不愿意贷款。

2）招商引资，企业唱戏。随着我国市场经济的不断扩大，经济主体的多元化，旅游业的快速发展，不少地区的旅游开发走上了招商引资的道路。众多的民营企业进入了旅游景区开发的领域，并扮演着越来越重要的角色。然而由于我国特有的行政管理体制的约束、民营企业资本身份不被看好、旅游相关法律体系的不完善、行业特性因素的制约等国情，决定了民营企业终究无法独立承担振兴旅游业的大任。

3）设立旅游发展基金。有不少地方采取了设立旅游发展基金的筹资方法。基金来源主要借鉴国外经验，通过对所管辖地区宾馆饭店按照客房住宿费的一定比例征收，或者从交通工具的客票收入中征收。由于我国大多数地区的宾馆饭店都严重供过于求，旅游饭店的客房住宿费大多是打折的，政府再向他们征收发展基金，很容易被联想为乱收费，从而破坏旅游目的地的整体形象。

4）借助资本市场，实现旅游公司上市。我国实行规范化的股份制改造，建立景区股份有限公司并成功上市的旅游景区有黄山、泰山、峨眉山、张家界等旅游景区。这些景区皆属于自然文化双重遗产，是我国著名的旅游风景区。然而以红色旅游资源为主的景区尚无一个成功上市。并且由于相关部门的意见分歧和国家政策的不明朗，使得这种具有优势和前景的融资模式尚处于局部应用之中。

旅游融资新模式——BOT 的运用。在旅游项目开发中，BOT 融资方式的引入既可以运用到旅游基础设施建设中，如道路、交通、能源和电力等，也可以扩展到诸如旅游景点 BOT、旅游景区 BOT、旅游线路 BOT、旅游专项产品 BOT 等多种方式，这样既可以获得短缺的资金，又可以得到旅游项目从策划、运营到经营的一系列先进的管理方法，对于提升中国旅游产业有着积极意义。但由于现有法律体系的不健全，思想观念的约束，BOT 融资模式在旅游项目开发中有待进一步推广。

2. 股份制改造上市融资模式——以井冈山为例

企业融资的办法很多，从总体上可以分为两大类：一类是间接融资，另一类是直接融资。间接融资是指通过银行这个中介机构进行借贷，实现融资；直接融资是指企业直接面对货币持有者集中资本的行为。直接融资的渠道很多，包括向社会发行债券等，股份制改造上市就是最典型的方式之一。随着融资渠道的多样化，企业上市、直接向社会募集闲散资金，成为引人注目的资金筹集方式。在我国确立了社会主义市场经济体制的大背景下，我国的证券市场获得很大发展。主营旅游业的上市公司日益增多，市场表现活跃。

（1）现有旅游景区上市公司基本情况举例。1996 年 11 月 18 日由黄山旅游发展总公司独家发起，以其所属的黄山北海宾馆、黄山桃源宾馆等 10 家单位的全部经营性资产为出资，成立黄山旅游发展股份有限公司。1996 年 11 月 22 日，黄山旅游 8000 万 B 股成功上市；1997 年 4 月 17 日，黄山旅游 4000 万 A 股上网发行，5 月 6 日在上海证券交易所挂牌上市。因兼容景区、索道、宾馆、旅行社等众多绩优业务，集食、住、行、娱、游、购为一体，成为“中国第一只完整意义上的旅游概念股”。

峨眉山是我国著名的旅游胜地和四大佛教名山，是国务院批准的首批国家级风景名胜区，是世界第 18 个、中国第 3 个世界自然与文化双重遗产。峨眉山景区的开发建设和经营管理，统一由峨眉山市人民政府的派出机构——峨眉山风景区管理委员会负责，景区内的经营业务由管理委员会国有全资企业——峨眉山旅游发展总公司负责。1997 年 10 月，以 4000 万 A 股成功在上海证券交易所挂牌上市发行。

（2）井冈山旅游景区开发现状及存在的问题。

1）井冈山旅游景区开发现状。井冈山位于江西省西南部，地处湘赣两省交界的罗霄山脉中段，以其红色的历史和绿色的风光而闻名，被朱德同志誉为“天下第一山”。迄今为止，井冈山有保存完好的革命旧居遗址达 100 多处，其中黄洋界保卫战遗址、茅坪八角楼等 21 处被列为全国重点文物保护单位，6 处被列为省级重点文物保护单位，35 处被列为市级文物保护单位。改革开放以来，井冈山先后接待了来自 150 多个国家和地区的国际友人、侨胞、港澳同胞和国内游客数千万人次，200 多位党和国家领导人，全国各大中专院校学生和青少年儿童 500 余万人次。先后被列为“首批全国青少年革命传统教育十佳基地”、“全国优秀社会教育基地”、“全国百个爱国主义教育示范基地”。

党的十一届三中全会以来，井冈山市不断加大旅游设施的投入，经济和社会各项事业蓬勃发展。从 20 世纪 90 年代开始，井冈山市实施“旅游兴市”发展战略，旅游业快速发展。

2）井冈山旅游景区开发模式。井冈山旅游发展股份有限公司由井冈山市旅游发展总公司、桂林旅游股份有限公司、江西省吉安汽车运输总公司、江西省民航空港实业有限责任公司、南昌铁路新龙投资集团公司、湖南天马国际旅行社有限责任公司6家公司共同出资，于1999年发起成立。该公司是井冈山旅游集团型龙头企业，是为井冈山旅游提供配套服务的大型专业化公司，下属9家分公司和2家子公司，将吃、住、行、娱、游、购旅游六大要素融于一体，为井冈山旅游经济提供良好的服务。

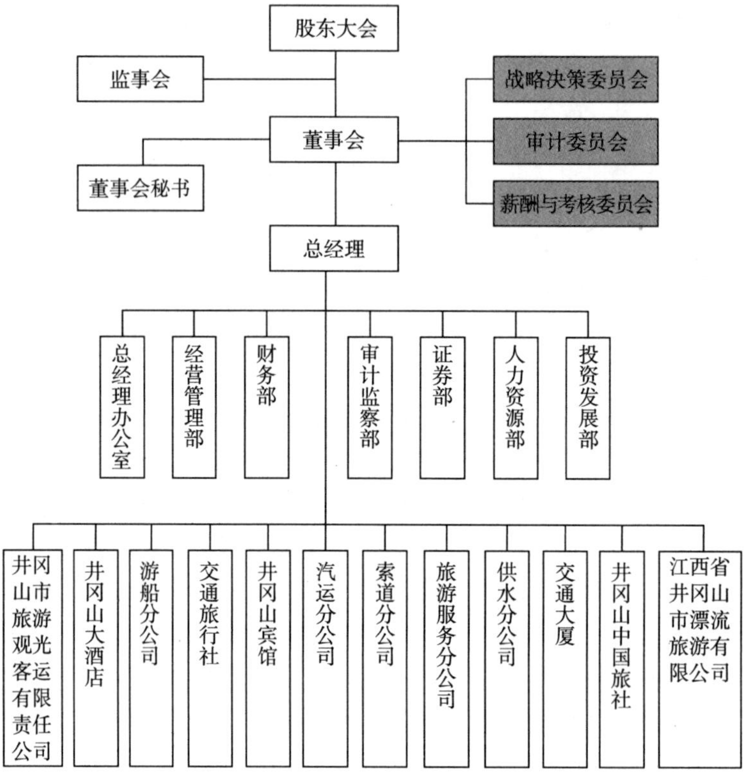

公司组织结构

资料来源：http：//www.jgslyou.com/gs/jianjie.asp.

公司的财务状况

项目	2005年	2004年	2003年
主营业务收入（万元）	3983.4	4033.3	4342.1
主营业务利润（万元）	1888.3	1918	1386.7
净利润（万元）	460.3	530	51.9
每股收益（元）	0.13	0.16	0.02
每股净资产（元）	1.9	1.8	1.6

续表

项目	2005 年	2004 年	2003 年
净资产收益率（%）	7.3	9	1

资料来源：井冈山旅游发展股份有限公司调研数据。

公司现有股权结构

股东名称	认购股份数（份）	占股本总数额（%）
井冈山市旅游发展总公司	18685151	56.622
桂林旅游股份有限公司	13200000	40
江西省吉安汽车运输总公司	524635	1.590
江西省民航空港实业有限责任公司	196738	0.596
南昌铁路新龙投资集团公司	196738	0.596
湖南天马国际旅行社有限责任公司	196738	0.596
合计	32999998	100%

资料来源：http：//www.jgslyou.com/gs/jianjie.asp.

3）井冈山旅游景区开发中存在的问题。改革开放以来，井冈山的旅游业获得了较快发展。目前，井冈山已逐步建立了网络比较完整、内容比较丰富的旅游格局，旅游市场逐步扩大，旅游交通条件有了较大改善，旅游商品日益丰富，旅游接待体系日臻完善，旅游队伍不断壮大。

但井冈山的旅游业与全国同类型的风景区相比，仍有较大差距。井冈山旅游的接待能力落后于其他景区，接待国内、国际旅游人数大大低于其他景区。到井冈山旅游的人数虽然不少，但消费水平和逗留时间却低于周围各省同类型景区。旅游的吃、住、行、娱、游、购等环节挖掘力度不够，相关配套产业的发展尚显稚嫩，如宾馆业、运输业。而且在旅游资源开发过程中，开发类型单一，主要是以观光型项目为主，缺乏参与型、娱乐型项目；与外界雷同的项目较多，缺乏特色型的项目，尤其是文化旅游项目开发不足，能使游客多花时间、多花钱的项目还不多。对环境保护问题认识不足，力度不大，未能树立既要实现生态环境的可持续发展，又要实现包括历史、文化、遗产、人力资源、经济以及社会等各方面的可持续发展的思想。井冈山旅游业的软硬环境和管理还处于粗放型阶段，旅游市场的收费还不规范。导游培训尚未形成体系，游客不满意的情况时有发生。旅游基础设施投资收益率不高，现有能力远没有充分发挥其应有的经济效益和社会效益，进而影响旅游基础设施建设的进一步发展。

因此，井冈山迫切需要注重绿色环境、交通环境、好客环境、旅游文化环境、购物环境等方面的创新，要对景区景点建设开发和旅游线路开展系统研究，编制整体科学规划，进一步打造旅游精品，积极开发本地历史文化环境及自然环境，尤其要开发旅游精品路线，突出自身的特色，进而带动区域旅游开发和经济发展。而这一系列问题解决的前提是项目开发资金的到位。井冈山是革命老区，缺乏资金是老区经济发展缓慢的重要影响因素。因而，旅游资源开发中融资能力强弱被再次提上议题，成为井冈山旅游亟待解决的瓶颈问题。而井冈山旅游通过上市募集社会闲散资金，发展井冈山经济，是一种较好的方法，也是社会支持老区经济建设的一种好的形式。

（3）对井冈山旅游景区实现股份制改造上市可行性的研究。寻求市场性的投入途径，对景区资源进行企业化经营才是最有效的方式。而资本经营是企业在经历了产品经营、资产经营后的一种高级经营形式。资本经营是通过资本的直接运作，在产权层次上置换资源，通过物化资本的优化组合来提高其营运效率，实现资本保全与资本扩张。西方经济学家称资本运营为“企业快速成长的魔方”。通过它，可以有效地使巨额存量资产通过流动、重组来发挥巨大的经济潜力，可以通过兼并重组来优化配置，可以培育、发展和壮大优势企业集团。从历史发展看，产品经营、资产经营向资本经营的运动过程，是一个随着企业扩张而展现出的渐进过程。随着市场体制的建立和完善，许多旅游业界人士都认识到由一般产品经营到资本经营的转变，是旅游企业改革面临的第二次飞跃。谁能率先实现这次飞跃，谁就能在市场大潮中争得主动，迅速发展。在这样的背景下，井冈山旅游大胆地提出股份制改造，改制上市，实施资本运营，募集大量发展资金，实现井冈山旅游的第二次飞跃。其可行性主要有以下几个方面：

1）井冈山旅游自身独特的优势，主观上具备了改制上市的先决条件。

①品牌优势。井冈山有“革命摇篮”、“天下第一山”的殊荣。井冈山蕴藏丰富的人文和自然旅游资源。这里有千峰竞秀的自然风光资源，在万仞之下，蕴藏着多种多样的矿藏资源，还有众多栖身于崇山峻岭中的飞禽鸟兽，在自然保护区生长着动物近百种，各种植物达3800余种。这里不但集峰峦、山石、瀑布、溶洞、温泉、珍稀动植物、高山田园及原始次森林带风光于一体，而且较好地保存着井冈山革命斗争时期的100多处革命旧居遗址，是“首批全国青少年革命传统教育十佳基地”、“全国优秀社会教育基地”、“全国百个爱国主义教育示范基地”。2004年，又被列为国家红色旅游“121工程”的第一个红色旅游基地——中国革命的摇篮“中央苏区”红色旅游基地。奇秀的自然景观和光荣的革命历史，使井冈山成为国家级重点风景名胜区和全国爱国主义教育示范基地。2007年3月，经全国旅游景区质量等级评定委员会评定小组考核验收，全国旅游景区质量等级评定委员会审核批准，井冈山风景旅游区达到AAAAA级景区质量等级标准要求，进入66家公示单位行列。

②股权优势。公司自组建以来，旅游经营业绩逐年提升。2004年公司实现了主营业务收入4033.3万元，比上年同期增长69.73%，实现利润760万元，实现税收495万元。2005年在电力公司资产剥离后仍然实现主营业务收入3983.4万元，利润总额662万元。这些都是其他江西旅游企业难以达到的。公司通过进行现代企业制度改造，于2000年使用1997年额度向证监会提出上市申请，虽然离通过仅差一票，但说明公司在经营、管理等方面取得了很大的进步，已接近上市的要求。经过2002年底的资产置换和2003年6月的资产剥离，截至2005年12月31日，井冈山旅游发展股份有限公司的

总资产为9032.2万元，其中净资产为6222.2万元，每股净资产为1.9元。经过资产置换和资产剥离，特别是电力公司剥离出后，股份公司的主业集中度提高，有利于公司集中精力做大做强井冈山旅游产业。相关资料显示，电力公司剥离以前电力公司的收入占股份公司主营业务收入的40%，电力公司剥离后，2004年公司实现了主营业务收入4033.3万元，比上年同期增长69.73%，实现利润760万元，实现税收495万元。其中索道和游船成为公司的主要利润来源。

③管理优势。公司自成立以来，一直致力于企业理念与构架管理体制等方面不断完善。首先，根据《公司法》的规定，股份公司建立了股东大会、董事会、监事会等机构，制定了《公司章程》，基本明确了股东大会、董事会、监事会和总经理的权责，并聘请了独立董事，股份公司的公司治理结构基本符合现代企业制度的要求。其次，根据公司的发展需要和实际情况，围绕促进“井冈山旅游事业的发展和为井冈山旅游提供配套服务”，成立了索道公司、井冈山宾馆、汽运公司等10家子公司，有效分散公司经营风险。最后，公司以经营管理目标责任制和绩效管理为突破口，建立了对分公司实行收支两条线管理为特征的高度集权的管理体制。这种内部管理体制有利于股份公司加强对分公司的监管，统一调配股份公司的资金、物资和人力资源等经济资源，提高公司的整体实力和盈利水平，达到上市的要求，有利于筹集更多资金，扩大生产规模。

④经营优势。井冈山旅游发展股份有限公司下属9家分公司和2个占股权50%的子公司将吃、住、行、娱、游、购旅游六大要素融于一体。经营范围涉及旅游经营、管理、住宿、旅游客运、文化娱乐服务、餐饮及其配套服务，旅游产品的生产、销售、供电、供水等旅游相关业务。这样的经营模式有利于风险的分散和收益的提高。

⑤创新优势。公司管理层具有超前意识和较强的创新精神，如提出了环保旅游车项目。为保护井冈山优良的自然和生态环境，走旅游业可持续发展的道路，公司分析各种解决办法，提出了建立环保旅游车队这一解决问题的有效途径。应该说，旅游区环保车载客服务是一种很好的旅游增值服务模式，可以此来对“大门票”收入进行分流。该项目的实施将产生巨大的社会效益和经济效益，公司以此细分市场，将在很长时期内具有垄断优势，并获取垄断利润。

⑥政策优势。由于旅游资源基本属于国家所有，旅游业属于某种程度的自然垄断行业，作为典型的国有企业，在以往的发展中得到了各种优惠政策，在今后旅游业的经营中仍将得到政府的各种支持是毋庸置疑的。这也和国家大力发展红色旅游政策是相辅相成的。

2）同类旅游上市企业的良好业绩，说明了其股份制改造上市的美好前景。与井冈山同类的旅游企业，如黄山旅游、峨眉山旅游，均为国内著名的山岳文化观光型风景区。它们通过股份制改造上市成为以经营风景区业务为主的上市公司，自1996年上市以来，其总体业绩都比较稳定，保持着较好的增长，均取得了较好的经济效益和社会效益，得到了众多投资者的关注和支持。

可以推论，井冈山独特的人文自然风景，作为全国首只“红色旅游股”，一旦改制推出上市，其旅游业绩前景也是非常看好的。通过改制实行山内资产的有效组合，发挥 1+1>2 的整体优势，同时吸纳山外资金，加快完成“造血”机制，形成良性循环，从而壮大旅游企业规模，变分割单一性经营为集约性经营，实现规模经济，必将大大提高市场竞争能力。

此外，江西省、吉安市领导都非常支持井冈山市旅游业的股份制改造工程，态度明确，并尽可能地提供了倾斜政策。1997 年，市委、市政府抽调了懂行的干部担任市长助理，专门负责改制的前期准备工作，并由主管副市长带队前往省体改委、证监会申请政策优惠。同时先后有 6 家证券公司慕名前来洽谈合作事宜。当地党政在思想上认识一致，在策划组织上周密不紊、稳步推进，客观上为改制的最终实现奠定了牢固的基础。

3. 对股份制改造上市融资模式的综合分析

当前旅游企业多缺乏内在自我积累，外源融资成为主要的融资方式。而随着我国经济的发展、国民储蓄的增加、资本市场的繁荣，越来越多的旅游企业将融资目光投向了证券市场。其中以设立股份公司在资本市场上市融资和进行资本运作为代表。采用上市融资模式，其直接目标是募集资金，解决景区开发中的资金制约；间接目标是引进上市公司的市场化经营机制，通过上市公司的规范化运作，提高景区的经营管理水平，最终提高景区的经营效率；最终目标是要促进景区的持续、快速、健康发展，为当地经济建设和社会发展做出更多的贡献。本文试从以下几个方面对该融资模式进行综合评价：

（1）股份制改造上市融资模式的机遇分析。

1）解决企业融资问题。旅游企业经过股份制改造上市后最大的优势就是进入资本市场的融资优势。旅游企业在发展的过程中经常遇到资金短缺的问题，而旅游企业将优势资产剥离出来改造、组建股份制企业，通过在证券市场挂牌上市，就能在极短的时间内募集到大量的资金，投入到旅游开发建设和资源保护中，极大地缓解了上市之前主要依靠财政拨款和门票收入筹集极为有限的景区建设与保护资金的制约。对于中西部经济不发达的地区来说，通过资产重组、包装上市，在证券市场上迅速募集大量资金，是当地政府和企业梦寐以求的事情，是解决贫困地区经济发展中最大制约的有效途径。因而，股份制改造上市募集资金，成为其最优的选择。尤其在证券市场繁荣时期，旅游企业往往可以通过溢价发行股票的方法获得相当可观的资金来充实其资本公积金的积累，为今后企业的发展奠定坚实的基础。因而，中西部地区的很多大体量、高品位的旅游景区，通过旅游企业的资产重组，积极包装上市，成为国家旅游业发展中的热点现象。实践证明，通过股市来融资，确实是众多融资手段中一种较为有利的方式。

2）改善经营管理机制。旅游企业实行现代化企业经营后，促使其内部经营管理体制和机制进行彻底改革，企业内部的人事劳动分配制度、对外促销、经营、接待，必然要按照市场经济的要求，在改善经营管理和服务水平的基础上，提高经济效益。此外，上市公司作为公众公司，其业务经营和投资项目要受到各方的监督和制约，较一般的公司运作要更加规范、透明，约束更多，更容易接受主管部门、媒体和公众的监督。上市公司的这种经营管理机制，对旅游企业的发展及所经营的景区资源与环境的保护都是十分有利的。它把景区各项经营活动和重大的投资决策完全置于社会的有效监督之中。同时，上市公司完善的法人治理结构和现代企业制度的确立，使其成为参与市场竞争，实现自主经营、自负盈亏、自我发展和自我约束的独立的市场主体。

3）提高资本使用效率。旅游企业实行上市经营以后，提高了资本的合作效率，确保了原有企业资产的保值增值。在旅游景区经营企业实行股份制改造上市以前，景区实行管理委员会领导下的国有国营体制，景区经营资本由财政拨款或银行贷款等方式形成。投资者不承担投资风险，往往容易导致决策失误、经营不善，容易导致国有资产贬值或流失。景区企业上市以后，实行社会化投入，按照市场经济规律的要求，投资追求回报，经营以获得最大利润为目标，任何新的投资项目，都必须由科学的决策程序，在公众的严格监督下进行，因而极大地提高了旅游景区经营资本的使用效率，也有效地促进了景区国家资本的保值增值。

4）强化资源保护力度。景区开发经营市场化以后，特别是上市公司经营以后，在公众的监督下，在理性的决策中，无疑将会为景区资源和环境的保护注入强劲而持久的经济动力。另外，上市公司虽然对景区实行垄断性经营，但其任何经营项目的确立，都需要在遵循景区总体规划和进行环境影响评价的前提下，经过景区管理委员会甚至更高级的景区规划委员会的审批才能实施。在总体规划、环境评价、政府审批三重约束下，任何破坏资源和环境的经营项目都不可能上马。这在一定程度上强化了经营对景区资源和环境的保护力度。并且旅游企业上市之后，既可以利用所募集的大量资金改善景区的旅游设施，加强景区环境建设和资源保护，塑造旅游景区精品；又可以利用其强大的融资能力和无形资产，跳出景区有限的经营空间和盈利空间，跨地区、跨行业地投资高成长性行业，并以部分利润用于景区的建设和维护，实现上市公司的业绩增长和景区的快速发展，构筑企业与景区的经济效益、社会效益、环境效益的多赢格局。

5）提升企业知名度。由于旅游企业提供的产品多为无形产品，在宣传促销上极受地域限制，只能被部分人知晓。旅游企业通过股份制改造上市发行股票则可以弥补以上不足。股市是一个全国性的市场，旅游企业无须做广告，只需通过股市发行股票就能被全国股民所了解，并进一步为其他民众所接受。如西藏圣地、金马集团就是通过股票在全国的发行和交易，使得深沪两地乃至全国公众开始对其有进一步的了解。而以国际国内知名景区景点，名山大川为依托的旅游资源开发类旅游公司的上市，如峨眉山、黄山，则具有巨大的广告宣传效应，极大地提升了企业和旅游景点景区的声誉和形象。实践证明，通过股市宣传，尤其是针对旅游企业，很容易提高企业的知名度，是树立企业形象的快速通道。

因此，组建旅游景区上市公司，走市场化经营之路，对风景旅游区等大型公共资源类景区，特别是对中西部地区的大规模、高品位的风景旅游区来说，是一种较好的模式选择。它有利于景区的自身发展，有利于促进地方的经济发展和社会繁荣，有利于主管部门的直接参与和社会各界的有效监督。

（2）股份制改造上市融资模式的挑战。

1）企业内部人事结构的调整。在旅游企业实现股份制改造上市之前，企业由过去主要是对国家负责，转为对全体股东负责，并且确立和完善了股东大会为最高权力机构，董事会为常设执行机构，监事会为内部监督机构的职责分明、相互制衡的三会机制，总经理及其职能部门为董事会领导下的日常经营管理机构。企业的性质发生了根本变化。这意味着身为执行层的经理们必须服从股东大会及董事会的意见。旅游企业内部员工必须充分认识到新设立的董事会及监事会的重要性，以及他们在企业日常业务中所起的作用。作为上市公司的旅游企业，必须适应这一内部结构的重大改变，不能因为这种改变而影响企业的正常运转，而只能通过这种改变进一步提高效益，使自己更加趋向国际化，适应市场经济的竞争。

2）企业创收，提高效益的压力。一方面，旅游企业一旦成为上市公司，必被广大公众所关注。企业经济效益的好坏成为市场关注的热点之一，企业经济效益好，股民们便用脚投票，纷纷购买该股票，其股价便会上扬，企业的名声也随之大震。反之亦然，出现恶性循环。另一方面，当旅游企业股份制改造上市以后，股市中每一位拥有该企业股票的投资者都成了股东，并拥有分享企业利润的权利。而无论通过何种分红形式（送红股、送现金还是送财产）都会摊薄企业盈余，降低企业留存资金。更重要的是，旅游企业必须根据企业在不同发展阶段选择不同的分红形式与组合。

3）企业经营规范化的要求。上市公司作为公众公司，其经营和投资项目要受到各方的监督和制约，较一般的公司运作要更加规范、透明，约束更多，更要接受主管部门、媒体和公众的监督。其中最重要的一项便是企业会计账目的规范化和公开化。规范化的会计制度迫使企业投入大量的人力与财力于账目上，对原来可能有的假账、假报等现象在最大程度上加以限制和杜绝。

（3）股份制改造上市融资模式成功融资的主要因素分析。上市公司融资模式，能够迅速募集巨额资金为景区发展服务，能够将现代企业经营机制引入景区经营，能够促进景区资源的有效利用，其优势是十分显著的。但是，迄今为止，上市公司经营公共资源类景区的情况，在我国并不普遍，仅有黄山和峨眉山两大景区可以说是由完整意义上的景区上市公司在经营。这种模式并未普及的基本原因，并非模式本身的局限，亦非景区的积极性不高，主要是我国对风景名胜或文化遗产等公共旅游资源的产业化运作在政策和法规上严重滞后，不同部门、不同行业之间，特别是资源主管部门与市场主管部门对风景资源和文化遗产实行市场化运作在认识上存在着严重分歧。要成功实现旅游资源开发证券市场融资，比其他行业证券市场融资要复杂些，这主要是由旅游资源开发性质、特有规律和旅游资源开发中的争议使然。旅游资源开发证券市场融资成功的主要因素取决于旅游开发主体旅游股份公司的质量、融资中介机构的选择、懂得旅游规律的专家的智力支持、资源主管部门及旅游部门的态度。

1）旅游资源开发所涉及资源的行业主管部门和旅游部门对旅游股份公司的态度好坏是旅游股份公司证券市场融资能否成功的重要因素。旅游资源的多样性、管理部门的不一性、对拟开发旅游资源的非旅游属性的关注等，都会导致资源主管部门的不同态度，这种不同态度会作用于旅游开发证券市场融资的活动。文物部门、建设主管部门、环保部门、旅游主管部门都会做出反应。加之，长期以来，风景资源开发的上市问题一直是争论的焦点。由于风景名胜区和文化遗产的准公共产品属性以及不可再生性，上市公司为了追求最大利润，追求投资回报，当企业的投资项目与资源保护的需要相互矛盾时，可能产生不利于景区保护的短期行为，正因为如此，国家风景名胜和文化遗产主管部门都对风景名胜区和文化遗产景区经营企业上市问题持明确反对态度。陕旅集团准备的兵马俑股份公司上市计划就是因为证监会征询了国家文物主管部门的意见而停止的。尽管旅游市场主管部门从景区发展需要的角度，从景区发展为经济建设服务的角度，在强调规范化运作的前提下，对景区上市公司经营方式予以肯定，积极支持；尽管《国务院关于进一步加快旅游业发展的通知》中明确提出“支持符合条件的旅游企业通过股票发行上市等方式融资”，但是，国家有关景区经营企业上市的政策还没有进行根本性调整，有关的法规尚待完善。国家证券主管部门对景区企业上市持十分谨慎的态度，一批拟上市的旅游景区经营企业仍然在证券市场之外游离。可以肯定，在国家相关政策出台之后，在有关的法制健全之前，我国景区采取上市融资的道路还很曲折。但可喜的是，相关职能部门对此正在进行充分的调查研究，各项相关的政策法规也正在协调拟定之中。相信上市公司经营模式在我国旅游景区中有着更加光明的前景。

2）旅游股份公司的质量是旅游企业在证券市场成功融资的首要前提。核准制的核心是促进优秀企业优先进入证券市场，将虚假记载、误导性陈述和重大遗漏拒之门外。旅游股份公司的合规性、规范性、营利性、成长性是其进入证券市场的前提。而作为旅游企业核心资产——景区资源有着特殊要求。首先，旅游景区需要拥有高品位的旅游资源，较大的市场知名度，能够产生足够的旅游吸引力，形成较大的游客市场半径和稳定的游客规模。如果景区没有巨大的吸引力，就不能产生持续的竞争力，就难以满足景区上市公司利润要求。其次，景区必须具有好的成长性。这就需要景区的规模较大，旅游资源类型丰富，组合良好，旅游开发的空间较大，能够不断创造新的旅游项目，形成持续的旅游吸引力，产生持续的游客增长规模，创造上市公司持续的利润增长点，满足景区上市公司成长性的要求。反之，公司上市、配股就不能实现。因此，旅游景区的资源条件，对景区经营企业的成功上市和良好运行具有十分重要的影响。

3）高度权威，协调有力的管理主体是实现旅游企业证券融资的重要保障。采取上市公司经营模式的旅游景区，实行景区所有权与经营权分离、资源保护权与开发权分离，因此，为了资源有效保护的需要，为了景区持续健康发展的需要，客观上要求景区的管理机构坚强有力。首先，在景区企业上市包装过程中，景区管理委员会需要由足够的协调能力和协调力度，妥善地处理好景区各相关利益者的关系，特别是风景资源主管部门和文物资源主管部门的关系，争取得到这些强力部门的理解、支持与配合。其次，在上市成功后的景区经营管理中，景区管理委员会既要为上市公司营造良好的经营环境，创造良好的经营效益，实现上市公司的效益追求，又要确保景区的资源和环境保护的有效性，不为上市公司利润追求所主导，妥善处理好景区与社区的关系、经营企业与管理机构的关系、资源开发与保护的关系、景区短期利益与长远利益的关系。

4）融资中介机构的选择对旅游企业实现证券市场融资至关重要。以主承销商为核心的中介机构的执业水平、敬业精神、协调能力、在投资者心中的信誉、旅游行业经验对旅游开发证券市场能否顺利、及时融资十分重要。如果中介机构在投资者中形象不好、执业道德有问题，无疑会使开发证券市场融资受到影响。

5）拥有充足、稳定、高素质的各类人才，包括旅游经营管理、规划、服务和资本运营人才，是景区上市公司经营模式有效实施、成功运行的基本保障。金融人才和旅游资源保护专业人才，对上市公司成功的经营景区，对有效保护好景区资源和环境尤其重要。上市公司融资模式实质上就是景区参与资本市场运作的过程，因而在上市过程中，要进行有效的资产剥离和上市包装，必须要有深谙证券业务的金融专家和财务管理专家的参与。公司成功上市之后，企业要发展、要扩张，就必须进行有效的资本运营。因此，在这个过程中既了解旅游市场，又熟悉资本运营的人才至关重要。旅游专家在旅游开发证券市场融资的重要性应得到保护。对旅游业、旅游开发热有规律性的占有和把握是旅游开发成功的保证。旅游专家在旅游开发证券市场成功融资的重要性体现在对旅游股份公司成长性的分析和把握上，体现在对旅游开发项目投资成功的可行性分析上，体现在对旅游股份公司资源整合、卖点策划上，体现在对旅游行业发展趋势的分析与存在问题的防范应对上。旅游开发证券市场成功融资不仅应体现在资金融入上，更应体现在融入资金投入旅游开发运营等方面。

总之，在影响旅游企业实现证券市场上市融资的诸多因素中，优势的旅游资源是前提，有力的管理主体是保障，良好的人力资源是基础，高效的中介机构是推力，有利的政策环境是关键。

（4）股份制改造上市融资模式的完善与发展。股份制改造上市融资模式是在社会主义市场经济条件下，依托证券市场，依靠市场机制，对大型风景名胜和文化遗产等公共资源类景区进行市场化融资的一种有效方式，它是“旅游资源+资本市场+市场机制”的有机结合的产物，是制度创新的结果，是实践探索的结晶。尽管由于有关部门的意见分歧和国家政策的不确定，使得这种十分具有优势和前景的融资模式尚处于局部应用与探索中，但可以相信，上市融资模式经过进一步的完善之后，将获得巨大的发展空间，为我国旅游景区精品化建设、规模化发展、集约化经营发挥更大的作用，为中西部旅游资源的开发利用做出更大的贡献。

为了给股份制改造上市融资模式的发展创造有利的政策环境，创造更大的发展空间，建议从以下四个方面完善这一模式：

1）在严格坚持并进一步完善景区经营项目实行总体把关、环境影响评价把关和按程序审查等制度的基础上，建立健全景区公共资源与生态环境保护的法律法规，建立景区上市公司切实有效的保护景区资源与环境的激励机制和约束机制。

2）将景区管理委员会与上市公司之间的委托代理景区经营业务的关系，调整为特许权经营。建立景区上市公司对资源保护绩效的年度考核制度，考核结果与特许权合约直接挂钩。将上市公司对资源和环境保护不力所引起的外部成本内部化，促使景区经营者自觉的保护资源和环境。

3）在景区上市的政策环境没有得到根本优化之前，积极研究、探讨上市公司景区经营与门票专营相分离的方式。尝试探索景区门票经营不纳入上市公司的主营业务，门票收入不进入上市公司主营业务收入的经营模式。

4）在上述基础上，按照上市公司法人治理结构的要求，完善景区上市公司法人治理结构，改革现行模式中景区管理委员会主任同时兼任上市公司董事长的做法，研究如何将景区管理委员会主任与上市公司董事长相分离的同时，确保景区经营的经济效益、社会效益与环境效益的协调发展。

（5）股份制改造上市融资模式的补充说明。旅游企业在筹集资金时，要充分考虑直接融资、间接融资的利与弊，其资本成本、对企业经营的影响等。根据现代资本结构理论，负债筹资成本远低于权益筹集资本，增加负债比率可降低资本成本，有利于提高企业价值，债权人也不影响公司的控制权与管理权，企业的资本结构中应保留一定数量的负债。但负债必然带来经营风险，企业现金流量不理想会带来财务困难，公司债权契约规定的条款往往也会对企业的经营尤其是理财产生诸多约束，从而影响经营效率（即负债的代理成本）。权益融资对企业现金流量的冲击较小，股利政策也较自由，经营风险小，但普通股成本一般较高，筹集资金的范围较小，也没有充分利用财务杠杆以提高企业价值。发行在外的普通股也会影响对公司的控制权与管理权等。此外，由于投资者和企业经营者存在不对称信息，企业在决定筹资顺序和确定最佳资本结构时，应当考虑投资者对企业价值的不同预期这一重要因素。根据不对称信息理论，为了提高企业价值，管理人员应当提高自有资本比重，降低负债率，并增强自我筹资的能力。为此企业融资的顺序是先内源融资（通过留存收益、折旧基金等）后外源融资。外源融资的选择顺序，首先是债券，然后是可转换债券，最后才是新增普通股。只有当企业缺乏内在自我积累时，外源融资才能成为企业主要的融资方式。因此，随着我国资本市场不断开放，证券市场蓬勃发展，江西省的旅游企业要苦练内功，注重挖掘自身潜力，努力进行自有资金积累，合理安排筹资顺序。切勿过分依赖外部融资，过分夸大权益融资，片面突出上市和资本市场上直接融资。

4. 建立江西红色旅游产业投资基金

产业投资基金是20世纪中期出现于美国的一种特殊投资基金。它以个别产业为投资对象，以追求长期收益为目标，属成长及收益型投资基金，以扶助这些产业为目的、吸引有兴趣的投资者资金。基金的优点是获利能力高，缺点是资产集中，风险相对其他投资基金较大，资产流动性差。

随着我国旅游业的蓬勃发展，居民实际收入水平的提高，各种公益性基金和保险基金资金的大量沉积，建立旅游产业投资基金有着广阔的市场。并且由于我国旅游企业有相当大比例属于中小型企业，吸引投资量有限。为照顾到一些未上市的旅游企业，包括对一些旅游基础设施建设的投资，组建产业基金，要比组建股票基金更具灵活性、兼容性。

（1）发展红色旅游产业投资基金可能面临的问题和风险。尽管产业投资基金相对其他众多融资方式有着明显优势，但发展红色旅游产业投资基金仍可能面临许多问题和风险。一方面，我国资本市场还欠发达，包括发展产业基金需要各种措施摸索成功经验；另一方面，企业产权不明晰，投资技术和理财水平不高。产业投资基金本身存在的缺点又使发展红色旅游产业投资基金面临一系列问题、风险，需要高度重视和认真研究。

1）发展红色旅游产业投资基金可能受到地方政府和某些部门的干预。从近年情况看，新的金融工具如债券、股票发展初期，地方政府或者国家有关部门总把其作为谋取自行支配资金的一种手段。旅游产业基金离不开政府和有关部门的配合，而他们通过对基金的推荐、审核以及发起人基金管理公司的指定等行为，影响、控制、约束基金管理公司的经营策略。

2）红色旅游产业投资基金可能产生流动性不足的问题。旅游产业基金流动有两个问题：一是基金资产的流动性问题，二是基金本身的流动性问题。解决办法有两个：一是基金封闭期满可以通过企业上市，将股权转卖给其他合作方等方式结束基金，也可允许基金管理公司保留一定比例的流动性差的资金。二是通过基金上市解决基金本身的流动性问题。同时，应该考虑到流动性不足是产业投资基金固有的特性，它是以预期高收益来抵偿的，应充分增强国民资本投资意识，减少投机心理来适应产业投资基金的低流动性与预期高收益率状况。此外，产业投资基金发展到一定程度，应以机构投资者为主，因为机构投资者对投资的流动性需求并不高。

3）克服投资者的短期收益目标与旅游产业基金长期收益目标的矛盾。对投资者而言，获得收益是最终的目标，旅游产业基金选择的一些建设项目可能由于建设期、回收期长，如果要求定期分红，而投资项目三五年不见效益，就会产生与投资者收益目标的差异，因而红色旅游产业投资基金，在选择目标项目时要充分考虑论证其是否具有高收益性（一般为内部收益在25%以上）。

另外，发展旅游产业投资基金还可能出现基金对实业不控股而导致局面出现被动的情况；基金的产业项目透明度不够，出现欺骗投资者行为以及旅游产业投资基金采取公募式可能与供给惯例不一致等问题。

（2）组建江西红色旅游产业投资基金的初步设想。

1）组建江西红色旅游产业投资基金可以考虑采用契约——封闭型（或半封闭型，即在相应项目或时段内为一个封闭式）基金形式。契约型是指依据信托契约，通过发行受益凭证而组建的投资基金。这类基金一般由管理公司、保管公司及投资者三方当事人订立信托契约。封闭型基金，是相对于开放型基金而言的，它是指基金资金总额及发行份数在发行之前就已经确定下来，在发行完毕后和规定的期限内，基金的资本总额及发行份数都保持固定不变的投资基金。之所以选择这两者的组合形式主要基于以下原因：①我国基金投资者大多数是有固定职业的工人、职员和政府工作人员，他们没有足够多的时间和精力跟踪市场变化和关心基金本身运作，契约型基金投资者对如何运用基金没有发言权，这比较适合我国目前投资者的素质状况。②从组织形态看，契约型基金投资者无需组建成法人实体，相互之间是一种松散联系，投资者进出基金比较自由。③江西省红色旅游资源开发的瓶颈在于大部分景区资源深藏在“老、边、穷”等地方，缺乏基础设施建设启动资金。此外，基金的投资对象还要面对相当数量的尚未上市企业，旅游产业基金作为一种实业投资基金必须具有长期的稳定性，开放型基金只适合于证券投资基金。江西省在考虑组建红色旅游产业投资基金时，应当依据项目建设周期采用相适应的封闭期，这样有利于江西省红色旅游的长期稳定发展。

2）在红色旅游产业投资基金培育成熟之后，可以考虑让基金通过证券市场新增股票上市，通过运营取得经验，进而向其他旅游地区推广。并且通过证券市场这个全国性资本市场募集更为雄厚的发展资金。

3）充分发挥政府的支持和约束的双重作用。为促进江西省红色旅游产业投资基金融资模式在旅游业的推广，省委、省政府既要为此提供适合和稳定的政策环境，提供相关的贷款、税收、价格、外汇等多方面的优惠政策；还要加强对基金管理公司的管理，按照产业发展，投资重点，由政府统一审批，甚至对于全国重点文物保护区如井冈山的建设，应上报至中央，充分统筹考虑项目在全国的布局，加强宏观管理，避免项目的重复建设，规模不经济等问题。

5. *使用政策融资实现旅游扶贫*

我国旅游产业发展实施政府主导型战略，在整个旅游产业发展过程中，政府充当了非常重要的角色。因此，在发展江西省红色旅游，开拓资源开发融资渠道的过程中要充分发挥政府作为“引导者”的作用，积极争取、制定财政优惠政策，实现红色旅游的政策融资。具体操作可以考虑以下方式：

（1）制定优惠的财税支持政策，间接开拓红色旅游资源开发的融资渠道。在具体操作方面，可以借鉴国外旅游开发投资财税政策的可取之处，为吸引中外社会资金投向旅游开发，制定各种财税支持政策。对红色旅游景区的建设项目，在征收固定资产投资方向调节税时，可适当降低税率。对以创汇为主的国际旅行社、涉外星级饭店和生产创汇产品的红色旅游商品定点企业可实行所得税部分返还的政策。对红色旅游景区开发初期的老区，对旅游企业上交的所得税，可采取先交后返的政策，鼓励其对旅游再投入。金融部门优先安排对符合红色旅游健康发展的规划项目的贷款。省委、省政府安排一定数额的财政贴息贷款，扶持红色旅游景区的设施改造和新建旅游项目。对纳入江西省红色旅游发展总体规划，符合旅游用地规划、符合国家土地政策的旅游项目，可酌情减缴土地有偿使用费，对利用荒山荒坡荒滩进行旅游开发的，可免缴土地有偿使用费。省财政、税务部门通过税收、税率等手段，对在红色旅游景区的投资行为进行调控，鼓励短线企业和重点行业的发展，限制过剩行业和对生态环境产生不利影响项目的开发，避免旅游开发投资中过热、过度、不协调和不均衡现象发生，都可以产生间接招商引资的效果，为江西省红色旅游的开发募集大量社会资金。

（2）加大政府资金投入，争取设立专项旅游资金。

1）新的发展必然要有新的投入。为促进江西省红色旅游的快速发展，省委、省政府要增加对旅游景区的基础性和导向性投入，安排一定数量的旅游专项资金。要根据《江西省红色旅游发展纲要》，安排一定的资金用于全省红色旅游基础设施建设和重点项目的投资。抓住2005年全国红色旅游主题年活动的契机，精心包装一批红色旅游建设项目，力争纳入国家红色旅游总体规划和重点项目建设之中，并争取国家红色旅游建设专项资金。从江西省文化部门获悉，2006年底，国家发展改革委发布《全国红色旅游重点景区总体建设方案》，决定安排中央预算内专项投资30.08亿元，重点用于支持中西部全国红色旅游重点景区建设，同时对东部地区的项目也给予适当补助。江西省18个红色旅游重点景区基础设施项目列入该方案，投资估算超过5亿元。此外，由地方各级政府调拨红色旅游工程专项经费，专门用于红色旅游规划、项目包装、宣传促销和基础设施建设等。

2）江西省红色旅游景区有着其他省份所没有的独特政治优势，如井冈山的中组部干部培训基地和瑞金30余个部委的旧址。作为中国高级领导干部摇篮的井冈山干部学院，在各地都颇具影响力和号召力；而作为30余个部委“根”基地的瑞金，也具有独特的政治优势。如果能对江西省这些独特的红色资源进行深挖掘，必然能开拓一条广阔的融资渠道。井冈山从国家各大部委融资建设资金过亿元，而瑞金则通过各部委的“寻根”活动获得4000万元维葺资金。

3）基金来源可根据本地情况按一定方式向旅游企业收取，如按宾馆饭店房费一定比例收取，或从交通工具的客票收入中征收。

（3）安排国债资金投资或发行红色旅游国债。国家从2000年已开始安排国债投资旅游基础设施。发行红色旅游国债，财政担保，主要用于江西省红色旅游景区的基础设施建设和生态环境保护及重点经营性项目投资。政府用国债资金以资本方式投入红色旅游项目建设，并在项目建成投产后，采取资本运作方式，将国有股本向社会公众及其他机构转让（如以国有股权换债券本息的方式）。

（4）调整国家扶贫资金的使用方向。利用旅游资源的比较优势，在国家扶贫资金的使用上以旅游扶贫为重点，尤其将扶贫点确定在红色旅游资源密集的贫困区。例如，国家确定旅游扶贫试验区，侧重旅游开发方面的投入，适当调整扶贫资金的使用范围，从中拿出一定比例与其他旅游资金“捆绑式”使用，集中开发贫困地区的红色旅游线路或旅游项目，提高旅游扶贫的整体效益。

6. 开辟其他融资渠道

（1）组建江西省红色旅游信托投资公司。信托投资公司是非银行金融机构，信托业务是银行业务的拓展与完善。成立旅游信托投资公司可以发挥银行业务所不能替代的“委托、代理、租赁、咨询”的功能，并且由于集合资金信托的募集手续简单、投资范围不受限制，不需要报批，资金成本低，已经成为重要的融资渠道及方向。运用信托手段，通过委托存放款、金融租赁筹集资金，投资旅游项目；代理发行企业债券，为旅游开发融资。因此，可以由政府部门牵头，集资组建江西省红色旅游信托投资公司，为全省红色旅游资源开发建设募集专项资金。

（2）设立旅游投资担保公司。不少旅游开发商进行旅游开发在相当程度上是依靠商业银行信贷融资。贷款难、难贷款是常见问题，成为旅游开发的“瓶颈”。为克服旅游开发信贷融资难的问题，建议设立旅游投资担保公司，简化程序、扩大贷款规模，使企业更加容易获得商业银行信贷资金。

（3）发行旅游企业债券。建立股份制旅游集团后，经过旅游业的开拓和发展，经济效益明显提高时，可以通过人民银行批准，委托银行或者其他金融机构在社会发行旅游企业债券。并且随着我国股票市场规模的迅速发展，对机构投资者超常规培育和对上市公司再融资必须分红派现政策的出台，制约企业债券市场发展的因素逐渐减弱，相信企业债券市场也将迎来快速发展的良机。而出于促使资本市场协调发展的考虑，目前我国有关管理部门也正在加大对企业债券发行的支持力度，包括进行上市公司发行可转换债券试点，并制定新的企业债券发行管理条例，为债券市场创造一个较为有利的发展环境。

（4）出售红色旅游景区的无形资产。旅游景区就是一种有价值的“知识产权”，例如，景区名字的知名度和美誉度都很高。尤其是在国家大力发展红色旅游的今天，国人对著名的红色旅游景区都耳熟能详。仅江西省境内就有井冈山——中国革命摇篮、瑞金——红色故都、南昌——八一起义英雄城、萍乡——秋收起义策源地、安源——中国工人运动的发源地、宁冈龙市——朱毛会师地、茅坪——八角楼毛泽东故居、三湾——三湾改编旧址、罗坊——罗坊会议等著名红色旅游景区。许多企业都希望与这些著名景区建立联系。另外景区内的场所也对广告等企业有很大吸引力。因而，江西省的一些著名红色旅游景区可以通过出售其形象和名字特许使用权而获得大笔资金。

江西红色旅游发展的战略模式*

战略原是一个军事术语，本意是研究战争中敌我双方各方面的情况，对战争全局及其各个局部的关系作出系统科学的判断，从而对战争的各个阶段军事力量的准备和运用作出部署。在企业经营中可用来描述企业打算如何实现它的任务和目标。战略是贯穿企业在一定历史时期内，决策或经营活动中的指导思想及其指导下关系全局发展的重大谋划。

红色旅游发展战略是指导红色旅游发展全局的计划和策划，是红色旅游所具有的政治性、经济性、文化性三者统一于一体的发展实际，对发展红色旅游相关重大问题进行的全局性、战略性的谋划。

江西红色旅游产业发展战略，是指以分析江西红色旅游产业发展的各种因素与条件为基础，从关系到江西红色旅游产业发展全局的各个方面出发，制定在较长时期内江西红色旅游产业发展所要达到的目标、解决的重点以及为实现上述目标所采取的措施总称。它既是有关江西红色旅游产业发展的根本性、全局性和总体性的设计和谋划，也包括确立江西红色旅游产业发展目标、江西红色旅游产业发展方向、江西红色旅游产业发展模式、江西红色旅游产业发展等措施。

一、红色旅游发展的基本原则

1. 政治工程、文化工程、经济工程的全面启动原则

红色旅游是一项社会系统工程，它具有重要的政治意义、深刻的文化意义和品著的经济意义。在中央和各级政府的推动下，红色旅游工程全面启动，特别是随着建党80周年、红军长征胜利70周年、建国60周年的到来以及保持共产党员先进性教育的进一步推进，全国掀起了一片红色旅游的热潮。越来越多的人通过红色旅游这个主题，重温我们党艰苦卓绝的革命史、可歌可泣的光荣史，深刻了解老一辈无产阶级革命家所开创伟大事业的来之不易，从而更加坚定在中国共产党领导下，走中国特色社会主义道路、实现中华民族伟大复兴的信念。在红色旅游的发展初期，其强大的政治功效

* 本文完成于2010年。

得到凸显。随着红色旅游工程的进一步启动和红色旅游真正作为一项旅游产业进入市场化运作时期的到来，我们必须进一步挖掘红色旅游的文化内涵和发挥红色旅游的经济功效，才能够充分发挥红色旅游的强大作用，保证红色旅游的持续发展。红色旅游在进一步的开发利用过程中，必须走政治效益、文化效益、经济效益并进的可持续发展之路。

2. 政府主导、社会参与、市场运作的协同互动原则

发展红色旅游，必须坚持政府主导。红色旅游作为新兴的一种旅游形式，从起步到发展都受到了国家和地方各级政府的高度重视。从中央到地方的各项政策支持和资金注入都是我国红色旅游业健康、快速发展的直接推动力。此外，红色旅游的特殊性也客观要求政府的主角地位。然而，红色旅游的进一步发展不能仅仅靠政府、靠政策推动。经过几年来国家的扶持和帮助，一些红色旅游景区已经产生了较好的社会和经济效益，但由于对政府和政策的依赖性和惯性，没有能够转变观念，改善机制。要实现红色旅游的进一步发展，红色旅游景区必须发挥自身的造血功能，积极拓宽融资渠道，鼓励多方参与，真正把红色旅游推向市场化运作。要进一步的支持民营企业和外资企业投资开发旅游资源，兴办旅游项目，实现投资主体多元化，适应大旅游、大市场、大产业的发展需要。

3. 统一规划、总体布局、分层开发的协调发展原则

旅游要发展，规划必须先行。2004 年，中共中央办公厅、国务院办公厅印发了《2004—2010 年全国红色旅游发展规划纲要》，同年江西省政府发布《江西省红色旅游发展纲要》，此外，江西 11 个设区市有 10 个完成了旅游业发展总体规划的编制，这些都为江西红色旅游的发展奠定了良好的基础。在“十一五”期间，各设区市依据《2004—2010 年全国红色旅游发展规划纲要》和《江西省红色旅游发展纲要》进一步编制完成红色旅游专项规划，对全市的红色旅游开发进行总体布局，分层次实施。“十二五”期间，哪些红色旅游资源是作为独立单体开发的，哪些红色旅游资源是需要联动开发的，哪些红色旅游资源是只保护不开发的，哪些红色旅游产品是近期开发的，哪些是红色旅游产品中远期开发的都要进行明确的规划，要避免红色旅游开发中资源和产品混淆、一拥而上以及重复建设的现象。

4. 求同存异、深挖主题、创新形式的特色发展原则

“红”是红色旅游发展的主题和品牌。但红色旅游和其他各种旅游一样可以形成不同的内容和形式。江西红色旅游主打“红色摇篮”品牌，力推复合型精品，逐步形成红色主题、多彩内容的红色旅游新理念。要改变单一的旧址观光、馆舍展览形式，开发形成融瞻仰、教育、观光、休闲、体验、会议等多种形式的复合型旅游产品，从而进一步丰富红色旅游内涵，开拓红色旅游市场要充分发挥井冈山、南昌、瑞金、萍乡、上饶红色旅游区的自身优势，形成一个主题、多种形式、差异化开发、个性化发展的红色旅游新气象。

5. 明确目标、立足国内、走向国际的战略提升原则

江西发展红色旅游的总体目标是：在“十一五”的前三年，高标准建设好一批重

点红色旅游景区，打造出一批在国内具有震撼力的红色旅游精品，把江西建设成为红色旅游强省。再用两年时间，将江西“红色摇篮”打造成为具有国际影响力的旅游品牌，使江西主要红色旅游区成为国内外旅游热点，使红色旅游产业成为推动全省经济社会发展的重要动力。“十二五”期间各红色旅游区在开发过程中要开拓思路，放眼未来，深刻挖掘红色文化内涵，做大做强国内市场，并进一步把红色旅游推向国际。巩固江西作为中外红色旅游区的首选地的地位，把中国红色文化作为世界文化遗产的有机组成部分。

二、江西红色旅发展的目标体系

把江西建设成红色旅游故乡、红色旅游强省、红色旅游首选地、红色旅游学术中心、中国红色旅游形象品牌、红色旅游信息资源分布中心。

1. 政治目标

红色旅游是一种特色旅游教育方式，与我国的社会主义政治、经济建设密切相关，但是，红色旅游的社会效益、经济效益往往达不到预期效果。江西省必须紧紧围绕国家发展红色旅游业的主要目的，把发展红色旅游作为巩固党的执政地位的政治工程，加强新时期爱国主义教育、革命传统教育和民族精神教育，增强红色旅游作为特色爱国主义教育方式的作用，使红色旅游在精神文明建设中发挥巨大作用，提升红色旅游在政治中的影响力，为当地乃至全国的社会主义建设事业做出更大的贡献。

2. 文化目标

红色文化是中国共产党领导的革命、建设成功经验的历史积淀，蕴含着丰富的革命精神和历史文化内涵，具有鲜明的历史烙印和不可替代的时代价值。将红色文化与旅游结合起来，传承红色基因，将爱国主义教育、革命传统教育融入旅游文化中，使广大干部群众在饱览祖国大好河山中接受红色精神洗礼，既开阔视野又陶冶情操。对伟大祖国日益繁荣昌盛的自豪之情和对我党历史的了解与崇敬之意完美结合起来，红色旅游是树立社会主义核心价值观、践行社会主义精神文明的重要途径。

3. 经济目标

根据江西省旅游业发展实际情况，结合《江西省“十四五”文化和旅游发展规划》以及江西省红色旅游发展现状和预期目标来规划江西省旅游发展的经济指标。

4. 社会目标

发展旅游业对地区社会人文环境将产生较大影响，红色旅游尤为显著。因此，要借助红色旅游发展，改变革命老区陈旧的思想观念，使地区社会人文环境向着积极健康的方向发展，提高全体市民素质，推动地区软环境的建设。同时，要尽量避免红色旅游发展对当地产生的负面影响。

5. 人才目标

江西省红色旅游发展，要着重培养高级旅游管理人才、旅游经营人才和专业的红色旅游人才，建立一支政治过硬、业务精良、服务水平高的红色旅游从业队伍。

6. 产品目标

一是红色旅游目的地建设目标：井冈山、瑞金、南昌建设成为国内一流、国际有知名度的红色旅游目的地；萍乡、上饶、赣州建设成为国内著名、国际有一定影响的红色旅游目的地；同时建设一批省内著名、全国有一定影响的红色旅游目的地。二是红色旅游节事活动举办目标：举办中国江西“红博会”；举办中国江西“红歌会”；举办中国南昌“国际军乐节”；举办中国瑞金“红色故事会”；举办中国井冈山“红色旅游高峰论坛”。三是红色旅游专题产品建设目标：组合推出红色文化研习游、革命摇篮体验游、红色故都寻访游、长征之路觅踪游、人民军队寻根游、工人运动探源游、革命道路访习游等专题旅游产品。

三、江西红色旅游发展的战略思路

在坚持“政府主导下的地区联动发展、市场导向下的多色互动发展、适度开发下的可持续发展”三大战略模式的基础上，要强化实施统筹规划下的精品名牌战略和效益驱动下的管理创新战略。其中统筹规划下的精品名牌战略是指江西省要坚守红色旅游三大精品名牌：“红色摇篮，绿色宝库”——井冈山、“江湖之都，英雄之城”——南昌、“新华摇篮，红色故都”——瑞金。效益驱动下的管理创新战略是指江西省要实施管理创新的“五个一”工程：即提出一种新的发展思路并有效实施、创设一个新的组织机构并有效运转、提出一个新的管理方式并付诸实践、设计一种新的管理模式并借鉴推广、进行一项制度创新并作为改革示范。

四、江西红色旅游发展的总体布局

以井冈山为龙头，南昌和赣州为集散中心，南昌、井冈山、瑞金为支点，综合建设井冈山、瑞金、南昌、萍乡、上饶、九江（庐山）六大红色旅游区域；跨区合作构建湘鄂赣、赣浙沪、“中央苏区”三大红色旅游协作区；巩固发展井冈山“革命摇篮”，南昌“英雄城”，瑞金“红色故都”，安源“工运摇篮”，上饶集中营革命烈士陵园，弋阳方志敏纪念馆，新建“小平小道”，于都“长征始发地”，永新三湾改编旧址，萍乡、铜鼓、修水秋收起义纪念地十大经典景区；整合资源营销红色旅游专题和多色旅游互动两种线路的总体布局。

1. 建设六大红色旅游区域

即前文已论述的六大红色旅游区域，此不赘述。

2. 建设三大红色旅游协作区

区域合作是旅游业的发展趋势之一。江西与周边省份的红色旅游资源存在同质、互补或相异的多种联系，应正确处理与周边省份旅游资源和旅游产品、旅游市场的竞合关系，促进共同发展。因此，江西省在发展好省内红色旅游区域合作的基础上，应加强与周边省份红色旅游区的协作，逐步建设好湘鄂赣、赣浙沪、“中央苏区”三个省际红色旅游协作区。

3. 十个红色旅游经典景区

景区建设是旅游发展的重要依托，全省重点建设十大红色旅游经典景区，前文已论述，此不赘述。

4. 25 个红色旅游景区

25 个红色旅游景区分布为：

（1）赣西南地区：井冈山“革命摇篮”景区、永新三湾改编旧址、东固“东井冈”纪念地。

（2）赣北地区：南昌“英雄城”景区、新建“小平小道”、九江红色旅游景区。

（3）赣南地区：瑞金“红色故都”景区、于都“长征始发地”景区、兴国“将军县”景区、“宁都起义”纪念景区、广昌“苏区北大门”景区、寻乌调查纪念馆、会昌邓小平旧居。

（4）赣东北地区：上饶集中营革命烈士陵园、弋阳方志敏纪念馆、横峰葛源闽浙赣“首府”纪念地、黎川闽赣省诞生地纪念景区、宜黄黄陂东陂大捷纪念景区、乐平“红十军”纪念景区。

（5）赣西地区：安源“工运摇篮”景区、铜鼓秋收起义纪念地、万载湘鄂赣根据地纪念地、修水秋收起义纪念地、莲花一枝枪纪念馆、新余罗坊会议纪念馆。

5. 两种红色旅游组合线路

红色旅游专题线路应重点打造“红色摇篮”首选黄金线路、以井冈山为节点的重点线路、跨区协作的六条精品线路和六条主题鲜明的精华线路等一系列线路；多色旅游互动线路包括江西红古绿“三色”文化旅游精品线路、南昌红绿古相衬专线游、赣东北红绿古“三色”精华游、萍乡市红绿古“三色”之旅、环鄱阳湖入境旅游精品线路。

（1）红色旅游专题线路。

1）一条“红色摇篮”黄金线路：南昌—萍乡·安源—井冈山—瑞金。

2）三条井冈为节点的重点线路：①南昌—吉安—井冈山—赣州—瑞金。②瑞金—井冈山—萍乡—南昌—上饶。③赣州—于都—瑞金—石城—宁都—兴国—吉安—井冈山—永新—萍乡—南昌。

3）六条跨区协作的精品线路：①中国红色旅游概念线路“上海—嘉兴—南昌—井冈山—瑞金—长汀—高州—遵义—延安—西柏坡—北京”。②江西红色文化旅游金牌线路“南昌—井冈山—赣州—瑞金”。③赣湘红色文化旅游精品线路“南昌或井冈山—萍乡—韶山—长沙”。④赣闽粤红色文化旅游精品线路“赣州—瑞金—长汀—龙岩—梅州—广州”。⑤赣浙沪红色文化旅游精品线路“南昌—龙虎山—上饶—三清山—杭州—嘉兴—上海”。⑥赣鄂红色文化旅游精品线路“武汉—黄冈—九江（庐山）—共青城—南昌—井冈山”。

4）六条主题鲜明的精华线路：①江西红色名山游“庐山—共青城—南昌—吉安—井冈山”。②革命圣地寻访游“韶山—茶陵—炎陵—永新—井冈山—兴国—于都—瑞金”。③人民军队建军游“南昌—萍乡—三湾—砻市—井冈山—瑞金—长汀—上杭古田—龙岩”。④全国将军县研修游“兴国—吉安—永新—湖北红安—安徽金寨”。⑤革命胜利征程游“上海—嘉兴—南昌—井冈山—瑞金—遵义—延安—西柏坡—北京”。⑥伟人足迹追寻游“韶山—长沙—萍乡—井冈山—瑞金—遵义—延安—西柏坡—北京”。

（2）多色旅游互动线路。

1）江西红古绿“三色”精品线路：南昌—龙虎山—上饶—三清山—景德镇—婺源。

2）南昌红绿古相衬专线游：南昌八一起义纪念馆—滕王阁—青云谱—天香园—新建县“小平小道”—厚田沙漠景区—西山万寿宫。

3）赣东北红绿古“三色”精华游：鹰潭龙虎山—弋阳龟峰—横峰葛源—上饶集中营—德兴铜矿—上饶三清山。

4）萍乡市红绿古“三色”之旅：安源纪念广场—安源路矿工人运动纪念馆—路矿工人俱乐部—消费合作社—谈判大楼—盛公祠—总平巷—张家湾秋收起义军事会议旧址—秋收起义纪念碑—义龙洞—傩神庙—“神州双管李”书法表演或傩舞表演—卢德铭烈士陵园—武功山。

5）环鄱阳湖入境旅游精品线路：南昌—共青城—庐山—景德镇—婺源—三清山—上饶集中营—方志敏纪念馆—龙虎山。

五、江西红色旅游发展的战略举措

1. 可资借鉴的其他省市红色旅游发展战略

（1）武汉的“12355”战略。全力抓好“一条国家级精品线”，即武汉—麻城—红安—新县—信阳线；打造“两个重点景点”，即八七会址、农讲所；建设“三大红色旅游基地”，即八七会址、农讲所、“二七”纪念馆红色旅游区；建设市内五条红色旅游精品线路；联手开辟跨区域的五条红色旅游经典线路，合作省包括江苏、湖南、江西、四川、贵州及河北。

（2）上海的“543”战略。

1）培育形成5个“红色旅游经典景区”。①以中共“一大”会址纪念馆和新天地为中心，主题形象为“开天辟地”的旅游区。②以龙华烈士陵园、龙华旅游城为中心，主题形象为“英烈丰碑”的旅游区。③以中国左翼作家联盟成立大会会址纪念馆和多伦路一条街为中心，主题形象为“文化先驱”的旅游区。④以陈云故居暨青浦革命历史纪念馆、东方绿洲、朱家角为中心，主题形象为“伟人风范”的旅游区。⑤以宋庆龄陵园和虹桥开发区、古北新区为中心，主题形象为“走向未来”的旅游区。

2）培育形成4大“系列红色旅游景点”。形成红色纪念馆、名人故居、烈士陵园、革命遗址遗迹四大系列红色旅游景点。在整合全市红色旅游资源的基础上，逐步形成10个红色纪念馆、7个名人故居、14个烈士陵园、9个遗址遗迹四大系列产品。

3）配套完善3大“系列红色精品线路”。建设“红色追忆”、“红色成果”、“红色连线”三大系列红色旅游精品线路。

（3）福建的“一区两线五景”战略。福建省红色旅游将围绕“古田会议丰碑，万里长征起点”的主题，总体布局确定为“一区两线五景”，即一个重点红色旅游区：湘赣闽红色旅游区。两条红色旅游精品线路：赣州—瑞金—于都—会昌—长汀—上杭—古田线；黄山—婺源—上饶—弋阳—武夷山线。五个红色旅游景点景区：龙岩红色旅游系列景点，三明红色旅游系列景点，武夷山赤石、大安红色景区，福州福建省革命历史纪念馆以及漳州市毛主席率领红军攻克漳州陈列馆。围绕“一区两线五景”，福州还将培育出“三区五线二十景”。其中，三区为闽西红色旅游区、闽北红色旅游区以及闽东红色旅游区。五线为：长汀—连城—上杭—龙岩—漳州—厦门线；武夷山—泰宁—建宁—宁化—清流—明溪—三明线；福州—宁德—福安—（周宁—屏南—古田）霞浦—福鼎线；福州—莆田—泉州—厦门—漳州—平和—云霄—东山线；福州—南平—三明—永安—连城—长汀—上杭—龙岩线。

（4）浙江的“71240”工程战略。根据浙江的革命历史地位和红色旅游资源的特点，以“开天辟地，党的创立；英华浙江，烽火东南；纵横两浙，决胜山海”为浙江红色旅游建设发展的总体定位，强化红色旅游资源有序开发的导向。重点提升和建设7个经典景区，着力整合和推广12条精品线路，积极保护和培育40个重要景点，形成“71240”工程的总体格局。合理开发建设地方其他红色旅游景点景区和线路，全面推进红色旅游发展。

2. 江西红色旅游发展的战略选择

（1）基本战略。江西红色旅游要实施的资源整合、精品带动、产业运作三项最基本的发展战略。

（2）普遍战略。即江西红色旅游三“起来”战略。也就是“连起来”：江西各地红色与红色结合形成聚合力、红色与他色联合形成丰富度。“活起来”：挖掘江西革命文物内涵、革命遗址事迹、革命人物思想，讲好江西革命故事，增强感染力。“动起来”：江西红色旅游活动和产品沉浸互动与参与体验相结合，追求真实感。

（3）战略举措：办好一个“红博会”；举办系列高峰论坛；搭建一个红色旅游公共信息与服务平台；建好一批爱国主义教育基地；形成系列红色研学和红色培训基地；举办系列红色旅游节庆活动。

（4）战略案例：以瑞金实施的“一个中心，四个打造”发展战略为例。即建设赣南东部和赣闽边际区域中心城市，打造赣南东部赣龙线上的瑞金工业板块、打造国内外著名的红色旅游名城、打造“江西的温州”、打造和谐平安诚信瑞金。以此谋求瑞金市实现科学和谐的追赶型、跨越式发展。打造和谐平安诚信瑞金是基础，是重树瑞金形象，让外界接纳瑞金、支持瑞金发展的基本前提；建设‘一个中心’是瑞金发展的思路，是增强人们信心、鼓舞人民斗志、凝聚全市人心的动力所在；打造赣南东部赣龙线上的瑞金工业板块是打造‘江西的温州’、建设‘一个中心’的主要手段，是实现工业强市和创业富市的战略举措；打造国内外著名的红色旅游名城，是瑞金发展的优势，是实现富民兴市、增强瑞金发展综合竞争力的有力手段。

江西红色旅游创新发展的举措*

在我国红色旅游发展格局中，江西抢占了先机，成效显著，成为公认的红色旅游重要策源地和主要目的地。从发展的规模和取得的经验看，江西红色旅游已然领跑全国。站在新的起点上，把脉江西红色旅游的发展态势，诊断提升江西红色旅游质量和效益的制约因素，提出实现健康持续发展的创新良方，就成为江西红色旅游继续领跑全国的重要问题。

一、江西红色旅游领跑全国及其发展态势

江西最早建立红色旅游区，并在2001年提出“红色摇篮、绿色家园”旅游主题口号，成为“红色旅游的发起地”。2004年，率先出台《江西省红色旅游发展纲要》，举办“2004年中国红色之旅万里行”活动。2005年，召开“发展红色旅游工作会议”，全面部署红色旅游工作，同年举办第一次全国性、大规模的红色旅游宣传、推介和博览盛会——中国（江西）红色旅游博览会。2006年，出台《关于大力发展红色旅游的若干意见》，明确扶持红色旅游发展的系列政策措施，并首次面向全国推出“中国红歌会”。2009年，进一步提出把江西建设成为中国红色旅游首选地和红色旅游强省的目标。2013年，江西省出台《江西省红色旅游发展规划（2013—2017年）》，将红色旅游发展放在全省旅游工作的重中之重。据国家旅游局2012年的统计，江西红色旅游规模已占全国的33.6%，确立了在全国的领跑者地位。党的十八大以来的发展进一步证明，江西红色旅游正以独步全国的姿态，继续领跑我国红色旅游发展。

江西省红色旅游接待量和收入及其与全国的对比

年份		2010	2011	2012	2013	2014	2015	2016
接待量（亿人次）	江西	0.4326	0.556	0.715	0.8665	1.04	1.21	1.43
	全国	4.3	5.4	6.7	7.86	9.07	10.27	11.47

* 本文主要内容曾以题为《创新推动我省红色旅游高质量发展的举措建议》发表在中共江西省委党校《领导论坛》2018年第4期，得到省领导肯定性批示，作者黄细嘉、赵晓迪、李国强。收入本书时使用了发表前的原稿。

续表

年份		2010	2011	2012	2013	2014	2015	2016
占比（%）		10	10.3	10.6	11	11.5	11.8	12.5
收入（亿元）	江西	327	440	560	710	890	1089	1157
	全国	1302	1450	1667	1985.6	2264.8	2611.7	3060.9
占比（%）		25	30	33.6	35.8	39.2	41.7	37.8

资料来源：根据江西红色旅游网、江西省政府网站、中国旅游局官网整理。

1. 江西红色旅游持续保持领跑全国的地位

根据江西省红色旅游接待量和红色旅游收入在全国相应数据中所占的比例，江西省红色旅游在全国红色旅游大格局中长期占据领跑者地位，从红色旅游接待量来看，2010~2016年，江西红色旅游接待量在全国红色旅游接待量中的比重稳步上升，从10%上升到12%左右。从红色旅游收入来看，江西省2010年红色旅游收入占同年全国红色旅游收入的比例为25%，之后快速上升，到2015年，江西红色旅游收入约占据全国红色旅游收入的41.7%，2016年，虽有回落，但仍占据全国红色旅游总收入的37.8%，可以看出，江西红色旅游持续保持在全国的领跑者地位。

2. 江西红色旅游呈现稳定发展态势

2010~2016年江西省红色旅游接待量及红色旅游收入一直保持迅猛上升状态，根据《江西省红色旅游发展规划（2013—2017年）》，到2017年，江西省红色旅游接待人数突破1.9亿人次，预计占江西省旅游接待人数的40%左右；红色旅游综合收入达到1900亿元，预计占江西全省旅游综合收入的40%左右。2016年，江西红色旅游直接就业人数约17万、间接就业人数近75万。根据规划，到2017年，江西省红色旅游预计带动直接就业70万人，间接就业300万人，参与红色旅游的群众人均年增收800元以上。同时，江西省通过红色旅游带动老区脱贫，取得了令人瞩目的成就，其中，井冈山在以红色旅游为龙头的第三产业的带动下，正式宣布在全国率先脱贫摘帽。截至2016年底，江西贫困人口数下降至113万，累计减少229万人，贫困发生率从9.7%降至3.3%。2004年，江西省有4个景区入选“全国红色旅游经典景区名录”，2016年扩展至11个。2016年，江西省政府、省发改委陆续印发《关于加快旅游业改革促进旅游投资和消费的实施意见》、《江西省“十三五”省际区域合作规划》，提出打造红色旅游名片、建设红色旅游公路，致力于打造全国领先的红色旅游目的地。2017年，在国家旅游局和全国红色旅游工作协调小组办公室的指导下，江西省旅发委邀请全国各省份及新疆生产建设兵团，共同成立中国红色旅游发展联盟。可以看出，江西红色旅游业呈现稳定发展态势。

二、制约江西红色旅游发展质量和效益的瓶颈问题

经济发展新常态下，要认清江西红色旅游阶段性特征，不断调整、转型和升级，才能实现健康可持续发展。根据产品周期理论，通过对江西红色旅游发展数据分析，经过 20 年持续快速发展，红色旅游处于规模发展阶段向提质增效阶段过渡的关键时期，要想实现这一跨越，就必须厘清江西红色旅游发展质量和效益的瓶颈问题。

1. 产品更新滞后：供不适求现象日益突出

江西省现有的红色旅游产品主要为观光型、研学型旅游产品，旅游项目和旅游功能较为单一，旅游线路安排雷同性突出，传统的文物观赏、图片展览、文字讲解、故居参观、纪念馆展示、红色培训，仍是红色旅游的主要内容和重要形式。而红色旅游大数据显示，红色旅游的客群呈现年轻化趋势，“红绿配”的特色旅游产品形式和以“注重体验的徒步之旅”为代表的康体娱乐类旅游产品，较受用户欢迎。可以看出，江西红色旅游现有的产品体系难以满足未来红色旅游客群日益多样化、个性化的旅游需求。以江西井冈山和瑞金红色旅游区为例，参观革命遗址、博物馆（纪念馆）、名人故居，观文物、听解说、看图片、参加培训课程等形式几乎成为“标配”，重走红军路等体验性产品虽然有但不多且形式单一。产品类型缺少时代感、时尚型、创意性，以生动、形象、多维的展示方式深刻地表现历史的原貌和深厚的文化底蕴不够。可以说，江西现有红色旅游产品类型与我国红色旅游需求趋势之间存在矛盾，并且随着时间推移，这种供不适求矛盾有日益加深的趋势。

2. 要素配置失范：景区多维功能建设不够

江西红色景区众多，但在考察中发现，景区旅游要素配置不规范问题仍然突出：一是旅游要素发展不健全，互补程度低。传统的旅游六要素是“吃、住、行、游、购、娱”，而随着激发人们旅游的动机和体验要素越来越多，延伸出新旅游六要素，国家旅游局总结为“商、养、学、闲、情、奇”。以江西红色金牌线路“南昌—井冈山—瑞金”为例，沿线的红色景区缺乏传统旅游六要素中的“娱”。而对于新旅游六要素“商、养、学、闲、情、奇”来说，红色景区中商务、养生、休闲度假产品更是罕见，只能通过连线其他景区解决，但存在着距离、预算、接待能力等各方面的制约；江西虽然有 14 处国家级和 79 处省级爱国主义教育示范基地，但是研学旅游仍然处于萌芽状态，市场上尚无成熟的研学类旅游产品出现，大多数爱国主义教育示范基地功能没有得到充分发挥；而情感旅游和探奇旅游更是红色景区的一大软肋，尚无红色景区推出专题情感旅游和探奇旅游类产品。二是景区功能较为单一。以国家 AAAAA 景区——瑞金“共和国摇篮”景区为例，由五大游览区、两大纪念馆和一山、一桥组成，都是观光游览区，缺乏其他类型旅游区与之呼应，景区靠“红色文化”吸引游客，但如何

“留住”游客这一问题没有得到解决。

3. 融合机制不顺：“+旅游”与“旅游+”动力不足

一是红色资源与其他类型旅游资源开发联动性不佳，以国家红色旅游经典景区——上饶市上饶集中营革命烈士陵园为例，其在发展过程中，与周边乡村旅游、绿色旅游资源未形成联动开发模式，呈现单一的红色旅游景区孤岛式发展状态。二是旅游产业与其他产业融合发展机制不完善，从目前江西旅游产业融合机制来看，在旅游强省建设中，未能出台各行业+旅游的投资鼓励政策，“+旅游”和“旅游+”动力不足，红色旅游与文化产业、休闲农业、互联网行业、研学旅游等关联性较高行业融合效应低，难以形成整合发展优势。

4. 投资活力不足：民间投资存在体制障碍

民间投资在进入红色旅游产业时，面临着法制缺失、政府监管不当、准入障碍、管理机制失调等问题，致使民间投资虽有政策扶持，但是成效依旧不显著。一是红色资源本身的政治性功能，使其能交由民间资本开发的部分较之其他旅游业态少，准入障碍较大。二是红色资源管理部门重叠，管理体制有“理不清、理还乱”的现象，民间资本难以顺利进行红色资源整合开发，也缺少相关法制保护，因此很难吸引民间资本和大型旅游集团参与，造成投资活力严重不足。

5. 营销方式落伍：市场营销转型升级失时

江西红色旅游未在最佳时机搭上“新媒体”平台的快车道，致使最新营销方式还停留在之前的网络营销阶段，错失了市场营销转型升级的最佳时机。2016 年，我国使用手机上网的人群比例高达 96.3%，新媒体平台发展加速，旅游行业搭载新型移动终端平台实现了长足发展，激励越来越多的旅游营销者使用新媒体平台开展旅游营销，但江西红色旅游对新媒体营销方式的利用程度不高。可以说，无论是政府的宣传还是企业的促销，对现有的市场推广与营销体系利用力度不够，未及时抓住新媒体，全面升级宣传与营销方式，在如今各类旅游 APP 盛行的状况下，江西红色旅游营销方式已经落伍了。

6. 资源利用失衡：旅游开发质量和效益不高

红色旅游发展中，对相关资源的利用存在失衡现象。一是重硬性，轻软性，大幅度开发利用纪念馆、革命遗址、历史遗迹等“硬”性资源，而对于红色文化、标语、故事、精神等“软性”资源解读与利用不足。二是重显性，轻隐性，对于能直接利用的红色资源开发力度大，相对轻视革命精神、民风民俗、革命传承等“隐性”资源。三是重红色、轻土色，在红色资源丰富的地区，片面强调红色旅游开发，忽视与乡土资源的联动效应，旅游吸引物较为单一。四是重红色，轻白色，红色旅游开发过程中，反映红色革命精神的内容很多，但体现当时严酷的社会条件、白色恐怖、国民党步步紧逼的内容较少，离开时代背景的红色资源，难以引起游客共鸣。五是重回忆，轻传承，江西红色旅游，重视还原历史场景、再现革命情节、追忆先烈往事，而对红色基因的挖掘，革命精神的传承工作做得不够深入，缺少能服务于现代社会的红色基因的开发再利用。这种“偏科”现象，体现了江西红色资源利用的不平衡性。

三、提升江西红色旅游发展质量和效益的创新建议

2017年，国务院印发《“十三五”旅游业发展规划》，明确提出提升红色旅游发展水平，省旅游产业发展领导小组会议提出要在红色旅游发展上凝心聚力，《2016—2020年全国红色旅游发展规划纲要》提出要更加突出红色旅游的理想信念教育功能、更加突出红色旅游的脱贫攻坚作用、更加突出红色旅游的文化内涵，这为红色旅游下一轮的发展指明了方向。结合新时代对红色旅游的全新定位，提出以下促进江西红色旅游创新发展的对策性建议。

1. 树立红色主体+多彩并举的发展新理念

要使红色旅游持续保持勃勃生机，就要树立“红+绿”、“红+古”、“红+绿+古”等多色协同发展理念。对于井冈山、上饶、九江等拥有优美自然景观的地区，实施“红色”与“绿色”融合发展，打造“红绿相间”型景区。对于南昌、萍乡等城市景观突出的红色旅游区，要将现代元素、时尚因子融入红色旅游产品建设中，打造与红色文化内涵相配的城市景观、VR体验馆、现代雕塑等，为红色旅游增加吸引力。而对于瑞金、于都、兴国等革命老区，要突出客家“土”色元素，打造具“客家乡土风情”的红色旅游区，一方面可以最大程度还原历史事件发生地的原生场景，回归那个“年代”，着客家装，造乡土风；另一方面在建设纪念馆、博物馆基础上，以实景还原方式展示历史人物活动和事件，打造具有历史感的展览区。

2. 构建红色旅游发展新格局

江西要保持红色旅游继续领跑全国的地位，必须要构建红色旅游发展新格局。一是定位格局，要多维融合发展。井冈山、南昌、瑞金、萍乡、上饶、九江作为江西六大红色旅游目的地，要有自己的定位与分工，形成特色旅游目的地，即井冈山建设红绿相映型旅游区、南昌建设城乡互动型旅游区、瑞金建设多彩融合型旅游区、萍乡建设三色并举型旅游区、上饶建设多极并重型旅游区，九江建设红色点缀型旅游区。二是城市格局，要让瑞金崛起。就江西六大红色旅游城市来看，红色虽然是南昌、萍乡主要旅游产品之一，但不能认为是其支撑性主打产品，它们主要依靠的还是城市旅游；九江、上饶主要依靠名山支撑，井冈山则是典型的山地型红色旅游产品，唯有瑞金是乡村红色旅游的代表。现在的格局是城市、山地城市、依山城市的红色旅游发展相对较强，但以乡村红色旅游为依托的瑞金发展相对较弱，是一个洼地，所以在江西红色旅游新格局中，必须促进瑞金崛起。三是内部格局，要优化业态结构。红色旅游自身内部结构要有调整，即要建设活态、动态、生活态、体验态的红色旅游项目，大力发展红色培训业与演艺业、影视业、文创业、规划业等，瑞金要抓紧落实建设国家公务

员培训学院等工作。

3. 大力发展动态和融合类旅游新产品

推动旅游供给侧改革，加快红色旅游多元化进程，大力发展动态和融合类旅游新产品。一是实现资源整合，将红色资源与其他类型资源结合，打造“多色”型旅游景区。将红色场景与绿色生态结合，开发红色自驾之旅、红色徒步之旅等产品，发挥红色旅游寓教于游、寓教于体验的业态优势。将红色资源与研学旅游相结合，把红色景区建设成一流的爱国主义教育基地、国防教育基地和青少年研学旅游基地。将红色历史和军事设施相结合，建立军事文化体验场，打造动态的体验式、参与式的强势项目。二是促进产业融合，依靠红色旅游业，连接其他产业，形成融合发展的新型红色旅游产品。将红色旅游与文化产业相结合，扶持文化企业，打造江西红色旅游类影片、话剧、小说等利于传播的载体。将红色旅游业与教育培训业相结合，在南昌、井冈山、瑞金等地，开办“红军生活体验学校”，在暑假、寒假期间招生，从小学到大学再到成人教育学生，都可在学校接受不同程度的红色历史、文化、精神及革命史诗等相关知识的教育，并模拟军队管理模式，进行相关素质拓展，全方位体验红军生活。将红色旅游与互联网相结合，开发“旅游+互联网”全新发展模式，打造智慧景区，在江西11个“全国红色旅游经典景区”率先试点，可以利用微信，开展网上订票、在线讲解、智能停车、酒店预订等服务，打造网上“一条龙”式服务。

4. 建设要素完善的复合型红色旅游新景区

结合新旧“六要素”进行相关配套建设，增强红色景区的复合旅游功能。一是完善景区商务接待功能。在红色景区中，打造具有会展接待、商务接待能力的酒店，并积极承办国内旅游业重要会议，以此吸引大型公司、团体前来旅游。二是对井冈山、上饶、景德镇等绿色资源丰富、古色底蕴深厚的红色旅游区，适当开发养老地产、养生乐园，实现景区养生功能的突破。三是完善红色景区教育功能，吸引研学旅游。在红色景区建立“学堂”、“武堂”等教育机构，完善教育设施，聘请历史学、中共党史方面的专家，定期开讲，提升红色景区教育功能。四是增加景区休闲度假功能。对于瑞金这类乡村旅游资源丰富的景区，要在红色景区中点缀乡村休闲类产品，为游客游览红色景区提供新的选择。五是在有条件的红色景区打造具时代感的婚纱基地，拍摄红军主题风格的结婚照，举办“红军简朴婚礼”等活动，增加景区情感类旅游要素。六是开发红色探险之旅、红色徒步之旅、模拟战争等活动，为红色景区增加探索性旅游要素，在游的基础上增加趣味因素。

5. 激活民间资本投入红色旅游项目建设

拓宽融资渠道，激活民间资本投资的积极性和创造性，是进行红色旅游资源开发的引领性工程。由于红色旅游产品的公益性及其旅游活动的教育功能，国家先后进行了三期红色旅游基础设施建设的国债资金投入，大大改善了主要红色旅游区的接待条件。政府在继续进行红色景区的基础设施、游览体系、展览陈列和文物保护等“硬”投资的前提下，改革管理运行与经营服务机制，做到能够吸纳民间资本进行节庆举办、体验活动打造、线路设计与推广、演艺项目演出、融媒体旅游产品的二次创作等“软”投资，开发旅游项目，实现资源共用、风险共担、利益共享。还可以采取措施，激活民间投资。一是开发“旅游+金融+互联网”金融产品，激活互联网金融平台，吸纳红色旅游投资。二是增加政策支持性融资项目。利用国家鼓励政策，进行政策支持性的信贷融资，吸纳包括旅游国债项目、扶贫基金、旅游产业结构调整基金等。三是扶持银行研发对旅游资源开发进行贷款的金融工具，解决红色资源难以进行价值评估和难以作为贷款抵押物的问题，为红色旅游争取银行贷款。四是试点红色旅游 PPP 模式。红色旅游景区开发具有公益性和商业性的双重属性，具有运行 PPP 模式的先天优势，可在红色资源基础良好的地区先行试点 PPP 模式，引进社会资金，参与开发建设，解决政府资金不足问题。

6. 转向以手机为主要载体的智慧营销新方式

在新媒体、融媒体快速发展的时代，搭上智慧营销的快车，是红色旅游发展的新契机。一是打造为江西红色旅游服务的 APP，满足年轻消费者的需求，APP 中提供江西红色旅游门票与酒店预订、线路定制、交通指导、美食推荐等一系列服务，同时开设攻略论坛，征集江西红色旅游攻略、红色旅游景区评价、经典红色旅游路线推介等内容，并在 APP 中开通投诉热线和服务质量评价，接收游客意见。二是与携程、去哪儿、途牛、马蜂窝等主要旅游 APP 合作，在重大节庆活动和纪念日开设江西红色旅游专栏，开展“红游江西”、“携程伴您游红都”等活动，借助其遍布全国的网络营销渠道，通过优惠的价格和优质的服务，引发江西红色旅游热潮。三是构建江西红色旅游直播平台。借助斗牛、映客等直播平台，开设江西红色旅游直播节目，邀请专家学者、名人明星、旅游达人、文化大咖等知名人士进行江西红色旅行直播，借助名人效应，分享江西红色旅游的真人真事，并在直播中征集红色旅游讲解员，鼓励了解、热爱红色旅游的朋友在直播平台进行互动，同时有奖征集与江西红色旅游有关的微电影作品。四是借助社交类网络平台，如微信、微博、陌陌等具有影响力的网络社交平台，建立江西红色旅游宣传账号，推送江西红色旅游资讯，策划有影响力的主题活动，在微信、微博中举行红色旅游摄影大赛、“票选你最爱的红色旅游景区”等活动，吸引游客参与。

7. 拓宽红色旅游多维资源整合利用新模式

一是以影视传媒为依托的红色文化资源整合模式。通过把江西的红色文化资源整理开发为电影、电视剧、宣传片、广告片、文学作品、短视频等影视传媒作品，使红色资源得以利用、红色精神得以弘扬、红色基因得以传承。二是以组合经典景区为依托的产品整合模式。在江西红色旅游发展格局中，南昌、井冈山、瑞金可谓三足鼎立，但其他红色资源丰富的地区相对处于劣势，采取红色景区打包组合模式，比如推出“江西红色旅游畅游卡”，可凭此卡畅游江西红色旅游景区，辅之以低于市场价的优惠价格，实现红色景区的打包“售卖”。三是以节庆盛会为依托的形象整合传播模式。可在革命领袖诞辰日、中国革命重大历史事件发生日，举办大型纪念活动，召开红色旅游盛会，借节庆之东风，树江西红色旅游形象。四是推动红色旅游与公共文化服务有机结合模式。在红色景区，由文化部门负责指导组织革命历史题材文艺创作、演出活动和群众性文化活动；教育部门组织大中小学生开展研学旅游活动，进行革命传统和爱国主义教育。

南昌“红色之旅”产品组合与资源推介策划

2003年7月28日，南昌市文化局在南昌八一起义纪念馆举行南昌“红色之旅”产品组合策划与资源推介座谈会，计划整合南昌红色旅游资源，组合南昌红色旅游线，形成南昌红色旅游产品，打造南昌红色旅游品牌，推出南昌红色旅游形象，构建南昌红色旅游目的地。

一、南昌“红色之旅”推介的意义和启示

新闻媒体热心推动、社会各界普遍关注、文化部门积极主动，是市场意识的体现；南昌“红色之旅”线路组合是实现红色旅游优势彰显、品牌发挥、资源配置、市县结合、部门互动，独立地打造精品、构建名牌、塑造品牌意识的具体体现。

二、南昌“红色之旅”旅游品牌的认识

打造南昌“红色之旅”品牌，要从“三面红旗”升起的高度认识南昌红色旅游的地位，从“党政军”历史的角度认识南昌红色资源的价值，从“红古绿”的资源配置认识南昌红色文化的氛围。将南昌“红色之旅”产品由革命历史文化、文物的临时性展陈，过渡到建设永久性的纪念设施和旅游景区。

三、南昌“红色之旅”旅游资源的推介

南昌“红色之旅”旅游资源需要向城市规划人员进行宣传推介，向开发商、投资商进行宣传推介，向军人、大中小学生进行宣传推介。

打造“可爱的中国”文化旅游品牌的建议*

上饶市致力打造“可爱的中国”文旅品牌。该品牌具有可爱民族、可爱英雄、可爱信念、可爱前景、可爱风景等内涵，拥有以方志敏烈士为中心的英雄人物、红色基因为内核的精神文化、中国壮丽山河为基础的美丽风景等品牌内容。江西省应以方志敏革命足迹形成红色之旅产品，上饶市大好河山形成美丽山水产品、名胜古迹形成美丽人文产品、优美田园形成美丽乡村产品，并将《可爱的中国》在全国范围内做成有特色的主题产品，构建品牌产品支持体系，全力打造“可爱的中国”文旅品牌。这是江西省建设旅游强省和文化强省，弘扬爱国精神、传播正气能量，应采取的一项重要战略举措。

2019 年是方志敏诞辰 120 周年，5 月 2 日是他在狱中完成《可爱的中国》的纪念日，8 月 6 日是他牺牲之日。《可爱的中国》作为中国红色文化的重要组成部分，其爱国精神和家国情怀影响了一代又一代中华儿女。2017 年秋，上饶市开展了“全民诵读《可爱的中国》旅游宣传推广活动”，掀起了一股全球华人对祖国母亲表白庆生的热潮。2019 年初春，国家文化和旅游部将“可爱的中国”文化之旅列入内地与港澳文化和旅游交流重点项目，该品牌开始跻身国家队方阵。同年 4 月，上饶市在北京隆重举行可爱的中国文化旅游品牌发布会。习近平总书记曾说，方志敏这本书，“以全部热情为祖国放歌抒怀，是拥有家国情怀的好作品，最能感召中华儿女团结奋斗。”“我看了很多遍，每次都深受感动”。

一、认知“可爱的中国”文旅品牌的内涵核心体系

《可爱的中国》诞生在山河破碎、国弊民穷的旧中国，是方志敏一腔赤子之情的深切体现，是中华民族精神的艺术呈现。可爱者，乃至纯至真至善至美者也。中华民族精神穿越历史长河依然熠熠生辉，是为至纯；中国人民坚持真理、坚守理想信念、织就美丽中国梦，是为至真；中华民族英雄无论在民族危难还是和平发展之时，总有人挺身而出，为了国家利益、民族大义付出，是为至善。中华美景，山水丘壑，城村古

* 本文是 2019 年 4 月 28 日由上饶市人民政府、中国旅游集团、江西省文化和旅游厅、江西省驻京办于北京市举办的“可爱的中国”文化之旅品牌发布会暨万里行（北京）旅游推介会的主旨演讲。

镇，无地不美，到处皆景，是为至美！“可爱的中国”作为文旅融合发展和红色旅游新的大 IP，作为中国文化、中国精神、中国信念、中国形象的不朽载体，可以从以下五个方面认知其核心内涵：

1. 可爱民族

中华民族自强自立、生生不息。这是一个英雄辈出的民族；是一个勤劳勇敢、善于创造的民族；是一个历经磨难而岿然屹立的民族；是一个团结友善、美德至上的民族；是一个值得我们热爱、拥抱的民族。

2. 可爱英雄

可爱的民族英雄方志敏，全部身心都奉献给了中国革命。为唤醒沉睡的雄狮呐喊，为美好未来拼搏，他在结婚誓词中起誓：“为了救可爱的中国，为了美好的明天，我俩甘愿赴汤蹈火在所不惜！”这位智慧与勇敢并存的无产阶级革命家、军事家、农民运动领袖、红十军的创始人，即使身处黑暗也不曾放弃自己的信仰、诺言，也不曾被“糖衣”所迷惑，他坚守本心，对未来充满信心，对祖国满怀热爱，以生命践行了自己的诺言。他不忘初心，清贫、爱国、奉献、勇敢，值得每个中国人学习。

3. 可爱信念

《可爱的中国》蕴含坚定信念，“敌人只能砍下我们的头颅，决不能动摇我们的信仰”的誓言，生动表达了共产党人对远大理想的坚贞。这种信念是对党的信任、是对祖国的希望、是对美好未来的憧憬。“假如我还能生存，那我生存一天就要为中国呼喊一天。亲爱的朋友们，要持久的艰苦的奋斗！把各人所有的智慧才能，都提供于民族的拯救吧！”

4. 可爱前景

方志敏在《可爱的中国》深情写道：“我们相信，中国一定有个可赞美的光明前途。到那时，到处都是活跃跃的创造，到处都是日新月异的进步，欢歌将代替了悲叹，笑脸将代替了哭脸，富裕将代替了贫穷，康健将代替了疾病，智慧将代替了愚昧，友爱将代替了仇恨，生之快乐将代替了死之忧伤，明媚的花园将代替了暗淡的荒地！这时，我们民族就可以无愧色地立在人类的面前，而生育我们的母亲，也会最美丽地装饰起来，与世界上各位母亲平等地携手了。这么光荣的一天，决不在辽远的将来，而在很近的将来，我们可以这样相信的，朋友！”

5. 可爱风景

方志敏告诉我们：中国处于温带，不十分热，也不十分冷，好像我们母亲的体温，不高不低，最适宜于孩儿们的偎依。中国土地广大，纵横万数千里，好像我们的母亲是一个身体魁大、胸宽背阔的妇人。他进而非常自豪地说：“至于说到中国天然风景的美丽，我可以说，不但是雄巍的峨嵋，妩媚的西湖，幽雅的雁荡，与夫‘秀丽甲天下’的桂林山水，可以傲睨一世，令人称羡；其实中国是无地不美，到处皆景，自城市以至乡村，一山一水，一丘一壑，只要稍加修饰和培植，都可以成流连难舍的胜景。这好像我们的母亲，她是一个天姿玉质的美人，她的身体的每一部分，都有令人爱慕之美。中国海岸线之长而且弯曲，照现代艺术家说来，这象征我们母亲富有曲线美吧。”

二、构建“可爱的中国”文旅品牌内容支撑体系

“可爱的中国”文化旅游品牌拥有三足鼎立的内容支撑体系。一是以方志敏烈士为中心的英雄人物支撑点；二是以红色精神、红色基因为内核的文化支撑点；三是以中国秀丽河山为基础的风景支撑点。

1. 人物支撑

人物支撑点主要是指以民族英雄方志敏为典型代表，探索英雄经历、讲好英雄故事、传承英雄精神。以方志敏为中心，发掘、发现《可爱的中国》里可爱的英雄，这里有红十军团团长刘畴西、参谋长曹仰山，红十九师师长王如痴等；甚至那些让方志敏手稿得以流传下来的可爱的人，如同情敬佩方志敏，帮助转出手稿的国民党南京中央军人监狱监狱长胡逸民及其妻子向影心、监狱文书高易程及其在杭州的女友程全昭，接受并传递方志敏绝笔手稿的章乃器、胡子婴夫妇以及章乃器三弟章郁庵（共产党员），先后经手并保存手稿的宋庆龄、冯雪峰、潘汉年等，还有方志敏致信托付并接收到部分手稿的鲁迅等。《可爱的中国》手稿的传递就是一部情节曲折的故事，定好主题，讲好故事，突出风骨，注入感情，里面有无畏、有情义、有信任、有担当、有血肉。

2. 文化支撑

文化支撑点主要是围绕《可爱的中国》、《清贫》、《我从事革命斗争的述略》展开，方志敏狱中所著近14万字的爱国主义千古绝唱，蕴含着一个共产党员、一位有血性的中国人对民族危亡的担忧、对中国美好未来的期望、对民族独立和解放的呐喊、对清贫的艰苦奋斗精神的赞美、对革命理想的坚定信念，饱含深厚的爱国主义情怀和强烈的民族自信心。方志敏留下的足迹和洒下热血的地方，已然开出圣洁的花，那是理想信念之花、精神文化之花、情怀志向之花。是共产党人圣洁的精神之魂。

3. 风景支撑

风景支撑点主要是人物、文化赖以生存的山水环境，是祖国母亲的大好河山和美丽肌肤。江西是《可爱的中国》的诞生地，但“可爱的中国”却不仅止于江西而是包含着一切有英雄足迹、红色基因、文化烙印、精神家园的好山好水好风光。有了风景的支撑，可爱的中国才会真正成为一个有血肉、有骨骼、有灵魂的活跃跃的生命体，展现其生动美丽富有活力的形象。

三、建设“可爱的中国”文旅品牌的产品支持体系

构建好“可爱的中国”文化旅游品牌，除明确品牌内涵和内容支撑体系外，还要创造性地建设有精神内涵、文化活动、研学内容、体验项目的产品支持体系。如果说品牌内涵是核心灵魂、内容体系是支撑基础，那么产品体系就是支持力量。产品是最具文气、最接地气、最有人气的资源整合，塑造“可爱的中国”文化之旅大 IP，应建设丰富多彩的旅游产品。

“可爱的中国”诞生于风景独好的江西，与江西特色、风格、风景、风貌、气质、气派融为一体。若想探寻英雄足迹，讲好方志敏故事，就要深深扎根于江西这片红色的热土。跟着《可爱的中国》，探寻英雄遇过的人、到过的地、做过的事、用过的物、写过的文，跟着方志敏走过的路，把走路与看景、研学、育人有机有效结合起来，发挥 1+1>2 的功效，使江西旅游增添可爱风采，使文旅融合迈上新高度。

1. 以方志敏革命足迹形成《可爱的中国》的红色之旅产品

这里有弋阳县漆工镇方志敏故居和暴动纪念馆，横峰县葛源镇闽浙赣革命根据地旧址，乐平市众埠镇界首村红十军建军旧址，玉山县怀玉山陇首村方志敏被捕地和北上抗日先遣队纪念馆，南昌市方志敏创建江西党团组织遗址和举办农民运动讲习所旧址、“南昌行营”驻赣绥靖公署军法处看守所（方志敏囚室）遗址、下沙窝方志敏牺牲地和纪念广场、人民公园方志敏纪念雕塑、梅岭方志敏墓等。

2. 以上饶市的大好河山形成《可爱的中国》之美丽山水产品

这里有很多世界级山水资源，世界自然与文化遗产——武夷山及黄岗山、世界自然遗产——三清山和龟峰、国际重要湿地——鄱阳湖以及怀玉山、大茅山、灵山、葛仙山、铜钹山等山岳胜境。

3. 以上饶市的名胜古迹形成《可爱的中国》之美丽人文产品

这里有万年县仙人洞——吊桶环世界稻作起源地、铅山县河口镇“中欧万里茶道第一镇”、铅山县鹅湖书院论辩讲学起源地，以及信江书院和叠山书院等人文胜迹。

4. 以上饶市的优美田园形成《可爱的中国》之美丽乡村产品

这里有婺源县生态文化村落群与婺源茶校、茶园，铅山县篁碧和天柱山畲族乡风情，万年县珍珠和贡米之乡，余干县百里康山大堤等优质乡村旅游资源。

5. 将《可爱的中国》在全国范围内做成有特色的主题产品

一是在方志敏活动过的地方，组织开展“方志敏故事周”活动，讲好可爱的中国故事；二是举办《可爱的中国》歌咏比赛，唱响爱我中华系列主题歌曲；三是结合共和国成立 70 周年献礼动画《可爱的中国》，设计符合青少年口味的旅游产品（如漫画展、英雄手办等）；四是运用技术手段，设计渗入式旅游项目，体验英雄求学、作战经

历；五是设计《可爱的中国》教育课程，组织夏令营、冬令营，并举办不同形式的研学活动，追随英雄足迹、体验红色文化、传递正气能量；六是弘扬红色经典，继续举办《可爱的中国》朗读活动，发挥大众力量，线上线下、国内国际，多角度全方位展示《可爱的中国》的人文精神。

如此，“可爱的中国，大美之上饶”，就一定能根植江西、光耀中华、闪亮世界，成为新时代最有知名度、最有吸引力、最有影响阈的文旅品牌。对“可爱的中国”文化旅游品牌的塑造与推广，既是对红色基因的传承，也是对红色文化的弘扬，更是对红色精神的颂扬，是新时代讲好方志敏英雄故事、弘扬红土地革命精神、树立共产党“清贫”形象、提升红色旅游发展新境界的重要举措。

“游览可爱的中国，从大美上饶开始。”

规范江西红色教育培训实现高质量发展的思考*

一、江西省红色教育培训的现状和问题

1. 现状

江西省作为红色资源大省，是中国革命精神的重要发源地，是红色旅游的重要发祥地，也是红色教育培训的重要起源地。当前红色教育培训市场火热，江西省红色教育培训事业发展规模处于全国前列。分析江西省红色教育培训现状和问题，为转型升级把脉定标，是一项重要的基础性工作。根据调查分析，江西省红色教育培训现状主要呈现以下四个方面的特点：

（1）红色教育培训初具规模。根据全省红色教育培训机构调查，省内登记注册的培训机构数量达到377家，其中公办机构57家，民办机构320家。2017年登记机构的从业人员数量达到3161人，共举办了1万余期培训，培训人数达到了61.5万人，营业总收入高达61524万元，共纳税3564万元。

（2）培训机构分布较为集中。江西省培训机构主要分布在吉安（334家），其次是赣州（35家）。2017年，吉安和赣州分别承接红色教育培训达到8418期53.86万人和1284期6万人，分别占全省当年培训量的84%和13%。同年，吉安培训机构营业收入达到57334万元，赣州培训机构营业收入达到3720万元。培训机构形成了以吉安的江西干部学院、井冈山干部学院为主，赣州次之，其他地市零星分布的特征。

（3）红色培训发展势头迅猛。从发展地域看，赣州、吉安等热点地区呈现爆发式发展态势。2018~2020年，赣州的新增红色培训机构主要分布在瑞金和于都两地，吉安的主要分布在井冈山，其他地区如萍乡的培训机构数量增加明显。从教学模式来看，全省登记注册近400家的培训机构，基本形成了专题教学、访谈教学、体验式教学、情景教学、拓展教学等各种教学模式，以满足不同类型学员的要求。

（4）红色培训市场前景广阔。依托丰富红色资源，江西省每年承接省内外党政机

---

* 本文作者黄细嘉、王佳、郭泉恩、陈志军，完成于2020年6月22日。

关、企事业单位的红色教育培训业务，提供专业的党性教育、党员干部培训、红色文化教育课程培训等。近年来，江西省红色培训与时俱进，根据素质教育理念，推出了红色研学旅游业务，形成“教育+红色”模式，弘扬红色文化，传承红色基因，为中小学生提供红色教育洗礼。

2. 存在问题

全国红色教育培训仍处于探索阶段，江西省也不例外。在发展的过程中，不可避免地面临一些问题，主要表现在以下四个方面：

（1）管理机制尚未完善。江西省红色培训机构分布不均衡、培训乱象时有发生、机构档次参差不齐，主要原因是尚未形成一套系统的管理机制。不仅包括对培训机构监管的缺失，对优质品牌机构的宣传、中档机构的提升和低档机构的淘汰机制也未形成；还包括对行业监管的不力，对当前过度市场化现象治理不及时，不论是公办还是民营机构都未遵循统一规范的行业管理。

（2）教学资源保障不够。培训机构多，但资源有限，导致教学场地紧张，经常出现订不到宾馆、调不到车辆的局面。优秀教师缺乏，大多培训机构都处于偏远地区，对优秀培训教师的吸引力有限，加上编制限制，很多优秀的培训教师无法入编，出现导游变导师的局面。课程研发匮乏，很多机构没有专门的课程研发机构，存在培训课程重复，教材选择随意性强等现象。

（3）培训理念有待更新。红色培训不应仅以讲授历史知识为目的，对红色资源的学习也不应仅以参观为主要形式。红色培训要激发学员通过课程教育得到启示，通过案例学习得到借鉴，通过情景教学得到熏陶，通过现场体验得到共鸣，以史鉴今，紧扣时代，解决自身工作中遇到的实际问题。理念不到位，课程和教学环节设计存在跟不上时代要求的现象。

（4）评教反馈机制缺乏。红色培训如火如荼地举行，但大都缺乏评教反馈机制，培训机构无法获得学员的真实感受，对教学质量难以把控。在建立红色培训系统评教反馈机制，让学员在培训后针对师德师风、专业水平、服务水平等方面进行分类评价，让教师做到真正了解学员要求，监督教学质量，促进机构提质等方面，还有很多建设和改革的工作要做。

二、规范江西省红色教育培训的思考

标准化是规范江西省红色教育培训的重要抓手。井冈山作为江西省红色教育培训的排头兵，其标准化建设也起到示范作用，相继发布了学员管理、教师资格、纪念标识、不规范行为整治等相关规范。2011 年井冈山旅游标准化建设列为 2011 年度国家级服务标准化试点项目，并构建《红色教育培训服务标准体系》；2017 年被评为全国红色旅游服务标准示范单位，并成功获批全国首个红色教育地方标准——《红色教育培训管理》（DB36/T 963-2017）。在此基础上，2018 年江西省制定国家标准《红色教育培训服务规范》，已经列入第 4 批推荐性国家标准制修订计划。可见，江西省红色教育培训标准化建设逐渐受到重视，对红色教育培训起到一定的规范约束作用，但在红色教育培训的监督管理、教师资格、安全管理、培训内容管理等方面存在规范性、约束力严重不足等问题，亟须构建完善的标准化体系，加快形成国家标准体系，规范整个红色教育培训市场，发挥江西省红色教育培训在全国的引领作用。

为此，结合江西省红色教育培训发展现状，遵循习近平总书记“要把红色资源利用好、把红色传统发扬好、把红色基因传承好”的教导，完成五大标准化建设任务，充分挖掘与保护红色资源，优化红色教育培训服务核心标准体系，制定学员行为管理标准体系以及红色资源价值评估、利用与保护标准体系两大地方标准，搞好红色教育培训规范化、标准化、制度化建设，是规范江西省红色教育培训的根本保障。

1. 基础工作：规范红色教育培训基础术语

一是以党性基本要求为指导，对红色教育培训过程中的文字表达、用语规范、语言符号等进行统一规范，对学员识别带、学员手册、学员结业证，由省红培办负责统一设计、监制和发售，形成江西省特色纪念标识体系，完善红色教育培训服务基础规范性术语。二是根据红色教育培训的资源特色以及培训机构的性质，区分公办与民营培训机构、营利性与非营利性培训机构、党政学习主导型与旅游修学主导型等不同类型红色教育培训机构的责任与义务，制定红色教育培训服务分类工作标准，规范服务流程。三是通过构建红色教育服务业组织标准化工作指南，指导各地标准化工作的有序开展。

2. 服务规范：构建四大红色教育培训服务标准

一是要统一红色教育服务提供者标准，主要针对红色教育培训机构的准入资质、软件硬件设施、归口管理单位及职能、退出取缔机制、宣传推广真实性等方面进行统一规范，提高红色教育培训机构的进入门槛，构建优胜劣汰制度，为红色教育培训高质量发展提供硬件基础。二是要统一红色教育服务教学人员标准，主要针对红色教育培训教师队伍、导游等教学人员的资格认定、日常考核、动态管理、进修学习等方面进行统一规范，促进教学人员不断提升自身教学和服务水平，同时应重视师资队伍的党性修养，对师德师风进行常态监督，避免过度市场化的不健康因素侵蚀师资人员。三是要统一红色教育服务内容标准，各单位设置红色培训教学评审委员会，统一规范红色培训机构的教材、教学课件、教学课程及内容等。四是要统一实施红色教育培训服务评价与改进标准，对培训机构的“管、教、选、学”4 个要素进行全方位评价，考察培训效果，并制定整改要求与流程标准，不断提升红色教育培训机构高质量办学水平。

3. 保障标准：完善红色教育培训保障性标准体系

一是制定供需分析与协调标准，包括对红色培训需求的预测，对红色培训机构规模现状进行评估，对红色培训酒店、培训基地、考察景区以及交通设施的接待容量、调度等进行协调，对顾客投诉进行及时处理。二是规范网络平台与远程教育管理，保障网络平台信息真实、可靠、即时，做到不夸张、不虚假，促使线上与线下学习的有效衔接。三是出台音频、视频及其他电子设备的信息安全与信息监管标准，严格查处违纪违规违法行为。

4. 客体评估：创建全国首个红色教育培训客体的评估标准

红色教育培训的客体是红色资源，保护好、利用好红色资源是保障红色教育培训效果的重要资源基础，因而红色资源分类、价值评估与保护标准应运而生。一是应在充分尊重历史的基础上，编制红色资源分类标准体系，强化各地红色资源普查工作。二是围绕“历史、文化、资政、育人”四大价值，构建红色资源价值评估体系，制定红色资源开发利用与保护等级标准，挖掘适应新时代发展的精神资源。三是依据红色教育基地、红色旅游景区、接待设施等相关要素，制定红色教育目的地的承载容量的核算方法，制定红色资源安全管理标准以及保护制度，防止资源过度利用、培训基地超载等问题。

5. 主体管理：制定红色教育培训主体的分类管理标准

红色教育培训的参与主体是学员，学员的一言一行不仅反映了培训机构的管理能力，更表现出红色基因传承的效果。一是根据红色教育培训学员参与培训的目的，将学员进行分类，包括政治学习型学员、休闲研学型学员，以及红色纪念与体验型学员等不同类型。其中，来自党政机关、企事业单位、工青妇群团组织的学员为政治学习型学员；中小学生、高中生、大学生等学生群体以研学为主要目的，归为休闲研学型学员；以参与红色纪念与体验活动为目的学员为红色纪念与体验型学员。二是制定教育培训学员管理制度，针对不同类型学员，对学员的言行举止、仪容仪表、文明行为等进行规范，明确学员的义务和责任、培训和廉洁自律的各项规定，以及教育培训任务，营造文明有序的良好氛围。三是制定奖惩制度，对于红色教育培训期间表现优秀的学员予以表彰，对有不良行为的学员进行警告，对行为严重不端者予以严厉惩处。

三、促进江西省红色教育培训高质量发展的举措

1. 实行全程统一管理

“一手抓繁荣、一手抓监管”。一是由省委宣传部、组织部等单位牵头，成立省级红色教育培训管理办公室（简称红培办），赣州、吉安、萍乡等地根据需要成立设区市红培办，对红培产业准入审批、过程监管到淘汰退出进行全过程统一管理。二是落实各级红培办对红色教育培训机构的实力、条件和内容进行前置审批，制定《红色教育培训机构设置条件》，实施红培资质管理，提高准入门槛，解决当前审批部门多、红培

机构参差不齐等问题，杜绝红色教育培训政治不过硬、红培机构数量过剩等现象。三是发挥政府部门与行业组织协同管理的作用，成立省红色教育培训行业协会，提升行业自治水平，切实发挥行业管理作用。四是在红培办成立红培监管处室，制定《红色教育培训管理条例》，规范红培市场，实施红培定点采购。五是构建红培质效评价体系，进行分层考评、分级评价，制定退出淘汰机制，好的做示范、中的提质量、差的退出局，清除“僵尸”红培机构。

2. 鼓励产品融合创新

“一手抓标准，一手抓创新”。在规范江西省红培产品、服务与行业标准的基础上，鼓励各地根据实际情况和现实需要，对红培的产品内容、培训方式、培训地点等进行适度创新。一是产品内容设计应结合实际需要，进一步加强红色历史、红色基因、红色精神等方面的内容创新，进一步处理好理论知识与实际应用的关系。二是培训方式要注重课堂理论培训与实地实践培训相结合，促进由课堂讲授为主转向讲授、参观、体验为一体的综合方式，提升培训质效。三是进一步拓展培训地点范围，从培训课堂到户外基地，从红色景点到田间地头，从城区景区到周边乡村地区，同时加强与周边省份合作，跨区域组合红培产品和线路，如井冈山、萍乡加强与湖南茶陵、炎陵、湘潭的合作，瑞金、于都加强与福建长汀、上杭的合作。四是进一步拓展目标市场，加强与企事业单位党建团建、中小学研学、大学修学等结合，创新设计特色红培产品。

3. 注重红色理论研究

充分发挥各地干部学院、党校、高校等教育机构的作用，进一步加强红色文化与精神的理论研究。一是从理论、政治、道路、文化四个层面，结合我国特色社会主义发展道路，根据经济社会发展实际需要，加强对红色文化、红色精神、红色基因的深度研究和精准提炼，增强“四个自信”。二是结合红色教育培训需要，进行红色理论与教育培训的专项研究，尤其是重视红色理论研究与红培实践应用研究的结合，如编制统一的培训教材、加强红培课程建设、加强红培教育研究，通过提升红色理论专业水平和加强红培教育理论研究，让理论研究更好地服务于红培实践，以进一步提升红培质量。

4. 提升产业服务水平

一是针对红培机构要做到“一手抓监管、一手抓服务”，即在加大对红培机构规范监管的同时，要进一步提升对红培机构的服务意识和服务水平，针对红培机构的审批、监管等要从行政管理转变为公共服务管理，为机构的建立、发展提供全方位服务，推动红培行业快速健康发展。二是针对红培学员要做到“一手抓纪律、一手抓服务”，即在加强对学员的行为规范、绩效考核的同时，要进一步提升对学员的服务意识和服务水平，加强从红培机构接待、带班老师服务到用车司机服务、基地接待服务等全产业链服务水平的提升，构建红培特色服务体系。

5. 进行科学规划布局

加快编制《江西省红色教育培训发展规划》，各地根据需要配套编制当地的红培发展规划，加强对红培的分析研究，对现状进行深入分析，对未来发展进行科学谋划，对分布进行合理布局，促进江西省红培事业健康快速发展。重点加强对井冈山、瑞金等地的规划布局，拓展红培基地范围，合理分流学员，鼓励和支持依托爱国主义教育基地建设综合性红培基地和分校，区域选择可适当向周边拓展，如井冈山可由茨坪拓展至茅坪、砻市、厦坪、拿山等地，瑞金可由主城区拓展至叶坪、沙洲坝等周边乡镇。另外，加强对于都、兴国、莲花、弋阳、永新、共青城、横峰等地红培事业的培育与支持，平衡区域发展，适度扩大规模。

6. 实施红培人才工程

进一步加大红培人才引进支持力度，针对高端人才引进可突破现有编制政策；对培训机构引进中高端人才（如硕士以上、归国留学人员等）给予一定奖励；鼓励支持红培机构引进文化、旅游、管理、播音等专业人才，在人员编制、工资待遇、发展机会等方面给予支持；切实提高红培教育人才待遇，在政策和资金等方面给予支持，加强红培人才培训和进修学习，针对在职学历提升给予补贴。重视与宣传部门、组织部门、文旅部门等进行师资培训对接合作，实施“五好红色培训师”工程，提升培训师素质水平，建设一支“政治思想好、知识储备好、讲授服务好、示范带头好、社会影响好”的红色教育培训师队伍。

江西红色旅游节庆活动的策划*

一、节庆活动策划要解决的最重要的问题

节庆活动策划要解决的最重要的问题：确定节庆主题，理清节庆活动主线；确定参加对象，明确节庆活动参与人员；选择活动内容，保障活动圆满进行；制定行动方案，确定节庆活动安排；制定传播计划，扩大节庆活动影响。

二、红色旅游节庆活动的红色历史文化展示

采取的形式是展、论、游、赛、销。达到红色旅游理论构建与升华，进行红色旅游资源开发与保护，推进红色革命历史学习与借鉴，实现红色旅游经济价值与功效，促进革命老区经济发展与社会进步。红色旅游的本质是旅游，是经济活动，是经济产业，而红色是内容。红色旅游节庆活动必须具备全国覆盖、地方特色、持续发展、主题个性。

红色旅游节庆活动需要展示红色历史文化，如革命精神提炼、革命实践展示、革命人物颂扬、革命圣地采风、革命歌曲联唱、革命情景再现。

三、红色旅游节庆活动内容策划和设计

第一届红色旅游节庆活动是一个开篇，重在聚集人气，一定要有强烈的视觉效果和轰动效应，能够吸引人们的眼球，引起人们的关注，激起人们的兴趣。同时，第一

---

* 本文是2005年初在江西省策划红色旅游节庆活动座谈会上的发言。

届红色旅游节庆活动是一个舞台，重在展示主题，一定要有鲜明的主题和独特的个性，能够让人们回想红色历史的过去，畅想红色文化的未来，唱响红色旅游的主题。保护革命文物是基础，发展红色旅游是形式，促进经济发展是目的。因此，开展第一届红色旅游节庆活动时需要：第一，展示红色之文：毛泽东等老一辈无产阶级革命家诗词文章。第二，检阅红色之师：人民军队发展方阵大检阅，从国民革命军之“铁军”—工农革命军—工农红军—八路军—新四军—解放军—志愿军等。第三，传播红色之音：中国革命历史歌曲大会唱。第四，成立红色之家：中国红色旅游专家智囊库。第五，展现红色之论：人类共同的精神财富论坛。第六，追寻红色之源：中国革命之最遗产图片展。第七，饱览红色之胜：江西革命胜迹遗产图片展。第八，开展红色之旅：主办红色之旅万人始发活动。第九，抓住红色之商：主办红色之旅推介会联谊会。

赣州红色旅游资源开发调研发言提纲*

2003年11月18~24日，陪同江西省决策咨询委员会成员先后考察兴国、宁都、石城、瑞金、会昌、于都的红色旅游资源（考察路线是兴国—宁都—石城—瑞金—会昌—于都—赣州），并在赣州专门召开考察汇报和交流会。

一、确定红色旅游发展的依托城市

将赣州市、瑞金市作为主要客源集散地和旅游目的地；将兴国县和于都县作为次要客源集散地和旅游目的地。

二、建立三大辐射带动性旅游产品网络体系

在赣南建设赣南红色旅游网络体系：赣州—于都—会昌—瑞金—石城—宁都—兴国。

建立江西红色旅游网络体系：南昌—安源—井冈山—赣州—瑞金。

建立闽浙赣边际红色之旅旅游网络体系：梅州—寻乌—会昌—瑞金—长汀—上杭。

三、创建赣南红色之旅主打品牌

创建赣南红色之旅主打品牌，如瑞金——红色故都、于都——长征集结出发地、兴国——将军县。

---

* 本文是2003年11月24日由江西省决策咨询委员会于赣州市召开的赣州红色旅游资源调研考察座谈会的发言记录。

四、挖掘各地资源内涵，发挥比较优势

1. 兴国——全国三大将军县之一、中央苏区模范县、毛泽东县乡调查地

注重红色文化开发和地域文化（如生态、客家、堪舆等）开发相结合，以红色旅游带动“古色、绿色、土色（客家乡土风俗）”旅游品牌全面发展；另外，注重开发红色文化书籍、书画、音像、饮食、用品用具等众多红色旅游衍生产品，宣传“将军县”、“模范兴国”等红旅品牌。

2. 宁都——宁都起义发生地、翠微峰剿匪战斗胜利地

依托丰富的古祠堂建筑和红色文化，坚持传承与创新、挖掘与培育相结合，全力推进祠堂红色、古色文化游。做好形象提升工作：宁都起义纪念馆申报全国重点文物保护单位，翠微峰申报风景名胜区。

3. 石城——赣江源头、天然城堡、天国终结地

在赣南红色资源和客家文化中突出比较优势，从洪秀全是客家人、花都人，太平天国定都南京石头城，败亡江西石城的历史中，寻找潜在资源，发展旅游业。做好形象提升工作：赣江源头建立自然保护区，通天石寨申报风景名胜区，天王囚室申报文保单位，县城琴江镇有规划发展空间。

4. 瑞金——中华苏维埃共和国中央临时政府所在地、红色故都

确立“旅游立市”战略；申报历史文化名城、中国优秀旅游城市、AAAA旅游景区。开发做一天苏区人旅游项目；开展苏区“风采一天”活动；评选苏区十大事件、十大旧闻、十大人物、十大战役、十大著作、十大会议、十大杰出女性等。

5. 会昌——丹霞山水、汉仙岩

清平乐·会昌，风景这边独好；毛泽东在瑞金治国，邓小平在会昌治县。自然红：丹霞山水；历史红：革命历史。

会昌旅游形象定位：风景这边独好。

6. 于都——长征集结出发地、长征第一渡

长征始发保障省、长征第一步的保障省、最后的苏区省——于都赣南省。中国工农红军最大一次规模的集结地：于都。

五、开发中注意的问题

开发中所需要注意的问题主要有：政策性扶持与市场化开拓结合；硬性建设与软

性建设相结合；网络一体化与主题个性化相结合；政治接待型与经济产业型相结合；历史教育与休闲娱乐相结合；革命文化与绿色生态相结合；红色激情与白色恐怖相结合；风物特产与风土人情相结合；红色遗产与绿色资源相结合；上层路线与群众路线相结合；政治历史文化与苏区社会生活相结合；产品开发的资源导向与客源开发的市场导向相结合。

怎样把瑞金打造成为红色旅游必选品牌*

瑞金在中国革命史和全国红色旅游布局中均具有重要地位。自1999年江西首倡发展红色旅游以来，促进红色旅游发展逐步成为一项国家战略。瑞金紧抓赣南等原中央苏区振兴发展和国家对口支援、省直管县（市）试点改革的历史机遇，实施“旅游强市”战略，以红色旅游品牌创建为抓手，努力将瑞金打造成为赣闽边际区域性旅游集散中心，全国著名的红色旅游示范区和红色旅游目的地。瑞金旅游发展成绩显著，态势良好，但相对于遵义、湘潭、临沂、延安等其他红色旅游城市来说，发展相对滞后。瑞金红色旅游如何后来居上、脱颖而出？将“红色故都”打造成为“红色文化之都”和“红色旅游之都”，使瑞金成为我国红色旅游的必选品牌，促进老区发展，造福老区人民，是一个值得深入研究的重要课题，也是一项艰巨而又亟待完成的任务。

一、前行的脉动：瑞金红色旅游逐渐步入发展的“快车道”

与井冈山、延安等革命老区相比，瑞金市红色旅游起步晚、起点低、产业链条短，无论从旅游规模还是经济效益上看，仍处于初步发展阶段。但经过2004～2010年、2011～2015年先后两期《全国红色旅游发展规划纲要》的实施，进入“十二五”时期以来，瑞金凭借自身得天独厚的红色资源禀赋，决策上提出建设全国著名红色旅游目的地、赣闽边际区域旅游集散中心、海西休闲度假后花园的战略目标；布局上坚持“红色为主，绿色为辅，红绿古三色融合发展”；工作中实施创新引领、融合发展和打造精品的举措。旅游发展势头迅猛，瑞金红色旅游逐渐步入发展的快车道。

20世纪八九十年代，瑞金革命旧址群开始出现零星旅游接待活动。随着井冈山等红色旅游胜地的崛起，瑞金亦步亦趋，唱响了红色旅游启动时期的摇篮曲。随着《2004—2010年全国红色旅游发展规划纲要》的颁布，全国掀起红色旅游发展热潮，瑞金市也将旅游产业定位为新兴支柱产业，加大发展力度，开始进入旅游建设期。2006年提出打造国内外红色旅游名城的目标。2009年获得国家一期红色旅游基础设施建设国债资金6611万元，主要用于叶坪景区建设。至2011年，瑞金接待游客251.8万人

---

* 本文发表在《内部论坛》2017年第12期，得到省领导肯定性批示，作者黄细嘉、谌欣。

次，旅游总收入 8.4 亿元，旅游产业初具规模。

江西省委、省政府印发《江西省红色旅游发展规划（2013—2017 年）》，提出将瑞金打造成为全国红色旅游示范区。2014 年瑞金获得国家二期红色旅游基础设施建设国债资金 4202 万元，主要用于建设叶坪、沙洲坝、乌石垅、下肖 4 个革命遗址景区。

2015 年，瑞金"共和国摇篮"景区成功创建国家 AAAAA 景区，同年，瑞金市被列为国家历史文化名城。此外，瑞金还拥有陈石湖国家级水利风景区、第二批国家全域旅游示范区等国字号招牌，同时积极推进中央苏区军事文化博览园建设。瑞金逐渐由单一的红色观光型向体验型、互动型、休闲度假型旅游目的地转变，客源市场由赣闽粤等周边地区逐步扩展到京、津、沪和江浙等地区，旅游产业规模不断扩大，带动了其他关联产业发展。

2010~2016 年瑞金旅游总收入与游客数量及其增长率

年份	旅游总收入（亿元）	旅游收入增长率（%）	游客数量（万人次）	游客数量增长率（%）
2010	5.70	39.5	172.5	29.8
2011	8.40	47.4	251.8	45.9
2012	11.10	32.1	328.0	30.3
2013	14.00	26.1	402.4	22.7
2014	18.00	28.6	504.0	25.2
2015	22.50	25.0	615.0	22.5
2016	29.75	32.2	757.8	22.4

可以看出，瑞金红色旅游持续升温，全年接待旅游人次和旅游总收入一直保持较高增长态势，2016 年，瑞金共接待游客 757.8 万人次、增长 22.4%，实现旅游收入 29.75 亿元、增长 32.2%。瑞金的贫困发生率由 2011 年的 28.37%降至 2015 年底的 10.09%，通过旅游脱贫的人数已达万余人。应该说，瑞金红色旅游已步入发展"快车道"，成为拉动瑞金经济转型发展的新引擎。

二、地位的尴尬：瑞金在中国红色旅游名城中仍呈"洼地之态"

尽管瑞金红色旅游逐步进入了发展的快车道，但在我国整个红色旅游格局中仍处于"洼地"状态。

延安和井冈山可谓“双峰并峙”，属于第一方阵。从现状来说，2016 年接待的游客井冈山是 1530.11 万人次，延安是 4000 万人次，瑞金难以望其项背，只有羡慕和崇拜的份。

遵义、百色、湘潭可谓“三足鼎立”，属于第二方阵。2015 年 3 座城市的旅游收入情况是：遵义 547.09 亿元（红色旅游综合收入在 147.7 亿元），百色 200 亿元，湘潭 245.9 亿元。遵义以绝对的优势领先，这 3 个城市在不太发达的中西部红色旅游发展中鼎足而三，瑞金只能作为相公和看客。

北京、西柏坡、南京、上海、西安、重庆、武汉可谓“北斗七星”，属于第三方阵。《2016 中国红色旅游报告》显示，最受欢迎的十大红色旅游地是北京、南京、井冈山、延安、上海、湘潭、武汉、遵义、西安、重庆。其中北京、南京、上海、西安、重庆、武汉均是大都市，瑞金无法相提并论。但是，与瑞金一样，作为县级行政区、拥有国家 AAAAA 级旅游区的河北省平山县，在西柏坡红色旅游龙头带动下，2016 年接待游客超过 1156 万人次，旅游总收入达 81 亿元，也把瑞金远远地抛在后面。与他们相比，瑞金还是掉队，成为只能“仰望北斗七星”的局外人。

除上述旅游城市外，还有黄冈、长沙、南昌、广安、会宁、嘉兴、枣庄、广州、萍乡、上饶、临沂、石家庄等红色旅游城市，以及其他景区，形成“百花齐放、百家争鸣”格局，属于第四方阵。显然，瑞金只有到中国 100 个重点红色旅游景区中才占有一席之地。而这样的“百团大战”的局面完全是混战一团。瑞金红色文化深厚、资源丰富，但产品不叫座、招牌未叫响、品牌未彰显是不争的事实。对于拥有“共和国摇篮”、“红色故都”、“长征始发地”极品资源和“国家历史文化名城”、“国家 AAAAA 景区”金字招牌的瑞金而言，其资源美誉度、产品吸引力和“招牌”含金量、品牌显示度，完全淹没在茫茫红色花海中。这就意味着其资源与产品、招牌与品牌、产品与产业不匹配，说明瑞金确实是守着“金饭碗”没饭吃，或者是抱着“金饭碗”吃稀饭。相对落后的状况显而易见。

概括来说，如果将全国的红色旅游城市与著名景区理解为四个方阵，瑞金在此竞争格局中只在第四方阵中占有一席之地，这是客观现实。

三、发展的瓶颈：瑞金红色旅游产业建设与发展的制约因素

作为诞生过苏区精神，拥有丰富红色文化基因，获得过多块金字招牌的红色旅游城市，在其他红色旅游城市名扬天下时，瑞金却依然声名不显。在进出大交通和整体接待条件已不是制约因素的情况下，那么，做活、做大、做强瑞金红色旅游产业，必须破除的瓶颈问题主要还有哪些呢？

1. 红色旅游城市定位的战略定力不强

从形象定位来说，瑞金很早就提出“红色故都”、“共和国摇篮”、“长征始发地”、“红色客家”等品牌形象，均来源于城市历史和文脉，但要精练成最能代表瑞金作为红色旅游城市特质的一句话，就是“红色故都”，而共和国摇篮和长征始发地、红色客家是支撑该品牌形象的三大主题资源而已。直到2012年，瑞金提出“红色故都·七彩瑞金”城市形象定位和宣传口号，才算基本确定了旅游形象。

2. 静态展示式旅游产品缺乏吸引力

以瑞金主推的一日游产品“叶坪—沙洲坝（红井）—中央革命根据地历史博物馆—云石山”旅游线路来看，完全是走马观花式的参观学习，主要存在三个问题：一是同质化严重，产品替代性强。瑞金的红色旅游资源属于革命历史遗址遗迹，与其他红色旅游地同质化程度严重，功能同为革命传统教育型，产品替代性很强。二是参与性体验少，产品缺乏吸引力。4个景区的开发利用方式主要为静态展示和讲解，但旅游产品要可观可赏、可游览可体验，满足旅游者求新、求奇、求乐、求知需求，才有吸引力。瑞金缺乏建立在对红色历史文化和经典故事深层次挖掘基础上的创意产品，旅游形式以“走马观花”式为主，互动性不强，景区虽有一些小型旅游演艺项目，但游客很少有机会参与其中，体验感不强，很难使游客产生强烈“共鸣”。三是缺乏创新产品和体验活动，项目没有新亮点，就没有竞争力。

3. 产业链联动与要素互补不够

考察瑞金旅游产品和业态发现，旅游产业链联动不够与要素互补缺失：一是产业要素发展不健全，互补程度低。旅游六要素中制约瑞金旅游发展的软肋在于“购”和“娱”这两个要素严重滞后。二是产业链关联度不高，联动效应低。未能有效融合“红、绿、古、土”色等旅游资源，形成“七彩瑞金”产业链；旅游与其他产业融合发展不够，尤其是与文化产业、农业的融合联动效应低，缺少能让旅游者留下来的休闲娱乐度假体验型产品。

4. 众多金字招牌未能转化成市场品牌

一篇《红井》的小学课文，使瑞金声名远播；周恩来总理一句“南京北京不如瑞金、中国外国不如兴国”的赞誉，使革命老区闻名天下。在长期的历史认知和文化宣传中，瑞金推出“红色故都”、“共和国摇篮”、“长征始发地”等形象口号，加上2015年晋升国家AAAAA景区和“国家历史文化名城”，瑞金拥有的金字招牌可谓不少。但瑞金没有对金字招牌进行产品演绎、形象包装和品牌营销，并建立识别系统。加之“共和国摇篮”、“红色故都”、“长征始发地”只是历史的金字招聘，其中多彩的红色文化信息，只停留在人们的精神记忆和文化概念里，没能做成市场品牌。而国家AAAAA景区和“国家历史文化名城”两块金字招牌，也只是对产品和资源级别的一种认定。金字招牌怎样变成让游客印象深刻的红色旅游品牌，是瑞金需要破解的问题。

四、提升的建议：把瑞金打造成为中国红色旅游强势品牌

1. 坚持“红色故都·多彩瑞金”城市形象定位

在城市形象塑造上瑞金要坚持“共和国摇篮”、“红色故都”、“长征始发地”三大红色文化金字招牌优势，确立“红色故都·多彩瑞金”的城市形象。在现代历史上，“瑞京”与北京、南京都是以京城闻名的历史文化名城，在“三京”中，尤以“瑞京”是单一以红色闻名和因红色而产生无穷魅力的地方。瑞金作为红色故都，包括三个不同层面的内涵：瑞金是第一个全国性红色政权的首都，被称为“红色国都”；瑞金是土地革命时期中央革命根据地的中心，被称为“红色地都”；瑞金是“中革军委”诞生地，是确认“八一”建军节的地方，被称为“红色军都”。所以定位为“红色故都”。同时，瑞金要以“赤橙黄绿青蓝紫”等多色调为资源依托，以“红色中华、神奇国度”为主基调打造红色旅游产品，以苏区红色文化和客家乡土风情为主格调塑造城市形象，重点突出“赤·红色故都”、“橙·欢乐橙乡”、“黄·掘金宝地”、“绿·赣鄱源头”、“青·武夷茶乡”、“蓝·客家风情”、“紫·人文名邦”等多彩概念。瑞金要在红色旅游城市中异军突起，不宜总强调打旧址、旧居牌，因为这只是客观载体、静态文物，而应该强调文物资源背后的历史价值和地位。

2. 形成瑞金红色旅游发展新格局

要将红色旅游建设成为引领瑞金经济社会发展的先导产业，必须从不同层面对瑞金红色旅游发展进行新设计，形成瑞金红色旅游发展新格局。

（1）从全国大格局讲，红色旅游就是要做“三面红旗”——党旗、军旗、国旗的文章。瑞金作为中华苏维埃共和国临时中央政府诞生地，被称为“共和国摇篮”。党旗升起的地方是上海和嘉兴，军旗升起的地方是南昌和铜鼓，那么，国旗升起的地方是瑞金和北京。瑞金应主动联合这六个城市倡导成立“三面红旗”红色旅游联盟，并将瑞金确定为“三面红旗”旅游联盟所在地。通过各地努力，将这些城市做成全国红色旅游的首选品牌，互相支援。把瑞金放在中国红色旅游发展大格局中，确定其地位，才能更好地搭上红色旅游发展顺风车。

（2）从区域中格局讲，瑞金要牵头建设中央苏区红色旅游协作区，确立其在区域红色旅游中的龙头地位。一是推广“中央苏区”红色旅游主题线路。在开发利用、联合促销、产品设计上加强与福建龙岩市、三明市红色旅游系列景区（点）合作，重点推广“中央苏区”红色旅游主题精品线路：“赣州—瑞金—长汀—宁化—龙岩”。二是实施区域合作战略。与井冈山、武夷山、厦门等旅游城市捆绑促销，形成赣闽粤边际以瑞金为中心的无障碍旅游区，打造全国精品旅游线路，建设全国红色旅游示范区。三是形成红色旅游主题连线产品。打造以瑞金为起点或中心地的中国“长征之旅”、闽

赣“中央苏区”、江西“革命摇篮”等连线产品。

（3）从瑞兴于经济振兴试验区小格局讲，确立其全国红色文化传承创新引领区的战略定位，和赣州市旅游跨越发展的重要支撑地位，并对红色旅游发展做出具体安排：一是以瑞金为中心，建设具有全国影响力的“红色文化之都”，加快建设全国重要的革命传统教育、爱国主义教育基地和干部教育培训基地。二是支持发展红色文化创意产业，建设红色影视基地、重大革命历史题材创作生产基地、红色文化创意产业园等文化产业发展中心。三是推进旅游管理与交通一体化。建立瑞金总部旅游枢纽基地，试验区景区实行统一门票、统一服务标准，提高各景区景点的连接度。

3. 推出瑞金红色旅游“升级再造”版

（1）坚持无景点旅游的发展方向。无景点旅游就是全域旅游。瑞金红色革命旧址这么多，山水这么好，客家风情这么丰富，是一个全域旅游绝佳的实践地、示范区、体验场。要做到处处都是景点，就要做足城市街道和建筑风貌，特色村镇和乡土建筑，田园景观和山水风光，客家风情和农家生活。

（2）确定时间就是市场的经营理念。通过完善旅游要素和延伸产业链，变静态观光游为深度体验游、动态参与游，做到让游程慢下来、体验深起来、时间长起来、游客住下来、消费多起来、效益大起来。

（3）形成红色旅游资源利用的再造版。一是在红色旅游景区非门票经济状态下，建立“超市型”红色旅游景点，游客进入革命旧址旧居群后，自由参观或在导游带领下游览，除基本的文物陈列和展品严格保护和不可移动外，其余按原样摆放的复制品、复印品，可任由游客观摩选购，至出景点时结账。二是创建“历史感”旅游活动场所，如在“二苏大”会址前的合适位置，以“二苏大”合影照片为蓝本，树立会议照雕塑群，中间留出空位子，让游客与“二苏大”代表合影留念。三是创立“时空性”红色旅游场景，在叶坪村红军广场上，进行红军列队训练和升旗仪式等表演，供游客观摩和与红军队伍合影。

4. 做好红色旅游创意产品和项目

资源有限，创意无限。为丰富瑞金旅游产品，可建设瑞金红色旅游十大创意产品和项目：一是开发“红国春秋”常年表演性大型红色歌舞晚会或大型“红都瑞京”演艺节目；二是创建“红井水”茶馆和开发“红井水”牌泉饮料；三是开发“红色中华”大型主题园景区；四是建设以苏区生活为主题的“夏令营”拓展基地；五是编写365份图文“苏区日志”，建立苏区日志碑；六是与在瑞金参加中国革命的李德、洪水等外籍人士的故乡建立友好县市；七是开展聘请“中央苏区荣誉公民”活动，给予其本人和家属来瑞金旅游的优惠待遇；八是开发以苏区文物为实物蓝本的“中央苏区纪念品”，包括复制苏区货币、股票、债券、报刊、书籍、布告等，作为纪念品出售；九是开发“中华苏维埃共和国红都社会风情一条街”，做好瑞金城市20世纪30年代苏维埃历史街区，恢复苏区街景和饭店店铺，形成简朴休闲消费方式；十是建立一处以瑞金客家乡土风格为蓝本的“红军村”，村里安排哨兵、号兵、通讯员、伙夫等人物，设置当年红军操练、写标语等生活场景。

5. 构建瑞金红色旅游营销新渠道

新媒体的开放形态与分享特征，使消费者成为信息传递的共谋者和分享者，为旅游营销提供了广阔的创意空间和价值转化可能性。在将“红色故都 · 多彩瑞金”旅游形象实施媒体全覆盖，利用社交平台诸多免费资源有效降低营销成本基础上，瑞金要充分利用各种新、旧媒体开展多媒体营销：一是建立“红色故都——瑞金”多语种官方网站。重点推广瑞金景区景点、旅游产品、旅游线路、旅游商品、旅游美食等，让大众游客对瑞金有全面、清晰、直观的认知感。二是构建专门的瑞金红色旅游直播视频类平台。应借助斗鱼和映客等直播平台，为瑞金制作系列有趣的红色历史故事视频，在直播中植入旅游产品服务、网站地址、联系方式、旅游形象等，也可以将旅游中发生的一些有趣事情，在视频网站上分享。三是利用包括搜狐、新浪、雅虎、和讯、博客网、今日头条、百度、陌陌等众多门户、专业资讯网站，对瑞金红色旅游进行搜索引擎营销。四是利用数字电视、CMMB、网络电视和 IPTV，同时积极拓展至户外媒体以及手机流媒体，播放有关“红都”生活的影视剧和苏维埃共和国历史纪录片，传播瑞金红色形象。五是依托微博、微信等社交网络平台，以制造悬念、亦问亦答等形式，推广多彩瑞金旅游产品，实现与大众实时沟通的有趣营销。六是通过组织系列活动引起社会关注实现营销效果，举办“红色国度 · 多彩瑞金”旅游推介会、新闻发布会、旅游高峰论坛，扩大瑞金红色旅游知名度；围绕苏维埃中央政府的成立、长征，开展一系列纪念日活动；举办国家历史文化名城《红色记忆》摄影展，拍摄题材新颖的红都历史电影，展现瑞金历史风云。

总之，正视差距，针对瑞金红色旅游发展的瓶颈问题，以问题为导向，以创新为引领，向改革开放要动力，向优势和特色要竞争力，开展顶层设计，保持红色旅游先导产业和打造全国著名红色旅游城市的战略定力，不忘初心，奋力前行，瑞金一定能够成为我国红色旅游的必选品牌！

瑞金市红色资源的遗产价值研究*

一、引论

红色资源是红色文化的外在表现形式和物质载体，红色文化是红色资源的精神内核。作为红色文化的载体，广义的红色资源是指世界社会主义运动史上发生的重大事件或由著名人物留存下来的遗址、文献、文物等物质和非物质成果；狭义的红色资源是指中国共产党从成立至今所参与和领导的中国革命和建设事业的过程中，留存下来的物质或非物质遗产及其衍生资源。

2004 年、2011 年、2016 年我国先后发布了三期《全国红色旅游发展规划纲要》，中国各地掀起了开发红色旅游的热潮，对红色资源的价值研究也相应成为学界的热点。谷松岭（2017）① 从传承价值、历史价值、政治价值、经济价值、教育价值、文化价值、艺术价值和生态价值八个方面对红色资源的价值加以论述；张泰城和刘浩林（2011）② 认为红色文化资源具有资政、兴党、育人的重大价值；张吉雄（2010）③ 从德育角度阐述红色文化资源的育人价值，并指出大力挖掘红色文化资源的内涵对丰富社会主义核心价值体系意义重大；刘琨（2012）④ 指出红色文化资源蕴含着巨大的经济价值，应予以充分利用，为社会主义市场经济建设提供动力和精神支持；万生更（2010）⑤ 提出陕西红色文化资源具有历史见证价值、经济开发价值、精神教育价值。很显然，红色资源价值的研究主要集中在遗产的社会性功能方面。为促进红色资源的保护和开发利用，延伸其价值链，激活其品牌，对红色资源的遗产价值研究将是未来的重点。

瑞金作为享誉中外的“红色故都”、共和国摇篮，在中国革命历史上曾经写下了光

---

* 本文作者黄细嘉、马彩云。

① 谷松岭．论红色文化资源的价值［J］．红色资源研究，2017，3（1）：14-20.

② 张泰城，刘浩林．红色资源的时代价值论析［J］．求实，2011（5）：90-92.

③ 张吉雄．论红色资源在社会主义核心价值体系教育中的运用［J］．南昌航空大学学报（社会科学版），2010，12（4）：13-16+91.

④ 刘琨．红色文化的经济价值宏伟品牌效应研究［J］．人民论坛，2012（5）：78-79.

⑤ 万生更．陕西红色资源价值探析［J］．理论导刊，2010（4）：79-81.

辉灿烂的一页，有着不可磨灭的影响和历史地位。它是中国第一个全国性红色政权——中华苏维埃共和国临时中央政府的诞生地，第二次国内革命战争时期中央革命根据地的中心，是驰名中外的红军二万五千里长征的出发地之一。瑞金的革命历史为其留下了十分丰富的红色资源和得天独厚的文化遗产。

二、瑞金红色资源的形成及其内涵

1. 瑞金红色资源的形成过程

1927 年 8 月 25 日，中国共产党领导的南昌起义部队进入瑞金，留下战斗的遗迹。1929 年 2 月，红四军主力从井冈山转战赣南进入瑞金，在瑞金大柏地发生了著名的“大柏地战斗”，取得了红四军下山以来第一个胜仗，此次战役被陈毅誉为“红军成立以来最有荣誉之战争”。1931 年 8 月，邓小平到达瑞金，就任瑞金县委第三任书记，纠正了肃反扩大化错误，稳定了瑞金政局，为中华苏维埃第一次全国代表大会在瑞金顺利召开奠定了坚实的基础。1931 年秋，随着中央苏区连续三次反“围剿”战争的胜利，以瑞金为中心的中央革命根据地正式形成，此根据地成为当时全国最大的革命根据地；9 月 28 日，毛泽东、朱德等率中共苏区中央局和红一方面军总部从兴国迁驻瑞金叶坪，瑞金从此成为中共苏区中央局的驻地。在中共苏区中央局的领导下，1931 年 11 月 7 日，中华苏维埃第一次全国代表大会在瑞金叶坪召开。会议通过了《中华苏维埃共和国宪法大纲》等法律法规，选举毛泽东、项英、张国焘、周恩来、朱德等 63 人为中央执行委员会委员，成立了中华苏维埃共和国临时中央政府。同年 11 月 25 日，中华苏维埃共和国中央革命军事委员会在瑞金成立，为全国红军最高领导和指挥机关。

1933 年 1 月，中共中央由上海迁入瑞金，与在瑞金的中共苏区中央局合并，组成新的中共中央局。同时，共青团中央、中华全国总工会等群团组织的中央机关也迁入瑞金。瑞金成为中国共产党和全国苏维埃政治、经济、文化中心。1934 年 1 月 15～18 日，中共六届五中全会在瑞金召开，正式成立中共中央政治局，并首次设立了中共中央书记处。1934 年 1 月 21 日至 2 月 1 日，中华苏维埃第二次全国代表大会在瑞金沙洲坝召开，增设了国民经济部、粮食部，通过了《关于国徽国旗及军旗的决定》，中华苏维埃共和国政权建设日臻完善。至鼎盛时期，中华苏维埃共和国先后管辖全国 13 块大的苏区，面积 40 余万平方公里，人口约 3000 万。仅中央苏区就下辖 5 个省，60 个行政县，人口 453 万。

1934 年 10 月，中央苏区第五次反“围剿”失败后，中央主力红军被迫离开瑞金，进行长征。为保卫中央苏区并继续领导苏区军民开展革命斗争，长征前夕，中共中央分局、中央政府办事处和中央军区在瑞金云石山成立，项英为中央分局书记兼中央军区司令员，陈毅为中央政府办事处主任，开始领导中央苏区 3 年游击战争。中央红军主力长征后，1934年11月10日，国民党军侵占瑞金，留下来的红军开始进入艰苦卓绝的游击战争时期。直到1949年8月23日，人民解放军解放瑞金，受尽国民党反动派蹂躏，坚持了15年革命斗争并为之付出巨大牺牲的瑞金人民，再度迎来了翻身解放。

据不完全统计，瑞金市内现有由会议旧址、名人故居、红色建筑、红色文物、战斗旧址等组成的遗址遗迹180多处。

2. 瑞金红色资源的内涵

瑞金革命历史遗存丰富，红色文化特色突出，是人民共和国的摇篮和苏区精神的主要发源地。瑞金红色资源是指革命战争年代在瑞金形成的实物、遗物、遗址、遗迹等以及新中国成立后为再现革命传统和文化，弘扬红色文化而收集、整理、加工和创作的文化资源。瑞金红色资源的外延可以界定为：以瑞金为中心的革命斗争赖以发生的自然和人文环境；瑞金革命斗争中留下的不可移动的旧址、旧居以及遗址、遗迹；瑞金革命斗争中留下的可移动的文物和靠口传、记忆的非物质文化遗产；为纪念瑞金革命斗争和革命烈士而建立的革命建筑设施。瑞金红色资源是瑞金红色精神内核和物质载体的统一体，其内涵由物质性的实物遗存和非物质的精神文化基因构成。物质性的实物遗存就是指瑞金红色文化滋养下的各种物态吸引物，如建筑实体、文创产品、红色书籍等。就非物质的精神文化基因来说，瑞金红色资源承载着“坚定信念、求真务实、一心为民、清正廉洁、艰苦奋斗、争创一流、无私奉献”的苏区精神以及“调查研究、实事求是，艰苦奋斗、廉洁奉公，关心群众、执政为民，模范带头、争创一流”的苏区干部好作风等中国共产党的优良人文传统和精神风尚。

三、瑞金红色资源的类型与特征

1. 瑞金红色资源的类型

瑞金红色资源数量众多、类型多样、品质优良，借鉴并参照《旅游资源分类、调查与评价》（GB/T 18972-2017），瑞金红色资源可以分为遗址遗迹、纪念建筑与设施和人文活动三大类。

（1）遗址遗迹。主要包括革命旧址、战斗遗址以及重大历史事件发生地。具体可以分为叶坪革命旧址群、沙洲坝革命旧址群、云石山革命旧址群、洋溪革命旧址群、大柏地战斗遗址、八一起义部队转战壬田遗址等。每个旧址群里都含有数量众多的会址、旧居、遗址、遗迹等。

瑞金叶坪乡叶坪村是中华苏维埃共和国临时中央政府的诞生地，叶坪革命旧址群是全国保存最为完好的革命旧址群之一。拥有革命旧址和纪念建筑物22处，其中全国重点文物保护单位16处。旧址内有“一苏大”旧址、中共苏区中央局旧址等。

沙洲坝是中央机关1933年4月至1934年7月的驻地，沙洲坝革命旧址群包括中央执行委员会旧址，中央人民委员会旧址，红井、中央政府大礼堂旧址，乌石垅中央革命军事委员会旧址，中央工农检察人民委员部旧址，中华苏维埃共和国最高法院旧址等 17 处旧址。

云石山革命旧址群有中华苏维埃共和国中央工农民主政府、中共中央委员会、中共中央政治局旧址等。

（2）纪念建筑与设施。主要包括革命战争时期修建的大礼堂和纪念建筑以及新中国成立后建设的展示馆、陈列室、博物馆、历史纪念馆、纪念碑、烈士雕像等，主要分布在叶坪老村、叶坪村、沙洲坝以及武阳镇、泽覃乡等区域。

瑞金红色资源之纪念建筑与设施一览

所属区域	红色资源名称	所属年份
瑞金市区	中央革命根据地历史博物馆（原瑞金革命纪念馆、中央革命根据地纪念馆）	1958、1994、2007
	瑞金革命烈士纪念馆	1955
	红军检阅台	1931
	红军烈士纪念亭	1933
	红军烈士纪念塔	1934
	博生堡	1934
	公略亭	1934
	碑廊	1997
叶坪村	列宁台	
	科普史料陈列室	
	公安保卫史料陈列室	
	新闻出版史陈列室	
沙洲坝	红井（修复并立碑刻字）	1933、1950
	中华苏维埃共和国临时中央政府大礼堂	1933
	长征第一桥——武阳桥（重修）	1934、1988
泽覃乡	毛泽覃烈士陵园	2009
	毛泽覃烈士纪念碑	1955

（3）人文活动。毛泽东、周恩来、张闻天、朱德、邓小平等都在瑞金得到锤炼、成长。共和国 10 位开国元帅中的 9 位，10 位大将中的 7 位，以及 1966 年以前授衔的中国人民解放军将帅中的 35 位上将、114 位中将和 440 位少将，当年都在瑞金战斗、工作、生活过。

毛泽东主席在 1933 年经过大柏地时留下了光辉词章《菩萨蛮・大柏地》。1933 年 9 月，毛泽东带领临时中央政府工作人员挖井解决沙洲坝人民群众饮水难的问题，解放后为此井取名“红井”。苏区时期留下的各种报纸、标语、文献等更是丰富多彩。另外，苏区时期也产生了很多文艺作品，如红色舞蹈《黑人舞》，红色戏剧《最后的晚餐》、《农奴》，红色话剧《庐山之雪》等。

新中国成立以来，很多红色影视作品在瑞金取景拍摄，如《铁血坚持》、《长征》、《红孩子》、《党的女儿》、《红色摇篮》等，红色歌谣有《十送红军》等。近年来，瑞金市精心创作编排了《中央苏区群众路线故事广播剧》、《八子参军》，赣南山歌剧《杜鹃花开》、红色情景报告剧《红姑》等20余个红色文艺作品，极大地丰富了瑞金的红色资源内容。

2. 瑞金红色资源的特征

瑞金红色资源具有深厚的革命文化底蕴，其数量之大、内涵之深、品质之优、价值之高，在全国实属罕见。

（1）分布的相对集中性。瑞金作为土地革命时期中央革命根据地的中心，是一块当之无愧的红色资源富集区。虽然其红色资源广泛分布瑞金市的叶坪乡、沙洲坝镇、武阳镇、大柏地乡、云石乡、泽覃乡等处，但又以叶坪革命旧址群、沙洲坝革命旧址群、云石山革命旧址群里面的红色资源相对较多。据统计，叶坪革命旧址群内共有旧址、旧居、文物等38处；沙洲坝革命旧址群有36处；云石山革命旧址群有19处，仅此3处就占据了瑞金革命旧址、旧居、遗址、遗迹的大部分。由此可见瑞金红色资源的分布具有相对集中性。

（2）种类的丰富多样性。瑞金作为红色故都，中央苏区中心，留下了无数红军将士英勇作战的热血故事和光辉事迹。他们停留过、居住过、战斗过的地方至今仍然可以寻找到历史的痕迹。经过岁月洗礼保存下来的大量的重要会议旧址、大型战役指挥部旧址、革命机关旧址、名人故居、著名战斗遗址等，历经风雨，屹立不倒，向世人诉说着革命先辈们的丰功伟绩。同时，瑞金的红色资源还包括土地革命时期创作的文艺作品，留存下来的史料、可移动文物、报纸、标语等。据统计，在瑞金的180多处旧居旧址和纪念建筑物中全国重点文物保护单位有33处，省级文物保护单位4处，县（市）级文物保护单位10处；馆藏珍贵文物有1万余件，质地有银、玉、铜、锡、铁、陶、瓷、石、布、木、纸等，并以纸质为主，有公文布告、报纸书籍、货币票证、弹药武器等多个种类，足见瑞金红色资源种类之多，数量之丰。

（3）内容的鲜明特色。瑞金红色资源底蕴深厚，且具有鲜明特色。其特色主要体现在以下“十特”上：一是中国共产党第一个全国性的红色政权——中华苏维埃共和国在这里诞生；二是由人民当家作主的第一次全国苏维埃代表大会在这里召开；三是中国人民和世界人民对毛泽东的尊称——“毛主席”从这里开始叫响；四是在这里颁布的《中华苏维埃共和国宪法大纲》是中国宪政史上第一部工农劳动人民权利宣言；五是共和国的“九部一局”，即9个人民委员部（军事、外交、财政、劳动、土地、教育、内务、司法、工农检察）和1个国家政治保卫局在这里创设；六是人民代表大会制度的雏形从这里发源；七是震惊中外的五次反“围剿”在这里展开；八是八一建军节在这里诞生；九是惊天动地的红军二万五千里长征从这里起步；十是党的七大概括的中国共产党区别于其他政党的“三大作风”在这里发源。

（4）内涵的厚实深刻性。瑞金红色资源作为中国工农红军在瑞金进行革命战争的载体，为了解革命传统、弘扬革命精神提供了佐证。瑞金的每一处革命战斗遗迹、每一处革命旧址旧居、每一件革命文物、每一处革命纪念设施都体现了中国共产党不怕牺牲、艰苦奋斗、勤俭节约、爱民爱党的优良作风，更体现了党和人民为民族独立和人民解放而奋斗的坚定信念和崇高理想。瑞金红色资源内涵主要体现在以苏区精神为灵魂的瑞金红色文化及其物质性吸引物上。认识瑞金红色资源，对于红色基因的传承、党的作风建设、社会主义核心价值观的确立都有着重要作用。

四、瑞金红色资源的多维价值体系

价值是事物的一种有用属性。瑞金红色资源直接起到传承优秀传统文化，提高文化软实力，促进经济社会发展，引导人们形成积极向上的思想观念等重要作用，具有多维价值。

1. 瑞金红色资源的价值维度

（1）历史研究价值。丰富的红色资源是学者们总结革命规律，发扬革命传统，传承红色基因的载体，具有历史学、社会学、法学、教育学、语言学及文学等方面研究的重要价值。

（2）文化传承价值。黑格尔说：“历史对于一个民族永远是非常重要的；因为他们靠了历史、才能够意识到他们自己的精神表现在法律、礼节、习俗和事功上的发展历程。”由于国民党对苏区的经济封锁以及军事“围剿”，苏区生存和发展困难重重，党和人民一起发扬艰苦奋斗的精神，自力更生、克服困难，进行了有效的经济斗争和经济建设，使苏区一度成为经济水平较繁荣的地方。为了支持革命，江西省苏维埃政府主席刘启耀即使在被战斗打散后乞讨度日，丝毫未动用游击队活动经费；朱德打草鞋、毛主席挖“红井”等事迹无不彰显了中国共产党一切为了人民的信仰、求真务实的工作方式以及清正廉洁的作风。这些品格和精神是苏区精神的精髓，是中华民族先进文化的代表，直到今天仍然具有熠熠发光的时代价值。

（3）思想教育价值。180 多处革命遗址和纪念建筑物，32 个中央国家机关旧址，拥有 33 个保护点的全国重点文物保护单位——“瑞金革命遗址”和 10265 件珍贵文物，使瑞金成为全国最大的爱国主义和革命传统教育基地。对普通民众来说，瑞金红色资源有利于其了解革命历史、革命事迹、革命故事，从而能坚定其理想信念，提高其红色文化的感知水平，加深其对爱国主义和集体主义的理解，提升其政治敏锐性和政治觉悟，培养其社会主义核心价值观。苏区干部没有薪金，只有伙食费，每月节省一点伙食费，用以剃头和交纳党费，为了支援革命战争，很多干部自带粮食去办公，充分体现了苏区干部艰苦奋斗、克己奉公、以身作则的形象。对于党员干部，瑞金红色资源是提高修养，纯洁党性，实现自我激励教育的生动教材和重要课堂。

（4）旅游开发价值。瑞金红色资源记录了中国共产党和人民为建立人民当家作主的红色政权所做的一系列实践。建立中华苏维埃共和国是建立中华人民共和国的伟大预演，有52个中央和国家机关可以在瑞金寻到根源。瑞金红色资源，就其等级而言，品位极佳，地位极高，极具特色；就其分布状况而言，主要集中分布在叶坪、沙洲坝、云石山等处；就其内容而言，既包括革命遗址旧居、纪念建筑等物质资源，也包括文学、艺术、民俗等非物质资源；就其组合状况而言，与瑞金的绿色资源（如罗汉岩等）、古色资源（如九堡镇密溪村等）组合良好，容易形成旅游资源的集聚效应；就其知名度而言，“红色故都”、“共和国摇篮”称号享誉世界，这些称号是瑞金最具吸引力的红色名片。瑞金红色资源具有极大的旅游开发价值。

2. 基于世界遗产标准的瑞金红色资源遗产价值分析

（1）革命文化传统的见证价值。能为一种文化传统提供一种独特的至少是特殊的见证的遗产，经过世界遗产委员会委派的专家进行考察，通过会议评审同意，才能列入《世界遗产名录》。瑞金的革命历史及其形成的苏区精神，能为中国革命文化传统提供独特而又特殊的见证。

中国共产党在以瑞金为中心的“中央苏区”时期颁布的宪法、法律法规，修建的便民设施（如红井等）见证了中国共产党为人民当家作主的伟大尝试。瑞金的红色旧址旧居、战争遗址、纪念建筑见证了中国共产党人的优良传统作风和高尚革命品格。历史记载，当年仅24万人口的瑞金有11万人参军参战，5万多人为革命捐躯，其中1.08万人牺牲在红军长征途中，瑞金有名有姓的烈士有17166名。为支持苏区建设和支援红军战略转移，1932～1934年，瑞金人民认购了68万元的公债，借出25万担谷子，其中41.5万元公债和捐集的所有粮食都无私奉献给了苏维埃政府，这些史实见证了英勇的瑞金人民为支持中国革命作出的巨大贡献。瑞金红色资源是历经革命洗礼留下来的历史遗存，见证了中华苏维埃共和国临时中央政府的成立，见证了我国的土地革命，凸显了瑞金在中国革命中的不可替代的历史地位，是人类红色革命这一特殊而又必然的重要历史阶段的重要见证。中国共产党和中国人民在瑞金革命斗争的实践中形成的苏区精神、苏区干部好作风，以及革命群众大无畏的奉献精神等，都是中华民族宝贵的文化遗产和精神财富，生成并积淀成为流淌在中华民族血脉中的具有原创价值的红色基因。

（2）红色纪念建筑的样本价值。世界遗产公约认为，能在一定时期内或世界某一文化区域内，对建筑艺术、纪念物艺术、城镇规划或景观设计方面的发展产生过大影响的文化遗产项目，可以列入世界遗产。叶坪广场上的系列红色纪念性建筑，是中国共产党以及中国人民独特的英雄审美建筑艺术成就，更是一种创造性的杰作，该广场也成为新中国天安门广场建设的范本，尤其是红军烈士纪念塔等成为新中国成立后全国各地数千处革命类纪念塔（碑）的样本。这些红色纪念建筑作为建筑或景观的杰出范例，展现了人类红色革命这一特殊而又必然的重要历史阶段。在新中国 70 年的历史中，对中国的纪念建筑艺术、纪念物艺术乃至城镇规划布局和地标景观设计产生了重大影响。

（3）革命传统文化的聚集空间价值。世界遗产委员会界定人类口头和非物质遗产代表作是指各民族人民世代相承的、与群众生活密切相关的各种传统文化表现形式和文化空间。瑞金红色资源所在地是一处革命传统文化（红色文化）凝聚地，这里有大量的革命遗址（遗迹）、旧址（旧居），还有附着其上的革命标语及其革命斗争遗物，以及在革命历史时期形成的歌谣、故事、戏剧、文艺活动，举行的体育运动会，出版发行的书刊，建立的各类学校等，是中国共产党人不断传承且与群众生活密切相关的革命传统文化表现形式，组成一方具有杰出价值的革命文化（红色文化）空间。

五、瑞金红色资源的保护与利用

1. 尊重历史，加强保护

瑞金红色资源是历史的载体，历史的记忆。它是一种充满神圣感、神秘性的旅游吸引物，激荡着中华儿女内心对中央苏区、红色故都、英雄先烈的敬仰之情，推动着人们“重走长征路”，传承红色基因。瑞金红色资源具有内涵独特性、物质不可再生性，因此必须建立科学合理的保护体系，加强对革命遗址、建筑、文献、文物等红色资源的保护。同时参照世界文化遗产地的保护策略，对瑞金红色文化遗产严格保持“历史上的真实”和“演化中的真实”，尊重历史，最大限度地保持原貌。盘清资源家底，掌握资源状况，推进瑞金红色资源网络数据库建设和遗址遗迹保护工程，将资源本体和周边环境共同纳入保护体系。此外，还要加强对历史文献、红色歌谣等非物质性的红色资源的保护。

2. 整合资源，实现共赢

瑞金红色资源作为我国苏区特殊历史时期的红色资源的典型代表，具有不可替代的地位和优越性。瑞金这块孕育了中华苏维埃共和国临时中央政府的土地，拥有众多的会议旧址、战争遗迹、名人故居、红色建筑、临时中央政府部委遗址，涌现了毛泽东、刘少奇、周恩来、朱德、任弼时、陈云、董必武、林伯渠、张闻天、邓小平、彭德怀、胡耀邦等无产阶级革命家，是共和国的摇篮、伟人的第二故乡。对瑞金红色资源的保护，并不是让其孤立起来，而是要将赣南、闽西等整个中央苏区的红色资源进行有效整合，以“红色故都”瑞金为重点，以中华苏维埃共和国（中央苏区）红色资源为主体，统筹兼顾各方（各市县），实现点线面相结合，使中央苏区的红色资源能够发挥整体优势，各个市县有力互助，最终形成中央苏区红色资源保护与原中央苏区红色旅游开发体系，促进我国整个红色文化产业和红色旅游业的发展。

3. 凸显特色，打造品牌

1951 年 8 月，中央人民政府南方革命老根据地访问团在瑞金慰问时，就称瑞金为“红色故都·共和国摇篮”，直到今天，中央国家机关绝大部分部委都可以在瑞金找到“根”。红色故都瑞金拥有众多的“第一”，比如说中国历史上第一个全国性的工农民主政权——中华苏维埃共和国等。因此，一要在瑞金红色资源进行开发时，注重特色主题的挖掘，抓住“共和国摇篮”这个主题，树立全局观念，围绕中华苏维埃共和国社会生活，开发红色文创产品以及红色旅游产品。二要充分发挥瑞金“爱国主义、革命传统”两大教育基地作用，开展各种红色教育培训活动，提升瑞金红色旅游整体形象，打造瑞金红色旅游品牌。

4. 多维利用，持续发展

瑞金红色资源虽然具有重要的价值，但其影响力相对于延安、井冈山等地却相对较小，因此必须深度挖掘其内涵，并进行科学解读和适度策划，切实加强宣传力度，使其得到更多的关注和重视，同时创新瑞金红色资源的开发模式，使其真正走向社会、进入旅游市场。一要采用行之有效的宣传推广方式，多维度利用主流媒体、自媒体、网络宣传媒介、红色文化网站等，使瑞金红色资源得到良好的营销和推广。二要加强与瑞金红色资源相关的文化产业的建设与发展，开发红色文化相关产品，挖掘红色历史素材，讲述红色故事，创作出更多让人民群众（旅游者）喜闻乐见的文创产品、文艺作品和文演节目。三要合理运用国家有关促进红色文化发展和支持赣南等原中央苏区振兴的政策，以红色文化为主题，带动红色主题餐饮业、旅游业、服务业的发展，从另一个角度使瑞金红色文化资源的价值渗入人民生活的方方面面。总之，要通过多维方式，创意开发，以促进依托瑞金红色资源而兴起的产业实现健康可持续发展。

下篇

红色旅游发展散论

红色旅游资源开发专题讲座纲要*

一、专题讲授的缘起

1. 江西红色旅游地位

江西在中国近现代革命史上有着辉煌的一页，它不仅是中国共产党独立领导革命武装斗争的策源地，而且是土地革命时期全国革命的中心区域，其红色资源名气大、红色旅游品牌知名度高。中国革命摇篮井冈山、人民军队摇篮南昌、人民共和国摇篮瑞金、中国工人运动摇篮安源、中央红军长征集结出发地于都、无产阶级革命家方志敏等都是在国内甚至是国际上赫赫有名、享有崇高地位的红色文化资源。

2. 江西各地开发红色旅游的积极性、主动性

江西各地十分积极、主动开发红色旅游都，如南昌红色之旅活动的启动、赣州红色旅游规划的制定、江西省红色旅游规划的酝酿、瑞金共和国寻根活动的开展、萍乡安源旅游规划项目的编制、吉水八都镇毛泽东祖籍地纪念园的开放、永新三湾革命圣迹与山水风光旅游项目的策划、井冈山红色之旅景区项目可研报告的出台、婺源江湾镇的旅游开发等。

3. 老区人民脱贫致富的需要和愿望

老区脱贫具有历史使命感。革命老区和老区人民，为中国革命胜利和社会主义现代化建设作出了重大牺牲和贡献。全面建成小康社会，没有老区的脱贫致富，是不完整的。决不能让老区群众在全面建成小康社会进程中掉队，要让老区人民同全国人民共享全面建成小康社会成果，这是全国老区人民脱贫致富的需要和愿望。

二、红色旅游在全国发展的形势

红色旅游是我国较早兴起的旅游项目，第三代领导集体和以胡锦涛同志为总书记

* 本文是红色旅游讲座提纲整理稿，完成于2003年。

的党中央也积极倡导，在全国已形成专业协作和联谊组织，并且在全国已形成四大或五大革命纪念地（井冈山、延安、西北坡、韶山、遵义）。

红色旅游项目投入加大（西北坡将军岭爱国主义教育基地投资 6 亿元；投资 4000 万元对纪念馆进行扩、改建），同时，红色旅游收益也不断扩大，除了经济效益更注重社会效益和环境效益。

三、红色旅游的概念、内涵、外延、特点、规律

1. 红色旅游的概念

红色旅游是以革命圣地和纪念地为主要旅游吸引物的旅游产品，是一种特色旅游。它依托的资源主要是革命纪念地或革命旧址（纪念地有纪念馆、纪念碑、纪念园、纪念堂、纪念塔。革命旧址有旧址、旧居、遗迹、遗物）。

2. 红色旅游的内涵

内涵是概念中所反映对象的特有属性，红色旅游的内涵主要包括爱国主义教育、政治思想教育、革命传统教育、革命精神教育。

3. 红色旅游的外延

外延是概念中所反映的具有某些特有属性的对象，红色旅游的外延包括历史文化、生态环境、民俗风情、山水风光等。

4. 红色旅游的特点

红色旅游依托的是特殊的文物古迹类旅游资源，以观光旅游和组织团队旅游方式为主，具有较强的政治性，是精神文明与物质文明的集中体现，且在客源方面也有明显的消长规律。

四、加快红色旅游发展的战略、原则与举措

1. 红色旅游发展战略

红色旅游发展战略主要是用作指导红色旅游发展全局的计划和策划，泛指对红色旅游发展全局性、高层次的重大问题的筹划和指导。其中，战略模式包括政府主导下的红色旅游地区联动战略、市场主导下的红色旅游精品名牌战略、效益驱动下的红色旅游管理创新战略、适度开发的红色旅游可持续发展战略。战略构想有红色旅游开发建设联动化、投资主体多元化、区域产品网络化、经营管理科技化。战略策略包括：红色旅游组团旅游支撑策略、专业市场拓展策略、革命圣地联动策略、扶贫开发

带动策略、社会效益引导策略、优质资源组合策略。

2. 红色旅游发展原则

红色旅游发展原则指的是红色旅游行事依据的法则或标准，即观察问题和处理问题应遵循的准绳，分为一般原则和具体原则：一般原则包括网络系统构建原则、美观与实用原则、社区参与原则、三大效益兼顾原则、开发与保护并重原则；具体原则包括红绿兼顾原则、红白相间原则、产品联销原则、军民一致原则、突出重点原则、虚实结合原则（软硬兼施原则）、点线结合原则、教育功能优先原则。

3. 红色旅游发展措施

发展红色旅游需要加快由事业接待型向旅游产业型转变，根据市场需求和资源状况策划当地旅游形象，探索切实可行的红色旅游促销的方式方法，挖掘和丰富红色旅游的产品内涵，如历史真实性、色彩神秘性、文化精神性、场景生活性、展示多样性、讲解益智性、活动动态性、游览娱乐性、内容科学性。此外，要努力增加红色旅游的产出水平，同时编制适销对路的跨省域旅游精品线路；注重历史的延续性，策划大型主题公园；不断加强学术研究和史实考证，挖掘宝藏为我所用；确定政府主导、市场化运作、企业化经营、专家治旅的发展理念和组织运作方式。

五、江西红色旅游资源开发中存在的问题

江西红色旅游资源开发中存在的主要问题是：产品单一，市场竞争力有待提高；粗放经营，设施配套不理想；景区各自为战，连线协作不到位；形象较模糊，市场影响力不够；专门人才缺乏，发展后劲不足。

六、进一步开发江西红色旅游资源的对策

进一步开发江西红色旅游资源的对策主要是：优化旅游产品结构，完善配套设施；确立“全省一盘棋”思想，实施区域旅游合作开发；统一红色旅游形象，加大形象促销投入等；明确各地开发主题，策划建设精品项目；开发旅游人力资源，合理配置专门人才。这些对策性举措在本书前文中已有论述，此不赘言。

在“红色旅游资源创新开发与产品文化品质提升”论坛的致辞

在鼠年即将过去、牛年将要来临之际，我们齐聚“强汉昌盛地，天下英雄城”——南昌，共话红色旅游资源创新发展。我谨代表南昌大学，也代表全国红色旅游创新发展研究基地——南昌大学江西红色旅游研究中心，向会聚于此的各高校、研究机构的学者以及媒体朋友们表示热烈的欢迎！对一直关心、支持和致力于红色旅游资源保护与利用的各界人士表示衷心的感谢！

2020 年，注定是不寻常的：突如其来的新冠疫情，给全球发展出了一道“难题”，给旅游业发展带来了史无前例的创伤，怎样面对肆虐的疫情，是展现中华优秀传统文化智慧和中国精神力量的时候了！

回顾历史，这种智慧和力量，凝聚成我们对救国救民真理的探索，找到了马克思主义并成立了中国共产党。之后在共产党领导下，经历 100 年的奋斗、坚守、践行和创新发展，走到 2020 年全面建成小康社会、开启全面建设社会主义现代国家的新征程，这一切都是红色革命精神弘扬和红色文化基因传承的结果，这是我们战胜困难、创造历史、走向胜利、实现繁荣的法宝。

经历中国共产党成立、八一起义、井冈山根据地建立、中央苏区斗争、红军长征、抗日战争、解放战争、抗美援朝、三大改造、社会主义建设、改革开放、脱贫攻坚等伟大斗争、伟大事业，凝结出红船精神、井冈山精神、长征精神、延安精神、抗战精神、西柏坡精神、“两弹一星”精神、特区精神等，构建起中国共产党人的基本精神谱系。在这个谱系中，井冈山精神、老区精神、苏区精神、长征精神、九八抗洪精神，诞生或发源于江西。这些精神饱含奋斗、执着、开拓、奉献的优良传统，在中国革命和社会主义建设中持续生成、创新发展并不断转化！红色文化基因的形成、凝聚与传承、弘扬，是中国共产党人不断战胜一切艰难险阻的强大内生精神力量！2013 年 3 月，习近平总书记指出：“实现中国梦必须弘扬中国精神……这种精神是凝心聚力的兴国之魂、强国之魂。”

红色资源是中国共产党人精神与文化的象征，是中国共产党传承和发展中华民族优秀文化，争取民族独立、国家富强、社会进步、人民幸福的历史写照。中国文化中“刚健有为、自强不息”的民族精神，“先天下之忧而忧，后天下乐而乐”的民族品质，“富贵不能淫、贫贱不能移、威武不能屈”的民族气概，“仁者爱人”“天下一家”的民族情怀，在红色旅游资源所承载的文化内涵和精神品格中，得以传承和升华。红色旅游资源博大精深的文化底蕴和清新脱俗的思想格调，是优秀传统文化在共产党人身上转化和践行的历史见证！

江西是红色的土地，一是其天然性的地表土壤色彩，江西是全国红壤面积分布最广泛的省份，红壤面积占全省总面积的64%；二是其象征性的革命精神色彩，江西是中国革命的摇篮，在历次革命斗争和建设事业中，江西牺牲的有名有姓的革命烈士达25万之多，占全国有名有姓烈士总数的近1/6，寓意江西是革命烈士鲜血染红的土地。

南昌是座在唐代就被誉为“物华天宝，人杰地灵”的历史文化古城，更是一座革命城市、红色城市、英雄城市，这里诞生了鲁迅撰文纪念“为了中国而死”的青年刘和珍，这里是八一起义发生地、人民军队诞生地、八一军旗升起地，还是《可爱的中国》写作地、南方游击队改编谈判地、新四军军部建立地、改革开放思想探索地。红色革命在这里爆发、红色将帅在这里闪耀、红色精神在这里凝聚、红色文化在这里生成、红色基因在这里传承，红色旅游也在这里发展和兴旺。现在的八一起义纪念馆及系列旧址群成为全国著名的红色旅游经典景区、国家“AAAA”景区，新四军军部旧址陈列馆已列入国家级抗战纪念设施、遗址名录，方志敏烈士墓、江西革命烈士纪念堂已成为国家爱国主义教育示范基地，“小平小道”成为国家“AAA”景区，陈云旧居陈列馆成为南昌市党性教育示范基地。这些红色遗址、旧址或纪念地，均是开展红色旅游、讲好红色故事、传承红色基因、弘扬红色精神的重要基地。

趁着这次会议机会，我也介绍一下本次会议承办单位之一，全国红色旅游创新研究基地——南昌大学江西红色旅游研究中心。该中心于2017年正式建立，其前身是成立于2003年的南昌大学旅游规划与研究中心，现与南昌大学旅游研究院实行两块牌子、一套人马的运行体制，是原国家旅游局授牌的“中国红色旅游创新发展研究基地”，同时也是江西省人文社会科学重点研究基地、省新型特色重点智库建设试点单位，全国重点智库索引（CTTI）来源单位。拥有研究人员20名，其中，博士生导师3人，硕士生导师8人，教授4人。

中心围绕习近平总书记“把红色资源利用好、把红色传统发扬好、把红色基因传承好”的重要指示，树立红色旅游全域发展观，致力于红色旅游资源开发、红色旅游体制创新、红色旅游规范发展、红色旅游传承红色基因研究。在国家文旅部、江西省文旅厅和南昌大学支持下，紧密结合红色旅游发展理论指导和实践探索需求，聚焦于红色旅游智库建设、红色旅游重要课题研究、红色旅游人才培养、红色旅游创新发展、红色讲解员队伍构建、江西红色旅游样板打造等，形成“红色旅游发展与红色基因传承”等优势研究方向。

中心先后承担国家社科基金有关红色旅游研究项目，参与全国红色旅游华东片区联合调查、全国红色旅游培训与研学调查，参加《江西省红色资源开发与保护三年行动计划》、《江西省红色旅游五好讲解员管理办法》、《红色旅游金牌讲解员选拔方案》等的制定，承担“十四五”时期江西红色旅游发展战略与促进举措智库项目研究；编辑出版全国首套红色旅游讲解员培训教材《中国精神讲解员读本》（5本）等，以及首套江西红色旅游景区标准讲解词（5本），发挥了红色旅游规范化建设作用；助力江西全国红色旅游讲解员建设工程试点工作，培养“政治思想好、知识储备好、讲解服务好、示范带头好、社会影响好”的红色旅游讲解员队伍280人，发挥了红色旅游人才培养基地的作用；参与瑞金、上犹红色旅游扶贫工作，取得了显著成效。

面对“百年未有之大变局”，在构建以国内大循环为主体的“双循环”发展新格局下，红色旅游是促进国内大循环的有力抓手，是旅游产业于危机中开先机、在变局中开新局的有效选择。在实现“两个一百年”奋斗目标征途中，与时俱进地协调好红色资源开发利用与保护关系、探讨红色旅游资源创新开发与产品文化品质提升问题，是在座的各位同仁和南昌大学红色旅游研究中心，责无旁贷的义务、义不容辞的责任。

我们生在江西，工作在江西，拥有如此富集的红色资源，在红色旅游与红色基因传承上没有一点贡献和作为，既愧对自己的血肉之躯，也愧对全国学界同仁的期盼，更愧对时代赋予我们传承红色基因的使命，甚至可以说是政治意识不强、站位不高、方位不清、点位不准的表现。在发掘红色旅游资源价值、开发红色旅游产品、建设红色旅游目的地、传承红色基因方面，做点有益探索。

今天有这么多卓有成就和建树的专家来到南昌、来到南昌大学，进行指导和考察、交流和研讨，对我们的工作是极大的促进和激励。我们真诚祝愿各位专家在江西、在南昌生活愉快、工作顺心！感谢中国自然资源学会及其旅游专业委员会、《自然资源学报》编辑部和江西财经大学旅游与城市管理学院的诸位同仁，你们出色的组织工作和无私的奉献，才使得会议顺利召开，才让我们与你们一起做了件非常有意义和价值的红色旅游高峰理论探索的大事，高端学术交流的盛事，高层思想碰撞的要事。祝研讨取得丰硕成果，会议取得圆满成功！

在第二届新时代红色文化旅游融合创新发展论坛上的致辞*

赣鄱大地迎宾客，革命摇篮聚英豪。今天，我们齐聚在全国历史文化名城、被称为“军旗升起的地方”——南昌，召开“第二届新时代红色文化旅游融合创新发展论坛”，共品红色资源，共论红色文化，共话红色精神，共谋红旅发展，这是推动红色文化与旅游融合发展、传承红色基因的一次盛会。

党的十八大以来，习近平总书记多次强调“要把红色资源利用好、把红色传统发扬好、把红色基因传承好”。红色文化既是中华优秀传统文化的继承与发扬的“开新果”，也是中国特色社会主义文化前进方向的“定心剂”，标识着中华民族伟大复兴中国梦的鲜明特色。能不能把红色文化、红色精神、红色基因一代代传承下去，关系到民族复兴大业的成败。

江西在唐代就被王勃誉为“物华天宝，人杰地灵”的地方，这句话来源于唐代王勃在南昌创作的《滕王阁序》。如果说唐代江西获此赞誉，尚属溢美之词，那么进入两宋以来，及至整个明代，江西经济与文化进入鼎盛时期，既是领风气之先的区域，其实力也进入全国第一方阵，用这句话作为江西形象宣传口号，则一点也不为过，甚至可以说太贴切了。比如，在教育与文化方面，唐宋八大家中江西有三家，且全部集中在宋代；北宋全国书院 89 所，江西有 39 所，远多于列名第二拥有 9 所书院的湖南、列名第三拥有 6 所书院的安徽；南宋时期全国兴建书院 500 余所，江西有 161 所，不但高居首位，而且白鹿洞书院号称“海内书院第一”；明代全国有书院 1239 所，江西就有 238 所，占 20%；明代江西籍进士 3148 人，状元 19 人，位于全国之首；明代建文二年开科，江西“一科三鼎甲”，3 年后江西举子包揽了前 7 名，如此盛况，全国少有。在人口方面，北宋时期江西人口 500 万，位居全国之首，明朝时期经过“江西填湖广”，人口还是全国第二，仅次于浙江。在经济方面，纵观整个宋朝，纳税纳粮江西为全国第一；元代青花瓷创烧于景德镇，明清时期景德镇成为举世公认、无可争辩的“世界瓷都”。所有这些，无不显示江西经济与文化的辉煌。不过自清代中期延至近现代，江西的发展逐步滞后，成为一个没有存在感的省份，甚至成为欠发达、真落后的代表。主要原因在于交通格局的改变、区位优势的丧失、青壮人口的外迁、历次战争的破坏，造成经济活力不够、社会精英锐减、人口素质下降、物质财富损毁。

---

* 本文是在“第二届新时代红色文化旅游融合创新发展论坛”上的致辞，完成于 2020 年 12 月 6 日。

在现代革命时期，江西曾是中国特色革命道路的探索地，一度成为中国革命的中心区域，形成著名的“五大红色摇篮”：中国工运摇篮萍乡安源，人民军队摇篮南昌，中国革命摇篮井冈山，人民共和国摇篮瑞金，红色将军摇篮兴国。造就南昌、瑞金、井冈山、上饶、萍乡、九江等红色文化集聚地和红色旅游名城。这些城市都是讲好红色故事、开展红色旅游、传承红色基因、弘扬红色精神的重要基地。

“近水楼台先得月，向阳花木易为春。”江西凭借优势的红色资源，在红色旅游建设和发展中已形成6种不同组合模式的红色旅游区：井冈山红—绿相映型红色旅游区、南昌城—乡互动型红色旅游区、瑞金红色主体型红色旅游区、萍乡多色并举型红色旅游区、上饶多极综合型红色旅游区、九江红色点缀型红色旅游区。

江西在红色旅游方面还有不少开创性的工作：最早提出“红色旅游”概念，并在1998年提出“红色摇篮、绿色家园”旅游主题口号，成为“红色旅游的发起地”。2004年，率先出台《江西省红色旅游发展纲要》，并举办“2004年中国红色之旅万里行”活动。2005年，召开“发展红色旅游工作会议”，全面部署红色旅游工作，同年举办第一次全国性红色旅游宣传、推介和博览盛会——中国（江西）红色旅游博览会。2006年，出台第一个《关于大力发展红色旅游的若干意见》，明确扶持红色旅游发展的系列政策，并首次面向全国推出“中国红歌会”。2009年，进一步提出把江西建设成为中国红色旅游首选地和红色旅游强省的目标。2013年出台的《江西省红色旅游发展规划（2013—2017年）》，将红色旅游发展放在全省旅游工作的重中之重。据国家旅游局于2012年统计，江西红色旅游规模已占全国的33.6%，确立了在全国的领跑者地位。2017年发起成立全国红色旅游推广联盟并成为联盟永久驻地。2019年与湖南省共同举办红色旅游博览会，并形成互动共赢的红旅合作机制。

应该说在我国红色旅游发展格局中，江西抢占了先机，成效显著，成为公认的红色旅游重要策源地和主要目的地。从发展的规模和取得的经验看，江西红色旅游已然领跑全国。站在新的起点上，把脉红色旅游的发展态势，诊断提升红色旅游质量和效益的制约因素，提出江西红色旅游继续领跑全国的创新良方，就成为红色旅游实现健康持续发展的重要问题。

2021年是中国共产党成立100周年，也是奋进“十四五”、逐梦新征程的开局之年，红色文化旅游将迎来新一轮创新发展。在中国特色社会主义进入新时代的背景下，加快红色文化与旅游融合发展是实施文化强国战略、树立文化自信与建设美丽中国的重要举措。

我相信，本届论坛一定会为我们带来新的视野和新的思想，开阔我们的眼界，触发我们的灵感，提高我们的见识，为新时代红色文化旅游融合创新发展提供新的思路、新的方案。感谢中国红色文化研究会红色旅游学术研究专业委员会和南昌大学旅游学院的诸位同仁，因为你们的辛勤付出和无私奉献，我们才能聚集一堂，共商红色文化旅游融合发展大计。祝论坛取得丰硕成果！祝会议取得圆满成功！祝同仁们在南昌其乐融融！收获满满！

湘赣边区域红色旅游跨区域协作研究项目论证报告*

一、选题依据

习近平总书记多次对红色旅游发展做出重要指示，强调“每一个红色旅游景点都是一个常学常新的生动课堂，蕴含着丰富的政治智慧和道德滋养”。2021 年 10 月，国家发展改革委为落实党中央、国务院关于促进中部地区崛起和支持革命老区振兴的决策部署，发布《湘赣边区域合作示范区建设总体方案》，标志着湘赣边区域合作发展正式升级为国家战略。湘赣边区域步入高铁和跨区合作发展新阶段，红色文化资源将“连点成线、交线成网、联网成面”。支持湘赣边区域红色旅游创新发展，深化机制改革与区域协作，巩固罗霄山脉集中连片贫困地区的脱贫成果，为全国革命老区振兴发展探索新路径，为中部地区高质量发展探索新模式，为省际交界跨区域协同发展探索新经验，就成为新时代应有之议题。

红色旅游过去是革命老区脱贫致富的一项扶贫战略选择，至今仍是巩固脱贫成果的一项乡村振兴计划。根据中国革命首先在统治力量比较薄弱的边界地区立足并逐步取得成功的历史现实，省际边界地区往往是中国革命根据地建立和发展的区域，是红色资源富集区。本课题以边界共生和区域协同理论为指导，以红色资源共生共建、共治共享为基础，推进红色旅游区域一体化。突破因行政区划导致的各自为战局限，辩证处理不同区域间的竞争与共生关系，把脉湘赣边区域之间红色资源的共生性和产业经济的差异性现状特征，通过共生互济、优势互补、差异错位等策略，实现红色旅游的跨区域协作发展。

1. 国内外相关研究的学术史梳理及研究动态

（1）区域旅游合作的相关研究。区域旅游合作成为促进旅游发展，提高区域产业竞争力的必然选择，经历了起源、起步、发展、提升 4 个阶段。区域旅游合作研究领域主要包括：一是基本理论研究，即就理论依据、发展模式、协同机制及区域旅游协

---

* 本文是全国红色基因传承研究中心 2022 年度重点课题申报论证书。

同发展程度的评价等展开的研究；二是合作个案研究，如针对长三角地区、珠三角地区、环渤海地区、中部城市群等在内的重要区域旅游案例进行分析，形成多主体合力、转换主导机制、利益共赢激励、拓宽合作领域、延伸产业链条等促进合作和协作发展的策略。学者的研究大多以地区实证为主，但基于协作与合作的具体理论，探讨区域红色旅游协作发展的成果相对较少，尤其缺少基于实践逻辑分析区域红色旅游协作的研究。

（2）红色旅游区域协作研究。红色旅游是红色文化和旅游的结合，是国内特有的一种旅游模式。红色旅游依赖的红色旅游资源形成于特定时期的特定区域，特别是革命老区、革命根据地等跨省区域地带。因此红色旅游区域协作得到相关学者的关注，包括红色旅游资源的区域开发利用与协作发展问题、红色旅游资源区域整合与开发问题、红色旅游区域融合发展问题的研究。基于我国特定的行政区划，学者的研究大多是以省级、市级内部的红色旅游、红色资源以及旅游产业为研究样本，对于跨省域的红色资源及红色旅游协作保护及开发方面的研究有待进一步完善。

（3）湘赣边区域旅游合作研究。湘赣边区域涉及以井冈山为核心的24个县（市、区），共5.05万平方公里，蕴含着丰富的红色文化资源，在革命老区发展、红色文化弘扬、乡村振兴日益受到重视的背景下，湘赣边区域旅游相关研究也在不断丰富与发展。主要表现为整合湘赣边区域的优质红色文化资源，实现两省旅游区域合作研究、湘赣两省文化旅游融合研究、湘赣两省旅游产业融合研究等，都是对该区域红色文化与旅游融合、红色旅游跨省合作的研究，缺少基于边界共生理论的介入和指导，从而忽视对地理、环境、生态、人文的关照。湘赣边区域共同拥有一座山脉，红色遗存聚集，是历史遗留的宝贵资源，亟须学者立足于文旅融合与区域协作的系统研究，用于指导红色旅游实践，形成湘赣两省红色旅游协作发展经验和理论，以在全国红色旅游发展中做示范、勇争先、创一流。

综上所述，借鉴国内外区域旅游协作发展的经验和教训，对交通相对不便、行政管理分割、基础设施较差的湘赣省际边界地区的红色旅游跨区域协作展开研究，探讨可资借鉴的政策建议和促进机制，是弥补以往研究所不及的理性选择。

2. 本课题相对于已有研究的独到学术价值和应用价值等

（1）学术价值。一是通过构建天然山水相连、资源边界共生、使用价值共创的红色旅游跨区域协作机制，丰富旅游资源开发的价值共创理论；二是通过构建湘赣边区域红色旅游区域利益共同体，提供一个区域旅游合作的实证理论方案；三是通过丰富湘赣边区域红色旅游跨区域协作的理论框架，推进中国特色红色旅游理论体系建设。

（2）应用价值。一是从红色旅游区域合作来看，破除行政障碍，推出促进发展的政策建议，对于实现湘赣边界区域红色旅游协作发展有实际指导价值；二是从价值共创视角，科学构建湘赣边区域红色旅游跨区域协作发展的路径，有利于推动湘赣边区域红色旅游高质量发展；三是从红色旅游产业发展实践来看，合理提出湘赣边区域红色文旅区域协作的重要举措，对于实现湘赣红色旅游资源富集区价值转换，以及全国革命老区振兴、中部地区高质量发展和省际交界地区协作发展，可以起到引领和示范作用。

二、研究内容

1. 研究对象

本课题以湘赣边区域红色旅游为研究对象。红色旅游从本质上讲是红色文化资源开发与旅游活动在融合过程中，逐步实现红色文化资源产品化、资本化、产业化过程中的一切关系的构成方式和一系列要素组合方式。红色文化资源开发和旅游活动是多元交叉的相互共生关系，且由于是跨区域红色旅游协作研究，其研究的范畴随之扩展到红色旅游产业发展的资源边界共生、产品价值共创、产业利益共同体构建等重要关系的揭示。

2. 总体框架

本课题立足湘赣边区域红色旅游发展现状，遵循“现状研判—理论建构—实证分析—影响因素把脉—对策建议”的求证脉络，从区域经济学的视角，对湘赣边区域红色旅游发展的历史脉络及区域协同路径进行深入探究和准确研判。在此基础上，结合区域经济学、旅游学、历史学、管理学、社会学等不同学科背景的理论范式，基于区域经济、共生理论等经典理论，探讨红色旅游跨区域协作机理、模式与发展路径。力求通过系统的理论梳理、严谨的逻辑分析、翔实的数据支撑和规范的实证研究，得到科学研究结论，为湘赣边区域红色旅游跨区域协作发展提供理论支持和政策参考。

具体研究内容是：

（1）湘赣边区域红色旅游协作发展现状与形势研判。从资源、产品、品牌、市场、交通、业态、人才、制度等多方面，对湘赣边区域红色旅游协作发展现状进行研判，探讨当前协作存在的矛盾及区域冲突的问题。在此基础上，利用 SWOT 分析法，对协作发展的优势、劣势、机遇和威胁进行把脉和诊断，客观研判形势、明确发展态势、把握变动趋势，为协作的深度、广度、强度、聚合度的确定，提供科学决策依据。

（2）跨区域红色旅游资源整合开发的理论模型设计。红色旅游资源是革命精神的核心载体，其保护和旅游利用面临着破碎化、片段化、静态化等问题，亟须开展完整保护和整合开发与利用。遵循红色资源文化生态空间一体化、文化生态演变全域化、文化生态发展动态化的原则，围绕“革命摇篮，领袖故里”，基于红色旅游资源的高聚集度的大地理空间、高发展指数的跨省域组合、跨主导类型的关键节点等资源优先整合开发的选择依据，构建跨区域红色旅游资源整合开发的理论模型。

（3）湘赣边界红色旅游跨区域协作发展模式构建。根据协同理论，区域旅游协同发展的参与主体分别是地方政府、旅游企业、社区群众、游客群体，通过资源共享、

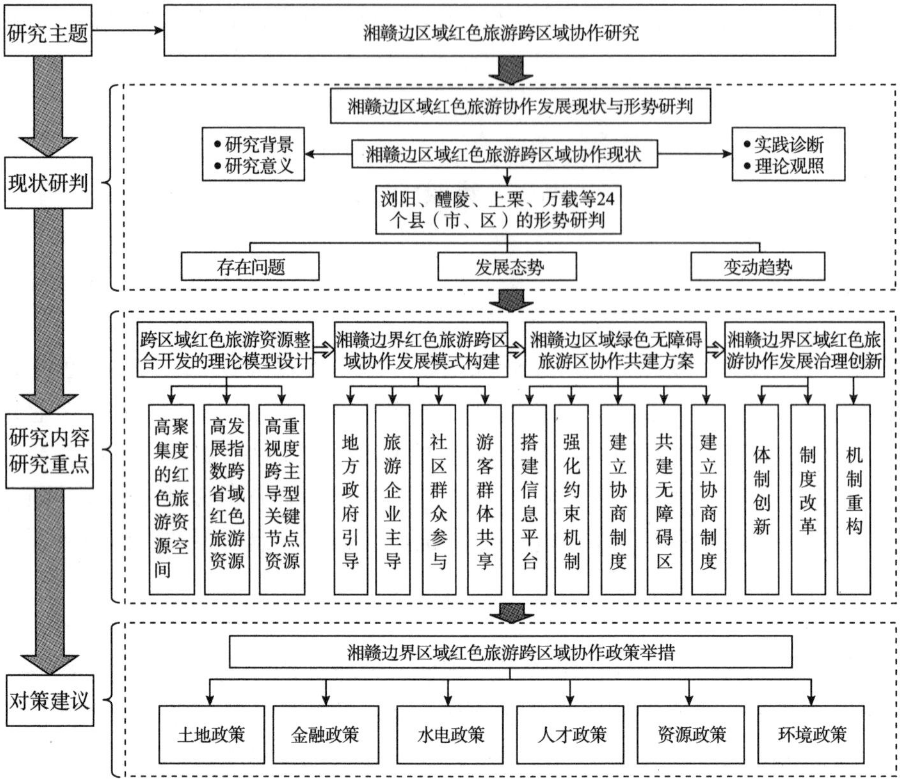

研究框架图

制度共立、投资共济、品牌共建、管理共济、市场共促、风险共担等机制，构建地方政府引导、旅游企业主导、社区群众参与、游客群体共享、各利益相关者共生的协作发展模式。

（4）湘赣边区域绿色无障碍旅游区协作共建方案。通过最大限度消除湘赣两省行政壁垒，通过制度和治理创新，实现红色旅游经济合作，使旅游资源、产品、市场和信息共享，实施红色旅游发展的资金流、技术流、消费流、信息流、游客流、交通流、人才流等旅游流要素畅通无阻。搭建信息共享平台，强化区域红色旅游法律约束机制，建立区域协商制度，共建无障碍红色旅游区，发挥全国红色文旅跨区域协作引领作用。

（5）湘赣边界区域红色旅游协作发展治理创新。从制度改革、体制创新、机制重构三个方面，建立湘赣边界区域红色旅游协作发展的现代化治理体系和治理结构。制度层面主要聚焦具体的文旅融合、区域合作、红色旅游促进的具体规章制度改革及其政策创新；体制层面主要聚焦于关涉湘赣两省红色旅游管理的政府机构、企事业单位和旅游社区的运行机制创新、领导隶属关系调整和管理权限划分等政策建议；机制层面则紧紧围绕湘赣边界区域红色旅游产业的结构布局及其企业运作方式、产业发展方式等进行有价值的重构。考虑区域不同利益主体需求，重点围绕组织管理机制、利益分配机制和信息共享机制，创新湘赣边区域红色旅游跨区域协作发展治理模式。比如，具体可提出建立由省级分管领导和相关设区市行政领导组成的联席会议机制、文旅局长的协调办公机制、旅游行业各部门的衔接落实机制等。

（6）湘赣边界区域红色旅游区域协作政策举措。围绕湘赣边区域红色旅游协作发展的支持和保障性因素，综合提出建设、生产、经营、管理等功能发挥的政策支持要素，包括土地、财税、金融、水电、人才、资源与环境等政策。

3. 重点难点

（1）研究重点。一是跨区域边界共生型红色旅游资源一体化开发问题。厘清所有权、管理权、经营权及其社区关联权、历史惯性权等，并将这些分离的权利进行有效整合。二是湘赣边区域红色旅游协作的体制机制创新问题。湘赣边区域涵盖湖南 10 个县（市区）与江西 14 个县（市区）。两省的经济、政策、市场等因素决定了经济社会发展难以同步，有必要从资源保护、产品开发、企业组织、行业管理、利益分配、信息共享等视角，创新湘赣边区域红色旅游协作发展机制，促进共同发展，实现共同富裕。三是湘赣边区域红色旅游协作的利益共同体构建问题。湘赣两省就边界共生性红色旅游资源的开发和利用，以利益共同体理念，通过各种制度安排、契约约束、行为机制，把政治、经济、文化等方面的责、权、利等有机结为一体，使资源所有者、管理者、经营者和社区居民，相互依靠，紧密合作，有活共干、有事共商、有难同担、有福同享、有利同得、有失同摊等，实现共担风险、共享利益。

（2）研究难点。一是湘赣边区域红色旅游跨区域协作涉及主体多，厘清关系难度大。包括顶层设计的省级政府层面、实际执行的市县乡政府层面，还有所有者、经营者、管理者等主体，更有各种机构、场所、企业、社区等主体，还有规划设计、技术、资金、服务等要素主体等，这些主体大多是动态复杂发展变化的，厘清各主体在协作发展过程中的作用及影响机理有一定的难度，而且需要开展多案例实证调查，是基础研究工作的难点。二是湘赣边区域红色旅游跨区域协作涉及要素多，研究数据采集难度大。包括红色文化事业、文化产业、文旅融合、红色基因传承、旅游产业中的各要素的组合及其相互间的融合。要构建一个具有泛化能力和普遍适用的协作发展模式，需要采集各行各业各要素的系统数据，以保证分析的科学性，成为具体研究工作的难点。

4. 主要目标

目标一：形成可推广的模式。基于协同发展论，根据差异化定位、多样性发展、公平性竞争、互补性合作、组合性抱团、协同性进步的原则，构建资源共享、产品共创、市场共有、品牌共建、形象共立、风险共担、旅游共治的湘赣边区域红色旅游协作发展模式，促进共生共建、共存共荣，打造湘赣边区域红色旅游跨区域协作示范区。

目标二：构建可借鉴的机制。通过完善湘赣边区域红色旅游协作的体制机制，促进湘赣边区域红色旅游深度融合发展，实现红色文化传承、产业协同振兴、经济快速发展，为全国革命老区振兴发展探索新路径，为中部地区高质量发展探索新模式，为省际边界地区协同发展探索新经验，为跨省域红色旅游协作提供机制借鉴。

目标三：实现可持续的治理。通过湘赣边无障碍红色旅游区构建，形成政府引导、企业主导、股份合作和社区参与、相关者利益协调的现代旅业治理结构，实现可持续的治理，发挥全国红色文旅区域协作引领作用。

三、思路方法

1. 基本思路

本课题坚持规范分析与实证研究、理论阐述和对策提出、实地调研与方案制定相结合的原则，遵循“基础分析→理论提炼→实证研究→政策应用”的研究思路，开展研究。一是借鉴区域经济学、旅游学、社会学等相关理论，从经济、社会、政治、文化、市场、资源、组织等方面，研究边界共生性红色旅游资源跨区域协作发展中的利益相关者及其影响因素，深入剖析问题、全面研判现状、正确把握趋势，为湘赣边区域红色旅游跨区域协作的深度、广度、强度等提供科学依据。二是从旅游资源空间结构、红色文化历史脉络、红色旅游经济利益关系等视角，构建湘赣边区域红色旅游跨区域协作发展的模式。三是结合区域经济学协同发展理论，深入研究红色旅游跨区域协作的体制机制。四是提出湘赣边区域红色旅游跨区域协作的保障政策与促进措施。

2. 研究方法

本课题在综合运用经济学、旅游学、地理学、社会学、管理学等基础理论和常规方法的基础上，同时采用具有针对性的研究方法。

（1）深度田野调查法，调查分析湘赣边区域红色旅游协作发展现状及存在问题，获取相关数据资料。

（2）比较分析法，比较分析湘赣边区域 24 个县（市、区）的红色旅游发展情况，获取相关经验和教训。

（3）时空多维分析法，从时间和空间两个维度，深入分析研究湘赣边区域红色旅游协作发展的模式。

（4）系统研究法，深入分析研究湘赣边区域红色旅游协作发展的驱动机制。

3. 研究计划

根据年度完成项目研究的要求，具体进展和进度安排如下：

（1）资料收集及实地调研阶段（2022 年 5~6 月）。提出详细调研提纲和实施方案，开展前期文献资料的收集和梳理。同时，以问题为导向，对湘赣边区域红色旅游资源聚集区进行实地调研，把脉现状、诊断问题、认清形势、把握趋势、明确态势。

（2）专题研究与案例分析阶段（2022 年 6~7 月）。对湘赣边区域红色旅游跨区域协作发展核心问题、重要案例等进行专题研究和案例分析，以解决重点、难点和典型问题。

（3）阶段成果与研究报告讨论与撰写（2022 年 7～10 月）。讨论、协作撰写形成阶段研究成果，并分工撰写初步研究报告，其间邀请相关学者进行交流与研讨。

（4）成果完善与结题验收阶段（2022 年 11～12 月）。咨询相关专家，组织小型学术研讨会，讨论研究报告初稿，充分听取修改完善与提升意见。数次修改完善终期研究成果后，形成结题评审稿，并做好提交结题等工作。12 月底按时完成结题。

4. 可行性分析

课题研究理论与方法明确，已收集大量数据资料，各项基础条件基本成熟，为研究顺利展开提供了多方面可行性：

（1）资料和数据支持力强。已收集到江西、湖南和湘赣边区域 24 个县（市、区）的社会经济、红色文化资源、旅游发展、人口地理等相关资料和数据。同时依托所在单位的原国家旅游局基地——全国红色旅游创新发展研究基地、江西省人文社科重点研究基地——南昌大学旅游研究院，拥有良好的科研平台。南昌大学的平台和数据资源足够支持课题研究，确保能够圆满完成研究任务。

（2）理论与方法支撑力强。课题组成员长期耕耘在红色旅游相关领域，已掌握经济学、旅游学、社会学等相关理论和研究方法，特别是与本课题直接相关的共生理论和数据挖掘与分析方法。并运用 AI、大数据挖掘等方法对湘赣边区域 24 个县（市区）的数据进行统计整理。从理论到实践、从问题到对策、从模式构建到路径优化，已掌握整个研究过程所用到的理论和方法，为该项研究提供了强有力的支撑。

（3）团队与成员支配力强。课题组成员由老中青、高中初级学者组成，成员结构合理。核心成员均受过严格的学术训练，擅长理论与实证研究，熟悉本学科领域。尤其聚集了一批长期研究红色旅游的专家，取得丰硕的研究成果，有非常好的前期研究基础，且均主持或参与过国家社科基金等项目的研究，具有完成重要项目的经验和水平。

四、创新之处

1. 学术思想特色与创新

一是红色旅游不是红色文化资源和旅游活动简单叠加，而是红色文化和旅游两个共生单元，在多维环境因素制约下管理博弈和国家认同价值理念下制度促进的交互作用产物。二是湘赣边区域无障碍红色旅游区和红色旅游产业利益共同体的构建，是制度经济学和经济地理学理论的生动实践和经典案例。三是湘赣边区域红色旅游跨区域协作发展，是实现边界共生性旅游资源合作开发和促进革命老区高质量发展勇争先的典范。

2. 学术观点特色与创新

一是阐述“红色旅游区域利益共同体”的科学概念并解析其内在联系与发展规律，提出“红色旅游区域利益共同体”的有效运作，其实就是命运共同体和生命共同体的命题。二是从交通、资源、产品、市场、人才、制度六个融合维度厘清湘赣边区域红色旅游跨区域协作发展的驱动机理，形成交通是条件、资源是基础、产品是结果、市场是手段、人才是支撑、制度是保障的边界共生性旅游资源开发机理，这也是湘赣边区域红色旅游跨区域深度协作示范区建设的基本图谱。三是提出共建湘赣边区域无障碍旅游区的构想和实现的保障措施，这是湘赣边区域“红色旅游”跨区域深度融合发展的最佳表现形式。

3. 研究方法特色和创新

一是引入共生 Logistic 方法，针对湘赣边区域红色旅游的特点进行方法适应性改进，以此探讨红色旅游区域协作的管理博弈和制度促进的关系。二是运用案例分析法，对湘赣边区域红色旅游发展较好的井冈山片区和欠佳的湘鄂赣边等区域进行重点分析、对比研究，探讨影响因素和促进措施。在此基础上对其他县（市区）进行对比验证研究。

井冈山红色文化遗产价值论证*

一、文化遗产满足列入名录的标准

遵照《建设部关于做好建立〈中国国家自然遗产、国家自然与文化双遗产预备名录〉工作的通知》（建城〔2005〕56号）有关要求，相关部门提名将井冈山国家级风景名胜区列入国家自然与文化双遗产预备名录。依据《保护世界文化和自然遗产公约》，联合国教科文组织制定了世界遗产评定标准。为了便于评价论证，本文采用该标准进行井冈山红色文化遗产价值论证。

标准1　代表一种独特的艺术成就，一种创造性的天才杰作。

井冈山革命纪念建筑物、雕塑、标语与绘画墙、诗词题词碑廊等代表着我国独特的以革命历史事件和人物为主题的“红色”革命艺术成就，尤其是标语和绘画墙是宣传群众、发动群众、组织群众形式的创造性杰作。

井冈山“五大哨口”，分别是黄洋界哨口、八面山哨口、双马石哨口、朱砂冲哨口、桐木岭哨口，利用天然要塞优势，加以人工军事建筑，形成一封闭式军事割据区域，既是工农武装割据的军事艺术的体现，更是人与自然共同的天才杰作。

标准3　能为一种已消逝的文明或文化传统提供一种独特的或至少是特殊的见证。

井冈山是中国第一个农村革命根据地，具有重要的历史价值和政治教育功能。在井冈山发生的重要革命历史事件，留下的重要革命遗址遗迹、文物和纪念物为艰苦奋斗的文化传统、独特的中国革命道路和伟大的“井冈山精神”提供了特殊的见证。

井冈山红军造币厂作为红色政权的第一个造币厂，发行了红色政权的第一批金属铸币——“工”字银圆。红军在井冈山上的首次造币活动，为中国红色政权的造币事业奠定了第一块基石，为红色政权的货币铸造传统提供了特殊的历史见证。

标准5　可作为传统的人类居住地或使用地的杰出范例，代表一种文化，尤其在不可逆转之变化的影响下变得易于损坏。

井冈山“大小五井”作为山区客家村落及其建筑群是客家人居住地的杰出范例。

---

* 本文是2006年受委托对井冈山红色文化遗产价值展开论证的成果。

客家人将生活村落与山区地势巧妙地融合在一起，真实、完整地再现了“天人合一”的意境，是国内名山大川罕见的山地田园村落风貌。它代表了客家围屋之外的另一种典型的客家山地居住文化，尤其在不可逆转之变化的影响下变得易于损坏。

标准 6　与具有特殊或普遍意义的事件或现行传统或思想或信仰或文学艺术作品有直接和实质的联系。

井冈山及其中国第一个农村革命根据地的建立，开辟了“农村包围城市，武装夺取政权”的具有中国特色的革命道路，对于我们建设有中国特色的社会主义这一具有特殊意义的重大历史事件和中国走社会主义道路的信仰有直接和实质的联系，并形成了至今仍鼓舞我们不断进取，具有巨大现实意义的“井冈山精神”。

井冈山时期，毛泽东、朱德开创的游击战争形式及其战争遗址所体现的朱毛红军的作战经验，不仅在井冈山的斗争中发挥了重要作用，而且得到党中央的认可和推广，对指导全国各地红军开展具有特殊意义的游击战争，有直接和实质的联系，对于中国革命的胜利产生了重要影响。

二、提名地文化景观的价值

井冈山见证了中国第一个农村革命根据地的创建，是中国革命农村包围城市道路的起点，并留下以龙江书院、八角楼、象山庵等建筑为代表的遍布五百里井冈山的重要革命遗址遗迹，以黄洋界、黄坳等为代表的革命战争和战斗遗迹，以金狮面红军洞、主峰红军游击洞为代表的游击战遗址，以红军造币厂遗址及其铸造的“工”字银圆为代表的红色政权的造币遗址和遗物，以井冈山革命博物馆的藏品为主的数千件革命文物，以行洲中国红军标语遗址为代表的各类数量庞大的红军标语、布告和漫画等绘画艺术作品，以及新中国成立后修建创作的各类艺术成就斐然的纪念物、雕塑、绘画和诗词题词等作品。充分展现了井冈山是“中国特色革命道路开创地”、“中国革命摇篮”和“中华人民共和国奠基石”的突出价值。

井冈山的客家村落是国内名山大川罕见的山地田园风貌村落。分布在茅坪、茨坪、龙市三地的客家村落，特别是以“大小五井”为代表的山区客家村落建筑群是客家人居住地的杰出范例。客家人将生活村落与山区地势巧妙地融合在一起，真实、完整地再现了“天人合一”的意境。

在艰苦卓绝的井冈山斗争中，逐渐形成了“坚定信念、艰苦奋斗，实事求是、敢闯新路，依靠群众、勇于胜利”的井冈山精神，为中国革命播撒了燎原火种，丰富和发展了中华民族精神，至今仍具有重要的现实意义。

三、文化遗产的完整性

井冈山不论从文化遗产实体还是其周边环境来看，均表现了良好的完整性，符合《奈良真实性文件》和《实施世界遗产公约操作指南》对完整性的要求：

1. 区域自然山水生态环境协调和完整

井冈山周围的自然风貌保持完整，千峰竞秀，万壑争流，苍茫林海，飞瀑流泉，融雄、险、秀、幽、奇为一体，峰峦、山石、溶洞、温泉、珍稀动植物、山地田园风光应有尽有。还有迄今地球上同纬度保存最好的7000多公顷次原始森林，有被联合国环境保护组织誉为全世界仅有的亚热带常绿阔叶林，森林覆盖率达到86%，空气质量远远超过国家一类标准，可以说井冈山就是一座“天然的大氧吧”。山峦、河流、森林、动物、村落融为一体，协调相生，保持了山地风光和人居环境，与井冈山斗争时期的区域环境格局和气候特征基本一致。

2. 城镇、村落、要塞布局和风貌基本完整

井冈山“大小五井”山地客家村落布局和“五大哨口”雄姿及其山地要塞环境，茨坪、茅坪、龙市等客家城镇或村落环境和风貌，基本完整。

3. 现有遗产完整体现遗产价值特色和形成过程

井冈山有保存完好的革命旧址遗迹100多处，其中22处被列为全国重点文物保护单位，2处被列为省级重点文物保护单位，26处被列为市级文物保护单位。这些文化遗产见证了井冈山斗争各个时期的重要历史事件，完整体现遗产价值特色和形成过程。

四、文化遗产的真实性

总体来讲，井冈山满足《奈良真实性文件》和《实施世界遗产公约操作指南》关于世界文化遗产真实性的主要标准：

1929年1月，红军转移后，井冈山部分革命遗址和旧居建筑物被烧毁。1949年，新中国成立后，这些被损毁的遗址和建筑按原状进行修复。修复后的遗址和旧居大部分被原样留存下来的遗址和旧居，完整准确地表达了其作为客家民居的原生性质、功能和作为革命遗址的后发价值和功用。

修建的井冈山革命烈士纪念塔、纪念碑、纪念墓，井冈山雕塑园，黄洋界保卫战胜利纪念碑，井冈山会师纪念碑、纪念馆和井冈山革命博物馆等纪念建筑物，真实地表现了井冈山时期艰苦斗争的历史现实。

大量红军标语、战斗遗址、革命旧居进行了原真实物和原生环境的保护。

井冈山国际旅行社奖励旅游宣传策划*

什么是奖励旅游?“奖励旅游”(Incentive Tour),也称激励旅游,是企业对做出卓越业绩或突出贡献的员工以提供免费旅游的形式给予的一种奖励。国际奖励旅游协会将其定义为:现代的管理法宝,即目的在于协助企业达到特定的企业目标,并对达到该目标的参与人员给予一个非比寻常的假期,以作为鼓励。也可以是各大公司安排的一种以旅游作为诱因,以开发市场作为最终目的的客户邀请团。因此奖励旅游被称为是商务与旅游的完美结合,作为21世纪的新兴旅游形式,发展潜力巨大。

一、奖励旅游的作用

奖励旅游是国际上普遍采用的提升企业竞争力的手段,是现代企业的管理工具。首先,奖励旅游为管理者、员工和企业客户创造了一个比较特别的接触机会,提供了情感互动的有利条件,大家可以在旅游这种比较放松的环境中作一种朋友式的交流,从而增强管理者的亲和力和企业的凝聚力,加强团队建设,塑造企业文化。其次,奖励旅游对于参加者来说无疑是一种殊荣,有利于增强员工的成就感、荣誉感、归属感,激发带动全体企业员工的工作热情,从而提高企业业绩,最终形成良性循环。

所以,奖励旅游产品至少包括八个方面的好处:①凝聚员工的向心力;②强化公司的企业文化;③持续鼓励员工提升工作绩效;④激励员工协助企业达到业绩目标,提高市场占有率;⑤促进员工、管理者之间的感情交流;⑥缓解紧张的工作压力;⑦加强对公司的认同感与归属感;⑧建立企业客户的忠诚度。

二、奖励旅游何处去

五百里井冈,绵延起伏,巍峨壮观,犹如一颗明珠镶嵌于湘赣两省的边界。“井冈

* 本文作者黄细嘉、黄建男,完成于2005年。

山，两件宝：历史红，山林好”，红绿交相辉映，革命的人文景观与秀美的自然风光熔于一炉，是井冈山风景名胜区的最大特色。她不仅是中国革命的摇篮，更以第四纪冰川遗留的次原始风光而闻名遐迩，跻身于“中国旅游胜地四十佳”的行列。在这里既可以寻觅革命的足迹，又可以领略山川的美景。这里的自然景观具有雄、险、奇、秀、幽的特色，数百里群山起伏，山势险峻，山上山下林海无际，清泉碧澄，流云涌动，飞瀑横空，绿树掩映，修竹婆娑，清漫流转，奇石、溶洞、温泉众多，独特的高山田园，四时气象，每立方厘米空气中含负氧离子数超过 8000 个，有的地方甚至达到 1.2 万个，空气清新如“天然氧吧”，令人叹为观止，使人流连忘返。

这里既有名垂宇宙的朱毛会师广场，又有灯火照亮九州的茅坪、茨坪；既有享誉全球的黄洋界，又有被载入中华货币史册的百元大钞背面主景的井冈山主峰——五指峰。在五潭十八瀑壮丽美妙的龙潭景区里，无人不为自然的造化而惊叹；在黄洋界哨口隆隆的“炮声”中，无人不为英雄的壮举所感染。八角楼的“灯光”，朱老总的扁担，相信又会给你一番特别的体验和感悟。

三、井冈山国际旅行社的奖励旅游计划

井冈山国际旅行社是经国家旅游局特许批准设立的井冈山惟一一家国际旅行社，具备优秀的专业素质、先进的服务意识、丰富的团队接待经验、良好的临时应变能力和较强的危机处理能力。可以针对具体要求，制订适宜的旅游活动计划，帮助大型公司企业规划、组织与推广奖励旅游活动，达到激励客户公司员工的目的。

井冈山国际旅行社精心打造的奖励旅游经典线路为：

D1：接站，豪华空调大巴接入酒店休息，途中欣赏如诗如画的井冈村落、梯田和林海。晚上开展以企业文化为主题的主题晚宴或主题晚会。

D2：早餐后游览朱毛会师广场（井冈山会师纪念碑）、井冈山会师纪念馆、客家书院——龙江书院（朱毛会面地、工农革命军军官教导队旧址）。下午游览八角楼、象山庵（毛泽东、贺子珍结婚所在地）、黄洋界哨口（著名的黄洋界保卫战发生地），途中经停毛主席练兵地——步云山练兵场旧址。晚上听党史专家讲述井冈山故事。

D3：早餐后游览茨坪旧址群（包括毛泽东旧居、红军军械所旧址等）、挹翠湖公园。下午参观井冈山革命博物馆，瞻仰北山烈士陵园（雕塑园、纪念碑、碑林）。晚上观看“岁月井冈山”大型歌舞晚会。

D4：早餐后游览龙潭、大井伟人故居、小井红军医院旧址。下午天街购物或自由活动。晚上全体人员参加表彰大会。

D5：早餐后赴井冈山主峰——五指峰（第一版百元人民币背面图案）合影留念，把“财气”带回家。结束后送团。

注：行程中有特殊而又难忘的“五个一”：住一晚主席住过的宾馆——井冈山宾馆，吃一顿红军战士吃过的饭——红米饭、南瓜汤，穿一次红军穿过的衣服——着红军衣、配驳壳枪仿制品，品一道红军喜欢喝的茶——同志哥、井冈茶，学唱一首红军爱唱的歌谣——客家山歌、革命歌谣。

另外，为了帮助企业整合内部人力资源，协调团队成员关系，培养团队协作能力，增强团队凝聚力，开发员工工作潜能，培养良好的企业文化，以及通过员工参与让团队成员掌握建立高效团队的技能，统一认识，将个人的目标与组织的目标结合增强团结合作的团队意识，最终使参与员工达到“磨炼意志、完善人格、陶冶情操、挖掘潜能、熔炼团队”的目的，特别策划了野外拓展项目，以供选择：

重走红军路：井冈山斗争时期红军走过的小路中最有名的是从大陇镇源头村到黄洋界段的红军挑粮小路，全城约 5 公里，山路陡峭。毛泽东、朱德从宁冈挑粮到茨坪走的就是这条小路。请当地村民为向导，追寻红军和伟人的足迹。

漂流井冈峡：这是一项惊险、刺激、新奇的拓展项目，起漂点位于井冈山东南面的双溪口，距茨坪 12 公里，可乘车前往。漂流河段水质清澈、蜿蜒曲折，整个漂流约 1.5 小时，历经 24 个弯道、34 个水潭和 6 座奇峰异洞。当漂流者相互配合在山重水复中穿过如雷的惊涛骇浪，漂越幽深的烟笼雾锁，历经惊魂动魄的跌宕起伏后，一股征服大自然的豪气便油然而生。

露营野山谷：徒步穿越一段原始森林，全程为 2 公里左右，在野外露营一晚，吃烧烤，并举行篝火晚会联欢，充分接近大自然并体会人与人之间的团结协作精神。

挑战五马岩：在五马朝天景区开展攀岩、射箭、滑索等活动，五马朝天景区又名红军谷，距茨坪南部 4 公里。攀岩是自然岩壁，挑战性很强；射箭的趣味性较高；滑索更是 10 秒钟的考虑，1 分钟的感受，一辈子的回味。

“五百里井冈——探寻红军的生活和足迹”夏令营策划*

举世瞩目的中国革命摇篮——井冈山是中华人民共和国的第一块奠基石。她有着一种超凡的中国精神，这种精神是我们最宝贵的财富。井冈山有鲜红的历史，也有惊人的美景。境内千峰竞秀，万壑争流，溪水潺潺，林海茫茫。有花香鸟语的田园，有气势磅礴的云海，有奇妙独特的飞瀑，有瑰丽璀璨的日出，有百元人民币背面图案的井冈山主峰，有地球同纬度保存最完好的原始次森林……在这里可以尽情享受如诗如画的美景，也可以领略神奇的山水、纯朴的民风孕育出的感人肺腑、激人奋进的井冈山精神。暑假到了，快让孩子们走进井冈山，感受大山的雄伟、大山的气魄和大山的情怀，一探永放光芒的井冈山精神吧。

一、活动目的

通过参观厚重的革命遗址和欣赏优美的自然风光，增长孩子们的知识，让孩子们懂得信念坚定、胸怀宽广、艰苦奋斗、不怕困难、团结一致是走向成功的必不可少的品质。

通过开展多项活动，有意识地培养青少年优秀的品质，并利用此次活动中看似平凡微小的事情，启发引导他们，帮助他们树立正确的人生观。

二、线路安排

第一天：井冈山革命博物馆—茨坪革命旧址群、挹翠湖公园。

第二天：主峰景区（五指峰、集锦峰、锦绣谷）—井冈漂流。

第三天：井冈山革命烈士陵园、大井革命旧址群—五龙潭。

---

* 本文作者黄细嘉、庄颖，完成于2006年。

第四天：黄洋界哨口—百竹园。

第五天：笔架山。

（可供选项：瑞金、于都、兴国三日游）

三、活动安排

第一天：

（1）夏令营开幕：宣布夏令营活动日程安排和管理办法，与辅导员见面。

（2）挹翠湖公园内开展活动：通过“直呼其名”、“缩小包围圈”等拓展游戏，增进互相熟识程度，消除害羞心理，创造融洽的气氛，使小组充满活力。

（3）参观井冈山革命博物馆—茨坪革命旧址群。

（4）晚上安排文化讲座，讲解井冈山革命历史，并介绍井冈山风土人情。

（讲座形式和内容均要求具有知识性、趣味性和参与性）

第二天：

（1）游览主峰景区（五指峰、集锦峰、锦绣谷），开展井冈峡谷漂流。

活动中通过望群山攒动、云雾彩霞缭绕景象，启发他们无论是学习、工作还是为人处世都要拥有大山般的胸怀和气魄，要做擅于登高望远具有开阔胸怀之人。游览途中可设知识问答项目，分组进行并有小奖励，内容涉及中外伟人的事迹。

（2）晚上交流游览感受，谈自身经历和各自的理想，辅导员为他们指点迷津。

第三天：

（1）参观井冈山革命烈士陵园、大井革命旧址群—五龙潭。

（2）晚上听老红军战士讲课，并讲述黄洋界保卫战的过程和战斗场面。

第四天：

（1）参观黄洋界哨口：服装统一，走朱德、毛泽东挑粮走过的小路。小路较长且崎岖不平，需要大家发扬互助精神。途中高唱革命歌曲以振奋士气。

（2）参观百竹园：介绍当年井冈翠竹被用来搭帐篷、做梭镖、做扁担、吹火筒甚至当武器的事迹，强调井冈翠竹坚贞不屈、永不低头的品质。观看竹艺加工过程/自编竹制品。

（3）晚上安排一部鼓励孩子们立志和为理想奋斗的电影。

第五天：

（1）开展笔架山登山、探险活动。笔架山景区尚未完全开发成熟，在辅导员、导游员的带领下进行探险活动具有一定的挑战性和刺激性。此活动有助于塑造孩子们勇于探索、信念坚定、不畏艰难及互助合作的精神和品质。

（2）夏令营闭幕：营员表演节目，交流心得，合影留念。

四、景点简介

1. 井冈山革命博物馆

位于茨坪镇，是我国第一个地方性革命博物馆。馆内陈列展览着中国第一个农村革命根据地创建、巩固和发展的大量珍贵历史文物资料。通过对井冈山革命博物馆的参观可以使孩子们对井冈山的革命斗争有总括而全面的了解。其中实物部分的展出可以使他们形象了解当年中国工农红军作战的艰苦环境。

2. 茨坪革命旧址群

1927 年，毛泽东率领秋收起义部队上井冈山后便居住在茨坪店上村李利昌的房子里。这里红军的军需给养非常困难，生活极度困苦。毛泽东领导井冈山军民度过了艰难的岁月，并在此起草了《井冈山的斗争》这篇重要著作，指明了中国革命的前途。通过对当时环境的详细描述与生动讲解让物质生活富足的孩子们充分了解红军生活的艰苦与坚持革命的坚定信念。

3. 主峰景区五指峰

已发行的百元人民币背面图案就是以井冈山五指峰为图案。五指峰是井冈山国家级自然保护区的核心地带，大片的原始次生林保护完好，是一座天然的动植物园。带领孩子们进行“主峰幽深探秘”，感受浩如烟海的绿树、芳香晶莹的花草、紫气蒸腾的瀑布，领略层峦叠嶂、沟壑纵横之势，欣赏平日里只闻其声难见其形的各种珍稀动物。

4. 井冈山革命烈士陵园

位于茨坪北山北岩峰上，由烈士纪念堂、碑林、雕塑园、烈士纪念碑四部分组成。让孩子们在此更多地了解先烈们的英雄事迹，引导他们以英雄们为榜样。

5. 五龙潭

五龙潭因溪水在不到 2 公里的流程中 5 次飞落悬崖，形成 5 个梯状瀑布和深潭而得名。碧玉潭瀑布犹如一条白练凌空垂挂，晶莹清澈，气势磅礴；锁龙潭瀑布掩映在深邃的幽谷和杜鹃林中，水声喑哑，好似被锁的蛟龙急欲出洞；珍珠潭瀑布从高空倾泻而下，水声清脆，激得潭面水花四射，如同串串珍珠在阳光下闪烁耀眼；击鼓潭水势较大较宽，巨石挡住去路，夺路而下的急流被劈成数股水柱奔泻而下，水声交替好似鼓点急骤起落；仙女潭瀑姿窈窕，犹如一位体态柔美的仙女在翩翩起舞，惟妙惟肖。飞瀑跌落深潭，声音或高或低，山风穿过山谷，林木摇曳多姿，组成一道诗画般的交响乐。在这里孩子们不仅可以欣赏到或刚劲或柔情的瀑布，同时能真切感受到井冈翠竹的坚韧挺拔和大山的广阔胸襟。

6. 黄洋界哨口

黄洋界哨口是当年保卫井冈山革命根据地党、政、军高级指挥机关的一座天然屏障，著名的黄洋界保卫战就发生在这里。黄洋界妖娆的迷雾和翻滚的密云，呈现出群山奔涌、白云填谷的万千气象，蔚为奇观。这里是集革命教育与优美景观为一体的佳地。

7. 百竹园

井冈山的竹资源十分丰富，满山遍野的竹林已成为井冈山一道亮丽的风景线。百竹园是一个以“竹文化”为突出特色的科普观赏园，园内有各类竹子品种105种。孩子们在此可以增长知识，并可加深对井冈翠竹独特的精神内涵的了解。

8. 笔架山

由13座山峰组成的风景绮丽的高山景观，景色十分迷人，有六大奇景：奇峰林立、奇花锦簇、奇树繁多、奇石嶙峋、日出奇特、云海奇观。在这里组织探险活动有助于培养孩子们的综合素质。

附：户外拓展游戏

一、直呼其名

1. 人数：不限，人数较多时，需要将队员划分成若干个由15~20个人组成的小组。

2. 道具：（每个小组）3个球。

3. 要求：选一块宽阔平整的游戏场地。

4. 目的：帮助大家记住彼此的名字。

5. 步骤：

（1）队员们以小组为单位站成一圈。每人相距约一臂长。作为培训专员的工作人员也不例外。

（2）告诉小组游戏将从你手里开始。你大喊出自己的名字，然后将手中的球传给自己左边的队友。接到传球的队友也要如法炮制，喊出自己的名字，然后把球传给自己左边的人。这样一直继续下去，直到球又重新回到你的手中。

（3）你重新拿到球后，告诉大家现在我们要改变游戏规则了。现在接到球的队员必须要喊出另一个队员的名字，然后把球扔给该队员。

（4）几分钟后，队员们就会记住大多数队友的名字，这时，再加一个球进来，让两个球同时被扔来扔去，游戏规则不变。

（5）在游戏接近尾声时，再加一个球，主要目的是让游戏更加热闹有趣。

（6）游戏结束后，在解散小组之前，邀请一位志愿者，让他在小组内走一圈，报出每个人的名字。

6. 安全：注意扔球时不可用力过猛。最初的扔球应当是一个较慢的高高举起的球，为后续的扔球作出示范。

7. 变通：

（1）如果几个小组同时在玩这个游戏，可以让不同的小组在游戏中间交换一半队员。

（2）让队员们可以随心所欲地更换小组。被新小组接纳的惟一条件是新成员在站好位置后喊出自己的名字，以便其他队员扔球给他。

二、缩小包围圈

1. 人数：不限。

2. 概述：这是一个不可能完成的任务，但是它会给游戏者带来无尽欢笑。

3. 目的：

（1）使小组充满活力。

（2）创造融洽的气氛，让队员们能够自然地进行身体接触和配合，消除害羞和忸怩感。

4. 步骤：

（1）让队员们紧密地围成一圈，包括你自己。

（2）让每个队员把自己的胳膊搭在相邻同伴的肩膀上。

（3）告诉大家将要面临一项非常艰巨的任务。这项任务是大家要一起向着圆心迈三大步，同时要保持大家已经围好的圆圈不被破坏。

（4）等大家都搞清楚了游戏要求之后，让大家一起开始迈第一步。迈完第一步后，给大家一些鼓励和表扬。

（5）现在开始迈第二步。第二步迈完之后，可能就不必挖空心思去想那些表扬与鼓励的词语了，因为，目前的处境已经使大家忍俊不禁了。

（6）迈第三步，其结果可能是圆圈断开，很多队员摔倒在地。尽管很难成功地完成任务，但是这项活动会使大家开怀大笑，烦恼尽消。

5. 安全：在迈第三步的时候尤其要注意，不要让有些队员摔得过重。

6. 变通：

（1）如果参加人数较多，如多于 40 人，可分成小组来做游戏。

（2）可以把队员们的眼睛都蒙起来做这个游戏。

红色之都，多彩苏区*

以“红色之都，多彩苏区”为题，讲瑞金红色旅游发展问题，很显然是讲发展理念，但并不宏观，而是从细节上阐述瑞金红色旅游发展实践问题。瑞金红色旅游采用资源导向型的、机遇促进型的和政策引导型的旅游发展模式，有鉴于此，所以在资源整合和旅游发展过程中必须确定一些先进的理念和正确的指导原则，才能保证其红色旅游健康、快速、持续和稳定发展。

一、瑞金红色旅游发展的四个理念

1. 要树立红色之都的理念

在中国现代史上有三处全国闻名的都城：第一个是北京，第二个是南京，第三个就是瑞金（当时称“瑞京”）。当然称为都城的，还有其他一些城市，如广州、武汉、重庆，但是在这些所谓的都城中，上述“三京”很特别。在“三京”中，虽然都有红色资源和内容，但以红色闻名和因为红色而产生无穷魅力应该说就只有瑞金。所以，瑞金作为红色之都，表现在三个不同层面：第一，“红色中华”之都会；第二，土地革命之都汇；第三，中央苏区之都城。因此，我们要树立红色之都的理念。

2. 要树立经营城市的理念

这个经营城市不是一般的以土地为范围的。瑞金的红色旅游景点基本上都在城外，容易把人们的视线完全吸引到城外去而导致对城市的忽视。但一个城市整体形象是否佳，基础设施好不好，接待条件行不行，旅游功能全不全，决定因素在城市，所以不能忽视城市的作用。瑞金市要建成旅游接待中心、旅游休闲中心、旅游集散中心、旅游辐射中心、旅游形象中心。这些中心整体风貌、城市建筑风格、城乡风土人情，都要非常注意。

3. 要树立“众星捧月”的理念

好花也要绿叶衬。瑞金要让周边各县充分利用中央苏区的红色旅游资源，应塑造鲜明的主题来发展旅游业。附近的于都是红军长征出发地，兴国是红色将军的摇篮，

---

* 本文是2005年10月31日“红色旅游与瑞金发展高峰论坛”演讲稿，收入时有删节。

他们的客源是瑞金的客源。游客到兴国不会不到瑞金，因为他们不会忘记中央苏区之都城在瑞金。要让宁都、兴国、会昌、石城、于都发展成为红色旅游的星星，以便形成“众星捧月”之势，产生“披星戴月”之效，结出“星月同辉”之果。

4. 要树立“多彩苏区”之理念

瑞金要以红色风尚为城市规划主色调，以红色旅游为城市发展主基调，以苏区和客家乡土风情为城市建设主格调，在此基础上打造多彩苏区。一般认为旅游发展靠的是“二老”资源，一个是老天爷，一个是老祖宗，因为他们为我们留下自然和人文资源。笔者在多次参观考察瑞金旅游资源后发现，瑞金还有老革命、老百姓和“老外”的资源，所以瑞金旅游资源有“五老峰”，这“五老峰”在瑞金高高耸起。罗汉岩就是老天爷留下的，古桥、古村、古镇、古塔是老祖宗留下的，客家风情、客家建筑、风物特产是老百姓在生产与生活中创造的。至于“老外”，李德就是老外，在瑞金召开的两次苏维埃全国代表大会就有老外参加。这些都值得发掘。所以，瑞金旅游有“五老”峰，有古色、红色、绿色、土色，所以叫做多彩苏区。

二、瑞金红色旅游发展的五大原则

根据上述瑞金红色旅游发展的四大理念，演绎出瑞金红色旅游发展要遵循的五大原则。这里用五个“三”来概括。

1. “三个工程”全面启动原则

红色旅游是政治、经济、文化工程，要全面启动。发展红色旅游主要是发挥其政治功能。就是爱国主义教育、革命传统教育、民族气节教育，这一点是永远不能丢的。经济功能也很重要，是这些革命老区走向现代化的重要途径。文化功能尤其重要，实际上红色旅游就是遗产旅游。这些红色遗产就是文化，文化的功能不可忽视，也许更重要。

2. “三大效益”统一兼顾原则

红色旅游资源开发和产业建设，要兼顾政治文化教育效益、经济发展效益、环境保护效益。

3. “三色旅游”协调发展原则

红色旅游要与古色旅游、绿色旅游融合发展、协调发展、共同发展。

4. “三地一心”和谐联动原则

所谓“三地一心”就是抚州、吉安、赣州等江西省内的三个地区的红色旅游资源联动开发，共同构成以瑞金为中心的红色旅游区。

5. “三省一都”区域协作原则

“三省一都”中的“三省”，就是福建、广东、江西三个省的边际地区，是原中央苏区的主要组成部分，拥有丰富的红色旅游资源，应该开展跨省边界区域的协作，发展红色旅游，建立红色旅游跨省协作区。“一都”就是以瑞金为中心，实施区域协作、联动组合，促进红色旅游发展。

瑞金红色旅游蓄势待发*

当年“南京北京不如瑞金，中国外国不如兴国”的诙谐，道出了江西瑞金和兴国在中国革命史上的地位和作用。早年的小学语文课本上的“吃水不忘挖井人，时刻想念毛主席”也让瑞金和“红井”得以家喻户晓。在红色旅游“风生水起”的今天，井冈山凭借“中国革命摇篮”的历史定位、“中国红色旅游首选地”的旅游定位、“红色摇篮，绿色家园”的形象定位和“红色旅游国际化”的发展定位，始终走在全国红色旅游的前列。据统计，2010年国庆长假，井冈山共接待游客20.15万人次，旅游综合收入1.35亿元；瑞金共接待游客14.52万人次，旅游综合收入0.39亿元。2011年五一小长假，受建党九十周年氛围的积极影响和“风景江西独好”旅游推广的招徕作用，井冈山和瑞金同时迎来旅游热潮，其中井冈山共接待游客10.46万人次，旅游综合收入同比估算应在0.6亿元；瑞金共接待游客10.2万人次，旅游综合收入0.21亿元。两相比较，旅游人次上已相当接近，但旅游综合收益差别较大，反映了两地红色旅游不同的发展水平和质量。正视成绩，看到差距，瑞金旅游，红火有时。

一、瑞金旅游，“红火”有因

1. 资源禀赋独特

瑞金旅游资源丰富，红色资源品位高，绿色资源景致好，古色资源意蕴足。尤其在红色资源方面，瑞金是享誉中外的“红色故都”、举国公认的“共和国摇篮”、举世闻名的“长征出发地”，还是当年党中央驻地、苏维埃临时中央政府成立地、毛泽东思想主要发源地、人民代表大会制度发祥地、“八一”建军节诞生地。瑞金拥有各类革命旧址旧居180多处，其中以“一苏大会”会址、中央政府大礼堂、红井等33处全国重点文物保护单位为代表，51个中央机关和国家部委在瑞金修复了各自的前身和旧址，建立了爱国主义和革命传统教育基地。瑞金对外开放的红色旅游景区有叶坪、沙洲坝、云石山、乌石垅、历史博物馆、烈士纪念馆6处。瑞金是千里赣江的源头，是海内外赣人的“精神地理家园”，还有风景秀丽的“丹霞文化山水”罗汉岩。密溪古村、凤

* 本文发表在《中国社会科学报》2011年6月23日第18版。

岗牌楼、龙珠夕照、笔架凌霄、双清柳渡等山水名胜、客家风物，令人目不暇接。

2. 旅游发展迅速

瑞金市在革命旧址遗迹的修缮和保护、红色旅游景区的开发和整修、旅游基础设施建设、旅游宣传和市场开拓等方面取得了骄人的成绩。尤其是瑞金是入闽出海的咽喉，323、319、206 三条国道在此交会，赣龙铁路贯穿腹地，昆厦高速赣州—瑞金段和济广高速瑞金—南城段建成通车，距离赣州、连城两座民用机场仅 100 余公里，四通八达的交通网络使“天堑变通途”。所以就区域中近距离游客来说，已不存在进入性问题，这也就是瑞金旅游人次直逼井冈山的原因，两者在交通方面已没有太多差距。进出大交通的改善，使瑞金旅游插上飞速发展的翅膀，旅游人数和旅游收入都以 20%以上的幅度增长，2010 年共接待 170 多万人次的游客，实现旅游综合收入 5.7 亿元。2011 年以来，旅游收入和人数也比上年同期增加二成至三成。实现了旅游发展的“大提速”。

3. 后发优势明显

瑞金在 2004 年被列入 20 个“红色旅游名城”、30 条“红色旅游精品线路”和 100 个“红色旅游经典景区”，跻身红色旅游“国家队”。同年，省政府颁布的《江西省红色旅游发展纲要》将瑞金融入中国红色旅游概念线路、江西红色文化旅游金牌线路、赣闽粤红色文化旅游精品线路。2007 年瑞金市政府又颁发《关于加快瑞金市旅游业发展的若干扶持政策》等文件，明确提出“打造国内外著名的红色旅游名城”的战略目标。瑞金旅游在更高的起点上扬帆待发，产生了强大的后发效应。

二、瑞金旅游，“红火”有时

瑞金红色资源丰厚，旅游产品丰富，市场潜力巨大，随着交通条件的改善、接待设施的优化和景区建设的加速，处在“井喷式”发展的酝酿期。扬帆待发的瑞金红色旅游要注意做好以下工作：

1. 经营好“红色城市”

旅游的聚散地和活动中心一般都应该在城市，所以瑞金要大力建设“红色旅游文化名城”，在城市经济发展中建设红色文化创意产业，在城市规划建设中注入红色文化元素，在城市社会发展中建设红色旅游社区。

2. 建设好“多彩苏区”

从旅游产品上看，深入挖掘瑞金绿色、古色、客家土色旅游资源，用红色感召市场，以绿色稳定市场，借古色和土色旅游来拓展市场，促进各色资源有效整合，形成“形象叠加”效应。此外，还可以将瑞金红色旅游与文明生态村建设、新农村建设、革命老区建设等工作结合起来，推出复合型旅游产品，从而创造更好的经济效益。

3. 宣传好“苏区风情”

中央苏区在5年的革命斗争生活中，尤其是中华苏维埃共和国临时中央政府成立后，在政治、文化、经济各项建设中创造了丰富多彩的苏区生活，形成严肃活泼、积极向上的社会生活风尚，加以客家乡土风情，融汇成独具特色的苏区生活风情画卷。要开发“红色生活·苏区风情”体验旅游产品，形成“中华苏维埃共和国社会生活风情游”旅游套餐。积极探索旅游活动营销模式，开拓体验式营销项目及活动，通过平面媒体、电视传媒、巡回推介等多样化形式进行营销活动，造成“多彩·生活·风情”的整体氛围，建立“美丽·动感·好玩·红都”旅游形象感知。

丹山客家是“红都”

——红色故都瑞金掠影*

在华夏东南、赣闽之交、武夷山麓、赣江源头，有一片神秘、神奇、神圣的土地，这里碧水丹山，景色壮美；这里历史悠久，古邑千年；这里土地肥沃、物产丰饶；这里客家延播，民风淳朴；这里旌旗漫卷，红耀中华……她就是被称为“丹霞胜境，红色故都”的瑞金。

唐天祐元年（904 年），以于都县所辖象湖镇淘金场置瑞金监；南唐保大十一年（953 年），升瑞金监为瑞金县。瑞金之得名和置县，均已逾千年，号为“千年古邑”。据传，因当时流经其地的绵江“有航浮于水，色如黄金，人目为瑞”，又因“掘地得金”乃祥瑞之兆，故取名为“瑞金”。

让我们走进江西瑞金，去寻觅赣江之源的生态秘境，去领略丹霞山水的无限风光，去体验客家文化的丰富多彩，去回味共和国摇篮的沧桑辉煌，去感悟长征始发地的独特魅力。

篇一：丹霞胜景罗汉岩

地处武夷山西麓的罗汉岩，据《江西通志》云：南北朝时期，“陈武帝微时常住此”，山上怪石奇峰林立，原得名“陈石山”。后来有个僧人在此地挖掘出十八尊石罗汉，此山又名为“罗汉岩”。罗汉岩面积 10 余平方公里，最高峰狮子峰海拔 500 余米，属于丹霞地貌景观。罗汉岩风景奇秀，这里山水相依、碧潭似镜，峰丛林立、山奇石怪，悬崖峭壁、嵯峨雄伟，深谷幽涧、飞瀑流泉，古木修竹、山花烂漫，山寺古寨、浑然天成。可谓自然景色绝妙，人文景观独特，神话故事精彩，佛教文化深厚，历史事件真实。尤其是春夏两季，更是芳草山花之间，彩蝶飞舞，雨后彩虹倒映在波光荡漾的湖面，天水合一，令人仿佛走进了一幅丹山碧水的天然画廊。

罗汉岩以雅、幽、奇、秀、险为特色，融湖、潭、谷、岩、峰为一体，主要景点有蜡烛峰、试剑石、八音涧、米堆石、锁云桥、痴情石、罗汉岩、千丈崖、一线天、

---

* 本文是受瑞金市旅游发展委员会委托，撰写的《丹山客家是“红都”》电视专题片解说词，完成于 2010 年。

仙人望月、马尾水、撒珠泉、大堡寨、玉带平湖、狮子峰、神龟出水等 20 多处。惟妙惟肖的蜡烛峰，栩栩如生的神龟出水，一定会让游客流连忘返。

走在罗汉岩的登山道上，这里峰回路转、曲径通幽，这里山重水复、柳暗花明，这里千姿百态、步移景换。钵盂山、蜡烛峰、钟鼓石、金龟石，这不同景观的象形石，其实就是一座山峰因不同视角而形成的不同景观，真让人生发“不识庐山真面目，只缘身在此山中”的感叹。明朝文学家邹元标观赏蜡烛峰时，曾经悟出一副绝妙的联句，上联是：“蜡烛峰，峰上生枫，蜂作巢，风吹枫叶闭蜂门。”下联至今无人能对。

罗汉岩地势险要，历代为兵家必争之地。这里的大小山寨，演绎过多少烽火硝烟，见证过多少血雨腥风。陈武帝在这里凭借天险地势，以少胜多，打败了梁王；唐末黄巢起义军余部也在此誓死抵抗过敌军；清初闽赣农民起义军领袖许胜可曾在这里安营扎寨；太平天国在天京沦陷后，洪仁玕曾携幼天王撤退到这里；红军北上后，汀瑞县委游击队也曾利用此山地势坚持斗争，保留下革命的星星火种……这块巨大的“望龟石”所在的地方，就是古时因军事防御而构筑的“大寨”，与“小寨”一起分别守卫着两大山门。大寨门位于悬崖峭壁之间，两边如铜墙铁壁一般，令人触目惊心。崖缝间只能容纳一人出入，在此设立寨门，扼守“一夫当关，万夫莫开”的形势。如今寨门、石框、石槽仍依稀可见。

罗汉岩得天独厚的丹霞山水风光，曾经吸引历代名人登临题咏。宋代大学士苏东坡被贬官岭南时游历过此处，对其山水倍加赞美；明代大儒王阳明也留恋此山美景，并留下许多赞誉的诗句，其中一首是这样写的：“古来绵江八大景，名扬四海传九州。最是陈石山水色，观后胸中黄山无。”诗中“陈石”就是罗汉岩的别称。

“泉飞晴亦雨，云覆暑犹寒”。这是人们对罗汉岩的诠释。这里凭借山色之壮观，泉瀑之飘逸，气候之宜人，环境之优良，自古以来就成为观光休闲避暑之胜地！

篇二：山水秘境赣江源

据《江西省情汇要》记载：“赣江正源，发源于赣闽交界武夷山的黄竹岭，海拔 1151.8 米的高峰赣源岽。”真是青山遮不住，毕竟东流去。正是从瑞金日东境内武夷山脉发源的涓涓溪流，汇成了石寮河、日东河、绵江河、贡江，在赣州龟脚尾与章江交汇成赣江，最终流入宽广的鄱阳湖。

在瑞金这块红色的版图上，日东乡犹如一团朦胧的水墨，一点红颜的黛眉，素淡而宁静，自然而风致，被称为“千里赣江第一乡”。长久以来，为什么日东的茶叶香，西瓜甜，烟叶优，花儿红，草儿绿，鸟儿欢，民风淳，还有太空白莲和桂花板栗酥软甜绵？因为这里山好水好人更好！这源头的水，从日东水库自东向西在瑞金境内绵延 60 多公里，称为“绵江河”。

绵江悠悠，赣源葱葱。赣江源森林覆盖率为94%，生态环境优越。这里拥有国家珍稀动植物100余种，其中有云豹、珙桐、银杏、红豆杉、楠木等国家一级保护动植物。2008年日东乡群众发现的神秘动物“飞狐”，经有关专家确认为珍稀动物——红背鼯鼠，在江西属首次发现。

这里可以偶遇到“最喜小儿无赖，田头卧剥莲蓬”的乡村景象；寻访到蜿蜒曲折、原始简朴的森林古驿道；观看到傍山依水、如诗如画的小村庄；品尝到嫩绿纯鲜、滋心养肺的赣源茶；欣赏到漫山遍野、红遍赣源的杜鹃林；饱览到高峡平湖、风光无限的日东湖。

这里的炉坑村，依山傍水，道路是波浪形的，有粉墙黑瓦的古老围屋、天井飞檐、木雕花窗的青砖祠堂。其拱形状的圆顶，跃动似的屋檐，清明风格的龙凤刻纹建筑和摆设，光滑坚固的百年磨石……向我们传递着历史的信息。

这里的古驿道，一路蜿蜒在茂密的原始森林里，它连接福建的汀州，为瑞汀两地乃至两省的经济文化交流作出了重要的贡献。如今，驿道荒废，但古驿道原始的美、古朴的美、记忆的美和荒凉的美，源于它平凡中的不平凡。

这里的石岩泉，或在石崖上流淌，或在石缝中奔突，或在石壁上挂帘，或在山谷中欢唱，时而高亢、时而低吟、时而激昂、时而委婉。有时娇羞地隐藏在绿树和灌木丛中，只闻其声，难谋其面；有时白练似的从高处抛洒而下。她诉说历史、灌溉农田、泽润万物、养育生灵，是绿色赣鄱的生存命脉。

穿过几百米的杜鹃林，到达赣源岽顶峰，这里群峰耸立，山势逶迤，错落有致。远处山峦叠嶂、绵延不绝，近处满目青黛，层林茂密。

赣源岽相邻有5座过千米的山峰，万山簇拥，可谓兼容“三山五岳”之精华，并蓄千山万仞的气势。赣江源区域性气候扑朔迷离，变幻无穷，登临极顶，有超然的感觉和境界。有时阳光透过云层，射向山野，光照之处，一片翠绿澄黄；有时蓝天夹着乌云，高远缥缈，苍茫峥嵘，一派雄浑气象；有时万里蔚蓝晴空，白云朵朵，天高气爽，一处空灵胜境。真是一幅壮丽的风景画，一首壮美的抒情诗，让人赞叹，令人震撼。

饮水思源。赣江，长江第二大支流，江西人民的“母亲河”，哺育了历代江西儿女，创造了悠久灿烂的“赣文化”。

赣江源，它深藏于日东群岚之中，依傍武夷山脉，流过陈石丹霞，九曲回环，澄澈飘逸。是的，当人们登临南昌滕王阁，高歌“秋水共长天一色，落霞与孤鹜齐飞”，置身泰和快阁，吟诵“灌木千山天远大，澄江一道月兮明”，览观赣州郁孤台，默念“郁孤台下清江水，中间多少行人泪”时，难免会想起藏于深山的那最初一滴赣水。走近赣江源头，感受梦幻般深幽纯净的山水，多少年来，赣江源、郁孤台、造口壁、惶恐滩、快阁、滕王阁，构成了江西人的精神地理家园。从向往到身临，从梦想到体验，是一种“从头到脚”的快乐，是一份叠梦成真的欣喜。

山脚孤零零地矗立着一户人家，但是鸡鸭成群，蔬菜满园，黄发垂髫并怡然自乐，倒也是一处小小的世外桃源。

每一次亲近赣江源，都是一次情感的冲动，心灵的洗涤，精神的慰藉，达到回归自然、珍惜生命、热爱生活的豁然。

篇三：物华天宝客家情

一个地方是靠记忆而存在和延续的。一点一滴的文化遗产，是一个地方记忆的砖石，是一个地方延续的文脉。

历史上，因瑞金地处赣南东部山区，属“八闽百越蛮荒之地”，文化的孕育形成相对中原地区起步较晚。汉、晋、唐、宋时期，中原人大举南迁，瑞金为客家人的重要聚居地。在岁月沧桑中，瑞金客家先民带来的中原文化与土著文化相互激扬，相互融合，孕育形成了独树一帜的客家文化，为今日之瑞金留下了灿若星寰的文化遗产。因而瑞金是客家文化的主要发祥地。

千年古邑瑞金是全省历史文化名城，拥有宋朝古宗祠、明清以来客家建筑群、清代古牌楼、近现代革命旧址旧居等丰富的历史建筑。这些文化遗产，历经数百年风雨，见证了瑞金的文明昌盛，见证了瑞金“红色故都”演绎的开天辟地的伟大壮举，见证了瑞金在新世纪、新起点上的沧桑巨变。

瑞金是文化部正式命名的“中国民间文化艺术之乡”，还是江西省文化厅授予的“群众歌舞之乡”。客家山歌、客家灯彩成为民间文化艺术的主要代表。

瑞金主要戏曲为赣南采茶戏，苏区时期钱壮飞、李伯钊等戏剧家来到瑞金，开创了红红火火的苏区戏剧运动。苏区戏剧取革命题材，用瑞金民间音乐，俗称旧瓶装新酒，为我国戏剧的发展起到创新探索作用。

瑞金灯彩品种繁多，有茶灯、龙灯、马灯、船灯近 30 种，多演出于乡村宗祠，也经常组织集中调演或进行汇报演出。

瑞金民间歌舞主要有马刀舞、链枪舞等。近年来，瑞金市客家文化与红土地文化相互融合，先后创排了《红土魂》、《红都颂》等具有地方特色的优秀剧节目，成为群众歌舞的一大特色。

瑞金民间建筑艺术，属典型客家风格，至今还保留着许多聚族而居的方形围屋和黄墙黑瓦的乡村民居。

叶坪有文化的记忆。谢氏宗祠虽然布置成“一苏大”的会场，但宗祠上反映赣南客家古文化的图文雕塑仍依稀可见。走进叶坪的民居建筑，首先会发现屋里有水池，水池的上方是天窗，有人道是肥水不流外人田的原因，其实并不尽然。以前客家人居住偏远，没有玻璃，房屋的采光主要靠天窗。文化的记忆还不仅来自建筑，还有各种用具，在沙洲坝毛泽东故居的门前摆放着“风车”，门的两侧摆放着耕田用的耙和将田里的泥土整平的“木凿”。院子里有石磨和砻，砻是用来去谷皮的，磨用来磨豆浆和米浆。大堂放着的饭架和饭桶、洗漱间门口的脸盆架和木桶、墙上挂着的草帽和扁担，也许现在在农村还能看到这些用具，而卧室里的草鞋和蓑衣、煤油灯之类的也许是打着灯笼再也难于寻觅的旧物。

瑞金是客家美食的“天堂”。牛肉汤、鱼丸、肉丸、黄元米馃、酒糟红鱼、烤炉豆干、李德功夫鸭等组成的“红都国宴”已经小有名气。淮山骨头汤、红都香芋、武夷源贡茶、瑞金擂茶等都得到游客的好评。客家菜虽是信手拈来的调配，如油炸豆腐蘸酱油、小炒鱼、芋头米粉肉、芋子饺等，却是宜人精良的制作，它讲究火要烧旺、油要鲜多、肉菜搭配、辣得清气、肥而不腻。

云石山的米酒娘，稠得闪着鹅黄色绸缎般光泽，浓香袭人，抿上一口，似有魔力沁人心脾，欲罢不能。瑞金人家家会做酒，一年四季家家有酒。家有添丁之喜，必做几坛好酒抬到家祠，请全族人共饮同喜；逢圩当街，站着坐着喝酒的比比皆是；有客进家门“食多子酒来!”——以酒为茶款待来宾，殊不知这泱泱华夏大地，能有几处似这般洒脱风俗?

“鸭子煲芋粥”，也是值得回味的瑞金美食。在瑞金，能够吊起人们胃口的美食还有很多。那在炭火上烤得双面金黄、外酥内嫩的“焙豆腐”，撒上葱、姜、香油等调料，趁热品味，可谓爽口舒心；那卤成咖啡色的豆腐块“卤水豆腐”，吃过便牵肠挂肚，难以解馋。

为了保护和传承这些独特的民俗风情，建设特色魅力新农村，古文说唱、客家戏曲、民间传说、历史故事、名人珍闻重新在社区邻里间传唱，秧歌、艺术灯彩等民俗表演和经典旧民俗、古风情、老工艺等传统民俗文化在城乡随处可见，散发出历史的幽香。文气聚人气，瑞金更显魅力与活力。

篇四：红色故都共和魂

城市文化遗产是城市文脉之所系，是一个城市人民精神和情感的物化。瑞金是闻名中外的红色故都、共和国摇篮、中央红军长征出发地，也是我国第一个全国性红色政权——中华苏维埃共和国临时中央政府的诞生地。具有十分丰富的革命文化遗产，至今保存着叶坪、沙洲坝、云石山、大柏地等红色革命根据地旧居、旧址 180 多处，留下了 11582 件馆藏革命文物，其中 33 处革命旧址旧居被列为全国重点文物保护单位。瑞金，已经成为国内外前来瑞金旅游观光、学习考察者的朝圣之地、寻根之地。

瑞金是全国苏区政治、军事、文化中心，被称为“红都”，曾一度改名为“瑞京”。中央革命根据地在这里创建，中华苏维埃共和国在这里奠基，红军二万五千里长征从这里出发，南方三年游击战争在这里打响。当时，毛泽东、朱德、周恩来、邓小平等长期生活战斗在瑞金，形成了独具特色的苏区文化。

1931 年 11 月 7 日，在瑞金叶坪村一座建于明末清初的普通的客家祠堂——谢家祠里，召开了中华苏维埃第一次全国代表大会，随后，毛泽东操着浓重的湖南口音宣告：中华苏维埃共和国临时中央政府成立了！毛泽东当选政府主席，“毛主席”这一在神州大地长久嘹亮的称呼，便是从这个山沟沟里的村庄喊出来的。大会闭幕后，这一宗祠用木板隔成 12 间小木房，用作中央执行委员会及中央人民委员会各部委的办公室。这些小木房，狭窄局促，设施简陋，远不及如今国家任何一个部委的传达室，但正是这一床一桌一凳一盏灯一部委的独有格局，构筑了一个共和国的框架，传达着共和国艰苦奋斗的精神，彰显着革命者无私奉献的情怀，展示着共产党人大智大勇的创造。古祠正门，硕大的五角星和书写着“中华苏维埃共和国临时中央政府”的苍劲大字横幅悬挂其中。叶坪的谢氏私宅，是中国共产党在中央苏区的最高领导机关——中共苏区中央局旧址，这栋土木结构的二层楼房，楼上设有回廊过道，是典型的江南民居风格建筑，当年毛泽东、朱德、周恩来、任弼时等在此居住和办公，一张张破旧的桌椅、一盏盏昏暗的油灯，绘就了一个红色国家的蓝图，创造了红色历史的辉煌。

在叶坪，苏维埃政府修了广场，她是苏区的“天安门广场”；广场上矗立着高达 13 米的“红军烈士纪念塔”，她是苏区的“人民英雄纪念碑”；建起了砖木结构的红军检阅台，她是苏区的“天安门城楼”；还有红军烈士纪念亭、博生堡等纪念性建筑；在沙洲坝的老茶亭，建起了一座宏伟的中央政府大礼堂，她是红色首都的“人民大会堂”。叶坪村里这棵拥有 1100 年树龄的樟树在 70 多年前还为毛主席挡了炮弹，虽弹痕累累，但至今枝繁叶茂，生命不息。

无论是国家部委的设置，还是红军广场的布局，无不向我们传递这样一个信息，瑞金作为年轻的苏维埃共和国的首都，这座山坳里的“国都”创造了那段管理国家的历史，创造了那个激情燃烧的岁月，创造了那时火热斗争的场景。

在沙洲坝，错落有序的苏维埃共和国各个部委旧址，是旅游的一大看点，而最能吸引人注意的是旧址群前面那一栋典型的客家古民居——元太屋，这里是中央执行委员会旧址及毛泽东旧居。它建于清朝乾隆年间，是土木结构的二层楼房，坐北朝南，屋前用围墙围着一个空坪，供主人休闲纳凉或做晒坪。从外表看，它再简单不过了，有谁会想到，1933 年 4 月至 1934 年 6 月，毛泽东、徐特立、何叔衡、谢觉哉曾在屋内办公和生活。围墙右侧几棵千年古樟则是一道亮丽风景。在那峥嵘岁月里，毛主席在此写下著名的《关心群众生活，注意工作方法》、《我们的经济政策》等光辉篇章，领导中国共产党和年轻的中华苏维埃政权同国民党进行不屈不挠的战斗。沙洲坝村头的红井，记录着共产党领袖在艰苦的革命战争年代，不忘关心群众生活的“为人民服务”的革命宗旨；镌刻在井旁石碑上的“吃水不忘挖井人，时刻想念毛主席”的井联，表达了苏区人民的感恩情怀。

“一个地方的历史文脉不可再生，留住了历史文脉，它就拥有了独特个性和活的灵性!”

抓住红色旅游快速发展的时机，瑞金市把红色文化作为文化产业龙头精心培育，“红都瑞金”成为闪耀的城市名片。先后创作排演了《红土情》、《红土魂》、《红都颂》、《红井水》等30多个歌舞剧目。还有根据苏区时期沙洲坝杨氏八兄弟当红军的真实故事编创的大型音乐报告剧《红都·生命的礼赞》等“情景再现”节目。这些节目一经推向市场，便受到观众的喜爱，并掀起一股红色文化热潮。据悉，目前每月约有1万人次游客到瑞金观赏红色歌舞，品味红色文化。

其实，当今的瑞金早已经被赋予特殊的内涵，共产党领导们寻找前辈的革命足迹，青年学生们缅怀先烈的英勇事迹，来自各地的游客们探索“红都”的独特魅力。就如平淡的“红井”，因为是“红井”，所以不再仅仅是井，而被赋予感恩的象征。“红井”的井水也不再仅仅是井水，而是毛主席和红军先烈赐予黎民百姓的圣水，是平安幸福、养生健康、兴旺发达的源泉。

曾任国家副主席的董必武在20世纪60年代重游瑞金时，写下“昔日红军迹尚留，公房简朴范千秋。叶坪沙坝遥相望，谒者频来总乐游”。在瑞金众多的旧址旧居、遗址遗迹中，叶坪、沙洲坝无疑是最神圣和神秘的，也是最受欢迎和青睐的。

篇五：长征始发云石山

一提起山，我们总会把它想象成绵延起伏、高耸入云的大山。其实，云石山只是坐落在田野之中，平地凸起，高不过百米，方圆不足千米的独立小山头。由于裸露于地表的石灰岩千奇百怪，蓝云云地罩着一层似有若无的白绒，远看如云似霞，故名云石山。

不过，云石山虽小，四周却也悬崖峭壁，风貌奇特，远看犹如散花仙女遗留在凡间的花篮，只有一条百级石砌小道可以弯曲通行，中途还有两道堡式石门屏障，陡增了此山的威严，有道是“一人当关，万夫莫开”，在此真正能够体会个中意境。山中怪石林立丛列，形态各异，有的削然似剑，有的卷曲如拳，有的像雄踞的虎豹，有的又像振羽搏击的鹰隼。山上树种繁多，枝叶葱茏，它们群居一起，有的立地顶天盘根错节，有的野蕨攀杈落户生根，有的虬根盘踞，秀出峭壁。绕着小山流过一条清澈的小溪，泉声叮咚如鸣琴弦。云石山四季如春，典雅怡人，正如山头寺庙门联所言，“云山日咏常如画，古寺林深不老春”。

1934年7月，正是中央苏区硝烟四起，第五次反“围剿”斗争最为激烈的时刻，原驻在沙洲坝的中央机关已被敌人发现，为安全起见，所有中央领导机关都迁移到较为隐蔽的云石山，并分散在就近的各个村庄。中央政府就驻在云石山头的寺庙之中。

云山古寺建于清嘉庆年间，是一幢江南建筑风格的庭院式民居型寺庙，黄泥筑的墙，占地300多平方米，由一厅一院二横屋组成，隐现在茂林修竹之中。整幢房屋处在云石山的绝壁之巅，而古寺东西北三面则危崖巨石。在古寺南侧绝壁之中，有 1 米厚的石块围墙，俨然一道铜墙铁壁。当年在这里居住和办公的有毛泽东、张闻天、贺子珍和部分工作人员。庙里有个普明和尚，他腾出寺内最好的左厢房给毛泽东和贺子珍还有他们的孩子三岁的毛毛居住。毛泽东爱读书，屋内光线不足，他特地在北墙放床的位置为毛泽东挖了个窗，那窗的插销还是用枪栓拆下来做的，至今保留原样不变。古寺有客家围屋的共性，内有储藏室，室内长年干燥，易于食物储藏。寺中有天井，为居住在寺内的人提供生活“水源”。

毛泽东在云石山居住期间，由于王明“左”倾错误路线领导和共产国际派来的军事顾问李德的错误指挥，致使红军在战斗中非常被动，损失惨重，中央革命根据地日益缩小。当时彭德怀用湖南话怒骂李德：“崽卖爷田心不痛。”毛泽东看在眼里，痛在心中，向中央提出了很多正确的建议和主张，但都未被采纳。深明大义的毛泽东，仍然以革命事业为重，日夜操劳，还前往于都、会昌等地作调查研究并指导工作。在云山古寺中，张闻天与毛泽东建立了深厚的革命感情。两位主席从相交到相知，张闻天思想转变很大，他看到了革命战争受挫的根源，认识到了“左”倾错误给革命带来的危害，充分肯定了毛泽东的正确主张，这为后来遵义会议的胜利召开起了关键的作用。

1934 年 10 月 10 日，中共中央、中革军委从这里出发，开始了举世闻名的二万五千里长征。那天，风啸雨残，中央机关的领导齐聚在云石山的路旁，编入军委第一、第二野战纵队，与当地群众洒泪告别，踏上漫漫的长征路。60 多年过去了，人去物在，我们仿佛看到毛主席仍在阶前踱步，思考着革命方略，吟咏着战地诗篇。当年从云石山踏上长征路，后来担任过国家主席、中央军委副主席的杨尚昆，在 1996 年 11 月重返云石山时，感慨良多，欣然为云石山题词“长征第一山”。

山不在高，有仙则灵。这座“长征第一山”将永远屹立在这片红土地上，成为我们心目中钟情厚爱的“大山”！红军主力长征后，该旧址一直保存完好。1987 年，云山古寺被列为江西省重点文物保护单位。

结语

1933 年夏，毛泽东再次途经五年前曾经激战的瑞金大柏地关山时，思绪万千，豪情满怀，挥笔填下《菩萨蛮・大柏地》一词：“赤橙黄绿青蓝紫，谁持彩练当空舞。雨后复斜阳，关山阵阵苍。当年鏖战急，弹洞前村壁。装点此关山，今朝更好看。”不仅回忆了当年大柏地的激战情形，而且描绘了瑞金山水的壮丽景色，也抒发了一代伟人的壮志豪情，更展望了“红色中华”的沧桑巨变。

瑞金，作为山水生态佳地，她是赣鄱绿色之源，淳朴客家之乡，丹山碧水之胜境；作为中国革命圣地，她是红色中华的故都，人民共和国的摇篮，红军长征的始发地。

“装点此关山，今朝更好看”。借用中央苏区时期的一句赞美话，“外国中国，不如兴国；南京北京，不如瑞京”来颂扬“红都”瑞金。自然、淳朴、美丽、神圣的瑞金欢迎您。

红色故都

——瑞金：共和国从这里走来*

“上海建党，开天辟地；南昌建军，惊天动地；瑞金建政，翻天覆地；北京建国，改天换地”。上海、南昌、瑞金、北京，建党、建军、建政、建国，这四座现代中国的历史地标，是新中国和全世界永远抹不去的时代记忆，是中国共产党人和社会主义中国不朽的红色地理坐标和革命精神家园。

在20世纪30年代初，正是在瑞金这蜿蜒起伏的群山，奔流不息的河川，星罗棋布的客家村落之间，一个前所未有的人民政权、一个翻天覆地的神奇国度——中华苏维埃共和国，呱呱坠地。从1931年11月，第一次全国苏维埃代表大会在瑞金召开，成立中华苏维埃共和国临时中央政府，建立全国性的人民政权起，中国共产党就开始了治国理政、经国安邦的伟大探索和实践。当1949年10月1日，毛泽东主席在北京天安门城楼上庄严宣告“中华人民共和国成立了”的时候，可能有人不知道，今天的人民共和国是从瑞金走过来的。人民共和国的各党政军部门，多数可在瑞金成立的“中华苏维埃共和国”里看到她最初的模样。今天，我们来到瑞金不难发现，她处处留下了人民共和国蹒跚学步时的脚印。共和国从这里走来，它为新生的人民共和国作了一次伟大的预演，也给瑞金留下了宝贵的历史文化遗产。

中国共产党人为何选择瑞金，建立苏维埃共和国首都？这是历史的垂青，理性的抉择，伟大的决策。1929年2月10日，当红军在瑞金大柏地激战时，当地人民送粮送物，支援红军，取得下井冈山以来的第一次大胜仗，为开辟中央革命根据地献上一份奠基礼，军民情谊，令毛泽东深有感触地说：瑞金是个好地方，一定要把这块革命根据地搞好！同年5月18日，毛泽东来到叶坪，主持召开红四军前委会议，讨论时局和行动方针，对叶坪留下了很深的印象。从此这绿树掩映下的江南客家村落，与中国革命结下了不解之缘。到1931年夏，以瑞金为中心的中央苏区发展成为全国最大的革命根据地。同年9月28日，毛泽东、朱德、项英、任弼时等率领中国工农红军第一方面军总部和中共苏区中央局，进驻叶坪村。这里，千百年来形成的浓荫蔽日的樟树林，成为“革命大本营”的天然屏障；其枝繁叶茂的勃勃生机又仿佛有一种神奇的魔力，深情地牵引着一代伟人们的目光和脚步。毛泽东与中共苏区中央局同志反复商议，做出了一项历史性决策：中华苏维埃共和国定都瑞金。不久得到临时中央批准。瑞金担

---

* 本文是受瑞金市旅游发展委员会委托，撰写的《红色故都》电视专题片解说词，完成于2010年。

负起历史赋予的神圣使命。召开“一苏大会”，首先要解决的就是会场问题。位于苏区中央局旁边的这座谢家祠，周围树木茂密，浓荫蔽日，隐蔽条件非常好，成为最佳选择。这年的11月7日，中华苏维埃共和国临时中央政府在瑞金叶坪宣告成立，瑞金成为“赤色的首都”和全国苏维埃区域的政治、军事、文化中心。“一苏大会”结束后，临时中央政府总务厅把谢家祠厅堂两厢隔成15个木板间，作为各部委的办公场所，谢家祠，成为名副其实的“共和国大厦”。

如今共和国的党政部门都把寻根溯源的步履迈向瑞金，寻找自己发展的根源和踪迹。20世纪90年代以来，有40多个中央机关和国家部委在瑞金寻根，修复了旧址，建立了爱国主义和革命传统教育基地，瑞金成为全国最大、影响最广的革命传统教育名城。

瑞金具有十分丰富的革命文化遗产，至今保存着叶坪、沙洲坝、云石山、大柏地等红色革命根据地旧居、旧址180多处，留下了11582件馆藏革命文物，其中33处革命旧址旧居被列为全国重点文物保护单位。

让我们走进江西瑞金风景名胜区，去回味共和国摇篮的沧桑辉煌，去领略丹霞山水的无限风光，去寻觅赣鄱之源的生态秘境，去体验客家文化的丰富多彩，去感悟长征始发地的独特魅力。

叶坪景区是国家AAAA级旅游景区，距瑞金市中心6公里，是全国保存最为完好的革命旧址群景区之一。在瑞金叶坪，毛泽东当选中华苏维埃共和国临时中央政府主席，“毛主席”这一在神州大地长久嘹亮的称呼，便是从这个山沟沟里的村庄喊出来的。除“一苏大会”会址、中央各部委的办公室等旧址外，其谢氏家祠，是中国共产党在中央苏区的最高领导机关——中共苏区中央局的第一个驻地，当年毛泽东、朱德、周恩来、任弼时等在此居住和办公，一张张破旧的桌椅、一盏盏昏暗的油灯，绘就了一个红色国家的蓝图，创造了红色历史的辉煌。

苏维埃政府还修建了叶坪广场，书写在广场大地上的“踏着先烈血迹前进”的巨大标语，永远激励着建设新中国的人们，她是苏区的“天安门广场”；广场上矗立着高达13米的“红军烈士纪念塔”，她是苏区的“人民英雄纪念碑”；建起了砖木结构的红军检阅台，她是苏区的“天安门城楼”；还有红军烈士纪念亭、博生堡、公略亭等纪念性建筑，她们是苏区的先烈的纪念堂；叶坪村里这棵拥有1100年树龄的樟树在70多年前还为毛主席挡了炮弹，虽弹痕累累，但至今枝繁叶茂，生命不息。

沙洲坝景区位于瑞金市西北处的沙洲坝镇，距市区5公里，这里有闻名中外的“红井”、中华苏维埃共和国中央执行委员会会址——毛主席旧居、“二苏大会”会址——临时中央政府大礼堂，以及20多个中央和国家有关部委旧址等重要景点。错落有序的苏维埃共和国各个部委旧址，是旅游的一大看点，而最能吸引人注意的是旧址群前头那一栋典型的客家古民居元太屋，从外表看，它再简单不过了，有谁会想到，1933年4月至1934年6月，毛泽东、徐特立、何叔衡、谢觉哉曾在屋内办公和生活。沙洲坝村头的红井，记录着共产党领袖在艰苦的革命战争年代，不忘关心群众生活的

“为人民服务”的革命宗旨；镌刻在井旁石碑上的“吃水不忘挖井人，时刻想念毛主席”的井联，表达了苏区人民的感恩情怀。在沙洲坝村老茶亭建立的临时中央政府大礼堂，她是红色首都的“人民大会堂”，是中国革命史上一座不朽的红色建筑。

瑞金大力推进创建全国爱国主义教育名城工作，提出打造国内外著名的红色旅游名城战略目标，围绕“融入红色旅游、联通中央苏区、承接教育基地、呼应社会需求”的发展定位，开展了中央革命根据地历史博物馆新馆的建设。该馆位于瑞金城西中华苏维埃纪念园，是首批国家一级博物馆，规模宏大，占地面积68亩，正面造型犹如一面迎风招展的旗帜，馆内采用了油画、场景、多媒体、幻影成像、超现实仿真雕像等展陈手段，震撼展示中央苏区5年零8个月光辉历程。还充分利用电影、故事会、讲座、表演等不同形式吸引观众。

在烽火连天的现代革命战争的硝烟中，在瑞金的东北部，有一处相对沉寂和封闭的战略要地罗汉岩。罗汉岩地势险要，历代为兵家必争之地。这里的大小山寨，演绎过多少烽火硝烟，见证过多少血雨腥风。陈武帝在这里凭借天险地势，以少胜多，打败了梁王；唐末黄巢起义军余部也在此誓死抵抗过敌军；清初闽赣农民起义军领袖许胜可曾在这里安营扎寨；太平天国在天京沦陷后，洪仁玕曾携幼天王撤退到这里；红军北上后，汀瑞县委游击队也曾利用此山地势坚持斗争，保留下革命的星星火种……这块巨大的“望龟石”所在的地方，就是古时因军事防御而构筑的“大寨”，与“小寨”一起分别守卫着两大山门。大寨门位于悬崖峭壁之间，两边如铜墙铁壁一般，令人触目惊心。崖缝间只能容纳一人出入，在此设立寨门，扼守“一夫当关，万夫莫开”的形势。如今寨门、石框、石槽仍依稀可见。

罗汉岩景区面积10余平方公里，最高峰狮子峰海拔500余米，属于丹霞地貌，是江西省境内十大名山之一。罗汉岩风景奇秀，山水相依、碧潭似镜，峰丛林立、山奇石怪，悬崖峭壁、嵯峨雄伟，深谷幽涧、飞瀑流泉，古木修竹、山花烂漫，山寺古寨、浑然天成。可谓自然景色绝妙，人文景观独特，神话故事精彩，佛教文化深厚，历史事件真实。

罗汉岩以雅、幽、奇、秀、险为特色，融湖、潭、谷、岩、峰为一体，主要景点有蜡烛峰、试剑石、八音涧、米堆石、锁云桥、痴情石、罗汉岩、千丈崖、一线天、仙人望月、马尾水、撒珠泉、大堡寨、玉带平湖、狮子峰、神龟出水等20多处。惟妙惟肖的蜡烛峰，栩栩如生的神龟出水，一定会让游客流连忘返。

走在罗汉岩的登山道上，这里峰回路转、曲径通幽；这里山重水复、柳暗花明；这里千姿百态、步移景换。钵盂山、蜡烛峰、钟鼓石、金龟石，这些不同象形的景观石，其实就是一座座山峰因不同视角而形成的不同景观，真让人生发“不识庐山真面目，只缘身在此山中”的感叹。明朝文学家邹元标观赏此峰时，曾经悟出一副绝妙的联句，上联是：“蜡烛峰，峰上生枫，蜂作巢，风吹枫叶闭蜂门。”下联至今无人能对。

罗汉岩的马尾水，高挂前川，一股白银般的急流凌空飞下，其形状恰似奋蹄奔驰的骏马之尾，潇洒而遒劲。在能容几千人的罗汉岩岩洞的前方，也有一股与马尾水齐名的瀑布——“米筛水”，跟马尾水互成掎角之势。此水轻柔飘逸，细密匀称，恰如南方人家常用的“米筛”筛下的白米，是以得名。这两股百余米的“丹霞飞瀑”，一刚一柔，一疾一徐，比翼双飞，属国内丹霞地貌罕见景观。其大片原始次森林成为夏季候鸟栖息地，堪称丹霞地貌动植物和谐相处的奇观。

罗汉岩得天独厚的丹霞山水风光，曾经吸引历代名人登临题咏，宋代大学士苏东坡，被贬官岭南时，游历此处，对其山水倍加赞美；明代大儒王阳明也留恋此山美景，并留下赞誉的诗句：“古来绵江八大景，名扬四海传九州。最是陈石山水色，观后胸中黄山无。”诗中“陈石”就是罗汉岩的别称。

新中国修建的日东、陈石两个水库，把山水融为一体，春夏两季，更是芳草山花之间，彩蝶飞舞，雨后彩虹倒映在波光荡漾的湖面，天水合一，犹如一道浑然天成的丹山碧水画廊。“青山遮不住，毕竟东流去”。正是从瑞金日东境内发源的涓涓溪流，汇成了石寮河、日东河、绵江河、贡江，在赣州龟脚尾与章江交汇成赣江，最终流入浩渺的鄱阳湖。这源头的水，从日东水库自东向西流经罗汉岩，是为日东河。日东河悠悠，赣江源葱葱。在赣江源区，森林覆盖率为94%，拥有国家珍稀动植物100余种，其中有国家一级保护动植物麂、豹、云豹、穿山甲、猫头鹰、野猪、山羊、珙桐、银杏、红豆杉、楠木等。

这里的石岩渗透着沁沁的泉水，泉水或在石崖上流淌，或在石缝中奔突，或在石壁上挂帘，或在山谷中欢唱，时而高亢，时而低吟，时而激昂，时而委婉。她诉说历史、灌溉农田、泽润万物、养育生灵，是绿色赣鄱的生存命脉。

“泉飞晴亦雨，云覆暑犹寒。”这是人们对罗汉岩的诠释。这里凭借山色之壮观，泉瀑之飘逸，气候之宜人，环境之优良，自古以来就成为观光休闲避暑之胜地。

瑞金是以红色故都、丹霞山水、客家风情为主要资源依托的风景名胜区。早在1985年，罗汉岩建立了省级风景名胜区，随后又设立省级森林公园。在2004年制定的《全国红色旅游发展规划纲要》中，已将瑞金列入江西省重点建设的十大红色旅游区，2006年瑞金荣膺“中国红色旅游十大景区”和“新赣鄱十景”，2008年叶坪景区申报批准为国家AAAA级旅游景区。瑞金具备发展旅游的交通区位优势，323、206、319三条国道贯通其东西南北，赣龙铁路横贯全境，向汕铁路已列入国家规划，厦蓉高速、济广高速瑞金段2009年通车，从市区出发，2小时车程内有赣州黄金机场、福建连城机场，4小时车程可达厦门、福州、泉州、南昌等城市。罗汉岩、叶坪、沙洲坝、云石山等重点景区，已具备良好的游览接待条件，依托市区已具备齐全的食宿行等旅游基础要素。

为了保护好、管理好、利用好这片丹霞山水和红色圣地，维护好瑞金的自然生态与人文环境，历年来，瑞金市采取了多种保护、管理与宣传推广措施：1961年，瑞金革命旧址群申报批准为全国重点文物保护单位；1985年，建立罗汉岩风景名胜区管理局，全面管理罗汉岩，将罗汉岩申报为江西省第一批省级风景名胜区，随后又申报为江西省第一批省级森林公园；1996年，瑞金被中宣部命名为全国百个爱国主义教育示范基地；在瑞金挂牌的全国性、中央国家部委（局）系统或部门的爱国主义和革命传统教育基地就达 38 个；2006 年，江西省瑞金中央革命根据地纪念馆入选全国红色旅游十大景区之一；2007 年，中央革命根据地历史博物馆申报批准为国家一级博物馆；2009 年，联合石城县启动包括罗汉岩在内的赣江源申报国家级自然保护区的工作。同时，为了统一保护管理和开发利用瑞金以罗汉岩、叶坪、沙洲坝、中华苏维埃纪念园为代表的自然山水风光和人文革命胜迹资源，专门成立了瑞金风景名胜区管理局。

当地居民为了保护和传承这些历史资源和文化信息，建设特色魅力新农村，自觉担当起保护革命遗迹和自然遗产的责任，制定了乡规民约，善待自然和文化，与文物遗址和自然环境和谐相处。古文说唱、客家戏曲、民间传说、历史故事、名人珍闻也重新在社区邻里间传唱，秧歌、艺术灯彩等民俗表演和经典旧民俗、古风情、老工艺等传统民俗文化在城乡随处可见，散发出历史的幽香。

瑞金，不仅吸引了全国各地大批的游客前来观光考察和学习寻访，而且吸引了美国、德国、日本等几十个国家的专家学者和普通游客前来参观考察；不仅吸引了大批普通游客，而且吸引了党和国家领导人。

曾任国家副主席的董必武在 20 世纪 60 年代重来瑞金时，写下“昔日红军迹尚留，公房简朴范千秋。叶坪沙坝遥相望，谒者频来总乐游”。在瑞金众多的革命遗产中，叶坪、沙洲坝无疑是最神圣和神秘的，也是最受欢迎和青睐的。

关于完善江西省于都县红军渡—盘古山红色地质旅游精品线路调查评价设计书的建议*

2019 年 7 月 26~28 日，江西省地质勘查基金管理中心在南昌市组织专家对于都县红军渡—盘古山红色地质旅游精品线路调查评价设计书进行了评审。笔者在认真审阅设计书、听取项目组汇报，并与项目勘查单位主要人员交换意见后，提出如下修改完善意见。

第一，补充于都县红军渡—盘古山区域最具特色的钨矿地质演变及开发历史的内容。

第二，在“年度工作安排”中应进一步突出重点，重点内容拟确定为红军渡遗址、铁山垅红色矿业遗产、黄沙王牌 111 钨矿脉、地方特色农产品等的调查，盘古山矿山公园、屏山牧场的建设等。此外“铁山垅—盘古山调查区”内容过于简略，应重点调查原苏区开采的“铁山垅钨矿”砂矿遗迹；“农业地质调查”仅限于小产区，没有可比性，调查结果无推广价值。

第三，“技术要求”中的“旅游资源调查”过于简单，对地质景观调查应明确野外作业手图比例为 1∶1000 至 1∶2000、1∶500；对地质矿产遗迹和矿业遗迹不仅在大比例尺图上标示地质内容，还应详细标示通行道路、井巷等工程，尽可能全面收集相关中大比例尺地质图、中段图、剖面图、矿体投影图、采掘状况图等。

第四，细化红色资源中的八大渡口遗迹资源的调查，适当扩充调查区域，将紫山等纳入调查范围。

第五，关于预期成果，应在提交完整调查报告的同时，提交一份红军渡—盘古山红色地质旅游精品旅游路线设计方案。

---

* 本文完成于 2019 年 7 月 28 日。

后 记

本书涵盖了2003~2022年近20年间我的有关红色旅游和红色基因方面的研究成果，其中既有对红色旅游相关理论的探讨，也有针对各红色旅游案例地的规划与设计实践效果的评价，更有一些各级政府主管部门立项的各类红色旅游研究项目的成果，还包括我出席有关红色旅游论坛、讲座等的演讲稿件。其中主要是我个人的论述，也有我带领学生完成的研究论题或与团队伙伴合作完成的项目。这些成果一定程度上打上我个人的表达风格，但也不乏集体智慧结晶。作为探讨红色旅游理论与实践问题的理论性和实践性相结合的研究成果，反映了我和团队为我国红色旅游和江西地方红色旅游发展研究的历史性过程，今天得以结集问世，可看作是一种记录。

本书分为红色旅游理论研究、红色旅游实践探索、红色旅游发展散论三篇，旨在使读者更好地把握红色旅游理论和实践的不同的侧重点。在内容上力求创新，以江西为例，围绕六大红色旅游目的地的可持续发展，提出创新载体、创新形式、创新业态、创新营销等方法，以切实增强红色旅游的吸引力、感染力和冲击力，使读者对江西作为红色旅游首选地20多年来取得的显著成效有更清晰、更精准的认知。既注重对基础理论的创新，又关注对开发实践的探索；既重视中国红色旅游的普遍性，又聚焦江西红色旅游的特殊性；既提出红色旅游发展的战略和目标，又设计红色旅游发展的产品和路线。希望对广大读者有一定的参考和启示作用。

一些成果是合作完成的，是南昌大学旅游研究院、江西红色旅游研究中心的同人不断奉献的结果，凝聚了多位伙伴式的专家、学者的智慧和辛勤劳动。南昌大学江西发展研究院徐芳和我的研究生敖文凯、黄淑英参与了排版和表格优化工作。他（她）们付出的劳动是枯燥、烦琐和辛苦的，感谢这样无私的、友情的奉献。

本书的出版得到南昌大学立项的江西省“十四五”期间一流学科——红色基因传承学科群专项经费资助，感谢关心我的领导和同事们。感谢湘潭大学副校长刘建平教授拨冗为本书的出版作序，给予评鉴和激赏。衷心希望本书的出版能够更好地传承和发扬革命精神和红色文化，促进新时代江西乃至全国红色旅游实现高质量发展。

黄细嘉

2023年9月22日